華東理工大學

EAST CHINA UNIVERSITY OF SCIENCE AND TECHNOLOGY

2013

1

学校举办建校 60 周年
庆祝大会

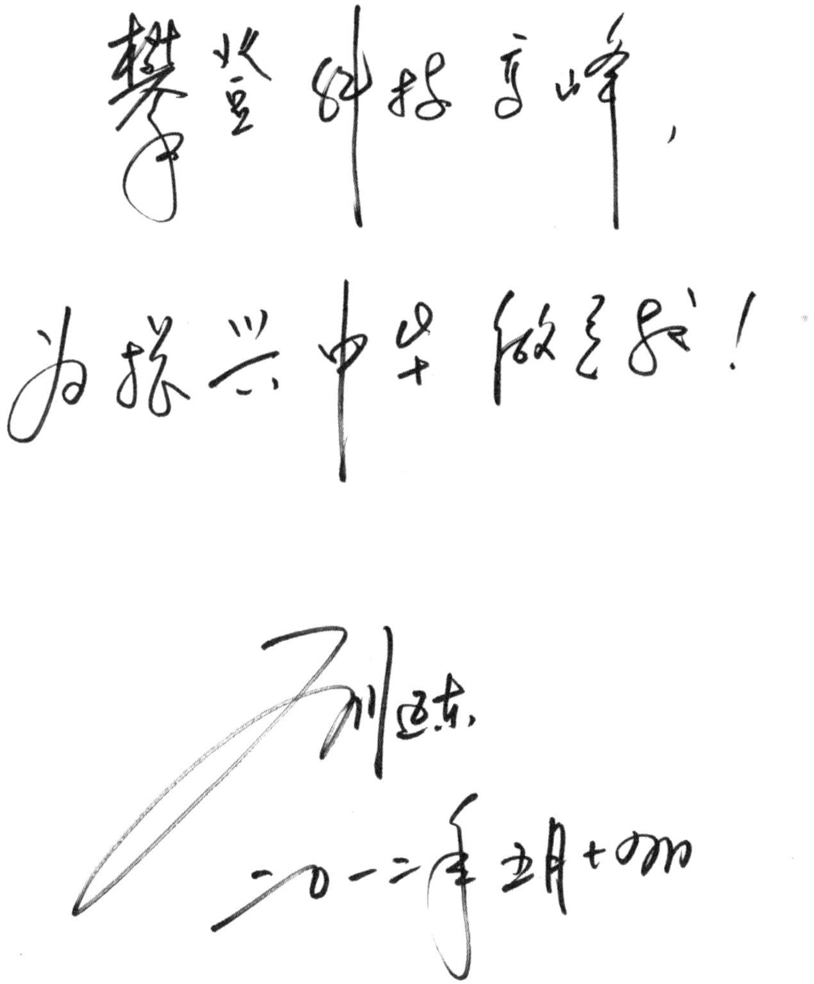


2

中共中央政治局委员、国务委员刘延东来学校视察并题词：
攀登科技高峰，为振兴中华做贡献

3

数千校友返校参加华理 60
周年校庆庆典

4

华理 60 周年校庆庆典：教育部副
部长李卫红与成思危出席校庆活动

5

上海市委副书记殷一璀出席校庆
庆典并致词

热烈欢迎教育部领导莅临我校指导工作

华东理工大学
“211工程”三期建设项目验收会

6

教育部副部长杜占元一行来校调研“2011计划”

7

学校“‘211’工程”三期建设“化学生物技术与工程”项目验收会召开

8

“煤的清洁高效利用与石油化工关键技术”985优势学科创新平台验收会召开

10

学校与兖矿集团有限公司战略合作框架协议签字仪式

9

华东理工大学科学技术发展研究院揭牌

11

华东理工大学与中国石化共建的气化技术研究中心成立揭牌仪式

1952-2012 ECUST 60th Anniversary
華東理工大學 | 60周年校庆
华东理工大学–兖矿集团有限公司
战略合作框架协议签字仪式

SINOPEC
中国石化—华东理工大学气化技术研究中心
揭牌仪式
ECUST
中国石化-华东理工大学气化技术研究中心
SINOPEC—ECUST Research Center of Gasification Technology

12

钱旭红校长和英国诺丁汉大学大卫 · 格林纳威校长
共同为华东理工大学上海诺丁汉高等科学院揭牌

13

华东理工大学工程管理学科建设
研讨会召开

14

学校举办 2012 年化学工程学科
中青年学者学科发展战略研讨会

华东理工大学
工程管理学科建设研讨会

化学工程学科中青年学者学科发展
战略研讨会
2012年12月16~19日 中国·上海
主办：国家自然科学基金委化学科学部
承办：华东理工大学

16

诺贝尔化学奖获得者 Alan J.Heeger（阿兰·J·黑格尔）教授受聘学校荣誉教授

15

瓦克化学—英国皇家化学会有机硅和聚合物国际研讨会在学校举行

17

涂善东教授出席“2012 国际机械工程教育峰会”：英国机械工程学会主席 Patrick Kniveton 为其颁发演讲证书

CONFE
G CEREMONY OF H
NORARY PROFESSOR

2 International Mechanical Engineering E
-12 D
mber 2012 Beijing
能力培养
ts' Competence
国机械工程学会 英国机械工程
国机械
国科学技术协会 中国工程院
工业大学 太原科技大学
Sponsored by: cmes
Guiding Organization：CAST CA
Co-sponsored by: Beijing Univer

18

德国吕贝克市长在市政厅接见
钱旭红校长

19

以色列本古里安大学校长瑞夫卡·卡尔米教授
一行 5 人来校访问

Warmly Welcome
the Delegation from Tomas Bata University, Czech Republic

20

捷克托马斯拔佳大学副校长 Aleš Gregar
一行访问学校

21

美国里海大学校长 Alice Gast 一行 13 人
来校访问

22

钱旭红校长应邀出席中国教育电视台
“大力推动协同创新”访谈节目

23

中国共产党华东理工大学第 10 次代表大会第
1 次全体大会召开

中共华东理工大学第 10 届委员会候选人、中共华东理工大学第 10 届纪律检查委员会候选人预选

26

“传承90年的青年光荣，激荡60载的华理感动”
——优秀青年校友与在校学子共话华理人、华理事、华理情主题交流活动

25

学校77、78级校友毕业30年返校

27

党委书记杨贤金一行看望泰坦化学有限公司6名创业校友

传承90年的青年光荣 激荡60载的华理感动
—— 优秀青年校友与在校学子共话华理人·华理事·华理情

艺术展演活
舞蹈（戏剧）

28

学校舞蹈团在全国第三届大学生艺术展演活动中演出《那年剪短发》

29

美国里海大学校长 Alice Gast 一行与校合唱团合影

学校举办“喜迎校庆唱响明天”庆祝建校 60 周年校园歌会

# 华东理工大学年鉴

East China University of Science and Technology Almanac

# 2013

华东理工大学年鉴编写组　组编

華東理工大學出版社
EAST CHINA UNIVERSITY OF SCIENCE AND TECHNOLOGY PRESS
·上海·

图书在版编目（CIP）数据

华东理工大学年鉴. 2013/华东理工大学年鉴编写组组编. —上海：华东理工大学出版社，2018. 11
ISBN 978－7－5628－5505－7

Ⅰ. ①华… Ⅱ. ①华… Ⅲ. ①华东理工大学－2013－年鉴
Ⅳ. ①G649. 285. 1－54

中国版本图书馆 CIP 数据核字(2018)第 133110 号

策划编辑　刘　军
责任编辑　高　虹　孟媛利
装帧设计　肖祥德
出版发行　华东理工大学出版社有限公司
地址：上海市梅陇路 130 号，200237
电话：021－64250306
网址：www. ecustpress. cn
邮箱：zongbianban@ecustpress. cn
印　　刷　上海盛通时代印刷有限公司
开　　本　889mm×1194mm 1/16
印　　张　25. 75
插　　页　12
字　　数　490 千字
版　　次　2018 年 11 月第 1 版
印　　次　2018 年 11 月第 1 次
定　　价　160. 00 元

# 华东理工大学年鉴
# 编纂委员会

名誉主任：杜慧芳

主　　任：曲景平

委　　员：（以姓氏笔画为序）

| | | | | | |
|---|---|---|---|---|---|
| 王　晓 | 王惠文 | 王慧锋 | 付　尧 | 朱为宏 | 李永生 |
| 李建伟 | 李　涛 | 李德强 | 沈海涛 | 沈悦萍 | 张爱民 |
| 陈　龙 | 陈　坚 | 陈　康 | 周　玲 | 范体军 | 岳海洋 |
| 林嘉平 | 袁洪学 | 夏江雯 | 夏春明 | 柴　华 | 倪　炜 |
| 黄　婕 | 龚学庆 | 阎海峰 | 葛铁群 | 焦家俊 | 童之敏 |
| 蓝闽波 | | | | | |

主　　编：王爱祥

副 主 编：陈莉丽

编　　纂：王　阳

# 出版说明

一、《华东理工大学年鉴（2013）》（以下简称《年鉴》）是全面反映2012年华东理工大学基本情况及各项事业改革与发展的史料性文献、资料汇编，其中收录了2012一年内学校主要活动和各项工作的重要讲话、文献、照片、统计数据等资料。

二、本《年鉴》共分12个部分，涉及学科建设、教学与人才培养、科学研究、科技产业、师资队伍、行政管理、党群工作、学术交流与合作、办学支撑条件、表彰奖励等各个方面，并专题收录了重要活动的文选及2012年大事记。所刊内容由各单位确定专人负责提供，并经本单位主管领导审定。所有数据资料除另有注明外，均截至2012年12月31日。

三、本《年鉴》各栏目和分目之首设有“概况”条目，集中记述有关领域的总体情况；分目下的条目，以“【】”号标识。条目是基本的撰稿形式和重要信息的记录单元。

四、本《年鉴》力求资料完整，内容翔实，数据准确。由于编辑力量和水平有限，疏漏、误差之处在所难免，恳请读者批评指正。

五、本《年鉴》由华东理工大学校长办公室组织编写，得到了学校领导、机关各部门及各学院的大力支持与帮助，谨此一并致谢。

编　者

2017年10月

# 目录

Contents

# 特载

Tezai

# 解放思想　开拓创新

# 全面提高华东理工大学教育质量和办学水平

——在中国共产党华东理工大学第十次代表大会上的报告

杨贤金

2012年12月27日

同志们：

现在，我代表中国共产党华东理工大学第九届委员会向大会作报告，请予审议。

中国共产党华东理工大学第十次代表大会，是在认真学习贯彻党的十八大精神，落实《国家中长期教育改革和发展规划纲要（2010—2020）》，全面推进学校事业科学发展的新形势下召开的一次重要会议。大会的主题是：高举中国特色社会主义伟大旗帜，以邓小平理论、“三个代表”重要思想、科学发展观为指导，贯彻落实党的十八大精神，解放思想，开拓创新，全面提高华东理工大学教育质量和办学水平，为把我校建设成为国际知名、特色鲜明、多学科高水平的研究型大学而奋斗！

## 一、第九次党代会以来的主要工作

2005年第九次党代会以来，学校党委团结、带领全体师生员工，按照第九次党代会提出的奋斗目标和工作任务，攻坚克难、扎实工作，通过“十一五”“十二五”规划和两个“三年行动纲要”的实施，全面推动了学校各项事业的蓬勃发展。

### （一）深化教育教学改革，人才培养质量稳步提高

确立了“培育英才，服务社会；注重过程，勤奋求实；协调发展，特色鲜明”的办学思想，明确了“厚基础、强实践、高素质，具有国际视野和创新精神”的人才培养目标，以优秀成绩通过了2007年教育部本科教学工作水平评估。大力推进教育教学改革，启动本科教育质量工程，修订了《全日制本科生学籍管理条例》，颁布了《教学质量评价标准》，系统优化了《本科教学培养方案》，加强了教风、学风、考风建设。启动了研究生培养机制改革，颁布和实施了《研究生培养方案》（2011版）。2011年启动了研究生教学质量评价工作，研究生教学检查实现常态化。实施国家和上海市研究生教育创新计划，通过优博培育计划和名师论坛等举措，强化博士研究生创新能力培养。大力发展了研究生专业学位教育。学校的继续教育、现代远程教育也呈现了良好的发展态势。

建成国家特色专业12个，国家级工程实践教育中心5个。承担国家专业综合改革项目4个，教育部卓越工程师教育培养计划试点专业7个。建成国家教学团队4个，国家精品课程23门，国家实验教学示范中心2个，国家大学生创新人才培养模式示范区1个。完成国家大学生创新实验计划190项，获得国家教学成果奖5项。学生在各类竞赛中累计获得国际级奖项102项、国家级奖项289项、省部级奖项569项。毕业生就业率稳居全国高校前列，被教育部评为

首届“全国毕业生就业典型经验高校”。

切实提高大学生思想政治教育工作质量，建成了上海市高校辅导员培训基地，“辅导员矩阵式配备”经验获教育部肯定。实施了“六个教育工程”“英才计划”等育人项目。组织了3 710名青年师生志愿服务上海世博会；先后组织12批社工服务队奔赴都江堰参与汶川地震抗震救灾，社工服务工作受到温家宝同志高度赞扬。

**（二）实施人才强校战略，高层次人才队伍建设获得新突破**

实施人才强校战略和高层次创新型人才建设工程，全面推行岗位设置和岗位聘任制，改进人才评价和考核机制，试行高层次人才年薪制，改革薪酬分配制度，调动了广大教师的工作积极性。不断加强中青年骨干教师的培养工作，50岁以下具有博士学位和国外研修经历的专任教师比例大幅提升，分别达到68.2%和27.5%。高层次人才队伍建设取得新突破，新增中国科学院院士1名、中国工程院院士1名，新增中组部“千人计划”5名、“973”项目首席科学家6名、长江学者奖励计划特聘教授9名、国家杰出青年基金获得者7名、中组部青年拔尖人才计划2名、教育部新世纪优秀人才支持计划40名、上海市领军人才计划9名、上海市优秀学科带头人16名、东方学者特聘教授13名、上海市浦江人才计划83名。新引进留学回国人员130名，海外引进人才的数量明显增加。师资队伍的整体素质和水平进一步提高。

**（三）优化学科布局，高水平学科平台建设取得新进展**

以国家、区域和行业发展重大战略需求为导向，大力实施“211工程”三期建设和学校“卓越计划”，不断优化学科布局，巩固和提升优势特色学科，鼓励和支持新兴学科，促进学科交叉与融合。“211工程”三期建设成效显著，获得教育部、财政部、发改委等三部委的联合表彰。“煤的清洁高效利用与石油化工关键技术”被列入国家“985优势学科创新平台”项目。新增一级学科国家重点学科1个，二级学科国家重点学科2个，二级学科国家重点学科（培育）1个，上海市重点学科7个；一级学科博士学位授权点10个，一级学科硕士学位授权点22个，硕士专业学位授权类别8个；上海高校一流学科A类1个、B类6个。化学工程与技术、轻工技术与工程、动力工程及工程热物理、药学4个学科在教育部学科评估中进入前10位。化学、材料科学、工程学及生物学和生物化学4个学科在ESI排名中进入了全球前1%。

**（四）科学研究水平不断提升，科技成果转化成效显著**

基础研究水平不断提升，科研基地建设扎实推进，产学研合作不断深化。国家自然科学基金立项数和经费大幅增长。积极承担“973”“863”等国家重大项目。科研经费从2005年的

2.91亿元增至2011年的5.89亿元。陆续有高水平论文在《Science》等国际顶级期刊发表，SCI论文收录和被引数量继续保持在全国高校前列。2005年以来获省部级科技成果奖励200余项，其中一等奖30项；获国家级科技成果奖励20项，其中牵头11项。现有国家级科研基地8个，省部级科研基地20个。牵头成立了“替代石油路线大型化工过程与装备技术”协同创新中心，与相关高校共同发起成立了国家盐湖资源化学与过程工程、西南作物病虫害持续控制等6个区域协同创新中心，加盟了“新一代煤（能源）化工”等6个国家级和一批省部级创新战略联盟。技术转移水平显著提升，科技成果转化率超过50%。水煤浆气化技术在国内市场占有率已达35%以上。2008年对美国瓦莱罗公司实施水煤浆气化技术使用许可，许可费高达1亿元人民币，这是中国成套大型化工技术首次向发达国家转移。一批行业关键技术、共性技术的大规模产业化推广应用取得了显著的经济和社会效益，有力地促进了行业和区域经济发展。

### （五）国际交流持续扩大，国际化办学步伐明显加快

建立学校—学院—教授多层面国际合作与交流运作模式，制订并实施《国际合作与交流工作绩效评估方案》，举办国际交流年活动，利用世博会扩大对外交流。设立专项经费资助承办高水平国际会议和邀请国外教授来校授课，加强与世界知名高校间的教育教学合作。成立国际工程师学院，承担国家教育体制改革试点项目，探索工程科技领军人才中外合作培养模式。全面推进高等学校学科创新引智计划，设立了3个学科创新引智基地，加大了引进海外人才的力度。与美国里海大学、休斯敦大学，英国女王大学、邓迪大学，德国克劳斯塔尔工业大学，法国化学工程师学校联盟等开展人才培养合作；与德国高校的合作办学，被德国高校校长联席会议评为“德中高校合作办学示范项目”。与英国诺丁汉大学共同成立了华东理工大学上海诺丁汉高等科学院，利用双方的优势资源，以生命科学、绿色科技以及航空航天等为重点，大力开展前沿研究和研究生培养合作。7年来，学校与26个国家或地区的97所高校、机构签订友好合作协议147份。派出学生1 977人次，教师2 609人次。2012年有1 250名外国留学生来校学习，国际学生数与2005年相比增加了10倍；国际学生的国别数由2005年的20个增至近140个。

### （六）大学文化建设不断深入，校园文化活动蓬勃开展

编制并实施《大学文化发展“十二五”规划》，积极推进大学文化建设。确立并弘扬了“勤奋求实、励志明德”的校训精神，丰富了大学文化的精神内涵。校园景观文化建设持续加强，在奉贤校区设计制作了“碳60雕塑”“手性对称分子模型”“蛋白质泛素浮雕”“炼丹图壁画”等。校园文化活动蓬勃开展，一年一度的“思想学术节”“文化艺术节”“体育节”“秋韵节”和“外语节”成为学生提高综合素质、展示个性才华的重要舞台。通过推荐20本必读书目等活动，

鼓励学生多读书、读好书，培养阅读兴趣。大力推进艺术教育，学生艺术团体得到有力扶持和健康发展，7年来参加国内外文艺比赛50余次，多次荣获一、二等奖项。学校高水平运动队参加国内外重大体育赛事28次，取得金、银、铜牌113枚。在2011年第26届世界大学生运动会女子乒乓球比赛中，我校代表团包揽全部金牌，体教结合的乒乓球人才培养模式受到了国内外高度赞誉。“校庆杯龙舟赛”“东方讲坛”“海湾大讲坛”“前沿讲坛”“汇贤讲坛”“海湾艺苑”“海湾影院”等成为师生喜闻乐见的文化艺术品牌活动。

**（七）办学条件逐步改善，民生水平明显提高**

奉贤校区建设已完成各类建筑31万平方米，完成投资12亿元。徐汇校区新增各类建筑8万平方米，完成投资2.2亿元。学校各类建筑面积由2005年的47.7万平方米增至86.7万平方米，增加了81.8%，办学空间和办学条件得到拓展和改善，初步形成多校区协调运行的格局。校园信息化建设取得明显进步，教学、科研、办公及管理的信息化系统日臻完善，工作效率大幅提高。通过制度创新，进一步优化了学校实验室用房资源的配置，建立了大型仪器设备共享机制，提高了办学资源的使用效率。2005至2011年学校总资产增加了145%。完成了教职工住房货币化改革，累计发放房贴7.33亿元，新增各类津贴5.27亿元，教职工收入水平明显提高。建成使用徐汇校区青年教师公寓，积极利用学校周边公租房，改善青年教职工居住条件。完善帮扶体系，通过建立大病保险、互助基金等渠道主动帮扶生活困难的师生员工。后勤保障能力和服务水平不断提高。

**（八）管理体制机制逐步优化，大学治理结构进一步完善**

坚持和完善党委领导下的校长负责制。成立新一届校学术委员会及各基层机构，初步形成了行政权力和学术权力协调运行的机制，促进了教授治学与民主管理。成立科学技术发展研究院，积极探索资源配置、科研管理的新机制。增设发展规划处和发展联络处，加强了学校发展的规划制定与跟踪落实工作，密切了与校友和社会各界的广泛联系。组建新一届校董会，注册成立了教育发展基金会和校友会，为学校筹集更多社会资源奠定了良好基础。积极推进依法治校，启动了《华东理工大学章程》制定工作。

**（九）隆重庆祝建校60周年，学校凝聚力和知名度进一步提升**

精心举办以“传承、凝聚、发展、共享”为主题、以“因您而感动”为核心的60周年校庆活动，通过开展“校庆建设”“校庆宣传”和“校庆活动”三项工作，改善了校园环境，提升了民生水平，加强了文化建设，促进了学术交流，展示了办学成就，拓宽了学校与校友和社会各界的联系渠道。60周年校庆期间，近60名院士和一大批专家学者来校进行学术交流，近万名校友返校参与庆祝活动。人性化和充满亲情的校庆工作，感动了教师、学生、家长、校友和社会，凝聚了师生校友情感，取得了良好的效果，赢得了校友和社会的广泛关注和高度赞扬，进一步提升了学校凝聚力和知名度。

**（十）全面加强党的建设，学校事业发展得到有力保障**

党委中心组和党内各项学习制度不断规范，理论武装工作持续推进，对外新闻宣传质量和数量不断提高，舆论引导力度不断增强，精神文明建设成效显著，学校连续八届荣获“上海市文明单位”称号。制订并实施了《华东理工大学中层党政领导干部选拔任用工作实施细则》，中层干部队伍结构不断优化，后备干部队伍建设有效加强。高质量地开展了党的先进性教育、学习实践科学发展观与创先争优活动，有序推进基层组织建设的各项工作。通过实施“入党公开答辩”、先进性建设“述责答辩”等10项机制，开展多校区党建、网络党建和党建联建共建，不断加强党员队伍建设。扎实推进反腐倡廉和作风建设，构建和完善惩防体系，认真执行“三重一大”决策制度，有效推进党务、校务公开工作。通过全面开展二级单位专项检查等工作，认真贯彻落实党风廉政建设责任制。建立了25个学校党政领导干部基层联系点，实施党员领导干部联系基层党支部工作制度。统战工作不断加强，制度不断健全，成效显著，充分发挥了学校统一战线成员的优势和作用。重视和发挥民主党派、教代会、工会、共青团、妇委会、离退休教职工和广大学生在学校发展中的重要作用。国防教育和征兵工作连年获得上海市表彰。学校安全稳定工作不断加强，保障了学校各项事业的发展。

同志们，成绩来之不易。这是教育部党组、上海市委和市教卫工作党委正确领导的结果，是社会各界大力支持的结果，也是全校各级党组织、广大党员和师生员工团结奋斗的结果。在此，我代表中共华东理工大学第九届委员会向广大党员和师生员工，向离退休老同志，向各民主党派、无党派人士，向所有关心、支持、参与学校建设发展的各级领导、海内外校友和社会各界朋友，表示崇高的敬意和衷心的感谢！

七年多的实践表明，要实现学校事业发展的宏伟目标，必须坚持以下基本要求：

必须把促进人的全面发展作为推进学校各项事业发展的核心任务。要重视核心价值观引领、加强校园文化建设及提高公共服务能力。重视改善在校学生的学习生活条件，重视解决教职员工的切身利益问题。在发展中保障和改善民生，用改善民生来激励和促进发展，不断增加广大师生在华理学习、工作和生活的自豪感、幸福感。

必须瞄准国家发展的重大战略需求，将学校发展与国家和地区的发展紧密结合。要积极服务创新型国家建设和上海“创新驱动，转型发展”的战略需求，主动肩负起促进国家和区域经济、社会进步的时代使命，不断深化对世情、国情和教育发展规律的认识，强化需求导向、问题导向、项目导向，以开放促发展、促改革、促创新，在服务国家战略中把握发展机遇、创新发展思路、丰富发展内涵、加快发展速度。

必须贯彻党的群众路线，大力弘扬密切联系群众的优良作风。党员干部要深入基层，深入群众，鼓励党内外批评和监督，多干让师生满意的好事实事。重大决策、政策的制定必须充分发扬民主，广泛听取民意，坚持问政于民、问需于民、问计于民，从广大师生的实践中汲取智慧和力量，形成促进学校事业发展的强大凝聚力。

必须加强党的领导，切实肩负起抓好党的建设的重大责任。必须始终如一地坚持社会主义办学方向，坚持党委领导下的校长负责制，围绕中心抓党建，抓好党建促发展，努力提高领导学校科学发展的能力。要不断加强干部队伍建设、基层党组织建设和党员队伍建设，充分发挥党组织的战斗堡垒作用、党员的先锋模范作用，以更加奋发有为的精神状态、更加宽广的胸襟引领学校各项事业不断取得新的业绩。

在总结成绩的同时，我们更应该清醒地看到工作中还存在一些不容忽视的问题，主要是：学校领导班子决策的前瞻性、科学性还需进一步加强，治校理政的能力需要进一步提高；学校政策执行力和工作合力需要进一步加强，管理水平有待进一步提高；学校高层次人才总量不足，高水平创新团队建设需进一步加强，师资队伍整体规模还需要进一步扩大；高水平的一流学科不足，学术竞争力和影响力有待进一步提升；教育教学改革创新还需进一步深化；面对多校区办学现实，提高办学质量和效益还需进一步谋划；学校发展需求与办学资源紧缺的矛盾依然突出。我们必须下定决心，采取有效措施加以解决。

## 二、今后五年的奋斗目标和工作方针

党的十八大描绘了全面建成小康社会的宏伟蓝图，构建了中国特色社会主义事业“五位一体”的总体布局，提出了加快转变经济发展方式、着力实施创新驱动发展战略的要求，这就需要高等教育全面把握重要战略机遇期，更好地发挥科技第一生产力和人才第一资源重要结合点的作用，为国家现代化建设事业提供强有力的人才保障和智力支撑。我校经过60年的发展，已经成为特色鲜明、多学科协调发展的研究型大学，在国内外享有较高的社会声誉和影响力，为后续发展奠定了坚实基础。国家对教育投入的大幅增加及学校筹资能力的增强，为学校事业发展提供了一定的条件保障。但同时我们需要看到，高等教育的国际竞争，兄弟高校的快速发展，上海及周边地区多所高起点、高配置大学的建立，高层次人才的加速流动，优质生源的激烈竞争等新情况使我校的发展面临新的挑战。

未来五年是学校事业发展爬坡较劲的时期，前有标兵，后有追兵。百舸争流，不进则退，慢进也是退。机遇与挑战前所未有，迫切需要我们以国际视野和前瞻眼光，跟上时代发展潮流，站在高起点上谋划自身发展，赢得发展先机，抢占未来制高点，努力提高服务经济社会发展的能力。

学校事业发展面临的十分紧迫而艰巨的任务是进一步解放思想、转变观念、深化改革，突破阻碍发展的体制机制障碍，充分激发创新活力、拓展发展空间、改善办学条件、提高社会声誉。我们必须直面事业发展中的重大问题，不回避、不徘徊、不犹豫、不退缩，抢抓机遇，迎接挑战，推动学校事业科学发展、和谐发展、跨越发展。

今后五年学校工作的奋斗目标是：把提高教育质量作为学校改革发展最根本的任务，遵循高等教育发展规律，建立更具活力的体制机制，全面提升人才培养、科学研究、社会服务、文化传承创新整体水平，使更多优势学科进入世界前列；进一步提高服务国家发展战略的能力，显著提升学校的社会影响力，使学校的核心竞争力位于全国高校前列，基本建成国际知名、特色鲜明、多学科高水平的研究型大学。

具体来说，就是要在以下六个方面实现新的突破：

——人才培养工作的核心地位更加稳固。生源质量不断提高，学科和专业结构进一步优化，优质课程与精品教材比例持续增加。教学与科研深度融合、相互支撑。素质教育全面推进。创新人才培养的支撑基础更加坚实，教育教学质量评价体系更加科学、保障体系更加完备。学生的综合竞争力显著增强。

——高水平师资队伍建设成效显著。高层次人才浓度不断提高，师资队伍规模继续扩大。一批知识创新团队、技术创新团队、特色专业和精品课程体系教学团队展现活力与特色。科研领军人才和教学名师不断涌现，青年教师健康成长。基本建成一支师德高尚、业务精湛、结构合理、领军人才汇聚、青年才俊活跃的高水平师资队伍。

——科技创新能力日益增强。构建和完善华东理工大学科技创新体系。基本建成国家、地方、学校三级协同创新网络，学校协同创新能力全面提高。继续有更多高水平论文在国际顶尖学术期刊上发表。科技成果转化率稳居全国高校前列，解决经济社会发展重大问题和行业共性关键技术难题的能力显著提升。

——国际化水平显著提升。与世界一流大学、研究机构的合作交流深化拓展。组织和参与国际学术会议、加入国际学术组织的教师人数稳步增加，部分教授、专家的国际影响力进一步提高，构筑国际化师资高地的基础不断夯实。与国外高水平大学之间的学生交流互换培养机制进一步完善，本科生国际交流的比例逐步提高，外国留学生规模稳步扩大。基本形成全方位、多层次、宽领域的国际合作与交流格局。

——体制机制改革进一步深化。党委领导下的校长负责制进一步完善，学校管理制度体系更加健全，内部治理结构更趋合理，教授治学得到体制机制保障。决策、监督、执行机制运行顺畅，依法治校、科学决策、民主管理和有效执行的能力进一步增强。

——校园更加和谐美丽。大学文化建设引领发展的功能进一步彰显。基础设施建设继续推进，各校区功能和定位得到进一步优化，办学条件明显改善，民生水平不断提高。稳定、高效、安全的数字化校园体系基本建成，智慧校园建设进一步完善。校园环境整洁优美、环保生态、文明和谐。

为实现上述目标，我们必须坚持以下工作方针：

一是坚持以人为本。要尊重和维护师生员工在学校发展中的主体地位，尊重人、依靠人、发展人。要不断完善激励机制、激发师生员工的责任感和使命感，调动师生员工参与学校建设的主动性、积极性和创造性，在各自的工作和学习岗位上建功立业。

二是坚持文化引领。大学文化是大学生存、延续、发展的支柱和根基所在。大学文化建设决定着大学自身的改革高度、发展定位和未来走向。要通过传承、提炼、创新和引导，培育师生共同坚守的理想信念、价值取向和行为准则，为事业发展提供强大的精神动力。

三是坚持改革创新。学校要发展，根本靠改革，要把改革创新作为推动学校科学发展的强大动力。要进一步更新教育思想观念，改革人才培养模式，创新管理体制机制，建立现代大学制度。

四是坚持特色发展。特色就是一种优势，特色发展是建设高水平大学的必由之路。要根据我校在中国高等教育格局中所处方位，立足于现有办学资源、学科优势和战略规划，整合、凝练、打造学校的学科特色、人才培养特色和大学治理特色。

五是坚持开放交流。拓展对外交流合作空间，博采众长，吸收借鉴成功经验，引进更多社会资源，提升办学水平和教育质量。要通过与国内外高水平大学和机构开展广泛的交流与合作，实现人员、项目、学术和文化等方面的优势互补和共赢发展。

## 三、坚持改革创新，全面提高学校的办学质量

今后五年，是学校实现快速发展的关键五年。要按照科学发展观的要求，深入贯彻落实《国家中长期教育改革和发展规划纲要（2010—2020）》，围绕学校“十二五”规划的实施，推进学校各项事业又好又快发展。

### （一）深化改革，培养高素质拔尖创新人才

加强学生思想政治教育。要全面贯彻党的教育方针，不断完善思想政治教育工作体系，建设一批思想政治理论教育的精品课程，提高思想政治理论课的教学和研究水平。推进中国特色社会主义理论体系进教材、进课堂、进头脑。实施立德树人工程，提高学生思想政治教育工作科学化水平。重视学生综合能力培养，构建实践育人新体系，构筑学生全面发展平台，着力提高学生服务国家人民的社会责任感、勇于探索的创新精神、善于解决问题的实践能力，促进学生全面发展。

巩固本科教学基础地位。本科教育是立校之本，要把本科教学作为学校最基础、最根本的工作，领导精力、师资力量、资源配置、经费安排和工作评价都要体现以教学为中心。每年召开本科教学工作会议，着力研究解决人才培养和教育教学中的重点、难点问题。要稳定本科招生规模，实施优质生源工程。优化专业培养方案，着力建设好优势专业、特色专业和前瞻性专业。要建立切实有效的激励和约束机制，将教师的职业发展与人才培养质量挂钩，确保教师对教学投入更多精力，落实好教授为本科生上课的基本要求。改进教学方法和手段，优化课程体系，提高优质课程和精品教材的比例。通过开放共享实验室和实施大学生课余创新实验计划，将优质的科研资源转化为教学资源，促进教学与科研深度融合。深化校企合作，推动协同创新和产学研合作教育、支撑工程教育和创新创业教育，探索工程科技领军人才和卓越工程师培养的新模式。推进教学管理制度创新，建立灵活的转专业、选课和选导师制度，为学生提供自主发展的空间。继续加大对本科教学的投入，改善教学条件。建立和完善两校区办学中科研与教学互动的良性运行机制，吸引教师在奉贤校区开展教学科研工作，营造优良的教风学风，创造良好的教学环境和创新人才培养氛围，培养更多的优秀毕业生。努力构建多层次、高质量、高效益的现代继续教育和远程教育，为高等教育大众化和创建学习型社会作出贡献。

改革研究生培养机制。研究生教育是强校之基。改革和完善研究生保送和招考制度，举办研究生暑期夏令营，招生指标向重点基地和领军人才倾斜，扩大硕博连读和免试直博比例，完

善研究生奖助体系，优化生源质量。启动新一轮研究生培养方案修订工作，加强课程体系建设，增加专业选修课数量，建设全英文课程模块，提升核心课程质量。实施新一轮优博培育计划，鼓励跨学科交叉培养，提升创新意识和创新能力。大力发展专业学位教育，增建上海市专业学位创新实习基地。根据学生特点和社会需求，着力提高学术型研究生和专业学位型研究生的培养质量。加强导师队伍建设，健全导师遴选、考核等制度，明确导师责任和权利，破除导师终身制，完善以科学研究和实践创新为主导的导师负责制，扩大导师特别是博士生导师在录取、资助等方面的自主权。

**（二）优化结构，创新机制，打造高水平师资队伍**

建设高层次人才队伍。师资队伍是决定学校事业发展的关键，必须把师资队伍作为学校最重要的基础性工作来抓。按照“师德为先、教学为要、科研为基”的要求，以高层次人才为重点，建设一支师德高尚、业务精湛、结构合理、充满活力的高水平师资队伍。要精心编制各学科专业师资需求规划，明晰人才引进的方向和要求。注重省部级以上科研创新团队建设，重点建设一批知识创新团队、技术创新团队、特色专业和精品课程体系教学团队。加强学科带头人队伍建设，形成一支结构合理、能够支撑学科发展的学术梯队。继续实施校特聘教授制度，重点延揽“千人计划”“长江学者”等有国际水准的高层次领军人才，努力培养和引进100名左右具有国内一流水平、在国际学术界有一定影响的学术或学科带头人，200名左右承担省部级以上重点教学和科研任务的学术带头人，800名左右各类教学与科研骨干。

促进青年教师发展。青年教师是学校的未来，是教师队伍建设中的重中之重。实施“华东理工大学青年英才引进与培育计划”，拓宽选人视野，完善遴选制度，重视提高新进教师质量，完善师资博士后制度，提高具有海外知名大学研修经历人员的选录比例。通过“以才引才”，强化优秀人才集聚效应。建设好教师发展中心，提高教学基础能力、实践能力和专业水平，搭建沟通、交流、帮扶、发展的平台，做到思想上关心、事业上激励、发展上助力，促进青年教师的健康成长和全面发展。努力培养50名青年英才、100名青年教学科研骨干和300名优秀青年教师。

创新激发人才活力的工作机制。完善评聘、考核和人事分配制度，使人才选拔、资源配置、绩效评价、成果归属和薪酬激励制度更加有利于人才个体与团队的成长和发展。建立和完善教授校内跨专业、学科的“双聘制”，鼓励学科交叉和跨学科人才培养。高度重视实验、工程及其他各类技术队伍建设，建设一支专业化、规范化、精细化和人性化的保障与服务队伍。

### （三）瞄准前沿，聚焦需求，全面提升科技创新能力

巩固和提升优势和特色学科平台。优势和特色学科平台是体现学校竞争力的重要标志。要通过新一轮“211 工程”“985 平台”以及国家重点学科申报和建设，巩固和提升工科学科优势，在强势学科领域中形成化学工程与技术、生物技术与工程、动力工程及工程热物理、控制科学与工程、材料科学与工程、化学、药学、资源与环境等若干“学科高峰”，使化学工程与技术等在国内同领域稳居前列，形成实力雄厚的国家重点学科群。依托学科优势，服务生态文明建设。加快建设一流理科，发展高水平、有特色的人文社会学科，推动哲学社会科学理论创新，提高服务社会的能力，增强学校在国家和区域战略层面上的综合影响力。要打破学科壁垒，进一步促进学科交叉与融合，形成新的学科生长点。

构建和完善科技创新体系。按照“突出优势，强化特色”的原则，组建有利于面向国家战略和国际学术前沿的跨学科平台与团队，逐步建成重大科学研究、交叉学科研究和自由探索式研究相结合的科技创新体系。谋划建立高水平研究基地，主动对接国际科技前沿，开展基础研究，力争在重大研究方向上有所突破。围绕国家重大工程，对接战略性新兴产业，积极争取承担体现核心竞争力的重大科研任务。建设好华东理工大学科学技术发展研究院，推动科研组织模式创新，促进学术资源整合与共享，建立符合重大项目需要的资源配置与政策体系。积极推进科研目标化管理，提高重大项目、重大奖项、高影响因子和他引率等在科研考核中的比重。

全面提高协同创新能力。要构建学校、地方、国家三级协同创新网络，全面提高协同创新能力。在学校内部，要突破体制和机制障碍，加强部门、学院、学科、基地之间的协同合作，整合技术和人才优势，面向国家重大战略需求，创一流团队、建一流平台、出一流成果、育一流人才。要以实施“2011 计划”为契机，以“国家急需，世界一流”为根本出发点，积极牵头组织并参与各类协同创新中心的建设。

推进科技成果转化。加强国家和国际技术转移中心、国家大学科技园建设，使其成为人才和技术辐射的重要平台和主要途径。聚焦战略性新兴产业发展需要，加大关键技术的研发及推广，探索促进产学研结合的体制机制，构筑高水平产学研合作平台。建设若干产业研究院、联合实验室和研发中心等机构，对接区域经济一线，努力促进科技成果转化，大幅度提高专利实施率。

### （四）大力推进国际合作与交流工作

提升国际化水平。国际影响力是衡量办学水平的重要标志，要通过提升国际化水平，加快推进学校卓越发展，引领学校提高办学质量，从而提升学校的国际地位、影响力和竞争力。要

进一步完善《国际合作与交流工作绩效评估方案》，大力推动国际交流工作重心下移，在学校、学院、学科多个层面开展国际合作与交流。以国际影响评价教授，以国际标准衡量管理，促进教学、科研与管理水平的全面提升。积极采取有效措施，引进国际著名专家学者，构筑国际化师资高地。营造校园国际化氛围，促进多元文化交融和跨文化交流。

加强国际学术交流。要在更高层次和更广范围推动与世界著名大学、研究机构和企业的学术交流与合作，探索建设海外合作综合引智平台。鼓励教师加入国际学术组织，牵头和参与国际重大科研项目和合作交流项目，举办和参加国际学术会议，在与国际同行交流中提升学术能力。创造条件让更多的教师和管理干部到国外一流大学研修，主动利用全球科技资源，拓展国际视野，提高竞争能力。

推进学生培养的国际合作。学生的海外学习交流是提高学生综合能力的重要途径。要鼓励开展“学历学分互认、联合培养、合作科研、暑期项目”等各类学生交流交换项目，强化与海外高水平大学之间的交流互换培养机制。要为更多本科生创造联合培养、学业深造、短期游学的机会，力争将本科生国际交流的比例提高到30%。支持研究生特别是博士研究生参加国外访学。稳步扩大本科留学生规模，积极推进留学研究生教育。完善外国留学生教学、管理、服务模式，加强知华、友华教育，做好留华毕业生工作。

**（五）改革创新，健全和完善有利于学校科学发展的体制机制**

加强学校的制度建设。大学制度建设是推进依法办学的重要保证。要根据“依法办学、自主管理、民主监督、社会参与”的原则，借鉴国内外一流大学办学经验，制订并正式颁布《华东理工大学章程》，依据章程实施大学治理。做好党务校务公开，进一步完善财务公开制度，不断丰富公开内容和形式，及时公开关乎学校发展大局的重要政策。加强学术民主管理，进一步发挥校学术委员会的作用，推进教授治学。健全民主党派和群众团体参与民主管理机制，进一步支持和加强民主党派、统战团体、工会、妇委会和团学组织的自身建设，充分发挥他们关心师生利益、反映师生呼声、引导服务师生的桥梁纽带作用。

完善决策、执行、监督机制。要充分发挥党委全委会、教职工代表大会和学生代表大会在决策、执行、监督中的作用。要依法明确、合理界定学校内部不同事务的决策权，严格遵守程序，规范决策过程，严格执行“三重一大”决策制度。要完善党内民主制度体系，健全政策公开和决策咨询制度，积极探索党代表、人大代表、政协委员、民主党派和师生代表参与的开放式决策机制，使各项决策建立在大多数人共识的基础上，更加科学，更加符合师生员工的利益。要健全落实督办执行机制，对已决策事项切实做到及时介入、迅速启动、扎实推进，避免议而不决、决而不行的情况出现，提高决策执行能力，健全决策失误纠错改正机制和责任追究制度。健全和规范党委常委会向全委会定期报告工作并接受监督制度，规范监督程序和措施。坚持党内监督与党外监督相结合，专门机构监督与群众监督相结合，充分发挥舆论监督作用，增强监督的合力。

推动管理重心下移。要深化院（系）管理改革与创新，进一步推动管理重心下移，充分调动和发挥院（系）的办学积极性。探索以创新人才培养体制为核心、以学院为基本实施单位的综合性改革。在调整院（系）、研究机构组织架构的基础上，建立以提高水平和效率为主要目标的运行机制，明晰学校与院（系）、创新平台之间的责、权、利关系，赋予院（系）、科研基地相对独立的财务、人事管理权。

**（六）健全和提升大学文化建设体系，营造有利于学校快速发展的文化氛围**

文化是大学的灵魂，是师生员工的精神家园，彰显着大学的生命力、凝聚力和创造力。要健全以“文化导向、文化传承、文化育人、文化传播、文化生态、文化创新”为主要内容的大学文化建设体系，营造有利于学校快速发展的文化氛围。要继承和发展建校60年来形成的宝贵精神财富，将“勤奋求实、励志明德”的校训精神内化为华理人共同的文化品格，不断提升华理的核心价值追求。要加强校史研究，对长期积淀形成的优秀文化传统进行总结和提炼。推进校史馆、档案馆、主题博物馆、人物纪念馆等文博资源建设，集中展现学校的历史积淀、文化传统和建设成果，坚定师生员工对学校事业发展的信心，增强广大师生的认同感和自豪感。要通过组织开展承载着丰厚文化内涵的校园生活和学习活动，培养学生优良的品质、科学的思维以及必备的良好习惯和完备的知识结构。要以新媒体建设为重点，进一步拓宽宣传阵地，健全重大新闻发布机制，完善突发事件新闻应对机制，提高舆论引导能力，进一步提升学校知名度和美誉度。要以开展“上海市文明单位”和“校文明单位”创建活动为抓手，继续深化精神文明建设，营造和谐相处、协同发展的文化环境。要认真规划大学文化重点建设项目，推进校园文化项目创新，在继承历史的基础上变革求新，弘扬开拓进取、敢为人先、勇于创新、精益求精、宽容失败的精神，塑造崇尚科学真理、崇尚学术自由、崇尚人文关爱的文化，并将其体现在学校的制度中，体现在师生的共同行动中，成为促进事业发展的强大动力。

**（七）改善办学条件，提高民生水平**

统筹优化资源配置，为学校发展提供空间与财物支撑。要统筹优化徐汇、奉贤、金山三校区功能，完善建设方案。在继续推进奉贤校区二期工程建设的同时，启动徐汇校区2万平方米学生宿舍楼和科研大楼的建设，改善用房条件。健全实验室用房“动态优化调整”和“自我约束发展”机制，完善大型仪器设备共享制度。加强多元筹资，积极争取政府的持续投入。大力发挥校董会、校友会和基金会作用，拓宽社会捐赠渠道，争取更多的社会资源。健全财务监管体系，建立科学有效的预算管理和监督机制，开源节流，统筹财力，发挥资金杠杆和导向作用，提高资金使用效益。要依据发展规划科学合理配置资源，建立科学规范的人、财、物、房配置机制，根据办学绩效实施有效的奖励政策。

建设美丽校园、智慧校园。推进平安校园、绿色校园建设是建设和谐校园的重要保证。要积极构建与学校发展目标相适应的服务保障体系，形成统一开放、竞争有序和服务规范的后勤服务市场，建设好保障与服务队伍，营造卫生整洁、环保生态、服务有序、文明和谐的环境，建设亮丽校园。坚持完善基础、整合资源、推动应用、提升服务，通过校园网络技术升级、信息共享平台和应用系统建设，建立一个稳定、高效、安全的数字化校园体系。完善文献资源保障，提高信息服务水平，继续推进智慧校园建设。

继续改善民生。要重视民意、关注民生，建立教职工收入稳定增长机制，让教职工共享学校改革发展成果。同时，多渠道改善青年教职工住房条件，关心离退休老同志的生活，认真做好各项敬老、助老工作。关注生活困难群体，完善帮扶救助体系和医疗保障体系，努力使教职员工过上更好的生活。

## 四、全面加强党的建设，提升学校党建科学化水平

加快建设国际知名、特色鲜明、多学科高水平的研究型大学，关键在党，关键在人。各级党组织、领导干部和全体党员要肩负起崇高使命，全面推进党的思想建设、组织建设、作风建设、反腐倡廉建设和制度建设，不断提升学校党建科学化水平，确保党组织成为学校建设和发展的坚强领导核心。

### （一）加强党员干部的思想建设

加强党的思想建设，理论武装是根本，党性教育是核心，道德建设是基础。学习贯彻党的十八大精神，坚持用中国特色社会主义理论体系武装党员干部的头脑。要进一步健全学习制度和工作机制，丰富内容、形式和载体，努力提高学习的针对性和实效性，深入推进学习型党组织建设。要抓好党性教育环节，促进领导干部和全体共产党员坚定理想信念，坚守共产党人的精神追求。通过在理论武装、党性教育和道德建设等方面创造性地开展工作，努力为学校事业发展提供强大的精神动力和思想保证。

### （二）加强以校领导班子建设为重点的干部队伍建设

提高教育质量和办学水平，需要一支眼界宽、思路宽、胸襟宽，有信念、有正气、有本领、有担当的干部队伍。加强学校干部队伍建设，校领导班子是关键。校领导班子成员要从学校事业发展的全局出发，努力做到政治坚定、能力过硬、作风优良、奋发有为、清正廉洁，要勤于学习、善于思考、倾情投入，正确处理好学校管理工作和自身专业发展的关系，把心思放在办学上、把时间用在治校上、把功夫下在提高质量上。要求别人做到的自己要首先做到，要求别人不做的自己要坚决不做，以良好的作风赢得师生员工的信任和拥护。要进一步健全学院党政集体领导、分工合作、共同负责的领导体制和工作机制，加强院级领导班子建设，不断提高基层领导班子成员的管理水平。坚持“德才兼备、以德为先”的用人标准，探索和完善竞争性选拔工作的方法和路径，注重在实践中培养锻炼，加大优秀年轻干部的选拔力度。

### （三）加强基层组织建设和党员队伍建设

党的基层组织是推动学校改革发展、维护学校稳定、服务师生群众、促进校园和谐的战斗堡垒。要以多种教育培训方式提高基层组织负责人带队伍、抓党建、促发展的能力。通过指导每月组织生活、评选教工党支部“十佳组织生活”和学生党支部“优秀组织生活”、党建联建共建等做法，加强基层党组织的先进性建设。继续加强网络党建工作，深入推进基层党建信息化、制度化、科学化发展。不断优化基层组织运行模式，大力倡导给党员过政治生日、党员领导干部与基层党支部结对子等做法，进一步健全基层党组织的工作机制。高校是优秀青年最为集中的地方，学生党建工作是党员发展工作的重中之重。要通过“三级党校”培训、共青团组织推优、入党公开答辩等机制，提高入党积极分子培养和党员发展质量，抓好在优秀大学生、高知群体特别是青年教师中发展党员的工作。进一步健全和实施党员教育管理的长效机制，通过定岗明责、述责答辩、民主评议等机制加强党员先进性和纯洁性建设，深入开展以为民、务实、清廉为主要内容的党的群众路线教育实践活动，发挥党员的先锋模范作用。进一步发挥党校在党员干部理论武装和教育培训中的重要功能，提高培训实效。围绕学校中心工作和党建科学化建设，进一步提升党建研究水平。

### （四）加强党风廉政建设

反腐倡廉必须常抓不懈，拒腐防变必须警钟长鸣。要进一步加强反腐倡廉教育和廉政文化建设。以理想信念教育为核心，广泛开展廉政文化创建活动，加强党风廉政宣传教育工作，增强广大党员干部抵御各种风险、经受各种考验的能力。坚持标本兼治、综合治理、惩防并举、注重预防的方针，严格执行党风廉政建设责任制，防控廉政风险，全面推进惩治和预防腐败体系建设。严肃党的纪律，坚持纪律面前人人平等，遵守纪律没有特权，执行纪律没有例外。加强职业道德和学术道德建设，大力倡导道德自律，严肃惩处道德失范。认真受理群众的信访举报，坚决纠正和查处违纪违规行为，着力解决群众反映强烈的问题，筑牢党领导学校发展的群众基础。确保党的组织纯洁、党员干部清正廉洁。

同志们！2012年10月20日，我们隆重庆祝了建校60周年。华东理工大学60年的光辉历史，是一部始终与国家、民族命运紧密相连的发展史，是一部培养优秀人才、服务国家发展战略的创业史，是一部自强不息、开拓创新的奋斗史。60年来，为了把青年学子培养成祖国的栋梁之材，我们上下求索；为了服务于国家自主创新能力的提升，我们追求卓越；为了服务于国家的战略需求，我们爱国奉献；为了建设共同的精神家园，我们传承创新。

忆往昔，我们深感骄傲与自豪；展未来，我们倍感责任在肩、时不我待。全面提高教育质量，加快培养拔尖创新人才，提高我校自主创新能力，是时代赋予我们的光荣使命，也是全体华理人共同的奋斗目标。我们要紧密团结在以习近平同志为总书记的党中央周围，在教育部党组、上海市委和市教卫工作党委的领导下，高举中国特色社会主义伟大旗帜，全面贯彻落实党的十八大精神，以更加坚定的信念、更加广阔的视野、更加开放的姿态，同心同德、自强不息、开拓进取、奋发有为，共同创造华东理工大学幸福美好的明天！

# 在十届一次全会上的讲话

杨贤金

2012 年 12 月 28 日

同志们：

在刚刚闭幕的学校第十次党代会上，选举产生了新一届中共华东理工大学委员会。刚才，在十届一次全会上，又选举产生了书记、副书记和党委常委，通过了学校纪委十届一次全会的选举结果。在这里，我代表当选的党委常委，对同志们的信任和支持表示衷心的感谢！

由于年龄原因和工作需要，九届学校党委中的一些同志不再进入本届校党委班子，他们在任职期间，为华东理工大学改革发展稳定倾注了大量心血，作出了重要贡献。借此机会，我代表第十届校党委，向他们致以崇高的敬意！

当前，全国上下正在认真学习贯彻党的十八大精神。十八大提出的加快转变经济发展方式、全面实现“两个百年目标”和推进中国特色社会主义事业总体布局对高等教育提出了新要求，这就需要我们更好地发挥科技第一生产力和人才第一资源重要结合点的作用。华东理工大学作为在国内外有较大影响的高水平研究型大学，落实十八大精神的最好体现是培养出更多的高素质拔尖创新人才、研究出更多高水平成果并促进成果转化为生产力。

党代会报告分析了目前学校发展面临的形势，提出了未来五年的发展目标，明确提出要把我校基本建成国际知名、特色鲜明、多学科高水平的研究型大学。从现在开始，领导学校完成好这一艰巨任务的重担就落在了我们这一班人的肩上。此时此刻，我和大家一样，深感责任重大。两委委员一定要从学校事业发展的全局出发，勤于学习、善于思考、倾情投入。在常委会组成成员中，有院士、长江杰青、“863”领域专家等高层次人才，需要大家正确处理好学校管理工作和自身专业发展的关系，把心思放在办学上、把时间用在治校上、把功夫下在提高质量上。“打铁还需自身硬”，要求别人做到的自己要首先做到，要求别人不做的自己要坚决不做。全体委员，特别是常委们，要以更加奋发有为的精神状态，全身心地投入到工作和事业中去，在师生员工中树立开拓进取、敢于担当、讲求实效的良好形象，不辜负学校广大党员的信任、师生员工的期望，尽心尽力，履行好职责。为此，我讲三点，与同志们共勉。

## 一、更加注重学习调研

学习的问题是老生常谈了，学习的重要性也自不待言。学习能够使我们开阔视野、心胸宽广、大气谦和、睿智开明，学习更能使我们明确未来的发展方向，增强政治敏锐性。我们要重视理论学习。毛泽东同志说过：不重视学习理论，天天搞事务，一定会迷失方向。小平同志也曾讲过：“不注意学习，忙于事务，思想就容易庸俗化，如果说要变质的话，那么，思想的庸俗化就是一个危险的起点。我们要造成一种学习的空气，学习理论的空气，学习实际的空气，这是我们的一个党风，我们党的一个好的传统作风。”两委委员要加强政治理论、教育、管理、法律、历史的学习，要增强辩证、历史的看问题的本领，不断提高治校理政的能力，推动学校快速发展。

首先，要深入学习党的十八大精神。学习的目的是为了更好地推动工作，不是为了学习而学习，也不能从理论到理论，要结合学校的工作找准贯彻落实的切入点。在“五位一体”的总体布局中，生态文明建设和我校的学科优势密切相关。最近，教育系统学习宣传贯彻党的十八大精神专辑之十三，也就是教育部简报〔2012〕第214期，以题为“华东理工大学依托学科优势，服务生态文明建设”报道了我校的做法和思考，充分肯定了我校在生态文明建设方面卓有成效的工作。在22日召开的校学术委员会上，围绕生态文明建设，委员们也进行了专题讨论，对资源利用、环境保护等方向的发展提出了建议。这是实实在在的贯彻落实，找的切入点非常准。

其次，要学习研究高等教育发展规律。世界多极化、经济全球化深入发展，综合国力竞争不断加剧，许多发达国家都把教育和人才优势作为国家最核心的战略利益。当前，世界经济处在困难时期，各国都试图通过科技创新和转变经济发展方式来推动经济发展。实现经济发展方式的转变，要靠科技创新，科技创新依靠高水平人才，高水平人才要靠大学来培养。所以不管是发达国家还是发展中国家，都十分重视高等教育的发展，这使高等教育的国际竞争愈发加剧。形势倒逼我们要积极探索学校发展的新模式，需要我们不断加强研究高等教育规律，把国内外优秀大学的经验和学校的实际情况结合起来，创造性地开展工作。我们既不能自卑，也不能自大，不能轻视别人的经验，也不能把他们的经验简单“拿来”、照抄照搬。我们党委一班人要通过学习研究，依靠全校师生和广大校友，探索华理特色发展之路。

最后，要善于调查研究，提高决策水平。没有调查研究就没有发言权，没有调查研究就没有决策权。调查研究是我们全面掌握情况，做出科学决策的前提。有时我们的决策不准确、不科学，就是因为没有进行充分的调查研究，对全局的情况掌握不够清楚，甚至是“盲人摸象”，以偏概全。调查研究必须深入，不能蜻蜓点水、浅尝辄止，一定要做到全面准确。不能简单地以“眼见为实”来下结论，其实很多时候“眼见未必为实”。只有通过广泛的调研，掌握全面真实情况，才能得到准确的结论。我们要善于横向比较和纵向比较，纵向比较能看到我们学校的快速发展，以增强发展的信心；横向比较能知道我们发展的空间和潜力，以增强发展的动力。大家要抓住机会进行调研，把出差、出访当成调研的机会，学习、吸收好的经验，他山之石，可以攻玉。

## 二、更加注重真抓实干

未来五年是学校事业发展爬坡较劲的五年，我们前有标兵，后有追兵。能否实现党代会提出的目标，关键看我们怎么干，现在最要紧的是抓好落实。有想法没有办法，等于没有想法。有想法，还必须有办法，否则目标实现不了。我们不仅需要顶层设计，还需要顶层推动，要有实现目标的整体方案、路线图、时间表。抓落实的关键在于“干”。干了，可以不说，但说了的事就必须干，而且要干好。不干，再好的决策、规划、目标都失去了意义。“说得好不如做得好”，我们的革命导师早就说过“一打纲领不如一个行动”。小平同志也告诫我们：不干，半点马克思主义都没有。

干工作要有雷厉风行的作风。发现了工作中的问题，就要努力去解决；今天看到的问题，不能明年这个问题还依然存在。作为校领导班子成员，手中掌握着资源，难点、重点问题应该是我们解决，如果我们都不能协调解决，普通干部、教职工就更解决不了。我们没有理由抱怨现在存在的这些问题不能得到及时解决，也没有任何理由推卸责任。对看准的事、议定的事，要创造条件把工作进度往前赶，把握工作的主动权，努力避免议而不决、决而不行。“干”的标准要高，不能以“差不多”“还可以”为标准，要以创一流、创卓越为标准，这样才能推进事业快速发展。

对做出的决策，要明确责任部门和责任人。要通过检查、督办，查找工作环节中的漏洞、问题，及时完善，踏踏实实推进工作，不急功近利、不虚夸、不浮躁，做到真督实查，一抓到底，使各项工作全面落实。

## 三、更加注重作风建设

党的作风建设是党的建设的重要内容。在革命时期，我们党就形成了三大优良作风。在七届二中全会上，毛泽东同志告诫全党：务必使同志们继续地保持谦虚、谨慎、不骄、不躁的作风，务必使同志们继续地保持艰苦奋斗的作风。党的十八大报告紧紧围绕当前党的作风建设的重点、难点和热点问题，提出了许多针对性很强的新思路、新要求、新举措，对新形势下加强党的作风建设进行了全面部署。加强领导班子的作风建设是推动学校各项工作的重要保障。

一要和师生员工保持有效的沟通。学校是一个基层单位，有些人认为天天和教师、学生在一起，就不需要调查研究了，师生的想法我们都清楚……其实不然。我们经常接触的人给我们提供的信息和想法可能只是片面的、零碎的，因为每个单位、每个领域、每个人的情况都是不一样的。要掌握全面的情况，就必须和师生员工进行有效的沟通，这样才能了解师生的想法、需求、困难、愿望，才能在决策过程中考虑得更加全面、具体、有针对性。学校里没有“官”，学校里再大的“官”也不是官，千万不能把自己当成一个“官”，在与师生沟通时不要有“官”的思维和“官”的架子，不要讲“官”话，要讲实话，要讲师生员工听得懂的话。要发扬艰苦奋斗的作风。随着对教育的投入增加，学校的钱比以前多了，学校办学条件已显著改善；但实际上，我们的经费还远远不足，华东理工大学勤俭持家的优良传统不能丢，我们要精打细算，用好国家和人民给予我们的每一分钱，把学校办好。艰苦奋斗也是培养学生勤俭质朴、不尚奢华的优良品质。我们的宣传工作也要改变，要深入群众，多宣传师生活动和学术成果，我们的镜头要多聚焦师生，留住他们在校园中学习、生活、工作的美丽瞬间。

二要在管理工作上投入更大的精力。领导班子成员要加大对管理工作的投入力度。我们班子成员中“双肩挑”的同志比较多，我们承担教学科研任务，能够有效保持和师生的直接联系，准确了解一线教学、科研的基本情况，具有积极的一面；但人的精力是有限的，担任大学领导就要有所取舍。只有倾情投入，把管理工作真正作为一门学问去认真研究，作为一项事业去执着追求，才能推动学校事业的发展。我认为，华东理工大学永续发展、不断进取的事业比任何个人的事业都重要，这句话是我对自己提的要求，也和同志们共勉。

三要在领导班子内营造更加和谐的氛围。一个和谐的氛围有利于大家集思广益，调动大家的积极性，有利于讨论形成有效的决策。领导班子成员在会下要多沟通、多商量，不能因为工作忙而忽视进行有效沟通。以后我们的会风也要变一变，尽量少开会、开短会，开会就要有效率，开会就要形成有效的决策。不能是常委会、常开会、开常会，形不成决议。要按照党代会报告的要求认真推进管理重心下移，现在学校层面管的事太多，管了很多不该管、管不好、管不了的事。学校层面处理的事务性工作越多，就越没有时间去谋划学校的发展。且学校层面对基层的情况又不能全面掌握，还要去决策，会造成很多决策上的不足。同时在工作中，作为领导班子成员要相互支持、相互补台，顾全大局。作为班子成员，要有雅量，能容人、容事、容言，要能听得进不同的意见，特别是能听得进反对自己的意见；对反对自己意见的人要有广阔的胸襟，以宽容、平和的态度对待。要通过党委的和谐促进学校的和谐，推进学校的快速发展。

还有3天我们就要送别2012年，迎来2013年。2013年，我们将站在一个新的历史起点上，以崭新的精神面貌掀开华东理工大学团结奋斗、快速发展的崭新一页。元旦过后，我们第一次常委会就要认真研究学校 2013 年的重点工作，按照党代会提出的目标一项一项讨论、研究、落实。我相信，在大家的共同努力下，我们一定能够不负重托、不辱使命，努力交上一份满意的答卷！

最后，祝大家新年快乐，身体健康！

谢谢大家！

# 在建校60周年庆祝大会上的讲话

钱旭红

2012年10月20日

尊敬的各位领导、各位嘉宾，亲爱的校友们、老师们、同学们：

60 年的勤奋求实，60 年的励志明德，60 年的风雨兼程，我们终于迎来这春华秋实、情真感恩的关键时间节点。今天我们欢聚在此，因您而感动！共同庆祝华东理工大学建校 60 周年！我谨代表华东理工大学，向出席庆祝大会的各位领导、各位来宾表示最热烈的欢迎！向长期以来一直给予我校关心、支持和帮助的兄弟院校和社会各界表示最衷心的感谢！同时，我也要向华东理工大学所有离退休干部教师、全体师生员工以及海内外校友，致以最诚挚的节日问候！

1952 年，当新中国百废待兴、艰难起步之时，肩负着时代的使命和民族的期望，寄托着党和国家创办一所中国“门捷列夫化工学院”梦想的华东化工学院在上海诞生。来自交通大学、震旦大学、大同大学、东吴大学、江南大学等多所高校的化学化工精英们在此汇聚。自此，开启了一所高等学府的光荣追梦之旅。

60 年栉风沐雨，60 载只争朝夕，一甲子奋斗不懈，华东理工大学始终与祖国共命运，与时代同发展，伴随着新中国高等教育事业的蓬勃发展而成长壮大。建校后不到 10 年，即于 1960 年，学校被中共中央确定为教育部直属的全国重点大学。20 世纪 80 年代起，学校开始向多科性大学拓展，1993 年更名为华东理工大学。随后，1995 年中国石化参与共建，1996 年进入国家“211 工程”重点建设行列，1997 年上海市参与共建共管，2000 年经教育部批准建立研究生院，2008 年获准建设“985 优势学科创新平台”。

由一所单科性的化工学院，发展成为今天特色鲜明、多学科协调发展的研究型全国重点大学，其间饱含着党和国家的关怀、社会各界的支持与厚爱，也凝聚着几代华理人的光荣与梦想、智慧与奉献。

60 年来，为了把青年学子培养成为祖国的栋梁之材，我们上下求索。我们牢固确立人才培养的中心地位，不断深化教育思想、教育内容、教育方法和课程体系改革，积极创新和实践“合格 + 特色”“少而精、博而通”“全面工程教育”“注重过程，强化精神传授”等教育思想，在国内较早地探索了高等教育体制改革，实行了大学选课和辅修制度、大学生乒乓球运动员的体教结合培养机制、“家庭式、书院式、自治式、身心式”学生管理体制等，并与一批海外高水平研究型大学建立了联合培养机制。学校致力于培养厚基础、强实践、高素质、具有创新精神和国际视野的社会英才，推进人才的知识、能力和素质协调发展；先后为国家培养了 16 万余名优秀毕业生，他们当中涌现了一大批学术精英、行业翘楚和治国栋梁，已经和正在为国家富强与民族复兴建功立业。

60 年来，为了服务于自主创新能力的提升，我们追求卓越。经过 60 年的建设和发展，学校依托自身力量延伸，学位授权点从建校初期的单一化工学科，拓展到现在的理、工、农、医、法、管、经等11个学科门类。我们始终瞄准国际学科前沿，不断优化学科布局，强化基础学科建设，开展重大问题研究；不断凝练学科方向，获得关键技术突破，取得了一大批重大创新成果；一批行业共性、关键技术的大规模产业化推广应用，产生了重大的经济和社会效益，并在技术转移与产学研合作方面特色鲜明，处于全国领先地位。学校的人文社会学科在社会管理与服务、城市文明建设、“三农”问题研究等方面也取得了丰硕成果。

60年来，为了服务于国家的战略需求，我们爱国奉献。自建校以来，学校努力对接国家战略和经济社会发展需求，不断增强服务社会的能力。从听从国家召唤、被中央命名为“652”代号、实施“大三线”建设工程，到对口支援西部高校发展；从马誉澂教授研制出新中国第一支青霉素，到刘馥英教授开创我国能源化工学先河；从苏元复教授参与制定中国第一个科学发展规划，到一大批师生参建中国第一座核电站；从朱正华教授研制的增感染料、红外增感染料被用于我国第一部彩色电影《女篮五号》的拷贝和“1099”高空侦察机专用胶片，到李世瑨教授在中国最早利用农业资源成功研制“尼龙66”；从研制新中国第一台生物反应器，到今日实现中国大型化工成套技术首次向美国等发达国家实施技术转移，华理人一直在辛勤耕耘，努力前行，真情奉献，无怨无悔。

60年来，为了建设共同的精神家园，我们传承创新。回首华东理工大学走过的60个春秋，从无到有、从小到大、从弱到强，从简陋的校舍到今天的多校区办学，几代华理人在这个共同的精神家园中履行使命，精耕细作，成就事业。“勤奋求实，励志明德”的校训精神，正是学校悠久的办学历史、深厚的文化渊源与精神追求的真实写照。经过60年的传承创新，纯正朴实优良的“校风、教风、学风、考风”蔚然成风。学校现已形成了“弘扬勤奋求实、励志明德的校风”“重视本科教育，树立关爱学生的教风”“活跃学生，建设执着求真的学风”“坚守底线，保持风清气正的考风”等优良文化传统。环境优美、内涵丰富、格调高雅、充满生机活力、富有深厚底蕴和鲜明特色的大学文化，必将为学校未来的科学发展提供强大的精神动力。

各位领导、各位来宾、老师们、同学们，此时此刻，回首一甲子的风雨砥砺历程，我们更加怀念以张江树先生、苏元复先生、顾毓珍先生、马誉澂先生等为代表的学校奠基者，他们为这所学校的创立和成长奠定了精神风范和文化品格。我们也要深深感谢那些为华东理工大学建设和发展作出贡献的人们。他们的每一份努力和奉献，都成为学校前行的动力；每一份精彩和成就，都书写了学校的光荣和骄傲；每一份关注和支持，都成为学校的永恒记忆。我们追忆感动、记录感动、传递感动，因感动而激励，因激励而奋进！

岁月流转，甲子重新。60周年校庆是回首纪念，更是站在新的起点上翘首展望。面对下一个60年的发展，我们的目标是贯彻落实《国家中长期教育改革与发展规划纲要》精神，改革创新，坚持走以质量提升为核心的内涵发展道路，按照“文化引领、强化特色、培育精品、扩大交流、改革创新”的发展方针，把华东理工大学建设成国际知名、国内一流、特色鲜明、多学科高水平研究型大学；并通过全校的不懈努力，用不长的时间，进入国际著名研究型大学世界500强的行列。

我们要进一步提高人才培养质量，促进人的全面发展。继续以创新能力和实践能力培养为重点，大力开展具有华理特色的“科学中的人文”与“人文中的科学”通识教育，以学生为中心，重视综合培养，让学生在校园中实现知识、素养、能力、思维、精神的超越自然增长的增值。进一步充分利用国外优质资源，推动“卓越工程师教育培养计划”，高质量完成所承担的“工程科技领军人才中外合作培养模式”国家教育改革试点项目。加大力度优化人才培养过程，深化培养模式改革；推进“大学生创新教育工程”，提高创新创业能力；构建实践育人新体系，促进学生素质全面发展。

我们要进一步探索科学研究面向经济社会发展、与人才培养紧密结合、促进学科交叉融合的新模式。坚持学科发展向基础理论和工程应用的“两端延伸”与坚持前沿和需求并举的“顶天立地”的指导思想，高度重视原创性研究，在提升优势、强化特色、分类建设的同时，打破专业、学科藩篱，着力推动前沿和交叉领域建设。瞄准世界科技前沿，围绕能源与环境、生物与医药、材料与装备、社会发展与经济管理、前沿基础等领域的科技发展、国家经济建设和社会发展重大需求，以体制机制改革为重点，以创新能力提升为突破口，大力推进协同创新，建设好“替代石油路线大型化工过程与装备技术”等协同创新中心。

我们要进一步推进人才强校战略，建设高水平的师资队伍。继续牢固树立“人才资源是第一资源”的理念，不断提升师资水平。大力实施重点学科杰出人才培养与引进、教学与科研创新团队发展、中青年骨干教师的高端人才培养等专项计划，大力加强高层次创造型人才队伍和学术团队建设；改革和完善岗位聘任、激励与考核机制，积极推进人事制度改革，有效配置人才资源；制订和实施青年教师培养方案，提高青年教师教学科研能力。以高水平的师资水平，服务于优秀人才的培养和科技创新能力的提升。

我们要进一步深化管理体制改革，探索先进大学制度。继续完善党委领导下的校长负责制，加强大学章程建设，完善治理结构。进一步推动教授治学、民主管理、依法治校。对外，通过校董会和校教育发展基金会等方式，争取并用好社会资源、适应社会需求；对内，通过正常化、机制化、机构化的学术委员会制度，充分发挥教授在学术事务管理中的决策、咨询与监督作用，实现学术自治、追求卓越、教授治学。加大力度创新管理和运行机制，优化资源配置，探索中国特色的先进大学制度。

各位领导、各位来宾、老师们、同学们。华东理工大学的60年历史，是一部始终与国家、民族命运紧密相连的发展史，是一部服务优秀人才培养、服务国家发展战略的创业史，也是一部自强不息、开拓创新的奋斗史。忆往昔峥嵘岁月，我们倍感骄傲与感动；展望未来美好前程，我们倍感责任在肩、使命光荣。为人民的幸福、国家的富强、民族的复兴、文明的进步、人类的福祉，一代代前赴后继的奋斗，是华东理工大学永远值得荣耀的使命。

今年5月14日，中共中央政治局委员、国务委员刘延东同志来校视察，对学校的发展提出了殷切的期望。我们坚信，在党和国家的亲切关怀下，在教育部和上海市委市政府的直接领导下，在社会各界和广大校友的热情支持下，全体师生员工一定不负所托、不辱使命，华东理工大学的明天一定更加美好！

最后，预祝各位领导、各位来宾在华东理工大学度过一段愉快的时光！到建校100周年之时，我们还期待着各位的光临！

谢谢大家！

# 因您而感动　华理新太阳

——在2012年本科新生开学典礼上的讲话

钱旭红

2012年9月10日

各位来宾、老师们、亲爱的同学们：

金秋九月，丹桂飘香，你们带着高考成功的喜悦与激动，怀着对高等学府的美好憧憬与梦想，走进了美丽的华理校园，为六秩华理注入了新的生机与活力。今天，在2012级新生开学典礼的庄严时刻，在全国第28个教师节的特殊日子，我谨代表全体师生员工，向2012级3 934名新同学表示最热烈的欢迎和最衷心的祝贺！同时，也借此机会向呕心沥血哺育你们的家长和老师们表示最诚挚的感谢！

同学们，你们来自五湖四海，都是高中学习阶段的佼佼者，我为华理能迎来你们这样的优秀学生而感到高兴。就人的培养而言，环境有时比基因更重要。在生物领域，研究者发现藻类在不同的环境中（如温度、水体情况等）生长的状态会不同，环境还会不可逆转地改变物种。华理具有独特的精神与文化环境，以“勤奋求实、励志明德”为校训，以“培育英才，服务社会；注重过程，勤奋求实；协调发展，特色鲜明”为办学指导思想，这些是学校“传承、凝聚、发展、共享”的核心所在，是华理60年来“因您而感动”的灵魂所在。同学们，你们选择了华理，从现在开始，你们就是华理新的主人，你们要时刻牢记：“我是华理人，要融入华理这个大家庭中，发扬光大华理的文化与精神，为华理增光添彩。”这样，华理的精神才能历久弥新。

这里我想讲两位华理人的一些轶事，与大家分享。

我校名誉校长，第九、十届全国人大常委会副委员长成思危，1956年毕业时，他各门功课成绩（包括毕业论文）获得全优，为此，我校首任校长张江树签发给他的毕业文凭上专门加盖了“成绩优等”的字样，并获得学校颁发给他的40元奖金（相当于现在的4 000元）。

我们从档案中找到成思危当年的一份学习计划（摘选），足见他是多么的“自强不息”（这是他12岁时，父亲专门送给他的勉励词）。现摘要如下：进一步发挥独立思考的能力，深入钻研，用做读书笔记和阶段性总结的方法来牢固掌握知识，并要不断地吸取同学的经验，改进学习方法；本学期考试成绩争取全部优秀；运用自己所学过的知识，做好毕业设计；国家考试（部属高校中的一种统考）的成绩要达到优秀；参加有老师指导的科学研究工作，在工作中丰富自己的知识并培养自己独立工作的能力，完成2篇有关专业方面的文章；翻译5篇有关本专业的俄文文献，同时要通过阅读侯德榜先生的《Manufacture of Soda》（英文原版）来提高自己的英文水平，在毕业前英文和俄文的阅读速度都要达到平均一小时看两页水平、毕业后3年内要掌握德文和日文。另外，每天还要坚持读报30分钟，关心时事新闻，提高自己的政治觉悟；等等。在体育方面，要坚持参加学校田径队的训练，练好中、长跑，1 500米的成绩要提高到4分20秒（他原来的成绩为4分39秒，已是全校冠军），争取达到国家等级的运动员水平。

毕业后，通过20多年的研究，成思危校友成为我国硼砂工业的科研开拓者和学术带头人；1981年，已经46岁的他赴美国学习管理学，“中年的尾声”选择求学，困难重重，比如第一关语言关，课外阅读60页，美国学生3小时看完，他抱着字典3小时才看3页，但他坚持下来了，以三个A、一个A+的优异成绩毕业，成为中国最早的MBA学位获得者，从此他迎来了人生的另一个领域，积极推动中国创业板上市，被称为“中国风险投资之父”。他还不停地挑战自己，70多岁还学习西班牙语。至今，成思危校友仍然活跃在我国经济学界，以学者的身份洞察全球经济大局。

像成思危校友这样刻苦学习、全面发展、努力工作的前辈，在华理的历史上不胜枚举。又如1955年考入我校无机物工学专业、毕业后留校任教、一直工作到生命最后一刻的于遵宏教授，也是我们华理现在所有师生学习的典范。

于遵宏教授是中国著名煤化工专家，1960年从我校毕业并一直留校任教，成功开发了具有自主知识产权的多喷嘴对置式气化技术，打破了外国对大型煤气化技术的垄断，并居于世界的领先地位。2008年7月，“石油焦气化技术”许可费过亿元，创造了中国高校迄今为止获得的最高海外技术许可费用项目。可惜，领衔开发这套技术的他却没能亲眼看到这一场景，因癌细胞扩散，72岁的他于2008年6月25日溘然长逝。未带一粟，留下沧海。

去世前8天，于遵宏教授坚持让人把2名博士生叫到病床前汇报他们论文的进展情况。在他的遗物中，有一张纸上写下了他的“汗水哲学”：“1. 扩大工作时间的可行域，尽可能把节假日、星期天的时间用上去；2. 降低生活要求，也就是说在事业与生活的选择上，我对前者更有兴趣；3. 凡工作需要而身体亦能支持得住时，减少睡眠时间；4. 持之以恒，20多年如一日。以上都是笨办法，并不足取。就个人而论，我还是相信汗水哲学的。”于遵宏先生为我国的煤气化技术鞠躬尽瘁，燃尽了自己的生命。

成思危先生的“自强不息”、于遵宏先生的“汗水哲学”等座右铭，时刻在我的耳旁回响，他们无止境地追求知识、献身科学的精神在激励我自己的同时，也希望能成为在座各位华理新人的学习榜样，从他们的身上汲取力量，从现在开始，珍惜时间，抓紧学习，诠释好人生的意义。

华理有着悠久的历史、优良的传统、杰出的校友、优秀的教师，你们将在这里和所有华理人一样立下为国奉献之志、为民服务之志，你们将在这里茁壮成长，践行自己的人生理想。

你们的大学生活即将开始，你们将从此在这东海之滨的校园开启一段人生最美好的时光。奉贤校区的校门俭朴、宏大，外形为简化的海鸥翅膀，邻近蓝色大海，寓意面向知识的海洋展开你们的翅膀；门口环抱形的广场寓意你们面向世界与未来，有海纳百川的气度与胸怀；校园内的通海湖，寓意你们创造的点点滴滴，都会汇聚通向知识的海洋。校区的中心是正方形的图文信息中心，外形是抽象的长城烽火台，寓意你们任何时候都不应忘却外敌扰边的过去，任何时候都要继承好民族优秀的精神文化传统。2007 年以来，学校开始在奉贤校区进行了一系列创新性改革，大力推进“校风、教风、学风、考风”建设，全面提高高等教育质量。积极探索“家庭式、身心式、自治式、书院式”的德育工作新模式；成功搭建了一系列以三大节日为主体的学生活动平台，引导学生充分展示自己的才能和兴趣，挖掘自身潜能，不断成长成才！

同学们，华理已经为你们搭建了成就梦想的平台，但是梦想的彼岸还需要你们自己去奋力抵达。面对未来 4 年的大学生活，你们应该思考究竟该如何度过每一天。在各高校，每年都会出现因目标缺失、沉溺网络游戏而退学的学生，甚至有的学生因作弊被开除，我们感到非常惋惜。在座的诸位，选择了华理，究竟对自己的人生意味着什么？究竟如何面临未来可能存在的困难？作为一名老学生，我必须坦率地告诉大家，求学之路无坦途，人生没有捷径，必须做到勤奋学习、独立思考，你才能一步步走向成功。

在这里，我将跟大家讲几个问题。

一、大学就是一个人的知识、素养、能力、思维、精神在校园里得到超越自然增长增值的阶段。你们要学好知识，并形成素养。同时，也要具备各项能力，知识与实践结合才能形成能力。你们还要通过学习交流，学会不同的思维方式，包括文科和理科的思维方式，东方和西方的思维方式，牛顿力学和量子力学的思维方式。最后，你们还要拥有科学精神和人文精神，科学精神首要的是要学会质疑，人文精神首要的是要学会关爱。这样你才会成为一个全面的人。

二、大学阶段大家要学会学习，找到适合你们自己的学习方法。开始是依靠教师，随后是借助教师、最后是独立于教师，逐步地发现自我，找到适合自己的学习方法。学习方法包括课堂内也包括课堂外，包括动脑也包括动手，因为知识和实践这两者是必不可少的。

三、正确对待专业。我们学校是如何进行专业教育的呢？第一，提供大家选择自己感兴趣专业的机会。在入学的最初两三个星期，允许大家进行学科专业的对调，但前提是自愿和有相应的机会，学校只做中间的媒介。在学习一年后，根据学习成绩的排名，就可以进行专业的调换。第二，如果在大学阶段，你的专业不可能发生变动，也不用担心。我们是国内大学里最早提倡复合型人才理念的，学校开设了辅修专业，你可以根据兴趣做出选择，通过这种方式培养自己成为复合型人才。第三，每个专业都有独立的知识体系和独立的思维方式，会培养你独特的精神，将来不管你们是否以本专业作为职业，都可以从这种独特的精神中获益。

同学们，再过 40 天，华理将迎来 60 周年校庆，你们将成为 60 载华理历史上最年轻的华理人。60 年来，学校共为国家培养了 10 余万名毕业生，他们在各个领域励精图治，为国家富强、社会发展作出了贡献，为母校赢得了声誉。衷心希望大家继承和发扬华理光荣的传统，志存高远、脚踏实地、勇担责任、奋发图强，成为不负社会和时代期望的优秀华理人。

谢谢大家！祝大家在校园里学习、工作、生活愉快！

# 机构与干部

Jigou yu Ganbu

# 党群机构设置

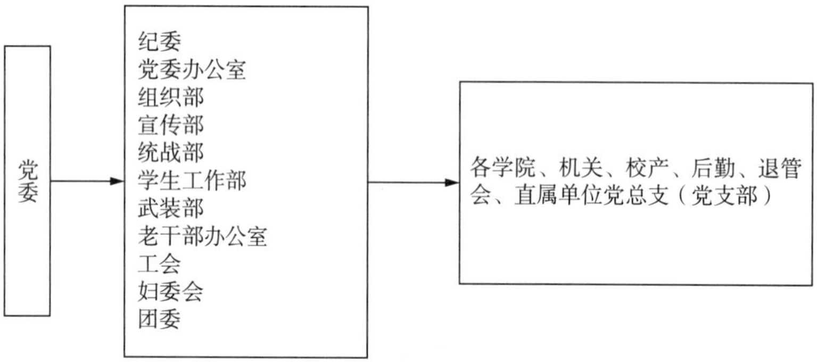
党委
纪委
党委办公室
组织部
宣传部
统战部
学生工作部
武装部
老干部办公室
工会
妇委会
团委
各学院、机关、校产、后勤、退管会、直属单位党总支（党支部）

# 行政机构设置

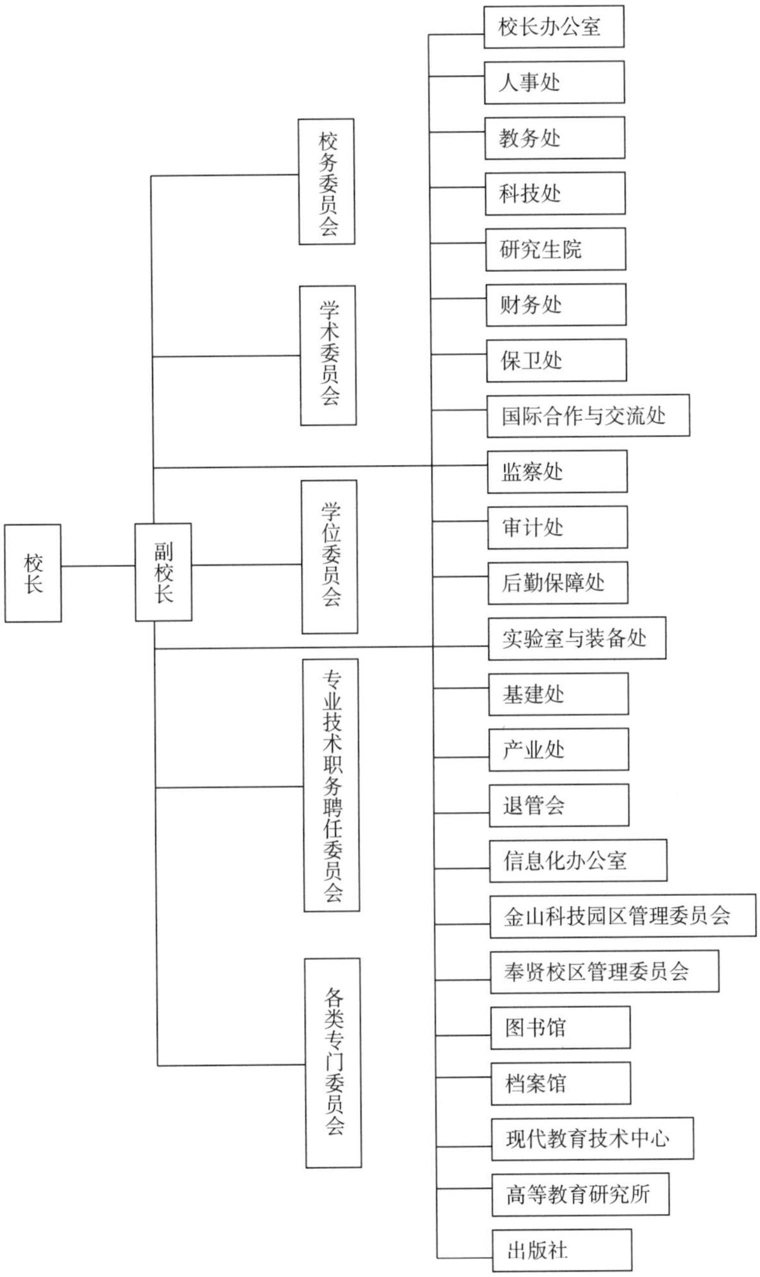

校长
副校长
校务委员会
学术委员会
学位委员会
专业技术职务聘任委员会
各类专门委员会
校长办公室
人事处
教务处
科技处
研究生院
财务处
保卫处
国际合作与交流处
监察处
审计处
后勤保障处
实验室与装备处
基建处
产业处
退管会
信息化办公室
金山科技园区管理委员会
奉贤校区管理委员会
图书馆
档案馆
现代教育技术中心
高等教育研究所
出版社

# 学校党政领导名单

| | |
|---|---|
| 名誉校长 | 成思危 |
| 党委书记 | 杨贤金 |
| 副书记 | 沈　炜　蒋文文　林志华 |
| 校　长 | 钱旭红 |
| 副校长 | 陈英南　于建国　马玉录　涂善东　杨存忠　钱　锋 |
| 纪委书记 | 林志华 |
| 校长助理 | 宋恭华　朱广忠 |

# 校党政机构负责人名单

## 党群机构：

| | | |
|---|---|---|
| 党委办公室 | 主　任 | 陈　麒 |
| | 副主任 | 陈俊傲　包瑞荣（5月离任） |
| | | 沈海涛（12月到任） |
| 纪委 | 副书记 | 童之敏 |
| | 副处级专职纪检员 | 乌家忠（2月离任）　苏建玲 |
| | | 柴　华（12月到任） |
| 党委组织部（党校） | 部　长 | 夏江雯 |
| | 副部长兼党校常务副校长 | 陈荣武 |
| | 副处级专职组织员 | 姚　文 |
| 党委宣传部 | 部　长 | 宋　来 |
| | 副部长 | 王惠文 |
| | 副部长兼精神文明办公室主任 | 丁　灏（9月离任） |
| 党委统战部 | 部　长 | 方振敏 |
| 学生工作部 | 部　长 | 王爱祥（1月到任） |
| | 副部长 | 王爱祥（1月离任） |
| | | 王芝眉　岳海洋 |
| | | 储　琰　潘力军 |
| 武装部 | 副部长（主持工作） | 蔡跃明 |
| 老干部办公室 | 主　任 | 葛轶群 |
| 工会 | 主　席 | 陈英南（兼） |
| | 常务副主席 | 沈悦萍 |
| | 副主席 | 朱志华　高永煜（兼）　王　莉 |

| | | |
|---|---|---|
| 妇委会 | 主　任 | 蒋文文（兼） |
| | 常务副主任 | 王　莉 |
| | 副主任 | 卢艳花 |
| 团委 | 书　记 | 倪　炜（12月到任） |
| | 副书记 | 储　琰　倪　炜（12月离任） |
| | | 何　希 |
| 机关（一）分党委 | 书　记 | 陈俊傲 |
| | 副书记 | 陆仲林 |
| 机关（二）党总支 | 书　记 | 陆　兵 |
| | 副书记 | 吴永奎 |
| 退管会分党委 | 书　记 | 王远明 |
| | 副书记 | 热　核 |
| 后勤（甲方）党总支 | 书　记 | 朱育红 |
| | 副书记 | 王锡庆（兼）（5月离任） |
| 后勤服务中心党总支 | 书　记 | 李晓亮 |
| | 副书记 | 刘汉伟 |
| 校办产业党总支 | 书　记 | 丁永义 |
| | 副书记 | 朱彦龙 |
| 离休直属党支部 | 书　记 | 孙丕恩 |
| | 副书记 | 葛轶群（兼） |

**行政机构：**

| | | |
|---|---|---|
| 校长办公室 | 主　任 | 袁洪学 |
| | 副主任 | 欧阳红忠　周兴吉　刘志鹏 |
| 人事处 | 处　长 | 蔡兰坤 |
| | 副处长 | 胡若军　朱学栋　周晓梅 |
| 教务处 | 处　长 | 乐清华 |
| | 副处长 | 刘百祥（12月离任） |
| | | 夏春明（12月到任） |

| | | |
|---|---|---|
| | | 林大钧　沈文君　项延训 |
| 科技处 | 处　长 | 牟伯中 |
| | 副处长 | 张武平　刘海峰　付　尧 |
| | 副处长兼社会科学发展办公室主任 | 任　虎 |
| 科学技术发展研究院 | 院　长 | 涂善东（兼）（11 月到任） |
| | 常务副院长 | 牟伯中（11 月到任） |

注：2012 年 11 月 29 日学校发文成立科学技术发展研究院（校组〔2012〕16 号）

| | | |
|---|---|---|
| 研究生院 | 院　长 | 于建国（兼） |
| | 常务副院长 | 林嘉平 |
| | 副院长 | 李　蓉　栾伟玲 |
| | 副院长兼“211 工程”与学科建设办公室主任 | 路贵民 |
| | 学位办公室主任 | 苏　腾（9 月离任） |
| | | 孙洪锋（9 月到任） |
| | 培养办公室主任 | 刘殿华 |
| | 管理办公室主任 | 孙洪锋（12 月离任） |
| | | 钱嫦萍（12 月到任） |
| 发展规划处 | 处　长 | 周　玲 |
| 国际合作与交流处 | 处　长 | 焦家俊 |
| | 副处长 | 金伟国　包　华　吴　唯 |
| 财务处 | 处　长 | 陈　康 |
| | 副处长 | 万素琴　鲁月琴（2 月离任） |
| | | 焦淑芝（12 月到任） |
| 实验室与装备处 | 处　长 | 蓝闽波 |
| | 常务副处长 | 叶肇敏 |
| | 副处长 | 吴　炎　朱育红（兼） |
| 审计处 | 处　长 | 张爱民 |
| | 副处长 | 张坦淳　李德强 |
| 监察处 | 处　长 | 童之敏 |
| 基建处 | 处　长 | 黄　樑 |

| | | |
|---|---|---|
| | 副处长 | 孙国华 |
| 后勤保障处 | 处　长 | 李晓亮 |
| | 副处长 | 王锡庆（5月离任）　孙荣林 |
| | | 方向阳（9月到任） |
| 保卫处 | 副处长（主持工作） | 陈　坚 |
| | 副处长 | 张善得 |
| 产业处 | 处　长 | 徐殿胜 |
| | 副处长 | 苏永升　朱彦龙 |
| 信息化办公室 | 主　任 | 王慧锋 |
| | 副主任 | 朱尚明 |
| 退管会 | 主　任 | 马玉录（兼） |
| | 常务副主任 | 王远明 |
| 后勤服务中心 | 总经理 | 高永煜 |
| | 副总经理 | 丁奎龙 |
| | | 李新军（9月到任） |

# 校区、科技园、院党政负责人名单

| | | |
|---|---|---|
| 奉贤校区 | 管委会主任 | 杨存忠（兼） |
| | 管委会副主任 | 李建伟 |
| | 管委会办公室主任 | 李建伟（兼） |
| | 管委会办公室副主任 | 王海明 |
| 金山科技园 | 直属党支部书记 | 孙辰修 |
| | 管委会主任 | 钱存柏（2月离任） |
| | 管委会副主任 | 徐殿胜（兼） |
| | | 孙辰修（兼） |
| 化工学院 | 分党委书记 | 张达中 |
| | 分党委副书记 | 徐心茹　司忠业 |
| | 院　长 | 辛　忠 |
| | 副院长 | 赫崇衡　赵　玲　方　波 |
| 化学与分子工程学院 | 分党委书记 | 唐燕辉 |
| | 分党委副书记 | 高永煜　程　毅 |
| | 院　长 | 田　禾 |
| | 副院长 | 张金龙　张文清　郭杨龙 |
| 生物工程学院 | 分党委书记 | 庄英萍 |
| | 分党委副书记 | 顾建雅（3月离任） |
| | | 吴　蓉（3月到任） |
| | 院　长 | 张元兴 |
| | 副院长 | 曹学君　许建和（兼）　卢艳花 |
| 药学院 | 党总支书记 | 王　喆 |
| | 党总支副书记 | 王　越 |
| | 院　长 | 蒋华良 |

| | | |
|---|---|---|
| | 常务副院长 | 徐玉芳 |
| | 副院长 | 唐　赟　叶金星 |
| 材料科学与工程学院 | 分党委书记 | 唐颂超 |
| | 分党委副书记 | 朱　芸 |
| | 院　长 | 刘昌胜 |
| | 副院长 | 郎美东　李永生　李欣欣 |
| 信息科学与工程学院 | 分党委书记 | 顾春华 |
| | 分党委副书记 | 赵　菡 |
| | 院　长 | 侍洪波 |
| | 副院长 | 牛玉刚　虞慧群　刘漫丹 |
| 机械与动力工程学院 | 分党委书记 | 周邵萍 |
| | 分党委副书记 | 方向阳（9 月离任） |
| | | 杨　倩（11 月到任） |
| | 院　长 | 轩福贞 |
| | 副院长 | 安　琦　陈琴珠　夏春明（兼） |
| 资源与环境工程学院 | 分党委书记 | 毛永康（9 月离任） |
| | | 程　里（9 月到任） |
| | 分党委副书记 | 崔姗姗 |
| | 院　长 | 刘勇弟 |
| | 副院长 | 黄光团　王辅臣　修光利 |
| 理学院 | 党总支书记 | 刘伟兰 |
| | 党总支副书记 | 钱嫦萍（12 月离任） |
| | | 黄文彬（12 月到任） |
| | 院　长 | 鲁习文 |
| | 副院长 | 刘朝晖　张先梅 |
| 商学院 | 分党委书记 | 马　玲 |
| | 分党委副书记 | 朱　姝 |
| | 院　长 | 吴柏钧 |
| | 副院长 | 黄庐进　盛宝莲　李玉刚 |

| | | |
|---|---|---|
| | | 阎海峰 |
| 社会与公共管理学院 | 分党委书记 | 朱眉华（3 月离任） |
| | | 张广利（3 月到任） |
| | 分党委副书记 | 杨发祥（9 月离任） |
| | | 万胤婕（9 月到任） |
| | 院　长 | 徐永祥 |
| | 副院长 | 张广利（5 月离任） |
| | | 杨发祥（5 月到任） |
| | | 何雪松　纪晓岚 |
| 法学院 | 党总支书记 | 梁　政（5 月离任） |
| | | 丁　灏（9 月到任） |
| | 党总支副书记 | 刘　源 |
| | 院　长 | 张　昱 |
| | 副院长 | 于杨曜　董溯战 |
| 艺术设计与传媒学院 | 党总支书记 | 张　青 |
| | 党总支副书记 | 饶　红（9 月离任） |
| | | 郑　东（11 月到任） |
| | 院　长 | 程建新 |
| | 副院长 | 周忍伟　蒋小洪 |
| 外国语学院 | 党总支书记 | 吴小敏（2 月离任） |
| | | 包瑞荣（5 月到任） |
| | 党总支副书记 | 沈　林　张　攀 |
| | 常务副院长 | 余毓国 |
| | 副院长 | 陆伟忠　颜静兰 |
| 体育科学与工程学院 | 党总支书记 | 耿元元 |
| | 党总支副书记 | 朱洵韬 |
| | 院　长 | 杨立国 |
| | 常务副院长 | 王　跃 |
| | 副院长 | 李　哲（9 月离任）　朱洵韬（兼） |

| | | |
|---|---|---|
| | | 韩　骏（12月到任） |
| 马克思主义学院 | 党总支书记 | 杜仕菊 |
| （人文科学研究院） | 院　长 | 沈　炜（兼） |
| | 副院长 | 杨　苏　熊万胜 |
| | | 郭　强（5月离任） |
| | | 陈迎年（5月到任） |
| 中德工学院 | 直属党支部书记 | 童克峰 |
| | 院　长 | 吴　唯（兼） |
| 国际工程师学院 | 院　长 | 吴　唯（兼）（10月到任） |

注：2012年10月25日学校发文成立国际工程师学院。国际工程师学院在中德工学院基础上组建，与中德工学院实行两块牌子、一套班子的管理模式（校规〔2012〕7号）。

| | | |
|---|---|---|
| 国际教育学院 | 院　长 | 涂善东（兼） |
| | 常务副院长 | 金伟国（兼） |
| 网络教育学院 | 院　长 | 宋恭华（兼） |
| | 常务副院长 | 应卫勇 |
| | 副院长 | 钱自强（9月离任）　程　华 |
| | | 刘百祥（12月到任） |
| 继续教育学院 | 直属党支部书记 | 王才龙（9月离任） |
| | | 陈俊傲（9月到任） |
| | 直属党支部副书记 | 王玉华 |
| | 院　长 | 黄　婕 |
| | 副院长 | 欧　伶　张雪芹 |

# 直属单位负责人名单

| | | |
|---|---|---|
| 图书馆 | 馆　长 | 郑建荣 |
| | 副馆长 | 孙济庆　高克平　翁惠芳 |
| 档案馆 | 馆　长 | 陆宪良 |
| | 副馆长 | 段义严（5月到任） |
| 现代教育技术中心 | 主　任 | 王　晓 |
| | 副主任 | 郑　军 |
| 工程教育学系 | 主　任 | 谭文松 |
| | 副主任 | 潘艺林（12月离任）　徐世爱 |
| 理工优秀生部 | 党总支书记 | 潘力军（5月离任） |
| | 主　任 | 谭文松（兼）（5月离任） |
| | 常务副主任 | 徐世爱（兼）（5月离任） |

注：2012年5月17日学校发文撤销理工优秀生部，其有关职能并入工程教育学系（校规〔2012〕4号）。

| | | |
|---|---|---|
| 高等教育研究所 | 所　长 | 谭文松（兼） |
| | 副所长 | 潘艺林（兼）（12月离任） |
| 分析测试中心 | 主　任 | 蓝闽波（兼） |
| | 副主任 | 杜一平 |

# 学校概况

Xuexiao Gaikuang

华东理工大学原名华东化工学院，1993年经国家教委批准，更名为华东理工大学，1995年中国石化参与共建，1996年进入国家“211工程”重点建设行列，1997年上海市参与共建共管，2000年经教育部批准建立研究生院，2008年获准建设“985优势学科创新平台”，是国家首批实施自主招生改革的22所高校之一。经过60余年的改革与建设，现已发展成为特色鲜明、多学科协调发展的研究型全国重点大学。

学校现有徐汇校区、奉贤校区和金山科技园区三部分，占地面积2 653亩，各类建筑总面积86.7万余平方米，建有一批标准体育设施；图书馆总藏书量284万余册，收订中外文期刊 28 000余种，具有CA、EI等84种大型中外文文献数据库和网络镜像数据库；建有教育部科技项目及成果查新中心工作站、上海市科委科技查新站、上海高校外国教材中心、上海市研究生电子文献检索中心等机构，校分析测试中心、珠宝检测中心为国家计量认证单位。

学校设有化工学院、生物工程学院、化学与分子工程学院、药学院、材料科学与工程学院、信息科学与工程学院、机械与动力工程学院、资源与环境工程学院、理学院、商学院、社会与公共管理学院、艺术设计与传媒学院、外国语学院、法学院和体育科学与工程学院等15个专业学院，以及网络教育学院、继续教育学院、国际教育学院、中德工学院、马克思主义学院（人文科学研究院）、工程教育学系等非专业院系。

学校学位授权点覆盖理、工、农、医、法、管、哲、经、文、史、教育、艺术等12个学科门类，38个一级学科。有64个本科专业；25个硕士学位授权一级学科，146个硕士学位授权点；13个博士学位授权一级学科，81个博士学位授权二级学科点；拥有工商管理（MBA）、公共管理（MPA）、高级管理人员工商管理（EMBA）、法律（JM）、社会工作（MSW）、国际商务（MIB）、药学（M Pharm）、中药学（MCMM）、会计（MPAcc）、艺术（MFA）和工程（含18个领域）的硕士专业学位授予权和高校教师在职攻读硕士学位授予权。设有11个博士后科研流动站，拥有7个国家重点学科、1个国家重点（培育）学科、10个上海市重点学科、7个上海市一流学科（1个A类、6个B类）。

学校现有在校全日制学生2.48万人，其中在校全日制研究生8 450人（其中博士生1 416人），全日制本科生16 350人。教职员工3 550人，其中两院院士4名，双聘院士4名，国家教学名师2名，国家“973”计划首席科学家7名，国家“863”计划领域主题专家组成员2名，长江学者特聘教授13名，长江学者讲座教授1名，上海市教育功臣1名，新世纪百千万人才工程国家级人选8名，教育部“长江学者和创新团队发展计划”创新团队3个，国家级教学团队4个，有突出贡献的国家级中青年专家11名，一大批中青年学者崭露头角。

学校以“培育英才，服务社会；注重过程，勤奋求实；协调发展，特色鲜明”为办学指导思想，不断深化教育思想、教育内容、教育方法和课程体系改革，教学质量居全国及上海市高校前列。现有国家精品课程 20 门，国家双语示范课程 3 门，上海市精品课程 65 门。多年来，学校以培养“厚基础、强实践、高素质、具有创新精神和国际视野的社会英才”为目标，重视对学生全方位的培养。学校多次在国际国内数模竞赛中名列上海市乃至全国参赛学校之首，在全国和上海市级各类英语比赛中屡获大奖，女子乒乓球队多次在世界大学生乒乓球锦标赛上夺冠。在物理、数学、计算机编程、电子设计、机器人制作、科技发明、英语演讲等方面的竞赛中成绩斐然，均名列国内和上海市高校前列。

学校有 8 个国家级研究基地、21 个省部级研究基地、2 个国际合作科研基地、65 个校级研究所（中心），建有国家大学科技园，是全国 6 所首批建立国家技术转移中心的高校之一。每年承担各类研究课题 1 000 多项，科研经费逐年增加。历年来获国家自然科学奖、国家发明奖及国家科技进步奖 56 项，省部委科技进步奖 550 余项，国内外专利 1 400 余项。取得一大批重大创新成果，一批行业共性、关键技术的大规模产业化推广应用产生了重大的经济和社会效益。

学校在技术转移与产学研合作方面特色鲜明，处于全国领先地位。入选首批国家技术转移示范机构，加盟“新一代煤（能源）化工”等六个国家级技术创新战略联盟，特别是向美国最大的炼油企业 Valero 公司进行的“石油焦气化技术”实施许可，标志着中国大型化工成套技术首次向美国等发达国家实施技术转移，也是中国高校迄今为止获得的最高海外技术许可费用项目。

学校重视并不断拓展对外合作交流空间，已与美、德、日、法、英、加、韩、澳等国的 150 多个高校、企业集团和科研机构建立了长期广泛的学术交流关系，特别是与一批海外高水平研究型大学建立了姊妹学校关系或签署了合作协议并实施教师互访、学生交换以及联合培养的合作机制。

在抓好物质文明建设的同时，学校始终坚持花大力气，加强制度建设、党建和精神文明建设。根据教育部、上海市教委有关文件精神，2012 年学校章程制定工作被列为年度重点工作。为科学筹划、有序推进我校章程制定工作，学校拟定了《华东理工大学章程制定工作方案》，章程工作起草小组按照教育部《高等学校章程制定暂行办法》初步拟定了《华东理工大学章程（讨论稿）》。2012 年，以 60 周年校庆为契机，学校将校庆系列活动与创建文明单位工作相结合，全面带动了学校精神文明建设工作，呈现出教学科研与思想道德文化建设协调发展的良好势头。

2012 年学校隆重举行了 60 周年校庆，60 载勤奋求实，一甲子励志明德，60 年的求索与奋斗，铸就了华理历史的辉煌！2012 年学校各项事业蓬勃发展，第十次党代会胜利召开，新的篇章已经开启，学校迈上了一个新台阶，进入了承前启后、继往开来的新时代。

# 院系概况

Yuanxi Gaikuang

# 化工学院

**【概况】** 学院设有3个系（化学工程系、石油加工系和产品工程系）、3个研究所（联合化学反应过程研究所、化学工程研究所和石油加工研究所）、3个科研基地（化学工程国家重点实验室、大型工业反应器工程研究中心和超细粉末国家工程研究中心）。全院教职员工226人，专任教师174人，其中正高级职称52人，副高级职称87人，博导28人。设有4个本科专业，7个硕士点，4个博士点。2012年招收本科生423人，研究生372人。248人获得硕士学位，51人获得专业硕士学位，40人获得博士学位。

学院围绕学校工作重点和发展目标，开展卓越学科专业岗位设置和人员聘任工作，进一步凝练学科方向，密切学科、专业、师资队伍之间的关系，为学科和专业发展奠定了结构性基础。

**教育教学工作。**《化工原理》《化学反应工程》《化学工艺学》3本教材被列入首批国家级“十二五”规划教材。23项教改项目取得立项，其中6项为校重点教改项目，2项为市重点教改项目。获校教学成果一等奖4项、二等奖14项、三等奖12项。落实奉贤校区专业实验室建设，首批建设11项16台套专业实验项目已采购到位。完成化工原理教学实验中心部分实验装置新建与奉贤搬迁、运行工作。完成2011修购基金项目“材料化学工程实践基地建设”。组织参加华东赛区化工设计竞赛和第六届全国“中石化-三井化学”杯化工设计竞赛，获全国总决赛特等奖1项、二等奖1项、三等奖5项。承办第十三届“化工创新实践大赛”。

举办上海市研究生创新计划项目“化学工程的新世纪”上海市研究生暑期学校，72名硕士、博士研究生参加交流。获赠江苏长顺集团助学经费5万元，设立化工学院研究生“长顺奖”。能源化工博士点获批建设。举办了第七届全国化学工程领域工程硕士教育协作组会议。在职工程硕士教育发展良好，曾作祥、詹亮2人获上海市研究生优秀成果（学位论文）指导教师。

**科学研究。**年内到款科研经费8 500余万元，新立项目约7 700万元。在研重大项目，包括国家三大科技计划项目16项，教育部、上海市科委和教委等省部级项目27项；军工项目9项，到款546万元；超过百万元的横向项目19项。新立项自然科学基金项目14项，目前在研自然科学基金项目44项。在化工三大国际期刊发表论文25篇，影响因子超过3.0的论文27篇。授权发明专利42项，实用新型专利6项，公开专利106项。承担“985”和“211”工程建设项目顺利验收。“化学工程与技术”入选一流学科A类计划。完成创新引智基地（“111”计划）“化学反应工程科学与技术”2008—2012总结验收，进入下一轮建设。超细粉末国家工程研究中心获得国家发改委表彰，被授予“国家工程研究中心重大成就奖”。学院“985”测试公共平台投入运行。

**人才队伍建设。**韩一帆教授入选上海市千人计划，徐晶副教授入选教育部新世纪优秀人才计划，龙东辉副教授入选上海市浦江人才和晨光计划。建立化工学院青年特聘教授岗位制度，启动首批遴选工作。

**国际交流与合作办学工作。**继续选派学生参与英国女王大学、美国休斯敦大学、美国拉玛大学、法国化学化工工程师研究生院联盟（FGL）和德国克劳斯特尔大学“2+2”等联合培养项目。启动与美国新墨西哥州立大学“3+1”合作项目、与马格德堡大学联合培养项目。与加拿大西安大略大学开展“2+2”和“3+1”合作培养项目对接。启动化工专业ABET国际认证工作，完成自评报告和美方初步审核。派出70名本科生、31名研究生出国留学，接受国外留学生65名，接待国外学者来访50次，出访30余人次，参加国际学术会议20余次，联合发表论文30余篇。

**实验室建设工作。**顺利完成实验十二楼教育部修购基金项目，以及实验十楼、十六楼迎校庆修缮工作。

**【成立化工学院手机党校】** 学院分党委在新媒体条件下探索出新型党团员青年培养教育模式，按照“党建带团建，团建促党建”的思路，指定党员与团支部书记一起借助网络飞信平台、手机易班和腾讯QQ群，定期把学院手机党校专门选摘、编排的信息发送到每一个大学生手中，引领青年“知党情，跟党走”。

**【启动ABET认证】** 9月，学校决定启动ABET认证。ABET是国际上公认的最具权威性和普遍性的认证体系，也是华盛顿协议（Washington Accord）的6个发起工程组织之一。它开展的各类专业鉴定是各类专业技术人员获得执业资格的权威渠道。目前全球已有超过550所大学、2 500个学院参加过它的认证，包括卡内基梅隆大学、普林斯顿大学、新墨西哥州立大学、休斯敦大学、里海大学等知名高校。

**【承办第二届化工学科建设与发展高层论坛】** 10月，学院承办第二届化工学科建设与发展高层论坛，来自香港科技大学、清华大学、天津大学等40多所高校的化工学院院长参加了会议。

# 生物工程学院

**【概况】** 学院围绕学校总体发展规划和中心任务，科学制定发展规划，加强师资队伍建设，不断深化学科建设，在人才培养、师资队伍建设、科学研究、本科教学、研究生教育、国际国内交流等方面取得良好成绩。

**教育教学工作。**“跃升行动计划”效果明显，本科生继续深造比例不断提高。获得大学生创新训练项目立项 27 项，其中国家级 7 项、市级 11 项、校级 9 项。公开选拔 20 名优秀学生组成生物工程 2011 卓越工程师班，完成培养计划的制订。完成国家级实验中心申报书撰写、影像资料拍摄等。完成上海市生物工程实验教学示范中心验收。

举办“全国发酵工程博士论坛”“大学生暑期夏令营”等活动。顺利通过“百篇优博培育计划项目”结题。5 篇博士论文、8 篇硕士论文入选 2012 校优秀学位论文奖。继续加强研究生科学道德与学风建设，倡导良好学风，加强监督和检查。2 项第四批全英文课程建设项目通过中期检查。“轻工技术与工程”博士后流动站获批。“211 工程”三期建设顺利通过验收，获 185 万元中央经费奖励。生物工程与技术二级学科通过教育部公示和学校学位委员会评审。轻工一级学科博士授权点建设顺利通过中期考核。

**人才队伍建设。**启动青年教师扶持计划，开展青年教师下企业服务、青年教师专题学术报告会、青年教师沙龙、自然科学基金项目申请辅导、青年教师教学能力培训等活动。3 人入选学校“青年英才计划”，7 人入选学校“青年教学科研骨干发展支持项目”，11 人入选学校“优秀青年教师培育项目”。教职工 161 人，其中正高级专业技术职务教师 34 人，副高级专业技术职务教师 48 人，具有博士学位的教师比例达 62.3%。选留 12 名博士作为师资博士后。

**科学研究。**获得自然科学家基金资助 20 项。科研经费到款 7 938.763 万元，外拨 868.091 万元，实际到款 7 070.672 万元。以生物反应器工程国家重点实验室名义发表的 SCI 论文 241 篇，SCI 论文被引用次数继续增加，达到 2 800 篇次，实验室的 h-index 达到 36。

**国际合作与交流。**与英国邓迪大学等 11 所国际知名高校建立本科交换生交流关系。49 名本科生通过国际交流、教师推荐或自行联系到国外知名大学读研。通过毕业论文、课程学习、本硕连读等多种形式，派送 15 名本科生到国外大学学习。接收 18 名来自新加坡理工学院、新加坡教育技术学院的交流生进行短期交流。

**党建与学生工作。**开展创先争优活动，落实保持先进性建设长效机制、党建工作责任制、党员承诺制和“双结对”等制度，编写了分党委和党支部创先争优长效机制。生工中心党支部获得了上海市教卫党委系统和校级“先进党支部”称号。团学工作紧紧围绕学校中心工作，完成特色创建和品牌推广。学院分团委获得2011—2012学年校“红旗分团委”、校第25届文化艺术节“优秀组织奖”、校2012年暑期社会实践活动“优秀组织奖”；8个基层团支部获得2011—2012学年校“红旗团支部”；1人获得2012年上海市“青年五四奖章”、1人获得2011年度“中国大学生自强之星”提名奖、1人获得上海市“2012年暑期社会实践活动先进个人”、2人获得第七届“上汽教育杯”三等奖、1人获得2012年“上海市科学商店优秀指导教师”、2人获得2012年“上海市科学商店优秀服务者”、3人获得2011—2012学年校“优秀教工团员”、37人获得2011—2012学年校“优秀团员”。

**【承办“华东理工大学生物工程学院2012年全国优秀大学生暑期夏令营”】** 7月7日，学院承办的“华东理工大学生物工程学院2012年全国优秀大学生暑期夏令营”开幕式在校举行。

**【召开“2012年工业生物过程优化与控制研讨会”】** 8月13日，由中国微生物学会生化过程模型化与控制专业委员会主办，学校生物反应器工程国家重点实验室、国家生化工程技术研究中心（上海）承办的“2012年工业生物过程优化与控制研讨会”在上海召开。

# 化学与分子工程学院

**【概况】** 根据学校总体部署，学院科学制订了《化学学院“十二五”规划目标任务书》，全面提升学院的人才培养、科学研究和社会服务水平。

**人才队伍建设。**1人入选“上海市优秀学术带头人”和“上海市领军人才计划”，1人入选“上海高校特聘教授（东方学者）”，1人入选“上海市曙光学者”，1人入选“教育部新世纪优秀人才支持计划”，1人入选“上海市浦江人才计划”；5人入选校首批“青年英才计划”，10人入选校“青年教学科研骨干发展支持项目”，17人入选校“优秀青年教师培育计划”。1人获宝钢奖，1人获育才奖。刘洪来同志被评为上海市教卫党委系统“创先争优优秀共产党员”。成立“化学类青年教师教学能力培训基地”，建设了一支高水平的本科特色专业教育创新团队。通过国内外引进学术带头人，设立专业责任教授。

**教育教学工作。**招收本科生305人，授予学士学位361人。3人获上海市奖学金，36人获各类计划外奖学金。2人获第八届全国大学生化学实验邀请赛三等奖，5人组队参加第二届全国大学生制药工程设计竞赛获一等奖；获第六届上海高校大学生化学实验竞赛一等奖1人、二等奖2人。学生发表科研论文10篇，申请发明专利8项。三年级专业实验室搬迁奉贤，完成基础实验平台、专业实验平台、创新实践平台建设。立项大学生创新训练计划项目27项，USRP项目49项，300多人次学生参与奉贤创新教育基地创新活动。承担教学改革项目7项，撰写发表教学研究和教学改革研究论文18篇；获得校教学成果一等奖6项、二等奖5项、三等奖3项；5本教材获准国家“十二五”规划教材，主编或参编教材4本。

招收博士72人，硕士294人，非全日制工程硕士生34人。授予296人各类学位，其中博士学位57人，硕士学位171人，工程硕士学位68人。宁志军博士论文获2011年“全国优秀博士学位论文”提名，指导教师为田禾院士；郭志前博士论文获“上海市优秀博士论文”，导师为朱为宏教授；8篇硕士论文获校“优秀硕士学位论文”，7篇博士论文获校“优秀博士学位论文”。12名研究生获校“优秀毕业生”称号，13名研究生获“上海市优秀毕业生”称号；25名研究生获各类计划外奖学金，40名研究生获综合课程奖，13名研究生获三助工作奖，36名研究生获各类优秀社会工作奖，34名研究生获高水平期刊论文奖。举办第二届全国优秀大学生化学夏令营、第六届全国制药工程领域工程硕士教育年会。

**学科建设与科学研究。**化学一级学科入选“上海高校一流学科B类”建设计划。纵向到款经费为3 881.62万元，横向到款经费为623.51万元，合计4 505.13万元。获准29项国家自然科学基金项目，总经费为1 870.6万元，其中重大研究计划项目1项，面上项目17项，青年科学基金项目8项，主任基金1项，国际合作交流2项。在中央高校基本科研业务费中，2人获得交叉学科与重大项目培育基金，9人获得探索研究基金，2人获得探索研究基金滚动支持。获上海市科技进步二等奖1项。发表SCI收录论文294篇，EI收录论文160篇；中国发明专利公开106项，授权46项。

**国际合作与交流。**主办“光电功能分子国际研讨会”，包括2000年诺贝尔化学奖获得者 Alan J. Heeger等在内的200多位来自美国等22个国家及地区的学者出席会议。结合学校“邀请外国专家来校交流和讲学”项目，邀请16位世界知名大学的教授来院访问或讲学。完成与阿克伦大学合作交流的第一届本科学生的选拔，继续与法国里昂第一大学、日本大阪府立大学、英国女王大学等开展合作办学。选派11名研究生赴国外留学深造。

**【分析测试中心通过换证复审工作】** 1月5—7日，分析测试中心迎来实验室资质认定（国家计量认证）换证复审工作，且顺利通过。

**【上海市功能性材料化学重点实验室通过评估】** 上海市功能性材料化学重点实验室于2010年6月依托华东理工大学筹建，隶属化学与分子工程学院。该实验室于2012年4月顺利通过了上海市科委对实验室筹建阶段的验收；2012年10月参加上海市科委三年一次的重点实验室评估，取得良好成绩。实验室研究方向明确，特色显著，总体定位准确。主要在多尺度功能材料的制备及应用、特种功能性材料化学分子合成制备技术及应用、功能性化学添加剂检测方法和安全性研究、功能性化学物质的环境健康效应等四个方面开展研究。

（赵红莉）

**【通过国家级示范实验教学中心验收】** 10月，国家级示范实验教学中心通过上海市教委组织的国家示范实验中心验收，专家一行实地考评，给予高度评价。

**【与立邦公司签署产学研协议】** 11月2日，学院与立邦涂料（中国）有限公司举办产学研合作签约[illegible]方在建立本科生毕业实习基地、开展学术研讨及项目合作等方面达成合作

（张文清）

# 材料科学与工程学院

**【概况】** 学院以学科建设为重点，结合“十二五”及中长期发展规划目标，进一步凝练学科方向，加强制度化、规范化、民主化管理，使学院的各项工作向前迈进了一大步。

**人才队伍建设。**制订了《材料科学与工程学院责任岗位设置与卓越津贴分配方案》。学院教职工总数为167人，其中正高级职称43人，副高级职称65人，中级职称50人。刘昌胜教授获得国际生物材料学会联合会Fellow终身荣誉称号，并出任中国生物材料学会常务理事兼青年委员会主任委员。林绍梁、王靖入选“教育部新世纪人才”，吴清林入选“上海市千人计划特聘教授”，江浩入选“上海市东方学者”，郭卫红被评为“上海市优秀技术带头人”，张玲获得“上海市青年科技英才”称号。新增校青年英才2人、校青年骨干6人、校培育青年8人。引进、选留优秀人才共6人，其中教授1人，讲师2人（优博），实验人员1人，师资博士后2人。

**学科建设。**“211”三期建设项目“高性能特殊材料”评估结果位列全国基础产业和高新技术一级领域第16名，排名率7.92%。“材料科学与工程”获批上海高校一流学科B类建设学科。“生物医用工程”一级学科依托学院管理，组织和申报教育部材料科学与工程一级学科评估，获全国排名第19名。超细材料制备与应用教育部重点实验室评估成绩“良好”（全国第5名），上海市先进聚合物材料重点实验室、特种功能高分子材料及相关技术教育部重点实验室通过验收。研究测试平台安装了实验室智能管理系统，部分仪器实现全天候开放，添置了扫描电镜、可视化粒度仪等大型仪器。完成中试基地搬迁金山的相关工作。

**科学研究。**全年到款经费4 264万元，其中纵向经费为3 806万元，横向经费为1 458万元。新立项项目142个，合同经费6 300余万元，其中国家自然科学基金获批13项、国际合作项目5项、军工项目8项等。启动1项国家“973”项目，总经费3 000万元；启动1项国防科工局一条龙重大项目，总经费1 030万元；启动1项国家“十二五”科技支撑计划项目，以及2项国家自然科学基金委重点项目。公开专利127项，授权专利55项。SCI收录论文168篇，EI收录论文102篇。2项成果获“上海市科技进步奖”二等奖。

**教育教学工作。**材料实验教学中心通过上海市材料实验教学示范中心建设验收，并获批建设国家级“材料实验教学示范中心”。刘昌胜教授完成学校首门国家精品视频公开课“生物医用材料”的拍摄，并上网公开。新成立华东理工大学涂料研发中心。建立了材料类青年教师课堂培训基地。完成高分子材料与工程、新能源材料与器件国家特色专业建设。完成高分子材料与工程“卓越工程师”培养方案以及新能源材料与器材专业培养方案的修订。15 名新生入选法国化学工程师联盟（FGL）项目。

**党建与学生工作。**本科毕业生就业率为 95.27%，15 名学生被评为“上海市优秀毕业生”。学院赴内蒙古暑期社会实践项目获“上海市暑期社会实践优秀项目奖”，学院分团委获“上海市五四特色分团委”荣誉称号，学生高粱获“首届成思危校长奖学金特等奖”。研究生就业率为 97.37%，成功举办“第二届材料学院全国优秀大学生暑期夏令营”活动，新增研究生瓦克化学奖学金，7 名研究生被批准国家公派留学，2 名博士生入选学校“优博计划”，10 名研究生被评为“上海市优秀毕业生”。

**【开展 60 周年校庆活动】** 10 月，华东理工大学建校 60 周年校庆活动举行，在此期间，材料学院邀请包括美国工程院院士程正迪，法国科学院院士卢卡斯，中国科学院院士谢思深、颜德岳、魏炳波、南策文，中国工程院院士张兴栋、顾真安等在内的多位海内外知名学者、专家、企业总裁来院讲学、报告、授课 80 余场，接待外宾、各届校友 1 000 余人；开放材料博物馆、测试平台、高分子加工中心参观 30 余次，先后接待社会企事业单位及校友参观 2600 余人次。

（沈炜）

**【举办第 28 届国际运动面层科学协会年会和技术研讨会暨第一届中国运动面层科学与工程研讨会】** 11 月 1—3 日，由国际运动面层科学学会（ISSS）理事会、华东理工大学材料科学与工程学院以及中国田径协会人工合成面层检测实验室共同主办的第 28 届 ISSS－2012 年会和技术研讨会暨第一届中国运动面层科学与工程研讨会在校召开。ISSS 主席 Ties Joosten、中国田径协会石春健及中外代表 120 余人出席本次会议。石春健女士代表中国田径协会向华东理工大学材料科学与工程学院授予中国田径协会指定塑胶跑道面层理化性能检测实验室证书。

（章圣苗）

**【主办瓦克化学—英国皇家化学会有机硅和聚合物国际研讨会】** 由瓦克化学（中国）有限公司、英国皇家化学会和华东理工大学共同主办，华东理工大学材料科学与工程学院承办的瓦克化学-英国皇家化学会有机硅和聚合物国际研讨会于 11 月 12—13 日在校举行。本次会议共同探讨了有机硅和聚合物科研工作发展的最新研究动态、研究方向和研究成果。

（庄启昕）

**【2012 年化学工程学科中青年学者学科发展战略研讨会举行】** 12 月 16—19 日，由国家自

然科学基金委员会化学科学部主办、华东理工大学超细材料制备与应用教育部重点实验室承办的2012年化学工程学科中青年学者学科发展战略研讨会在上海举行。全国化学工程学科的国家杰出青年科学基金获得者40余人参加了本次会议，这是近年来国家自然科学基金委员会化学科学部化学工程学科首次主办的全部由国家杰出青年科学基金获得者参加的中青年学者学科发展战略研讨会。

（朱以华）

**【学院行政管理工作全面升级】** 1月，全面更新材料学院网站，新增“历史撷英”“校友”“人才招聘”“学院黄页”“优秀学生”“学院动态”“阅读栏”“星光大道”“喜乐会”等栏目和内容，全方位展示学院的发展动态，成为学院信息交流和发布的平台；同月，材料学院《学院动态》第1期发布，内容主要包括“专题报道”“科研进展”“学科建设”“合作与交流”“师生风采”等，是对学院阶段性的事件与成果进行总结展示的又一个平台。10月，建成并运行学院信息资源管理系统，实现教师个人信息、教学科研成果、学术活动、本科生及研究生奖学金管理的集成管理，初步建立了个人、组室和学院的三级管理体系。

（王惠）

# 药学院

**【概况】** 学院共有在读本科生864人，一次就业率为93.77%；在读研究生534人（其中硕士420人，博士114人），一次就业率达98.26%；教职工96人，其中专任教师73人。

**人才队伍建设。**新增新世纪优秀人才支持计划1人、上海高校特聘教授（东方学者）1人、上海市浦江人才计划A类1项。新增植物保护博士后流动站。

**教育教学工作。**制药工程专业通过国家工程教育专业认证。调整3个本科专业目录。“校企合作培养制药工程卓越工程人才”获批上海市高校本科重点教学改革项目。2门市重点课程“药物设计学”和“药理学”、校本科教育教学改革立项4个项目均已结题，成立生物制药类青年教师培训基地，首批受训的青年教师有4名，配套导师4名。教师发表教学研究论文5篇。曾步兵教授获得上海市育才奖，刘桂霞副教授获得华东理工大学育英奖一等奖。获得校级教学成果奖一等奖2项，二等奖2项，三等奖7项。李剑指导的学生获得第七届上海市大学生创业计划大赛金奖和第八届“挑战杯”中国大学生创业计划竞赛铜奖；叶金星指导的学生获得第七届上海市大学生创业计划大赛铜奖；唐赟指导的学生获得第十八届上海高校学生创造发明“科技创业杯”发明创新三等奖。新增国家级“大学生创新创业训练计划”项目7项，上海市级9项，校级8项。2010年立项的6项国家级和7项校级大学生创新实验计划项目已顺利结题，其中4项被评为优秀项目。45位老师指导的116名学生的USRP项目结题，其中5项被评为校级优秀USRP论文。

**科学研究。**科研项目合同额总计2 282.372万元，到账经费合计3 294.708万元。新增国家自然科学基金重点项目1项、国家自然科学基金-国家杰出青年科学基金1项、国家自然科学基金-优秀青年科学基金2项、国家自然科学基金面上项目4项、科技部重大科学仪器设备开发专项1项、教育部博士点基金2项、教育部基本科研业务费12项。学院以第一单位发表SCI论文136篇，高水平期刊论文24篇，Nature子刊1篇，A类14篇，B类9篇。

**国际合作与交流。**邀请了20位国外知名专家学者前来开展学术交流。校讲座教授、韩国明知大学Sangho Koo教授及校客座教授、英国巴斯大学的John Fossey教授分别于6月、7月来院授课。校讲座教授、美国杜邦公司退休资深研究员Philip W. Lee教授来校工作，为期一年。

**学生工作。**学生获得第七届“挑战杯”上海市大学生创业计划大赛金奖1项、铜奖1项，王雪、陈显军获第七届“上汽教育杯”高校学生科技创新作品特等奖。尹芹、吴曾睿获2012美国大学生数学建模竞赛二等奖，薛嵩获2012全国大学生数学建模竞赛上海赛区三等奖。李宝力获中国100青年英才培养计划最具表现力奖。

**【喜获“上海市教育系统巾帼文明岗”称号】** 2月，药学院行政和思政办公室获“上海市教育系统巾帼文明岗”称号。

**【杨弋教授发表高影响因子文章】**2月12日，国际权威学术期刊《自然—方法学》在线发表了杨弋课题组独立完成的光调控基因表达系统研究成果。

**【上海市新药设计重点实验室（筹）第一届学术委员会第一次会议召开】** 2月29日，上海市新药设计重点实验室（筹）第一届学术委员会第一次会议召开。市科委研发基地建设与管理处斯海雄出席会议。

**【获得“上海市青年五四奖章集体”荣誉称号】** 5月3日，药学院药物科学创新团队获得“上海市青年五四奖章集体”荣誉称号。

# 信息科学与工程学院

**【概况】** 学院根据“十二五”规划确定的核心任务，进一步创新工作思路，强化工作责任，狠抓工作落实，在学科建设、人才队伍建设、本科教学、实验室建设、科学研究、研究生教育、学生工作等方面取得良好成绩。

**人才队伍建设。**新增博士生导师2人；1人晋升教授，1人晋升高级实验师，2人晋升副教授（含专职思政教师1人），2人晋升副研究员，2人晋升中级职称；1人获得宝钢优秀教师奖，1人获得上海市育才奖；1人获得国家自然科学基金委员会优秀青年科学基金项目支持，1人入选“浦江人才计划”，3人入选“上海市高校青年教师培养资助计划”；2人入选校“青年英才计划”，4人入选校“青年教学科研骨干发展支持计划”，15人入选校“优秀青年教师培育计划”。学院强化激励政策，开展人才培育工程，制订并启动《信息科学与工程学院优秀青年骨干教师培育计划实施办法》，5位青年教师入选，获得3年为1个周期、2万元/年的特殊培养津贴及其他相应的条件支持；出台《信息科学与工程学院关于评选和奖励“年度优秀教师奖”的实施办法》。聘请英国布鲁奈尔大学信息计算与数学学院终身教授王子栋博士为讲座教授，日本理化学研究所Andrzej Cichocki教授、美国里海大学Mayuresh V. Kothare教授、德国德累斯顿工业大学Klaus Janschek教授为客座教授；从海外及国内著名高校和学术机构引进、选录和调入了7名具有良好发展潜力的青年教师充实到学院教学和科研队伍。学院不断加强对青年教师的培养，推荐5名青年教师参加青年骨干教师出国研修计划。

**学科建设。**按照“聚焦优势、分层建设”的工作思路，以“控制理论与控制工程”国家重点学科建设、过程控制与智能信息系统“211工程”三期建设项目、“985优势学科创新平台”建设项目为契机，发挥强势学科的带动和辐射作用，突出特色优势，统筹学科建设体系，注重多学科间的良好互动，促进学科交叉融合，加大对弱势学科的扶持力度，全面提升学科建设水平。控制科学与工程学科列入“上海高校一流学科B类”建设计划；完成过程控制与智能信息系统“211工程”项目以及“985优势学科创新平台”项目的建设任务顺利通过验收；控制科学与工程一级学科参加2012年全国第三轮学科评估；通过教育部工程和材料科学领域专家组对“化工过程先进控制和优化技术”教育部重点实验室的综合评估。全面启动计算机科学与技术学科一级学科博士点和博士后科研流动站建设工作。凝练6个研究方向和学术团队，携手宝信、万达、上海软件技术开发中心等知名企事业单位，建立了产学研基地。

**教育教学工作。**“华东理工大学-上海自动化仪表股份有限公司”国家级工程实践教育中心、“信息科学与工程学院上海市高校创新创业教育实验基地”获批建设；自动化专业获批教育部第二批“卓越工程师教育培养计划”；计算机科学与技术专业进行了延长全国工程教育专业认证有效期的工作；1门课程被授予“上海高校全英语示范课程”称号；立项校2012年教材建设项目教材6本；获得校教学成果奖一等奖7项，二等奖9项，三等奖23项；4名教师分别入围中年组和青年组授课大赛决赛，1人获得特等奖，3人获得一等奖；积极参与对口支援石河子大学工作，4名教师赴石河子大学授课；“信息类青年教师教学能力培训基地”培训工作有序进行；制订并实施学院“跃升行动计划”三年行动方案，2008级本科生考取国内外研究生比例达34.81%，较上一年度的29.89%有明显上升。完成三年级搬迁奉贤专业实验室建设项目“信息学院本科专业实验室建设”；电子信息实验教学中心和计算机教学实验中心对专业实验室进行了优化布局、设备搬迁与购置及环境建设，办学条件得到显著改善；立项并实施了“信息学院本科创新实验室建设”项目；立项国家级大学生创新训练类项目6项、创业实践类项目1项；上海市大学生创新训练类项目10项、校大学生创新训练类项目6项；4篇论文获校第十一届大学生创新实践活动（USRP）优秀论文；组织学生参加各类竞赛，先后获得上海电信“灵机翼动杯”大学生移动终端软件设计大奖特等奖，第八届“挑战杯”复星中国大学生创业计划竞赛银奖，中国大学生计算机设计大赛一、二、三等奖，第七届全国大学生“飞思卡尔杯”智能汽车竞赛全国赛区二等奖和华东赛区一等奖，全国大学生嵌入式系统竞赛三等奖，上海市计算机应用能力大赛一等奖，ACM/ICPC浙江邀请赛银奖等奖项。

4名教师获“2012（春）学期研究生课程优秀任课教师”称号。1人获评校“优秀博士论文”，3人获评校“优秀硕士论文”；1人入选校“优秀博士学位论文培育计划”；7人获批“国家建设高水平大学公派研究生项目”，攻读博士学位。硕士研究生录取人数171人，招收统考博士研究生4人，录取非全日制专业学位研究生109人。与“E+H”公司签署了《关于开展全日制工程硕士研究生联合培养协议》和《合作协议书》；与上海海鼎信息工程股份有限公司合作的“现代连锁商业企业协同管理服务平台”项目获得上海市产学研合作优秀项目奖二等奖。

**科学研究。**科研到款总数达到3 445.18万元（其中纵向1 735.64万元，横向1 709.54万元），比上一年度增加了14.9%。积极落实《信息科学与工程学院科研工作目标化管理及科研任务分解办法》，获得国家自然科学基金项目13项，资助金额669万元。正式启动国家“973”计划项目“化工过程物质与能量高效利用的集成优化基础研究”。“化工过程控制与优化”获批优秀青年科学基金项目，实现了学院此类项目零的突破。国家自然科学基金重点项目“复杂化工过程资源高效利用的系统优化方法与关键技术”、国家“863”计划项目“典型流程工业制造过程碳效优化技术”获准立项；获得2项上海市自然科学基金项目。

**国际合作与交流。**与国外高校、研究机构在人才培养、学术研究等方面开展务实合作，进一步推进与邓迪大学、格拉斯哥大学、密苏里大学等国外大学本科生交流项目的交流和联络，11名本科生前往密苏里大学学习；参与华东理工大学上海诺丁汉高等科学院航天航空技术专业的筹建和推进工作。先后邀请德国Beck Hoff自动化公司首席科学家Frank Schiller教授、美国里海大学Mayuresh V. Kothare教授等专家来校授课，邀请国（境）外专家来校讲座19人次；学院教师参加国际会议、出国交流25人次，选派教师出国（境）访学、进修12人。成功举办“International Symposium on Advanced Control，Filtering，and Systems Theory”国际会议，来自墨西哥等国及中国香港地区的控制领域著名学者与会并进行了学术交流。

**学生工作。**推行晚间离寝自习制度，强化学生的自我管理意识；扎实做好就业指导工作，积极组织专场招聘会，提高就业工作效率，截至2012年8月底，毕业生就业率达到95.19%；开展“求职集结号”系列活动，举办大学生实训实践校企合作项目——校企联合校园宣讲会；1人获评“2012上海市高校辅导员年度人物”，1人获得“上海市化学工业区理工奖创新奖（思政类）”，3人被评为校“优秀班导师”，1人被评为校“优秀思政教育工作者”。

**信息化工作。**完成信息门户网站科研管理、教师个人主页、人员管理等核心模块的开发测试任务，新版门户网站上线运行；积极利用校新闻网、校报、学院网站等宣传平台，加强对学院学科建设、获奖成果、重要活动等的宣传报道工作。学院被评为校“信息工作先进集体”，1人被评为校“信息工作先进个人”。

# 机械与动力工程学院

**【概况】** 学院共有教职工164人，博士后4人，“千人计划”1人。教职工中正高级职称34人，副高级职称65人，有博士学位者87人。

**学科建设。**动力工程及工程热物理入选“上海高校一流学科B类”；过程设备科学与工程研究室荣获“中国侨界贡献奖”；“211工程”三期建设“先进过程装备技术”项目验收通过。

**人才队伍建设。**启动机械类青年教师教学能力培训基地，开展青年教师授课研讨活动。设立“特别教授”岗位，举行“特别教授”受聘仪式，张显程、张莉、宣晋受聘为学院“特别教授”。轩福贞教授入选上海领军人才“地方队”培养计划；白志山获“霍英东青年教师基金”；安琦教授被评为“上海市政协反映社情民意先进个人”，并当选民盟上海市委委员；张显程、白志山入选首批“青年拔尖人才支持计划”；易建军教授获国家自然科学基金国际（地区）合作与交流项目资助。

**科学研究。**科研经费到款达到5 392.6万元，其中纵向课题57项，到款2 940.6万元；横向课题100项，到款2 452万元。发表科研论文376篇，其中SCI检索131篇，EI检索192篇，ISTP检索33篇。申请专利44项，公开专利33项，授权专利32项。获得国家自然科学基金资助12项，资助总金额达742万元。获国家技术发明二等奖1项，上海市科技进步一等奖2项、二等奖1项，上海市技术发明奖二等奖1项，上海市科技进步三等奖1项，2012中国国际工业博览会中国高校展区优秀展品二等奖1项。

**教育教学工作。**创建四年一贯制的“课程内创新+课余科技活动”创新教育机制。主办“承压系统与安全”研究生学术年会，77人做学术报告；开展学院第三届（2012年）优秀博士生评选工作，袁斌霞、李正美两位博士研究生获机械与动力工程学院“优秀博士生”称号；朱明亮博士的课题“复杂服役条件下核电汽轮机焊接转子的超长寿命疲劳强度失效机制”获2012年度上海市“晨光计划”项目资助。建立“厚基础、强实践、具有较强的工程实践能力和创新精神”的卓越工程师本科培养方案，与上海森松压力容器有限公司、上海石化、上海电气等企业密切合作，充分发挥校企双方优势，实现优势互补、资源共享。

**国际合作与交流。**先后接待国外来访代表团28次，教师参加国际学术会议和国外出访18

次，协办各类学术会议10次。德国拜耳技术服务公司前副总裁Helmut Mothes博士受聘学校客座教授，杨福前、Kim Yun-Jae受聘学校讲座教授。

**党建与学生工作。**启动学院“基层组织建设年”工作。组织师生党员观看十八大开幕式，并组织学习党的十八大精神。办公室党支部组织“你幸福吗——‘创先争优我为窗口树形象’长效机制之支部生活大讨论”获校“十佳组织生活”荣誉。发展预备党员115名，预备党员转正114名。举行“教授与新生面对面”“致学生家长一封信”“学风督导进宿舍”“启明星跃升行动优秀校友系列讲座”等活动，平均不及格率下降了近3个百分点。学工委撰写的《工科大学生职业能力培养的探索与实践》获得校教育教学成果三等奖。

**【第四届应用能源会议（ICAE2012）召开】** 7月5日至8日，第四届应用能源会议（ICAE2012）召开，本次国际会议共接受论文500余篇，安排90余场报告，吸引了美国、英国、法国、德国、日本、瑞典等30多个国家和地区约500名学者参会。

**【上海市第207期东方科技论坛举办】** 本论坛由上海市人民政府、中国科学院、中国工程院主办，第207期东方科技论坛“动力外骨骼和智能假肢研究”由学校承办。

# 资源与环境工程学院

**【概况】** 学院按照校“十二五”规划的目标和要求，全面扎实推进各项工作。

**学科建设。**环境科学与工程学科获得“上海市一流学科 B 类”。

**科学研究。**年内，科研经费实际到款 7 937.07 万元。获国家自然科学基金 10 项。专利公开 49 项，专利授权 22 项。发表科技论文 SCI 收录 47 篇，EI 收录 57 篇。国家盐湖资源综合利用工程技术研究中心建设稳步推进。参与组建“国家盐湖资源化学与过程工程”区域协同创新中心。“煤气化与能源化工”教育部重点实验室顺利通过教育部组织的专家评估，取得良好成绩。“国家环境保护化工过程环境风险评价与控制重点实验室”顺利通过环保部的验收。“煤气化及能源化工”教育部重点实验室参与学校牵头的“替代石油路线大型化工过程与装备”协同创新中心和浙江大学牵头的“煤炭资源化利用发电技术”协同创新中心。成立上海市煤气化工程技术研究中心、中国石化-华东理工大学气化技术中心。“985”平台建设通过验收，被评为优秀。王辅臣获 2012 年度“吴蕴初化学化工技术进步奖”。

**人才队伍建设。**晋升教授 1 人，晋升副教授 2 人。引进国家“千人计划”学者肖立华，陈雪莉入选“新世纪优秀人才支持计划”，杨骥入选上海市 2012 年度“曙光计划”，李辉入选“上海市科技启明星”。李辉获上海市人才发展基金资助，王丽娜入选“上海高校青年教师培养资助计划”。崔姗姗获校育英奖二等奖，许庆利获“优秀班导师”称号，盛梅获“实验室先进个人”称号，李辉、崔姗姗获上海化学工业区理工教学奖创新奖。应维琪教授受聘为名誉教授，肯塔基大学刘坤磊博士受聘为客座教授，中国工程院院士曲久辉受聘为名誉教授。“寻访优秀校友，共话职场人生——资环学院上海市暑期社会实践活动”获得上海市大学生暑期社会实践优秀项目奖。选派丁雷副教授挂职奉贤区水务局半年。

**教学成果。**程里、陈秀荣、孙贤波分获校“名师风范杯”二等奖和“课堂教学风采杯”二等奖及三等奖。

**国际合作交流。**遴选部分环境工程专业 2012 级学生作为与法国高等化学工程师联盟“3 + 3”项目的候选人。申报国家留学基金委优秀本科生国际交流项目 1 项。4 名青年教师出国访学，为期 1 年。

# 理学院

**【概况】** 年内，学院共有教职工 138 人，其中博导 14 人，硕导 48 人；正教授 21 人、副教授 39 人。招收本科生 185 人，其中应用物理专业 32 人，应用数学专业 65 人，信息与计算科学专业 27 人，信息显示与光电技术 61 人，在校本科人数达 701 人。在读博士 26 人，在读硕士 81 人。

**教育教学工作。**协调各专业对基础课的需求，合理制订数学、物理大面积必修课模块课程菜单。学院成立“本科教学指导委员会”，由学院专家教授、管理干部以及企业代表组成，负责研究、指导和审议学院的本科教育工作。教师公开出版教材 4 本，发表教学研究论文 5 篇。正式启用大学生创新基地——PHYWE 实验室，PHYWE 实验室是学校 2012 年重点建设的实验项目之一。获准 3 项国家级大学生创新实验计划项目。组织 5 项面向全校的赛事（数模竞赛、数学大奖赛、大学物理竞赛、遥控游艇设计制作大奖赛、大学生物理学术竞赛），参与学生达 3 500 多人次。在第四届全国大学生数学竞赛（上海赛区）暨第四届上海市大学生数学竞赛中，学生获得数学竞赛（非数学专业类）一等奖 3 个、二等奖 11 个、三等奖 15 个。选拔 96 名学生组成了 32 支参赛队参加全国数学建模竞赛，获得全国一等奖 1 项、二等奖 4 项。5 名学生获得第 29 届全国部分地区大学生物理竞赛二等奖。5 名学生获得第三届中国大学生物理学术竞赛二等奖。

**人才队伍建设。**录用、调入教师 11 人，其中博士 4 人，博士后 3 人，博士比例达 76. 32%。积极支持青年教师在职攻博、在岗研修，实施教师分类管理，将科研任务纳入教师工作量计算体系；加强队伍整合，形成科研团队；依靠学校的优势学科，加强合作并保持相对独立与特色。

**科学研究。**立项国家自然科学基金项目 9 项。在核心期刊上发表论文 121 篇，其中 SCI 收录论文 96 篇，EI 收录 3 篇。著作成果 2 篇。科研经费到款 611. 47 万元，其中王如彬教授的“关于知觉认知与知觉决策的神经动力学研究与实验分析”项目，获国家自然科学基金委重点项目资助，资助金额达到 310 万元，这是学院获得的第一个国家自然科学基金重点项目，实现了零的突破。

**国内外合作与交流。**10 位国外知名教授来院作学术报告，其中包括著名粒子物理学家、美国密歇根州立大学袁简鹏教授。教师参加国际国内学术会议 42 次。召开上海市运筹学会第三届会员代表大会暨学术报告会。华东师范大学长江学者、国家“973”项目首席科学家张卫平教授作客海湾大讲坛解读 2012 诺贝尔物理学奖。与英国斯克莱德大学签订本科生“3 + 1 + 1”联合培养方案。12 名学生参加出国交流项目。

**党建与学生工作。**发展党员 12 人。数学系党支部被评为“上海市 2012 年度教卫系统创先争优先进集体”。2011、2010 级本科生党支部被评为“2012 年华东理工大学学生党员党性锻炼优秀组织”。邀请陆埮、李大潜、李家明、徐至展等 4 位中科院院士来校作学术报告。举办关注农民工子女科普教育的牵手爱心行活动，为来沪农民工子女开设科普兴趣课程。暑期社会实践项目获得“上海市大学生暑期社会实践优秀项目奖”。获得上海市共青团 2012 年“大众公用 · 牵手成长”牵手爱心主题活动立项项目。学院科学商店数理文化服务部在华理附小、启新小学开展的科普兴趣课程获得徐汇区科委的立项资助。“温暖夕阳——关爱老年人”项目获得上海市慈善基金会慈善公益项目立项资助。15 人被评为校“优秀学生”，14 人被评为校“优秀学生干部”，信电 100 班等 5 个团支部获得校“红旗团支部”称号，15 人被评为校“优秀团员”，4 人被评为校“优秀团干部”，1 名学生获得“十佳大学生”称号。祝敏等 8 名学生获得“上海市优秀毕业生”称号。

# 商学院

**【概况】** 学院集经济学科与管理学科为一体，致力于两者的融合和发展。依托学校和行业，跨学科成立了虚拟商务研究中心和金融物理研究中心。学院设有专业学位教育中心，举办MBA、EMBA、工程硕士、国际商务硕士（MIB）和会计硕士专业学位（MPAcc）等教育项目，设有企业管理高级培训中心，提供EDP教育项目。

**师资队伍。** 新入职教职工19人，退休教师1人（含副教授1人），1人晋升为教授，3人晋升为副教授。学院在职教职工180人，其中专任教师149人，教授27人，副教授63人。

**教育教学工作。** 学院获得校教育教学成果奖一等奖3项，二等奖8项，三等奖11项；获得USRP项目立项75项，大学生创新实验项目国家级8项、市级12项、校级7项。范体军获“上海化学工业区理工教学奖”，李云芳获校“育英奖”一等奖，倪慧珏获校“育英奖”二等奖。成立经济管理类青年教师培训基地。依据《华东理工大学商学院2010级本科大类招生学生专业分流实施方案》，完成对2010级学生的专业分流；依据《商学院本科生学术研究能力培养计划实施方案》，加强对2010级全体本科生学术研究能力的培养；依据《商学院本科生“学术研究荣誉证书”制度实施办法》，对2010级学生开始实行学术荣誉证书制度。学院在读研究生330余人。设有2个一级学科博士学位授权点，分别为“应用经济学”和“管理科学与工程”，自2012年起招生。硕士生导师71人，博导20人（不含兼职博导）。杨逢珉获“2012（春）学期研究生课程教学优秀任课教师”一等奖，钱世超、徐峥获“2012（春）学期研究生课程教学优秀任课教师”三等奖。胡娟获“2012（秋）学期研究生课程教学优秀任课教师”二等奖。招收专业学位研究生630人，中澳合作MBA项目学员70人，高级管理培训（EDP）项目学员685人，研究生班124人。行动学习课程正式形成了“1+2”的培养模式，理论课正式成为EMBA、MBA和工程硕士必修课程。

**科学研究。** 获得省部级以上纵向课题32项，其中国家自然科学基金项目11项，国家社科基金项目3项。5人分获“上海浦江人才计划”、教育部“新世纪优秀人才支持计划”和霍英东教育基金。科研经费到款645万元。发表SSCI/SCI论文25篇、CSSCI论文84篇，出版专著（教材）32部（本）。青年教师在PNAS上发表论文。

**国际合作与交流。**学院与全球22所院校有本、硕学生交流互换及双学位项目。学生出国交流29人，接收国外交流学生57人。接待来自全世界各地大专院校的校院级来访30余次，洽谈项目合作及开拓、科研合作以及教师与学生互访交流等。学院共派出5名教师赴海外进修。

**学生工作。**学院发展本科生和研究生党员142人。中级党校培训学员335人，校高级党校毕业196人。本科生中69人获校“优秀学生”称号，41人获校“优秀学生干部”称号，商管092、营销091、营销092等3个班级获校“先进集体”称号；研究生中13人获校“优秀学生”称号，4人获校“优秀学生干部”称号，2010级工商管理、2011级应用经济等2个班级获校“先进集体”称号。经济112班被评为2012年度“班级攀升计划”活动优秀班，学院获2012年度“班级攀升计划”活动优秀组织奖。本科毕业生703人，31人获校“优秀毕业生”称号，其中24人获“上海市优秀毕业生”称号；研究生10人获校“优秀毕业生”称号，其中5人获“上海市优秀毕业生”称号。沈峰被评为“毕业生就业工作先进个人”。学院分团委获评2012年校“红旗分团委”，81人获校“优秀团员”称号，15人获校“优秀团干部”称号，14个班级获“红旗团支部”称号，李思悦被评为“优秀专职团干部”，胡宝林被评为“优秀教工团员”。学院关于“上海市街头流浪艺人生存现状调查”“心手相牵，共同成长——商学院苏、沪‘农民工融入城市’”实践服务荣获“上海市大学生暑期社会实践”优秀项目奖，陈庆升获“优秀指导教师”称号，杨乔茜、陈旭被评为先进个人。分团委荣获华东理工大学第二十六届思想学术节“优秀组织奖”、第二十五届文化艺术节“优秀组织奖”称号。赵俊玲、沈峰被评为校“2011—2012学年度优秀专职学生思想政治教育工作者”。杨洪涛、胡娟、张艳辉获校“2011—2012学年度优秀班导师”称号。学院被评为2012年度征兵工作先进单位。“建立主题教育体系，创新与延伸大学生思政工作”获教育教学成果三等奖。

（朱姝）

**【华理MBA项目荣登2012《福布斯》中国最佳商学院榜单】** 3月27日，《福布斯》中文版发布2012年中国最佳商学院排行榜，这是《福布斯》第五次对中国商学院MBA项目进行全面、独立的调查。学校MBA项目在本次排名中，在职MBA项目排在第12位，全日制MBA项目排在第15位。

**【上海高校国际经济与贸易专业教学与科研协作组第六次圆桌会议在院举行】** 5月26日，学院主办了上海高校国际经济与贸易专业教学与科研协作组第六次圆桌会议，来自上海23所高校国际经济与贸易学科的40多名专业教师出席。

**【第八届海峡两岸管理硕士学术交流与发展研讨会在校举行】** 6月3日，第八届海峡两岸管理硕士学术交流与发展研讨会在校举行。会议由华东理工大学、中国文化大学和玄奘大学联合举办。

**【华理 EMBA 管理前沿论坛成功举办】**1 月 20 日，学院举办了 EMBA 管理前沿论坛：2011 宏观经济走势与企业应对之策。该论坛由著名经济学家、清华大学中国经济研究中心常务副主任魏杰教授主讲，分析了近几年来中国的经济形势，预测了 2011 年中国宏观经济走势以及中央政府可能采取的调控政策等。60 多位企业高管参加了论坛。

**【第六届能源资源开发利用战略研讨会暨社会经济复杂系统建模学术研讨会在校召开】** 10 月 17—19 日，由国家自然科学基金委员会管理科学部、中国“双法”学会能源与经济管理研究分会等单位联合主办，华东理工大学商学院承办的第六届能源资源开发利用战略研讨会暨社会经济复杂系统建模学术研讨会在校召开。共有 160 余位注册参会者。

**【与贵州省松桃苗族自治县签署“融入城市项目”合作协议】** 10 月 22 日，学院与贵州省松桃苗族自治县“融入城市项目”合作协议在贵州省松桃苗族自治县签署。此公益项目将由商学院 10～12 位教师免费为松桃苗族自治县培训县直机关部门及乡镇副科级以上干部，培训班历时 1 年。

**【2012 商学院院长论坛成功举办】** 10 月 27 日，来自海内外的经济专家和企业家汇聚“走向国际——中国企业国际化经营之路暨上海市管理科学学会 2012 商学院院长论坛”，一起探讨中国企业国际化的现状以及未来走向。英国 Plymouth 大学副校长等与会致辞，商务部国际贸易经济合作研究院党委书记兼副院长任鸿斌先生等发表了主题演讲，200 余位企业家参加了本次论坛。

**【华东理工大学工程管理创新院士论坛召开】** 11 月 14—15 日，由华东理工大学主办、商学院承办的工程管理创新院士论坛暨学科建设研讨会在校召开。论坛全程由中国工程院院士、中国工程院管理学部主任、华东理工大学校董会主席、博士生导师王基铭教授主持。中国工程院王众托院士、汪应洛院士、何继善院士、郭重庆院士受邀出席了论坛并作主题报告。

# 社会与公共管理学院

**【概况】** 年内，学院教职工共81人，其中教授12人，副教授26人，外籍教授2人。学院设有6个本科专业、7个硕士点、1个博士点和1个博士后流动站。全日制本科生1 032人，硕士研究生230人，博士研究生38人，MPA学员145人。

**教育教学工作。** 本科教育探索改革与创新模式，学院全面执行本科生全程导师制。举办“名师名家系列讲座”。“微笑益GO”社团荣获“Aflateen青年社会创意大赛”社会创意项目推广奖以及“阿克苏诺贝尔中国大学生社会公益奖”金奖。本科毕业生就业率为84.4%。在研究生教育方面，1人获选上海市“优博培育计划”，2人获得首批郑杭生发展基金项目资助，1名博士生、8名硕士生获得国家奖学金。研究生就业率为96%。

**学科建设与科学研究。** 整合学院两大优势学科，结合国家发展进程及热点问题，寻求共识，凝练特色。新增社会学二级博士点3个：社会工作、社会政策与社会福利、人口学。

**国际合作与交流。** 成功举办港澳台社会福利研讨会、城市化与公共管理国际会议；5人赴国外一流大学访学、授课；启动与休斯敦大学5年合作计划；徐永祥教授当选国际社会工作教育联盟执行委员，是中国唯一代表；学院与香港理工大学合作举办的社会管理硕士班正式招生，在读学生100人；外派交流学生6人。

**【社科版学报进入CSSCI核心期刊】** 中国社会科学研究评价中心于近日正式公布了2012—2013年CSSCI来源期刊目录，《华东理工大学学报（社会科学版）》在列。本次正式进入CSSCI核心期刊，标志着学校社科版学报已经进入期刊的国家队行列，实现了新跨越，迈上了新台阶。

**【新增2个自主设置二级学科博士点】** 2011年学院自主设置的2个二级学科博士点（社会工作（学）、社会管理与社会政策）已备案通过，于2013年起招生。学位点的新增，进一步优化了学院的学科结构和布局，开辟了更加广阔的空间。

# 法学院

**【概况】** 学院共有教职工 36 人，其中博士生导师 3 人，硕士生导师 14 人，教授 5 人，副教授 13 人。在读本科生人数达 247 人，研究生 96 人。

**教育教学工作。**启动专业责任教授制度的建设，提高本科教学质量。制订《本科教学评优主要指标》，作为学院本科教学评优的依据。立项建设上海市卓越法律人才培养基地（知识产权方向和食品药品监管方向）。获得 USRP 立项 9 项，大学生创新项目 4 项。开展博士学位授权二级学科（法社会学）的论证与申请工作，以及法学硕士授权一级学科的立项建设工作。完成 2012 年修购基金项目——法律硕士专业实验室的建设。获得上海市学位办批准建设全日制法律硕士实践教学基地项目。

**学科建设与科学研究。**法学院“法社会学”二级学科博士点成功获批，是法学院博士点学科建设历史性的突破。教师人均发表的 CSSCI 论文和科研到款经费在学校文科学院排名中均列第一。获得 1 个国家社科基金项目和 6 个省部级项目；科研经费到款 251 万元，超额 150%完成学校年初 100 万元项目经费的核定指标。李瑜青等教师的《中国共产党治国理政研究》获上海市第九届邓小平理论研究和宣传优秀成果三等奖，是学院第一次获得的省部级科研奖励。

**国际合作与交流。**学院已与美国密歇根州立大学、芝加哥肯特法学院、俄亥俄州立大学，日本北海道大学，韩国诚信女子大学和马来西亚马来亚大学等 6 所高校建立了院级学术合作及学生交流关系。接待和派送国际交流学生共计 42 人次。4 名教师赴国外参加培训、学术交流与访学，其中 3 名教师获得国家留学基金委和上海市政府留学基金项目的资助。接待来访交流和学术讲座的外宾共计 12 人次。

**【承办国际会议】** 10 月 26 日，法学院承办“The Shanghai Forum on International Technology Transfer and Sustainable Development”，来自国外 8 所高校的 10 余名专家和国内学者 40 余人参加了本次国际论坛。

# 艺术设计与传媒学院

【概况】 学院设有4个系，5个教育研究机构和1个教学实验中心。包括5个本科专业，1个二级学科博士点。现任院长程建新，党总支书记张青。

**教育教学工作。**学院实验中心现拥有基础造型实验室、成型工艺实验室、丝网印刷实验室、纤维艺术实验室、陶瓷艺术实验室、新媒体实验室等6个专业实验室，以及USRP创新实验基地、教学科研互动基地、上海创意产业人才培训基地、全国动漫游戏产业振兴基地、“中华杯”创新设计大赛训练基地等5个实验基地和两个高配置的专业教学机房，为专业教学提供了必要的实验和创新实践手段。学院教师多次参加全国性竞赛活动并作主题演讲，学院社会影响力显著提升。在“中国工业设计发展十年优秀学术论文评选”中，学院教师共获得34个奖项，程建新教授获理论贡献奖，张杰副教授获金奖。上海国际设计交流中心公共服务平台揭牌仪式启动，院长程建新教授与上海纺织时尚产业发展有限公司总经理赵长征共同为公共服务平台的“设计师俱乐部”“培训中心”“信息库”揭牌。姚子刚博士与张杰副教授主持的“开封新晋美悦都”项目获得全国人居经典建筑规划设计方案竞赛“规划、环境”双金奖。在首届“中国创意”产品设计大赛中，学生获得金奖、银奖各1项；在首届中国工业设计大赛（上海）中，获得一等奖1项，二等奖4项；在2012“创意起航—放飞理想”首届全国大学生创意设计工作营主题设计大赛中荣获“集体创意奖”，学生姬广如获“交通设施主题设计”金奖，唐雯悦获“麋鹿旅游产品主题设计”金奖，汪文娟获得“矿泉水瓶主题设计”金奖，孙以红等获5项“主题最佳创意”奖，沈薇伟等获2项“最佳团队设计”奖。

**人才队伍建设。**程建新教授列入上海领军人才“地方队”培养计划，并被聘为上海国际设计交流中心首批专家咨询委员会专家；丁伟获联合国教科文组织“2012年上海设计之都年度人物”提名奖、获联合国教科文组织上海“设计之都”重要贡献奖。

**学科建设。**学院根据教育部新专业目录调整要求，调整了艺术设计专业的设置，建立了产品设计专业、视觉传达专业、环境艺术专业；“风景园林”专业获教育部批准，2012年起正式招生；设计学一级学科硕士点在学科评估中获得好评；艺术硕士教学实践基地获得上海市教委批准立项；领衔筹建上海创意产业协同创新中心。

**国际合作与交流。**学院与韩国光州大学、明知大学，英国诺森比亚大学、邓迪大学，意大利罗马一大设计学院实现互访。学院接待了泰国教育交流团、美国威斯康星大学麦迪逊分校设计系主任董伟教授的来访交流。学院代表团首赴台湾玄奘大学、台北大学、台湾科技大学、荷兰埃因霍温科技大学、瑞士 ECAL 艺术大学、苏黎世大学设计学院、米兰理工大学开展访学交流。学院与美国纽约州立大学布法罗分校艺术与人文学院就联合培养艺术教育硕士达成协议。11 名学生交流参加英国邓迪大学设计学院数字媒体设计专业学习，6 名旅游管理专业学生参加美国迪斯尼实习项目交流。

**【举办“迎 60 周年校庆”多国学生工业设计作品联展】** 6 月 15 日，“迎 60 周年校庆”多国学生工业设计作品联展在校举办。

**【郑时龄院士、柳冠中教授来校作校庆报告】** 10 月，著名建筑学家、中科院院士、法国建筑科学院院士郑时龄先生应邀来校作题为“设计与城市文化”的校庆系列讲座，我国著名的设计教育家、清华大学美术学院柳冠中教授应邀来校作题为“设计是人类未来不被毁灭的第三种智慧——从造物转为谋事”的学术报告。

**【2012 学生创新设计作品国际交流展开幕】** 10 月，为迎接 60 周年校庆，学院在德必徐汇易园举行 2012 学生创新设计作品国际交流展。中国科学院院士郑时龄、华东理工大学校长钱旭红院士、联合国教科文组织“创意城市”（上海）推进办公室副秘书长徐佩丽、上海市徐汇区宣传部长吕晓慧、上海德必文化创意产业发展有限公司总裁贾波、韩国明知大学设计学科长刘炯俊教授等出席开幕式。

**【获“2012 年度上海市教卫工作党委系统优秀组织生活案例”】** 7 月，学院 2009 级艺术设计本科党支部赴宝应开展“设计立县”活动，该活动被评为“2012 年度上海市教卫工作党委系统优秀组织生活案例”。

**【出色完成学校安排的十余项校庆活动的艺术设计项目】** 学院成立了以院长、书记挂帅的校庆专题设计工作小组，承担了学校安排的十余项校庆活动的艺术设计项目，包括奉贤图文信息中心底楼大厅壁画、华理校标动态演绎设计、校庆庆典场景设计、梅陇路大街宣传画、校内宣传道旗等，受到一致好评。

# 外国语学院

**【概况】** 学院设有4个系部，1个研究所及1个研究中心。设有外国语言学及应用语言学和英语语言文学2个硕士点。在读本科生622名，在读研究生78名。

**人才队伍建设。**1人晋升正教授，2人晋升副教授。学院教职工共120人，其中专任教师104人，教授4人，副教授38人。具有博士学位者占16%，拥有半年以上海外研修经历的教师占26%，外籍教师占5%。全国优秀教师1人，上海市教学名师1人。赵蔚、赵春雨赴美国进行为期一年的访学。

**教学与科研工作。**杨慧敏、管博获“2011（秋）学期研究生课程优秀任课教师”三等奖；华静获校“2012（春）学期研究生课程教学优秀任课教师”三等奖。方朝获第三届“外教社杯”全国高校外语教学大赛上海赛区优胜奖。科研到账经费28万元；发表论文55篇，其中核心期刊论文8篇，北大核心期刊论文9篇；出版专著2部，译著3部。高攀入选2012年“上海高校青年教师培养资助计划”，赵宏获得校“中央高校基本科研业务费专项资金”资助项目（文科）培养课题1项。

**国际合作与交流。**与德国曼海姆大学人文学院商谈，并签署了第一份合作交流协议。与千叶大学文学部签署友好交流协议。里海大学文理学院院长Donade Hall和美国研究中心主任Edward Whitley来院商讨合作交流事宜。里海大学第二语言习得中心主任Timothy Bonner带领4位职前教师来院进行英语教学观摩和实习。作为华东理工大学-里海大学TESOL教师交换项目的一部分，学院常务副院长余毓国率队访问了美国里海大学。颜静兰一行19人赴英国杜伦大学开展了暑假短期交流。德语系教师马蕾带队（2010级德语系学生）赴德国曼海姆大学开展暑期短期访学。

**党群工作。**大学英语第二党支部被评为校“先进党支部”。董慧敏被评为“教卫系统优秀党员”，沈林获“上海市育才奖”，张杰获“化工区理工教学创新奖”，贾卉、谷伟珍分别被评为校“育英奖”一等奖、二等奖，高攀被评为2011—2012学年度“优秀班导师”，郭敬维、孙国珍分别获校2012年度成人高等教育优秀教师二、三等奖。

**【包瑞荣任外国语学院党总支书记】** 5月23日，经校党委同意，包瑞荣任外国语学院党总支书记。因年龄原因，2 月 29 日免去吴小敏外国语学院党总支书记职务。

**【赵宏同志任外国语学院院长助理】** 经学院院长提名，二级党组织考察，党政工联席会议通过，校党委同意，赵宏同志于 3 月 22 日起，任外国语学院院长助理，免去王慧同志（因个人要求）外国语学院院长助理职务。

**【梁海燕同志任外国语学院日语系副主任】** 经学院院长提名，日语系民主推荐，院党政工联席会议通过，梁海燕同志于 3 月 22 日起，任外国语学院日语系副主任。

# 体育科学与工程学院

**【概况】** 年内，学院各项工作全面开展，在体育教学、科研、运动训练、群众体育和产学研联合共建等方面都取得了突出的成绩。

**教育教学工作。**派出多名骨干教师参加棒垒球、草地冰球、曲棍球、舞龙、舞狮、高尔夫等项目的培训，丰富课程内容。在化工高校体育协会理论教学比赛中，多名教师获得大赛一等奖。面向全校开设多门体育理论类选修课，开设了体育理论类短学期讲座，丰富了体育课程的形式与内容。2012 年体质健康工作也取得了值得肯定的成绩，两学期共完成 1—4 年级及 2008 级毕业班补测近 20 000 人次的学生体测，总计 1 300 余学时，参测率为 92.68%，合格率为 87.7%。完成 3 项实验室修购基金项目。

**科研工作。**年内，体育新材料研发中心 3 项课题顺利结题，总到款经费达 51 万元。体育新材料研发中心 2012 年共投稿文章 33 篇，其中 SCI 论文 6 篇，EI 论文 5 篇，中文核心期刊论文 7 篇；2012 年共申请专利 9 项，其中授权 1 项，公开 6 项。王跃教授成为应用经济学博士点体育经济方向博士生导师。

**学生工作。**体育人文社会学硕士点毕业生就业率 100%；2 名学生通过联合培养赴美国春田大学学习。硕士点研究生集体获得“秋韵节”优秀组织奖，第十六届研究生论文年会优秀组织奖，第十六届研究生论文年会一、二、三等奖，校先进班集体等奖项。

**运动竞赛。**乒乓球队继续代表国家参加世界大学生乒乓锦标赛并获得多块金牌，乒乓球俱乐部在中国乒乓球超级联赛中名列前茅。田径队在全国大学生运动会田径比赛、上海市大学生田径比赛和上海市学生运动会上获得多项冠军，校篮球队打入全国 CUBA 八强。

**【获评“全国化工行业群众体育先进单位”】** 3 月 28 日，接中国化工体育协会《关于表彰全国化工行业群众体育先进单位和先进工作者的决定》，学校被评为“2006—2011 年度全国化工行业群众体育先进单位”。本次经过全国化工行业的评比，共表彰了 35 个单位为“2006—2011 年度全国化工行业群众体育先进单位”。

**【大学生阳光体育大联赛冬季长跑比赛获佳绩】** 11 月 24 日，一年一度的上海市大学生阳光体育大联赛冬季长跑比赛在上海第二工业大学举行，共有来自全市的近 30 所本科高校和 20

所高职大专院校的约 1 200 名学生参加了本次比赛。我校学生获得男、女团体一等奖，其中江盼盼获个人第一名，童微雯获个人第六名，学校代表队获得组委会颁发的“体育道德风尚奖”。

**【上海市学校体育科研重大委托项目结题】** 11 月 26 日，学院王跃教授主持的 2010 年上海市学校体育科研重大委托项目“上海市深化‘体教结合’体育后备人才培养体系研究”正式结题。经过专家组对课题报告的评议和鉴定，评定该课题为优秀，成为此类项目上海市首个通过验收并获得优秀的课题。

# 马克思主义学院

**【概况】** 学院设有6个教研部，9个研究所（中心），1个二级学科博士点，2个一级学科硕士点，1个二级学科硕士点。学院教职工58人，其中教授8人，副教授24人，拥有博士学历教师28人。现任院长沈炜教授（兼），副院长杨苏教授、熊万胜副教授，总支书记杜仕菊副教授。

**教学方面。**围绕精品课程建设和教学创新团队建设，努力提升教学创新团队建设的水平；认真组织教学方法研讨与经验交流活动，努力探索提高教学质量的有效方法；细化管理制度建设，进一步完善教学管理和运行的规章制度。研究生思想政治理论教研部围绕公共政治理论课改方案的要求，积极探索新的教学实施方案。

**科学研究。**教师共发表论文100多篇，出版著作11本（部）。承担省部级以上科研项目31项，其中国家社会科学基金项目1项，上海市哲社基金项目1项，上海市阳光计划1项。到款经费145万元。

**【承办上海高校思想政治理论课建设专题研讨会】** 1月13日，学院承办了第六次上海高校思想政治理论课教学科研组织机构负责人沙龙暨2012年度上海高校思想政治理论课建设专题研讨会。

**【师生在市科社协会青年论坛获好评】** 11月16日，上海市科学社会主义学会第三届青年论坛在上海师范大学举行。学院青年教师包双叶和政治学理论硕士生陈功提交的论文分获二等奖和三等奖。

# 中德工学院

**【概况】** 学院下设5个办公室以及中德先进材料联合研究中心，共12名教师。学院共有325名学生，毕业生人数为70名。

**教育与教学工作。**10月25日，为加强对外交流学生项目的管理，提升人才培养国际化水平，继续推进工程科技领军人才和国际化精英工程师培养模式的探索与实践，经学校研究决定，成立“国际工程师学院”（英文名称：International College of Engineering，ECUST）。国际工程师学院在中德工学院的基础上组建，与中德工学院实行两块牌子、一套班子的管理模式；吴唯同志任国际工程师学院院长（兼）。学院2012届64名按时毕业的学生中，48人被国外大学及香港大学录取为研究生，录取比率高达75%，创造了学院办学以来考研录取率的新高。

**国际合作与交流。**4月10—13日，杨贤金书记率团访问德意志学术交流中心（DAAD）、德国柏林工业大学、德国萨尔大学和德国吕贝克应用科技大学；5月21—30日，涂善东副校长率团访问欧洲6所高校，在吕贝克应用科技大学主持召开了双方合作办学联合管理委员会第17次联席会议。在德国亚琛工业大学签署了两校《关于开展合作交流的谅解备忘录》，正式建立校际关系。7月12日，杨存忠副校长率团访问德国吕贝克应用科技大学，并在德国吕贝克市市政厅参加了中德工学院2012届毕业生德方毕业典礼。9月27日，德国慕尼黑工业大学常务副校长孟立秋教授应邀访问学校，并转交了慕尼黑工业大学祝贺华东理工大学60华诞的贺信。10月31日，德国慕尼黑工业大学副校长E. Ehrenberger教授应邀访问学校，双方就深入开展项目合作进行了认真协商。12月10—15日，应德国克劳斯塔尔工业大学及英国贝尔法斯特女王大学邀请，钱旭红校长率团访问两所学校。

**【产学研合作教育专家指导委员会年会召开】** 7月2日，学院组织企业专家参加“2011—2012年度产学研合作教育专家指导委员会年会”，受邀企业13家，参加会议专家代表17人。

**【合作办学联合管理委员会第18次联席会议召开】** 11月9日，学校与德国吕贝克应用科技大学合作办学联合管理委员会第18次联席会议在校召开，涂善东副校长和德方Litz副校长等双方联合管理委员会成员出席了会议。

**【授予Dietmar Drummer教授为华东理工大学客座教授】** 11月13日，学校举行客座教授受聘仪式，授予德国埃尔兰根-纽伦堡大学Dietmar Drummer教授为华东理工大学客座教授。

# 工程教育学系

**【概况】** 工程教育学系围绕学校各项中心工作深入开展高等工程教育研究，起草调研报告2篇，《工程教育简报》4期，发表CSSCI论文1篇，在国外重要期刊上发表论文1篇，在《化工高等教育》上发表相关研究成果4篇，获得上海市教育科学研究重点课题1项、一般课题1项，上海市高教学会立项资助课题2项。

**教育教学工作。**收集与调研国内几所重点工科大学高等教育学及教育经济与管理专业的硕士培养方案与课程设置，组织研究生导师进行专题讨论，明确了高等教育学专业围绕“高等工程教育”开展研究工作与人才培养的方向定位。重新修订完善了高等教育学硕士培养方案，重新遴选了硕士导师，增加了有工科背景的博导到高教所担任硕士导师，以加强高等工程教育研究。高教所1名学生获研究生院“高水平学术论文”C类奖励，4名研究生分别获得“优秀学生”“优秀学生干部”等称号。

**卓越工程师教育培养计划。**第一批进入“卓越工程师教育培养计划”试点的4个专业作为专业综合改革试点获教育部批准为“高等学校本科教学质量与教学改革工程”2012年建设项目。修订完善第二批进入“卓越工程师教育培养计划”3个试点专业的培养方案及2个尚未获得教育部经费支持的国家级工程实践教育中心的建设方案。协助研究生院完成学校申报卓越计划2012年新增工程硕士控制工程领域共13个专业的培养方案修订工作。制订学校《“国家级工程实践教育中心”及“专业综合改革试点”项目专项经费管理办法（暂行）》。

**国家教改试点项目。**完成国家教育咨询委员会创新人才培养模式改革组对学校“探索工程科技领军人才中外合作培养模式”试点项目的现场考察。接受教育部第7专项检查组对学校试点项目的检查，并受到检查组的好评。教育部办公厅以“华东理工大学积极探索工程科技领军人才中外合作培养模式”为题专刊发表《教育部简报》（〔2012〕第50期）。完成了国家教改项目的调研工作，赴北京航空航天大学中法工程师学院、北京邮电大学国际学院开展调研。

**杂志编辑。**《化工高等教育》杂志办刊质量和论文水平显著提高，根据清华大学“中国学术期刊影响因子年报”显示，在全国321家教育类（G4-G7）刊物中，《化工高等教育》的复合影响因子从2011年的0.559（排名75）提高到2012年的0.732（排名56），上升了19位。《华理教育评论》杂志密切围绕学校60周年校庆开展工作，先后出版了以学校教学改革与工程硕士培养为主题的两本专辑。

**【产学研合作教育专家指导委员会年会召开】** 7月2日，学校召开“2011—2012产学研合作教育专家指导委员会年会”，200多位企业专家与学校院系负责人、教师汇聚一堂，围绕如何深化、拓展产学研合作教育的主题进行了讨论和交流。年会产生了新一届产学研合作教育专家指导委员会成员，于建国副校长担任主任委员。年会还举行了中国石化上海石油化工股份有限公司、上海医药集团股份有限公司、森松集团（中国）、河南天方药业股份有限公司、上海自动化仪表股份有限公司等5个国家级工程实践教育中心的授牌仪式。

# 教育与教学

Jiaoyu yu Jiaoxue

# 本科教育

**【概况】** 2012年，本科教育围绕提高本科人才培养质量、全力推进教育教学改革、加强和完善奉贤校区的教学管理等方面开展了卓有成效的工作。

**实施跃升行动计划，形成学风建设正能量。**本科教育系统着力推进跃升行动计划的实施，针对新生开展了“个人发展志向与学业期望”调研，针对三年级学生开展了“学习满意度”调研，了解和掌握学生的成才意愿、学习期望和发展规划。按照学生需求，调集优秀师资，开设20多门次学科基础拓展课程，供有志成才、学有余力的学生自由选修，夯实学生的知识基础。通过发布《跃升行动计划工作简报》、调整保研政策、召开信息发布会、邀请专家讲座、开设“跃升行动沙龙”等措施，为学生提供学业指导，极大地调动了学生的学习热情，推动了优良学风的形成。

**强化青年师资教学能力培养，形成制度化的培训机制。**以上海市重点教改项目“青年教师教学能力培训基地的建设”的实施为抓手，正式启动了9个学科大类青年教师教学能力培训基地的建设工作，实现了青年师资教学培训的全覆盖。组织开展了中青年教师授课大赛，全校640余名本科一线教师参加了竞赛，其中青年教师372名。9名青年教师获得一等奖，50人分获二、三等奖。

**推进实践基地建设，支撑工程教育与创新实践。**本科系统共有15个实验基地建设项目获得国家修购基金资助，通过进行跟踪、支持和推进，确保了项目的建设进度和质量。启动2014年修购基金的申报工作，共申报项目28项。学校申报的“材料实验教学示范中心”获得教育部批准，成为学校第二个“国家级实验教学示范中心”。学校在建的国家工科化学实验示范中心、上海市材料工程实验示范中心、上海市发酵工程实验示范中心分别接受了上海市教委专家组的检查验收，得到专家的认可与好评。与上海石油化工股份有限公司、上海医药集团股份有限公司等5家国有大型企业联手建立的国家级工程教育实践中心，获得教育部的批准和经费支持。与上海尚光娜贸易公司携手，在奉贤校区建立了大学生创新教育基地“PHYWEI联合实验室”，引进德国先进的科学仪器支撑大学生创新教育。

**推进专业内涵建设，提高专业办学质量。**化学工程与工艺、制药工程、过程装备与控制、生物工程等 4 个专业被列入教育部专业综合改革项目的实施单位，获得教育部的经费支持。4 个专业以卓越工程师培养计划项目的实施为抓手，通过成立卓越项目试点班，修订专业培养方案，推进基于校企深度融合的教学改革，积极探索工程人才的新模式，取得成效。制药工程专业接受了教育部组织的工程教育专业认证，获得了 6 年认证有效期。

因教育部对本科专业目录进行了重要调整，学校重新梳理了现有专业的名称和学位授予类别，规范了本科专业的设置。组织申报了目录内新专业“经济学”和目录外新专业“油气加工工程”。

**推进教育教学改革，总结教改成果。**完成撰写华东理工大学《2011 年本科教学质量报告》，并向社会公布。组织申报了一批上海市精品课程建设项目，其中 4 门课程入选上海市精品课程，3 门课程入选上海市全英语示范课程；组织申报了一批国家“十二五”规划教材，其中 8 本教材入选首批国家规划教材；组织申报了 3 门国家视频公开课程，其中刘昌胜教授主讲的“生物材料”课程入选，通过爱课程网站发布；组织申报了 7 门国家精品共享课程，全部通过上海市教委的专家评审，上报教育部；组织申报了 10 门上海市共享中心课程，其中 7 门列入建设计划。新申报 3 个上海市重点教改项目获得批准。已立项的 9 个上海市重点教改项目，143 个校级教改项目按计划完成结题验收。各类大学生创新实验计划项目立项数为 308 项，其中国家级项目 85 项，上海市级 120 项；开展大学生课余研究（USRP）项目 579 项，覆盖学生 2 800 人次；组织各类学术竞赛 70 余场次，覆盖学生 2 500 余人次，学生参加国内外各类学术竞赛获奖 206 项，其中一等奖 31 项。获得 2012 国际大学生数学建模特等奖提名奖；获得 2012“中国石化-三井化学杯”第六届全国大学生化工设计竞赛特等奖。启动 2012 年华东理工大学教学成果奖的申报评选工作，全校教师共申报教改成果 335 项，经过专家网评和现场答辩，评选出一等奖 48 项。

**强化新校区教学管理，营造良好的学习环境。**随着本科教学的重心逐步向奉贤校区转移，教务处积极调集人力，更新管理手段，提升服务水平。化学与分子工程学院、理学院、信息学院的三年级学生留驻奉贤。学校全力推进 3 个学院专业实验室的建设与搬迁工作，保证了实验教学的正常开设。鼓励各学院将专业主干课程的网站登录学校“课程中心”，为两校区师生交流创造条件，82 门课程正式登陆课程中心；组织开发了基于网络的大学生创新活动平台，为师生跨校区申报项目、组织活动、交流信息创造条件，受到学生欢迎。

**提高生源质量，进一步推进优质生源工程。**首次在全国部分省市的重点高中建立了优秀生源基地；首次在上海实施了高中校长直推优秀生方案；选派学校特色专业和优势学科的专家学者，为中学生开设科技发展前沿的科普讲座，扩大学校在高中学生中的影响力和认可度，取得实效。数据显示，学校2012年招生生源充足，质量呈持续稳定上升趋势。

## 附录：

**截至2012年已批准的国家级精品课程一览表**

| 序号 | 课程名称 | 学院 | 批准年度 |
|---|---|---|---|
| 1 | 物理化学 | 化学与分子工程学院 | 2003 |
| 2 | 化工原理 | 化工学院 | 2004 |
| 3 | 化学反应工程 | 化工学院 | 2005 |
| 4 | 制剂工程 | 化学与分子工程学院 | 2005 |
| 5 | 有机化学 | 化学与分子工程学院 | 2006 |
| 6 | 发酵工程 | 生物工程学院 | 2006 |
| 7 | 压力容器设计 | 机械与动力工程学院 | 2007 |
| 8 | 物理化学（网络教育） | 化学与分子工程学院 | 2007 |
| 9 | 化学工程与工艺专业实验 | 化工学院 | 2008 |
| 10 | 酶工程 | 生物工程学院 | 2008 |
| 11 | 工程制图（网络教育） | 机械与动力工程学院 | 2008 |
| 12 | 并行与分布计算（教育部-英特尔精品课程） | 信息科学与工程学院 | 2008 |
| 13 | 过程控制工程 | 信息科学与工程学院 | 2009 |
| 14 | 化工制图 | 机械与动力工程学院 | 2009 |
| 15 | 化工原理（网络教育） | 化工学院 | 2009 |
| 16 | 生物分离工程 | 生物工程学院 | 2010 |
| 17 | 高分子科学与工程实验 | 材料科学与工程学院 | 2010 |
| 18 | 高分子物理 | 材料科学与工程学院 | 2010 |
| 19 | 基本线路与电子（网络教育） | 信息科学与工程学院 | 2010 |
| 20 | 操作系统（教育部-英特尔精品课程） | 信息科学与工程学院 | 2010 |

（胡欣敏）

**截至2012年已批准的上海市级精品课程一览表**

| 序号 | 课程名称 | 学院 | 负责人 | 批准年度 |
|---|---|---|---|---|
| 1 | 化工原理 | 化工学院 | 黄婕 | 2003 |
| 2 | 物理化学 | 化学与分子工程学院 | 黑恩成 | 2003 |
| 3 | 高等数学 | 理学院 | 殷锡鸣 | 2003 |
| 4 | 线性代数 | 理学院 | 刘剑平 | 2003 |
| 5 | 工程制图 | 机械与动力工程学院 | 林大钧 | 2003 |
| 6 | 大学英语 | 外国语学院 | 邵志洪 | 2003 |

续表

| 序号 | 课程名称 | 学院 | 负责人 | 批准年度 |
|---|---|---|---|---|
| 7 | 基因工程 | 生物工程学院 | 张惠展 | 2003 |
| 8 | 现代基础化学 | 化学与分子工程学院 | 徐志珍 | 2004 |
| 9 | 化学反应工程 | 化工学院 | 许志美 | 2004 |
| 10 | 数学模型 | 理学院 | 鲁习文 | 2004 |
| 11 | 大学物理与实验 | 理学院 | 陆慧 | 2004 |
| 12 | 思想道德修养 | 马克思主义学院 | 王荣发 | 2004 |
| 13 | 邓小平理论 | 马克思主义学院 | 杨苏 | 2005 |
| 14 | 汉英翻译 | 外国语学院 | 邵志洪 | 2005 |
| 15 | 概率论与数理统计 | 理学院 | 夏宁茂 | 2005 |
| 16 | 离散数学 | 理学院 | 张明尧 | 2005 |
| 17 | 制剂工程 | 化学与分子工程学院 | 唐燕辉 | 2005 |
| 18 | 有机化学 | 化学与分子工程学院 | 钱旭红 | 2005 |
| 19 | 压力容器设计 | 机械与动力工程学院 | 惠虎 | 2005 |
| 20 | 高分子化学 | 材料科学与工程学院 | 韩哲文 | 2005 |
| 21 | 计算机软件技术 | 信息科学与工程学院 | 顾春华 | 2005 |
| 22 | 过程控制工程 | 信息科学与工程学院 | 顾幸生 | 2005 |
| 23 | 发酵工程 | 生物工程学院 | 张嗣良 | 2005 |
| 24 | 高级英语 | 外国语学院 | 颜静兰 | 2006 |
| 25 | 酶工程 | 生物工程学院 | 魏东芝 | 2006 |
| 26 | 分离工程 | 化工学院 | 朱家文 | 2006 |
| 27 | 高分子物理 | 材料科学与工程学院 | 林嘉平 | 2006 |
| 28 | 实验化学 | 化学与分子工程学院 | 刘洪来 | 2006 |
| 29 | 机械设计 | 机械与动力工程学院 | 安琦 | 2006 |
| 30 | 化工自动化及仪表 | 信息科学与工程学院 | 孙自强 | 2006 |
| 31 | 管理信息系统 | 商学院 | 陈智高 | 2006 |
| 32 | 软件工程概论 | 信息科学与工程学院 | 虞慧群 | 2007 |
| 33 | 化工工艺 | 化工学院 | 房鼎业 | 2007 |
| 34 | 化学工程与工艺专业实验 | 化工学院 | 乐清华 | 2007 |
| 35 | 过程设备机械设计基础 | 机械与动力工程学院 | 潘红良 | 2007 |
| 36 | 生物化学 | 生物工程学院 | 张元兴 | 2007 |
| 37 | 人力资源管理 | 商学院 | 黄维德 | 2007 |
| 38 | 文献检索 | 图书馆 | 孙济庆 | 2007 |
| 39 | 大学体育 | 体育科学与工程学院 | 王跃 | 2007 |
| 40 | 仪器分析 | 化学与分子工程学院 | 蓝闽波 | 2007 |
| 41 | 人机工程学 | 艺术设计与传媒学院 | 程建新 | 2007 |

续表

| 序号 | 课程名称 | 学院 | 负责人 | 批准年度 |
| --- | --- | --- | --- | --- |
| 42 | 化工过程分析与开发 | 化工学院 | 乐清华 | 2008 |
| 43 | 生物分离工程 | 生物工程学院 | 曹学君 | 2008 |
| 44 | 高分子科学与工程实验 | 材料科学与工程学院 | 唐颂超 | 2008 |
| 45 | 电工学 | 信息科学与工程学院 | 林家骏 | 2008 |
| 46 | 设计图学 | 艺术设计与传媒学院 | 聂桂平 | 2008 |
| 47 | 分离及复杂物质分析 | 化学与分子工程学院 | 张文清 | 2009 |
| 48 | 高分子材料成型加工 | 材料科学与工程学院 | 唐颂超 | 2009 |
| 49 | 化工设计 | 化工学院 | 朱开宏 | 2009 |
| 50 | 公共管理学 | 社会与公共管理学院 | 叶海平 | 2009 |
| 51 | 综合英语 | 外国语学院 | 颜静兰 | 2010 |
| 52 | 社区社会工作 | 社会与公共管理学院 | 徐永祥 | 2010 |
| 53 | 现代机械控制工程 | 机械与动力工程学院 | 易建军 | 2010 |
| 54 | 高分子科学实验 | 材料科学与工程学院 | 徐世爱 | 2010 |
| 55 | 材料添加剂化学 | 化工学院 | 辛忠 | 2010 |
| 56 | 货币银行学 | 商学院 | 刘建国 | 2010 |
| 57 | 《微机原理与实验》——单片机原理与应用 | 信息科学与工程学院 | 凌志浩 | 2011 |
| 58 | 机械原理 | 机械与动力工程学院 | 高　志 | 2011 |
| 59 | 石油炼制工艺学 | 化工学院 | 沈本贤 | 2011 |
| 60 | 树脂基复合材料 | 材料科学与工程学院 | 倪礼忠 | 2011 |
| 61 | 劳动与社会保障法 | 法学院 | 刘金祥 | 2011 |
| 62 | 化工热力学 | 化工学院 | 施云海 | 2012 |
| 63 | 分析化学 | 化学与分子工程学院 | 胡坪 | 2012 |
| 64 | 过程流体机械 | 机械与动力工程学院 | 周邵萍 | 2012 |
| 65 | 企业研究方法 | 商学院 | 陈洪安 | 2012 |

（胡欣敏）

**截至2012年我校上海市教学名师一览表**

| 年份 | 姓名 | 备注 |
| --- | --- | --- |
| 2003 | 黑恩成、王宗尧、范明英 | 第一届 |
| 2006 | 房鼎业、史济斌、陈晓祥 | 第二届 |
| 2007 | 齐鸣斋、安　琦、王　跃 | 第三届 |
| 2008 | 曹锦清 | 第四届 |
| 2009 | 乐清华、潘家祯 | 第五届 |
| 2011 | 唐颂超、颜静兰 | 第六届 |

（张正清）

**国家级"十二五"规划教材一览表**

| 序号 | 书名 | 主要作者 | 第一作者单位 | 出版社 | 批准年度 |
|---|---|---|---|---|---|
| 1 | 大学物理实验（第三版） | 张兆奎、缪连元、张立 | 华东理工大学 | 高等教育出版社 | 2012 |
| 2 | 分析化学（第六版） | 华东理工大学、四川大学 | 华东理工大学 | 高等教育出版社 | 2012 |
| 3 | 有机化学（第二版） | 钱旭红 | 华东理工大学 | 化学工业出版社 | 2012 |
| 4 | 物理化学（第五版） | 胡英 | 华东理工大学 | 高等教育出版社 | 2012 |
|  | 物理化学导读 | 刘国杰、黑恩成 | 华东理工大学 | 科学出版社 | 2012 |
| 5 | 仪器分析（第四版） | 朱明华、胡坪 | 华东理工大学 | 高等教育出版社 | 2012 |
| 6 | 化工原理（上）（第三版） | 陈敏恒、丛德滋、方图南等 | 华东理工大学 | 化学工业出版社 | 2012 |
|  | 化工原理（下）（第三版） | 陈敏恒、丛德滋、方图南等 | 华东理工大学 | 化学工业出版社 | 2012 |
| 7 | 化学反应工程（第四版） | 朱炳辰 | 华东理工大学 | 化学工业出版社 | 2012 |
| 8 | 化学工艺学（第二版） | 黄仲九、房鼎业 | 浙江大学 | 高等教育出版社 | 2012 |

（胡欣敏）

**2012年新编出版教材一览表**

| 序号 | 书名 | 出版社 | 主编姓名 | 出版时间 |
|---|---|---|---|---|
| 1 | 人机工程学应用 | 上海交通大学出版社 | 周美玉 | 2012年1月 |
| 2 | 塑料成型机械 | 化学工业出版社 | 秦宗慧等 | 2012年1月 |
| 3 | 机械设计课程设计 | 华东理工大学出版社 | 安琦 | 2012年1月 |
| 4 | 创业精神导论 | 高等教育出版社 | 骆守俭 | 2012年1月 |
| 5 | 研究生英语视听说教程 | 华东理工大学出版社 | 黄淑芳 | 2012年1月 |
| 6 | 波德莱尔——发达资本主义时代的抒情诗人（译著） | 译林出版社 | 王涌 | 2012年1月 |
| 7 | 英语专业四级阅读高分特训 | 上海交通大学出版社 | 颜静兰、高攀 | 2012年1月 |
| 8 | 英语八级人文知识问答菁华 | 上海交通大学出版社 | 颜静兰、杨慧敏 | 2012年1月 |
| 9 | 过程控制工程（第四版） | 高等教育出版社 | 俞金寿、顾幸生 | 2012年2月 |
| 10 | 电气与可编程控制器原理及应用 | 化学工业出版社 | 王华忠、郭丙君等 | 2012年2月 |
| 11 | 化学反应工程（第五版） | 化学工业出版社 | 朱炳辰 | 2012年2月 |
| 12 | 行政组织学 | 华东理工大学出版社 | 郭圣莉、应艺青 | 2012年2月 |
| 13 | 操作系统原理 | 华东理工大学出版社 | 叶琪 | 2012年2月 |
| 14 | 数控机床加工工艺与操作技术 | 华东理工大学出版社 | 肖民、何云 | 2012年3月 |
| 15 | 计量经济学同步辅导与习题全解 | 华东理工大学出版社 | 沈琪 | 2012年3月 |
| 16 | 化工过程分离工程 | 华东理工大学出版社 | 徐心茹 | 2012年4月 |
| 17 | 风险投资实务（译著） | 机械工业出版社 | 何峻等 | 2012年4月 |
| 18 | 应用数理统计 | 华东理工大学出版社 | 刘剑平、朱坤平等 | 2012年5月 |
| 19 | 国际经济学（第二版） | 上海人民出版社 | 孙定东、杨逢珉、孙定东 | 2012年5月 |
| 20 | 21世纪大学英语测试教程4：模拟真题 | 复旦大学出版社 | 龚嵘 | 2012年5月 |
| 21 | 个案社会工作实验教程 | 华东理工大学出版社 | 刘华丽、赵鑫 | 2012年5月 |

续表

| 序号 | 书名 | 出版社 | 主编姓名 | 出版时间 |
|---|---|---|---|---|
| 22 | 21世纪大学英语测试课教程2：语法 | 复旦大学出版社 | 龚嵘 | 2012年6月 |
| 23 | 电力拖动技术及其应用 | 中国电力出版社 | 郭丙君 | 2012年6月 |
| 24 | 项目管理理论与实务 | 华东理工大学出版社 | 蒋景楠 | 2012年7月 |
| 25 | 外经贸函电教程（第二版） | 华东理工大学出版社 | 蔡惠伟 | 2012年7月 |
| 26 | 精细有机合成 | 华东理工大学出版社 | 王利民 | 2012年8月 |
| 27 | 光催化 | 华东理工大学出版社 | 张金龙 | 2012年8月 |
| 28 | 机械制图及CAD | 华东理工大学出版社 | 郭慧 | 2012年8月 |
| 29 | 税法 | 华东理工大学出版社 | 瞿炎辰、徐鸣 | 2012年8月 |
| 30 | 外贸函电 | 华东理工大学出版社 | 蔡惠伟 | 2012年8月 |
| 31 | 酶与酶工程（第二版） | 华东理工大学出版社 | 袁勤生 | 2012年8月 |
| 32 | 计算机系统与网络技术（第二版） | 高等教育出版社 | 刘江 | 2012年8月 |
| 33 | 测控技术与仪器专业概论 | 化学工业出版社 | 孙自强、刘笛 | 2012年8月 |
| 34 | 计算机导论 | 华东理工大学出版社 | 郭卫斌、杨建国 | 2012年8月 |
| 35 | 大学文科数学 | 华东理工大学出版社 | 李继根 | 2012年8月 |
| 36 | 网络安全设计 | 华东理工大学出版社 | 于九红、范贵生 | 2012年8月 |
| 37 | 计算机导论 | 华东理工大学出版社 | 郭卫斌、杨建国 | 2012年8月 |
| 38 | 监控与数据采集（SCADA）系统及其应用（第二版） | 电子工业出版社 | 王华忠 | 2012年9月 |
| 39 | 线性代数解题分析与考研辅导 | 华东理工大学出版社 | 刘剑平、施劲松等 | 2012年9月 |
| 40 | 复合材料力学与结构设计 | 华东理工大学出版社 | 王耀先 | 2012年9月 |
| 41 | 市场调研（第三版） | 电子工业出版社 | 陆军 | 2012年9月 |
| 42 | 日本知识产权法律制度 | 知识产权出版社 | 李龙 | 2012年9月 |
| 43 | 有机化学 | 华东理工大学出版社 | 许胜 | 2012年9月 |
| 44 | 微机原理及应用 | 华东理工大学出版社 | 庞毅林、蒋翠玲 | 2012年9月 |
| 45 | VisualC＃程序设计实验教程 | 电子工业出版社 | 李飞、叶元卯 | 2012年9月 |
| 46 | 电力拖动控制系统 | 华东理工大学出版社 | 郭丙君 | 2012年9月 |
| 47 | 单行道（译著） | 译林出版社 | 王涌 | 2012年10月 |
| 48 | 电机与拖动基础 | 化学工业出版社 | 郭丙君 | 2012年10月 |
| 49 | 营销工程与应用 | 华东理工大学出版社 | 费鸿萍、戚海峰、杜俊林 | 2012年11月 |
| 50 | 管理沟通（第三版） | 中国人民大学出版社 | 康青 | 2012年12月 |

（胡欣敏）

**2012年上海市高校本科重点教学改革项目一览表**

| 序号 | 学院 | 项目名称 | 负责人 | 批准年度 |
|---|---|---|---|---|
| 1 | 化工学院 | 资源循环科学与工程人才培养模式创新实践 | 于建国 | 2012年6月 |
| 2 | 机械与动力工程学院 | 实施质量工程推进工程图学教学共享平台建设 | 林大钧 | 2012年6月 |
| 3 | 药学院 | 校企合作培养制药工程卓越工程人才 | 宋恭华 | 2012年6月 |

（胡欣敏）

**2012年本科专业设置一览表**

| 学院 | | 系别 | | 专业 | |
|---|---|---|---|---|---|
| 代码 | 名称 | 代码 | 名称 | 代码 | 名称 |
| 1 | 化工学院 | 11 | 化学工程 | 81101 | 化学工程与工艺 |
| | | | | 080218S | 资源循环科学与工程 |
| | | 12 | 石油加工 | 81203 | 油气储运工程 |
| | | 13 | 产品工程 | 81402 | 轻化工程 |
| 2 | 生物工程学院 | 21 | 生物工程 | 81801 | 生物工程 |
| | | 22 | 应用生物学 | 70401 | 生物科学 |
| | | | | 70402 | 生物技术 |
| | | 23 | 食品科学与工程 | 81401 | 食品科学与工程 |
| | | | | 081407W | 食品质量与安全 |
| 3 | 化学与分子工程学院 | 31 | 化学 | 70301 | 化学 |
| | | | | 70302 | 应用化学 |
| | | | | 71302 | 材料化学 |
| | | 32 | 精细化工 | 70302 | 应用化学（精细化工） |
| 4 | 材料科学与工程学院 | 41 | 高分子材料 | 80204 | 高分子材料与工程 |
| | | | | 080206W | 复合材料与工程 |
| | | | | 71301 | 材料物理 |
| | | 42 | 无机材料 | 80203 | 无机非金属材料工程 |
| | | | | 080217S | 新能源材料与器件 |
| 5 | 机械与动力工程学院 | 51 | 机械工程 | 80301 | 机械设计制造及其自动化 |
| | | 52 | 动力工程及过程机械 | 80304 | 过程装备与控制工程 |
| | | | | 81002 | 安全工程（安全检测技术） |
| | | 53 | 材料与装备工程 | 80302 | 材料成型及控制工程 |
| | | | | 80202 | 金属材料工程 |
| 6 | 信息科学与工程学院 | 61 | 自动化 | 80602 | 自动化 |
| | | | | 80401 | 测控技术与仪器 |
| | | | | 80601 | 电气工程及其自动化 |
| | | 62 | 电子与通信工程 | 080609Y | 信息工程 |
| | | 63 | 计算机科学与工程 | 80605 | 计算机科学与技术 |
| 7 | 资源与环境工程学院 | 71 | 能源化工 | 80501 | 热能与动力工程 |
| | | 72 | 环境工程 | 81001 | 环境工程 |
| | | | | 81002 | 安全工程 |

续表

| 学院 | | 系别 | | 专业 | |
|---|---|---|---|---|---|
| 代码 | 名称 | 代码 | 名称 | 代码 | 名称 |
| 8 | 理学院 | 81 | 数学 | 70101 | 数学与应用数学 |
| | | | | 70102 | 信息与计算科学 |
| | | 82 | 物理 | 70202 | 应用物理学 |
| | | | | 080614W | 信息显示与光电技术 |
| 9 | 商学院 | 91 | 管理科学与工程 | 110104 | 工程管理 |
| | | | | 110102 | 信息管理与信息系统 |
| | | | | 110210W | 物流管理 |
| | | 92 | 工商管理 | 110201 | 工商管理 |
| | | | | 110202 | 市场营销 |
| | | | | 110205 | 人力资源管理 |
| | | 93 | 会计学 | 110203 | 会计学 |
| | | | | 110204 | 财务管理 |
| | | 94 | 经济学 | 20102 | 国际经济与贸易 |
| | | 95 | 金融学 | 20104 | 金融学 |
| | | | | 020107W | 保险 |
| 10 | 社会与公共管理学院 | 101 | 公共管理 | 110302 | 公共事业管理 |
| | | 102 | 社会工作 | 30302 | 社会工作 |
| | | 103 | 行政管理 | 110301 | 行政管理 |
| | | 104 | 社会学 | 110303 | 劳动与社会保障 |
| | | | | 30301 | 社会学 |
| 12 | 艺术设计与传媒学院 | 121 | 艺术设计 | 50408 | 艺术设计 |
| | | | | 110206 | 旅游管理 |
| | | 122 | 旅游管理 | 080713S | 景观学 |
| | | 123 | 工业设计 | 80303 | 工业设计 |
| | | 124 | 传媒 | 50303 | 广告学 |
| 13 | 外国语学院 | 131 | 英语 | 50201 | 英语 |
| | | 132 | 日语 | 50207 | 日语 |
| | | 133 | 德语 | 50203 | 德语 |
| 15 | 药学院 | 151 | 制药工程 | 81102 | 制药工程 |
| | | | | 100803 | 药物制剂 |
| | | 152 | 药物科学 | 100801 | 药学 |
| 31 | 法学院 | 311 | 法律 | 30101 | 法学 |

续表

| 学院 | | 系别 | | 专业 | |
|---|---|---|---|---|---|
| 代码 | 名称 | 代码 | 名称 | 代码 | 名称 |
| 33 | 中德工学院 | | | 81101 | 化学工程与工艺（环境科学与工程） |
| | | | | 80601 | 电气工程及其自动化（电子信息工程） |

（彭新初）

### 2012年辅修专业及第二专业设置一览表

| 辅修专业名称 | 所属学科门类 | 学分数 | 辅修专业学士学位类别 |
|---|---|---|---|
| 英语 | 文学 | 60 | 文学辅修学士学位 |
| 日语 | 文学 | 60 | 文学辅修学士学位 |
| 德语 | 文学 | 60 | 文学辅修学士学位 |
| 金融学 | 经济学 | 60 | 经济学辅修学士学位 |
| 财务管理 | 管理学 | 60 | 管理学辅修学士学位 |
| 计算机科学与技术 | 工学 | 60 | 工学辅修学士学位 |
| 数学与应用数学 | 理学 | 60 | 理学辅修学士学位 |
| 信息与计算科学 | 理学 | 60 | 理学辅修学士学位 |
| 法律 | 法学 | 60 | 法学辅修学士学位 |
| 艺术设计 | 文学 | 60 | 文学辅修学士学位 |
| ★信息技术及应用（二专） | | 38 | （本校二专证书，没有学位证书） |

注：打★的专业为第二专业，其他专业为辅修专业。

（范圣法）

### 教学实验室建设一览表

| 序号 | 学院 | 实验室 |
|---|---|---|
| 1 | 化工学院 | 化工原理实验教学中心 |
| 2 | 化工学院 | 化工专业实验教学中心 |
| 3 | 生物工程学院 | 发酵工程实验教学中心 |
| 4 | 化学与分子工程学院 | 工科化学实验教学中心 |
| 5 | 药学院 | 药学实验教学中心 |
| 6 | 材料科学与工程学院 | 材料实验教学中心 |
| 7 | 信息科学与工程学院 | 电子信息实验教学中心 |
| 8 | 信息科学与工程学院 | 计算机实验教学中心 |
| 9 | 机械与动力工程学院 | 机械实验教学中心 |
| 10 | 资源与环境工程学院 | 资源与环境专业实验教学中心 |
| 11 | 理学院 | 物理实验教学中心 |

续表

| 序号 | 学院 | 实验室 |
|---|---|---|
| 12 | 理学院 | 数学实验教学中心 |
| 13 | 商学院 | 商学院综合实验室 |
| 14 | 社会与公共管理学院 | 社会与公共管理实验室 |
| 15 | 艺术设计与传媒学院 | 艺术设计与传媒实验教学中心 |
| 16 | 外国语学院 | 外国语实验教学中心 |
| 17 | 工程训练中心 | 工程训练中心实践教学基地 |
| 18 | 体育科学与工程学院 | 体质健康测试指导实验室 |

（杜龙兵）

**2012年教学指导委员会名单**

| 各学科指导委员会名称及职务 | 姓名 |
|---|---|
| 化学与化工学科教学指导委员会副主任委员 | 沈永嘉 |
| 制药工程专业教学指导分委员会主任委员 | 沈永嘉 |
| 化学工程与工艺专业教学指导分委员会委员 | 乐清华 |
| 化学基础课程教学指导分委员会委员 | 史济斌 |
| 生物科学课程教学指导分委员会委员 | 魏东芝 |
| 生物工程与生物技术专业教学指导分委员会副主任委员 | 魏东芝 |
| 环境工程专业教学指导分委员会委员 | 刘勇弟 |
| 材料物理与材料化学专业教学指导分委员会委员 | 唐颂超 |
| 无机非金属材料工程专业教学指导分委员会委员 | 陈奇 |
| 高分子材料与工程专业教学指导分委员会委员 | 林嘉平 |
| 机械学科教学指导委员会委员 | 潘家祯 |
| 过程装备与控制工程专业教学指导分委员会副主任委员 | 潘家祯 |
| 机械基础课程教学指导分委员会委员 | 郑建荣 |
| 自动化专业教学指导分委员会委员 | 凌志浩 |
| 轻化工程专业教学指导分委员会委员 | 辛忠 |
| 工程图学教学指导委员会委员 | 林大钧 |
| 实验教学指导委员会委员 | 乐清华 |

（乐清华）

# 学生思想品德教育与管理

**【概况】** 年内，学生工作部（处）紧紧围绕学校60周年校庆工作和学校第十次党代会总体部署，进一步提升学校思想政治教育工作质量，深化素质教育和心理健康教育，加强学风建设、强化管理、优化服务。

**思想政治工作。**印发《学生工作“质量提升工程”实施方案》，全面提高大学生思想政治教育工作质量。年内，继续实施“质量提升工程”，一是围绕迎接党的十八大，举办系列教育活动，包括针对社会热点问题事件开展的针对性的教育活动，以社会主义核心价值体系武装学生的头脑，确保及时入脑入心。二是关注学生思想动态，开展针对性的舆情教育，围绕教育部大学生思想政治动态调查，掌握学生信息，依托学生情况开展研究会，编辑《学生工作舆情简报》，呈现学生的最新思想动态，以便开展针对性的专题教育。三是先后围绕节日及重大时间节点开展主题教育活动，先后组织学习宣传贯彻落实十八大精神系列主题教育活动、迎接校庆系列活动、迎接学校第十次党代会系列活动等，提高学生的思想政治素质。各学院共计开展各类教育活动达到485场次，平均每天近2场活动。

**学风建设。**一是实施“班级攀升计划”，发布《华东理工大学关于开展“班级攀升计划”活动的通知》。各班在分析学习状况的前提下，制订学风建设目标和计划，在“易班”上公开发布并实施。经过一年的建设及网上和线下评比，共评选出10个“优秀班级”、10个“优秀入围班级”和3个学院“优秀组织奖”，给予表彰和奖励。二是加大管理力度，包括辅导员听课制度、成绩通报制度、学生约谈制度、学生帮扶制度等，严肃考风考纪，以有效管理，促进学风建设，加强对学生个体学习状况的检查和督导。组织学生楼长、层长每周一次检查晚上宿舍自修及玩游戏情况，结果向各学院通报，为学院开展学风建设工作提供有力帮助。三是建立骨干队伍、强化学风督导、加强示范教育、发挥学生自治，以良好的榜样树立学风。

**校庆工作。**2012年迎来学校60周年校庆，学工部组织选拔1 000余名校庆志愿者，在接待服务、礼仪服务、综合服务等方面发挥了重要作用；组织系列校庆活动，先后开展迎校庆“身边的小故事”征集活动、汇贤讲堂、学长见面会、“校庆杯”摄影大赛、知识大赛等，据统计，校庆期间各学院开展活动共134场。

**心理健康工作。**开设覆盖新生的“新生心理健康教育”以及“自信心训练”等9门选修课，选修人数达2804人。通过课程规范化管理、举办课程大赛等工作提升教学质量，心理健康教育课程建设成效明显。成功举办第20、21届心理健康教育宣传周活动，开展了系列心理讲座、心理委员培训、心灵成长工作坊、心理电影赏析、“心晴使者”培训、心理健康征文比赛、阳光沙龙、素质拓展、心理健康教育课程大赛、心理情景剧大赛等精彩纷呈的活动，宣传教育效果良好。邀请音乐心理剧治疗流派的创始人约瑟夫·莫雷诺（Joseph L. Moreno）教授来校举办为期3天的上海高校音乐心理剧工作坊。

**辅导员队伍建设。**3位老师获评“上海市育才奖”，评选、表彰和奖励11名“优秀思政教育工作者”、29名“优秀班导师”，10名辅导员获得“化工区优秀教学奖”。依托学校职称评聘工作，4名辅导员获得了职级晋升；1人获评教授，4人获评副教授，17人获评讲师。9名辅导员转岗到学校其他部门或离职，7名辅导员在学工系统各部门间流动。2012年开始举办新上岗辅导员沙龙，继续加大力度开展奉贤校区辅导员沙龙、徐汇校区辅导员沙龙、学工委主任沙龙和分团委书记沙龙等活动。成功申报“上海高校辅导员培训基地（华东理工大学）”，分别于4月、12月开展主题为“学生骨干培养”和“实践育人”的专题培训，每期均有来自上海各兄弟高校近50名辅导员参加培训学习。学校先后选派4名辅导员赴美国和英国参加考察培训。成功举办2012年度上海高校辅导员队伍建设月总结会暨辅导员论坛；信息学院杨雅伟老师获得“2012上海高校辅导员年度人物称号”；2名辅导员参加首届上海高校辅导员职业技能竞赛，分获二等奖和三等奖；参加首届上海高校辅导员团体拓展活动，获得团体总分三等奖、最佳团队奖、最佳风尚奖等荣誉；学校申报的“依托矩阵配备、深化矩阵内涵，提升学生工作队伍水平”项目被评为2012年度上海高校辅导员队伍建设特色项目，获5万元资助；学工系统获得上海市学校德育理论研究课题1项、德育实践课题2项，共发表论文30篇，22人参与出版教材5部。

**【学校开展“就业引导工程”项目建设】** 学校大力弘扬就业工作主旋律，积极做好基层就业的宣传引导，发布施行《华东理工大学就业引导工程实施方案（2012—2015年）》，鼓励和引导毕业生面向城乡基层、中西部地区以及少数民族地区、贫困地区和艰苦边远地区就业。学校从学科建设和学校发展的需要出发，按照就业地域、行业领域、城乡属性、单位性质等因素，讨论制订《就业引导工程导向单位名单》，明确就业引导的范围、类别，突出导向重点；面向毕业生大力宣传就业引导的政策，讲解基层就业的途径。

**【重点打造“新生助学服务季”】** 针对2012级新生，通过寄送资助信息、新生家访、“绿色通道”、资助宣讲、助学贷款以及勤工助学等方式来打造“新生助学服务季”。专门致信137

名外地学生，详细地告知获取经济资助的各种途径；为家庭经济困难学生提供 1 000 多个勤工助学岗位，还特别设立了应急补助金，为经济特别困难的学生提供一定额度的临时困难补助。报到新生共 3 908 人，通过“绿色通道”入学学生 211 人，发放大礼包 96 份，现场申请临时困难补助 3 人，没有一位学生因为家庭经济困难未能报道注册。

# 招生与就业

**【概况】** 2012年教育部下达学校招生计划为3 940名（本科计划），面向31个省（直辖市、自治区）招生，实行网上远程录取，实际录取数3 933人。同时，内地西藏班、内地新疆班的招生录取工作，根据教育部民族司的要求和安排，集中现场录取。

**自主选拔录取招生工作。** 参加选拔测试4 532人，测试合格并公示392人，录取254人（其中高考成绩达到我校投档线的考生有93人）。

**插班生招生工作。** 计划为20名，参加测试123人，录取并报到13人，经上海市教委审核同意后办理转学手续。插班生转入学校二年级相应专业就读，并按《华东理工大学学籍管理办法》管理。

**就业工作。** 学校2012届各学历层次的毕业生共计6 838人，其中博士毕业生227人，硕士毕业生1 937人，本科毕业生4 674人。截至2012年8月31日，学校总体就业率为95.38%，其中毕业研究生就业率为98.84%，本科毕业生就业率为93.77%，继续保持较高水平。博士研究生中，25人攻读博士后，8人申请出国，189人落实工作（包括定向委培32人）。硕士研究生中，23人攻读博士，24人申请出国，1 870人落实工作（包括定向委培170人）。本科毕业生中，1 038人攻读硕士研究生学位或双学位，689人申请出国，2 656人落实工作。

## 附录：

**新生录取基本情况（不包括少数民族预科、港澳台侨考生及插班生）**

| 类别 | 录取人数 | 占招生数百分比 |
|---|---|---|
| 中共党员 | 2 | 97.38% |
| 中共预备党员 | 13 | |
| 共青团员 | 3 815 | |
| 往届生 | 240 | 6.10% |
| 女生 | 1 616 | 41.09% |
| 农村户口 | 1 109 | 28.20% |
| 少数民族 | 277 | 7.04% |

本科录取人数　　　　（单位：人）

| 省码 | 省市名称 | 保送生 | 定向 | 第二学士学位 | 高水平运动员 | 国防生 | 贫困地区专项计划 | 少数民族预科转正 | 一本统招 | 艺术类 | 自主选拔录取 | 内地班 | 港澳台侨 | 合计 |
|---|---|---|---|---|---|---|---|---|---|---|---|---|---|---|
| 11 | 北京 | | | | | | | | 25 | | | | | 25 |
| 12 | 天津 | | | | | | | | 62 | | | | | 62 |
| 13 | 河北 | | | | 1 | 7 | 1 | | 87 | | 8 | | | 104 |
| 14 | 山西 | 4 | | | | | 1 | | 42 | | 4 | | | 51 |
| 15 | 内蒙古 | | | | | | 1 | 6 | 28 | | | | | 35 |
| 21 | 辽宁 | | | | 2 | 9 | | | 79 | | 11 | | | 101 |
| 22 | 吉林 | | 5 | | | | | 6 | 72 | | 6 | | | 89 |
| 23 | 黑龙江 | | | | | | | | 59 | | 3 | | | 62 |
| 31 | 上海 | | | 1 | 7 | 3 | | | 749 | 41 | 126 | | | 927 |
| 32 | 江苏 | | | | 5 | 9 | | | 249 | 12 | 22 | | | 297 |
| 33 | 浙江 | | | | 3 | 9 | | | 285 | 13 | 26 | | | 336 |
| 34 | 安徽 | | | | 3 | 7 | 2 | | 217 | 10 | 14 | | | 253 |
| 35 | 福建 | | | | | 13 | | | 80 | 10 | 2 | | | 105 |
| 36 | 江西 | | | | | 4 | 1 | | 90 | | 2 | | | 97 |
| 37 | 山东 | | | | 6 | 7 | | | 225 | 14 | 14 | | | 266 |
| 41 | 河南 | 1 | | | 2 | 7 | 3 | | 154 | | 5 | | | 172 |
| 42 | 湖北 | | | | | 5 | 2 | | 82 | | 4 | | | 93 |
| 43 | 湖南 | | | | | 5 | 2 | 6 | 86 | | 4 | | | 103 |
| 44 | 广东 | | | | 1 | | | | 35 | | | | | 36 |
| 45 | 广西 | | | | | | 1 | 5 | 35 | | | | | 41 |
| 46 | 海南 | | | | | | | | 14 | | | | | 14 |
| 50 | 重庆 | | | | | | 1 | | 60 | | | | | 61 |
| 51 | 四川 | | | | | 5 | 2 | 6 | 78 | | 2 | | | 93 |
| 52 | 贵州 | | | | | | 4 | 7 | 43 | | | | | 54 |
| 53 | 云南 | | | | | | 3 | 5 | 42 | | | | | 50 |
| 54 | 西藏 | | | | | | | | 2 | | | 20 | | 22 |
| 61 | 陕西 | | | | 1 | 8 | 2 | | 95 | | | | | 106 |
| 62 | 甘肃 | | | | | | 4 | | 104 | | | | | 108 |
| 63 | 青海 | | | | | | | | 16 | | | | | 16 |
| 64 | 宁夏 | | | | | | 1 | | 23 | | | | | 24 |
| 65 | 新疆 | | 13 | | | | | 15 | 74 | | 1 | 27 | | 130 |
| | 港澳台侨 | | | | | | | | | | | | 8 | 8 |
| | 合计 | 5 | 18 | 1 | 31 | 98 | 31 | 56 | 3 292 | 100 | 254 | 47 | 8 | 3 941 |

说明：1. 港澳台侨考生的录取，不占教育部下达给我校的普通高考录取招生计划。

2. 内地班（新疆内地班、西藏内地班）是单列招生计划。

**2012 年毕业生就业单位性质流向表**

| 单位性质 | 本科生单位性质流向 | 研究生单位性质流向 |
|---|---|---|
| 机关 | 1.01% | 1.08% |
| 科研单位 | 0.19% | 2.73% |
| 高等学校 | 0.10% | 3.29% |
| 其他教学单位 | 1.11% | 0.85% |
| 医疗卫生单位 | 0.39% | 0.11% |
| 其他事业单位 | 1.45% | 2.44% |
| 国有企业 | 34.85% | 25.78% |
| 三资企业 | 38.86% | 38.73% |
| 民营私营企业 | 22.04% | 24.87% |
| 部队 | — | 0.11% |
| **总计** | 100.00% | 100.00% |

**2012 年毕业生就业地区流向表**

| 就业地区 | 本科生所占比例 | 研究生所占比例 |
|---|---|---|
| 上海市 | 78.35% | 75.81% |
| 华东六省 | 10.66% | 14.81% |
| 西部地区 | 5.35% | 2.53% |
| 环渤海地区 | 2.60% | 2.53% |
| 珠三角地区 | 1.05% | 1.26% |
| 东北地区 | 1.05% | 0.53% |
| 中部地区 | 0.87% | 2.19% |
| 其他 | 0.08% | 0.34% |
| **总计** | 100.00% | 100.00% |

# 研究生教育

**【概况】** **招生工作。**2012年录取硕士研究生2 449名，其中学术型硕士研究生1 606名，专业学位硕士研究生843名；按照考试方式划分，推荐免试硕士研究生610名，全国统招硕士研究生1 839名，其中MBA（工商管理硕士）441名、MPA（公共管理硕士）33名。录取博士研究生355名。其中，以公开招考方式录取86名，硕博连读269名。录取2011年工程硕士专业学位研究生601名，在职MPA（公共管理硕士）研究生80名，在职EMBA（高级工商管理硕士）研究生69名。

**培养工作。**研究生院继续进行研究生教学培养质量评价工作。开展第四批全英文授课研究生课程建设项目立项工作，"能源转化工程"等6个项目获得立项。启动研究生课程内容检查工作。2012年全国博士生学术论坛（发酵工程）、上海市研究生教育创新计划研究生学术论坛"有机光电功能分子国际研讨会"、研究生暑期学校"化学工程的新世纪"等活动成功举办。获2012年上海市专业学位研究生教育改革试验项目7项。

**学位工作。**2002—2008年自主设置的二级学科经重新论证和公示，最终8个学科获得备案。新增自设二级学科博士点：法社会学、生物技术与工程。完成2012年新增硕士生导师遴选及招收硕士生导师名单确定工作。2012年为硕士生导师审核年。新遴选硕士生导师59人，审定2012年招收硕士生导师813人。完成2012年新增博士生导师遴选工作，新遴选博士生导师18人，延续上岗博士生导师4人。完成2012年新审定兼职博士生导师遴选工作，新遴选兼职博士生导师9人，兼职硕士生导师2人。完成2013年招收博士生导师名单确定工作，确定2013年招收博士生导师325人。完成工程硕士企业导师遴选工作，新增企业导师125人。启动2013年新增博士生导师遴选工作。完成2011—2012年校优秀研究生指导教师评选工作，15人被评选为2011—2012年校优秀研究生指导教师，20名上海市研究生优秀成果（学位论文）指导教师自然当选为2011—2012年校优秀研究生指导教师。3篇博士论文入选全国优秀博士学位论文。授予博士学位269人（其中2人为同等学力博士），硕士学位2 440人（其中同等学力硕士14人、硕士专业学位945人）。

**学生工作。**召开第十五届研究生代表大会，组织选拔研究生会主任团、主席团，建立一支高素质的研究生干部队伍；加强对研究生组织的指导，培养研究生干部在工作中磨炼成长，发挥研究生组织的自我教育、自我管理、自我服务作用，协助做好研究生的思政教育。开展以“树优良学风，塑文明形象，为校庆添彩”为主题的“六个一”教育活动，包括组织一次迎校庆主题活动、开展一次加强学风建设支部或班团研讨、聆听一场高水平学术讲座、阅读一本经典图书、组织一项公益实践活动、开展一项社会调查。与上海市化学化工学会联合举办“科学诚信与社会责任”报告，在全校研究生中开展科学道德主题教育活动，营造优良学风，提高研究生培养质量。举办第69至90期“名师讲坛”“问道良师”等品牌学术活动；成功举办第十二届“秋韵节”，营造人文精神和科学精神并重的校园文化氛围；举办第十六届论文年会，共收到809篇论文（自然科学497篇，社会科学312篇）。与佛山市南海区签订共建研究生南海社会实践基地协议；通过与新疆、江苏扬州、湖北黄石、安徽铜陵、上海区县等地相关部门联系，最终派出9支实践队伍，并顺利在各地完成实践任务。本年度暑期社会实践中，新疆科技服务团获上海市最佳项目奖。

## 附录：

**在读研究生统计表（含留学生，截至2012年12月）**　　（单位：人）

| 类别 | | 合计 | | | | |
|---|---|---|---|---|---|---|
| | | 非定 | 定向 | 委培 | 自筹 | 小计 |
| 普通学位 | 博士 | 1 027 | 25 | 327 | 2 | 1 381 |
| | 硕士（含硕-博连读） | 4 013 | 24 | 31 | 633 | 4 701 |
| | 硕士 | 3 702 | 23 | 31 | 633 | 4 389 |
| | 硕-博连读 | 311 | 1 | | | 312 |
| | 合 计 | 5 040 | 49 | 358 | 635 | 6 082 |
| 全日制专业学位 | 全日制MBA | | | 579 | 717 | 1 296 |
| | 全日制MPA | | | 56 | | 56 |
| | 全日制工程硕士 | 534 | | 3 | 63 | 600 |
| | 全日制法律硕士 | 34 | | | 1 | 35 |
| | 全日制社工硕士 | 50 | 1 | 1 | 3 | 55 |
| | 全日制艺术硕士 | 16 | | | 2 | 18 |
| | 全日制国际商务硕士 | 13 | | | 2 | 15 |
| | 全日制药学硕士 | 18 | | | | 18 |
| | 全日制中药学硕士 | 10 | | | | 10 |
| | 全日制会计硕士 | 45 | | 12 | 6 | 63 |
| | 合 计 | 720 | 1 | 651 | 794 | 2 166 |

续表

| 类别 | | 合计 | | | | |
|---|---|---|---|---|---|---|
| | | 非定 | 定向 | 委培 | 自筹 | 小计 |
| 专业学位 | 高校教师 | | | 7 | | 7 |
| | MBA（单） | | | 39 | | 39 |
| | EMBA | | | | 217 | 217 |
| | MPA（单） | | | 20 | | 20 |
| | 工程硕士（单） | | | 523 | | 523 |
| | 合 计 | | | 589 | 217 | 806 |
| 合 计 | | 5 760 | 50 | 1 598 | 1 646 | 9 054 |

注：统计数据不包含休学和保留学籍学生

**2012 年硕士生录取情况统计表**（单位：人）

| 国家计划 | 招生规模 | 录取人数 | 录取人数（按类别划分） | | | | | | | 录取人数（按生源划分） | | 录取人数（按考试方式划分） | | 录取人数（按考生学历划分） | | | 保留入学资格 |
|---|---|---|---|---|---|---|---|---|---|---|---|---|---|---|---|---|---|
| | | | 硕博 | 一等 | 二等 | 其他 | 定向 | 委培 | 自筹 | 在职人员 | 应届本科毕业生 | 全国统招 | 推荐免试 | 研究生毕业 | 本科毕业 | 同等学力 | |
| 1 681 | 2 390 | 2 449 | 172 | 680 | 646 | 456 | 7 | 212 | 276 | 655 | 1 794 | 1 839 | 610 | 3 | 2 322 | 124 | 2 |

**2012 年博士生录取情况统计表**（单位：人）

| 报考人数 | 录取人数 | | | 录取人数（按类别） | | 录取人数（按生源学历） | | | | |
|---|---|---|---|---|---|---|---|---|---|---|
| | 小计 | 公开招考 | 硕博连读 | 国家计划 | 委托培养 | 已获硕士 | 应届硕士 | 在学硕士 | 应届本科 | 同等学历 |
| 590 | 355 | 86 | 269 | 320 | 35 | 52 | 34 | 269 | 0 | 0 |

**2012 年在职人员攻读硕士学位研究生录取情况统计表**（单位：人）

| 2012 年报考人数 | | | 录取 2011 年人数 | | | |
|---|---|---|---|---|---|---|
| 小计 | 工程硕士 | MPA | 小计 | 工程硕士 | MPA | EMBA |
| 1 377 | 1 170 | 207 | 750 | 601 | 80 | 69 |

**博士学位授权点一览表**

| 学科门类 | 一级学科名称 | 二级学科名称 | 所在行政单位 |
| --- | --- | --- | --- |
| 经济学 | 应用经济学▲ | 国民经济学（原西方经济学） | 商学院 |
| | | 区域经济学 | |
| | | 财政学（含：税收学） | |
| | | 金融学（含：保险学） | |
| | | 产业经济学 | |
| | | 国际贸易学 | |
| | | 劳动经济学 | |
| | | 统计学 | |
| | | 数量经济学 | |
| | | 国防经济 | |
| 法学 | 社会学▲ | 社会学 | 社会与公共管理学院 |
| | | 人口学 | |
| | | 人类学 | |
| | | 民俗学（含：中国民间文学） | |
| | | 社会工作（学）△ | |
| | | 社会管理与社会政策△ | |
| | | 法社会学△ | |
| | 马克思主义理论 | 马克思主义中国化研究 | 人文科学研究院 |
| 理学 | 数学▲ | 基础数学 | 理学院 |
| | 数学▲ | 计算数学 | 理学院 |
| | | 概率论与数理统计 | |
| | | 应用数学 | |
| | | 运筹学与控制论 | |
| | 化学▲ | 无机化学 | 化学与分子工程学院 |
| | | 分析化学 | |
| | | 有机化学 | |
| | | 物理化学（含：化学物理） | |
| | | 精细合成化学与分子工程△ | |
| | | 高分子化学与物理 | 材料科学与工程学院 |
| | 生物学 | 生物化学与分子生物学 | 生物工程学院 |

| 学科门类 | 一级学科名称 | 二级学科名称 | 所在行政单位 |
|---|---|---|---|
| 工学 | 机械工程▲ | 机械制造及其自动化 | 机械与动力工程学院 |
| | | 机械电子工程 | |
| | | 机械设计及理论 | |
| | | 车辆工程 | |
| | | 工业设计△ | |
| | 材料科学与工程▲ | 材料物理与化学 | 材料科学与工程学院 |
| | | 材料学 | |
| | | 材料加工工程 | |
| | | 生物材料△ | |
| | | 纳米材料与技术△ | |
| | | 体育运动材料△ | |
| | | 高分子化工△ | |
| | | 先进复合材料△ | |
| | | 先进材料与制备技术△ | 化学与分子工程学院 |
| | 动力工程及工程热物理▲ | 热能工程 | 资源与环境工程学院 |
| | | 工程热物理 | 机械与动力工程学院 |
| | | 动力机械及工程 | |
| | | 流体机械及工程 | |
| | | 制冷及低温工程 | |
| | | 化工过程机械 | |
| | 控制科学与工程▲ | 控制理论与控制工程 | 信息科学与工程学院 |
| | | 检测技术与自动化装置 | |
| | | 系统工程 | |
| | | 模式识别与智能系统 | |
| | | 导航、制导与控制 | |
| | 计算机科学与技术 | 计算机应用技术 | |
| | 化学工程与技术▲ | 化学工程 | 化工学院 |
| | | 化学工艺 | |
| | | 过程系统工程△ | |
| | | 材料化学工程△ | |
| | | 能源化学工程△ | |
| | | 应用化学 | 化学与分子工程学院 |
| | | 工业催化 | |
| | | 制药工程与技术△ | 药学院 |
| | | 化学生物技术与工程△ | |
| | | 生物化工 | 生物工程学院 |
| | 轻工技术与工程▲ | 制浆造纸工程 | |
| | | 制糖工程 | |
| | | 发酵工程 | |
| | 轻工技术与工程▲ | 皮革化学与工程 | 化学与分子工程学院 |
| | | 生物技术与工程△ | 生物工程学院 |
| | 环境科学与工程▲ | 环境科学 | 资源与环境工程学院 |
| | | 环境工程 | |

续表

| 学科门类 | 一级学科名称 | 二级学科名称 | 所在行政单位 |
|---|---|---|---|
| 农学 | 植物保护 | 农药学 | 药学院 |
| 医学 | 药学▲ | 药物化学 | |
| | | 药剂学 | |
| | | 生药学 | |
| | | 药物分析学 | |
| | | 微生物与生化药学 | |
| | | 药理学 | |
| 管理学 | 管理科学与工程▲ | 不设二级学科 | 商学院 |

注：共81个博士学位点。标注“▲”的为博士学位授权一级学科，共13个；标注“△”的为在博士学位授权一级学科下自主设置的学科专业，共17个。博士学位点涉及7个学科门类，13个一级学科。

**硕士学位授权点一览表**

| 学科门类 | 一级学科名称 | 二级学科名称 | 所在行政单位 |
|---|---|---|---|
| 哲学 | 哲学▼ | 马克思主义哲学 | 人文科学研究院 |
| | | 中国哲学 | |
| | | 外国哲学 | |
| | | 逻辑学 | |
| | | 伦理学 | |
| | | 美学 | |
| | | 宗教学 | |
| | | 科学技术哲学 | |
| 经济学 | 应用经济学▼ | 国民经济学（原西方经济学） | 商学院 |
| | | 区域经济学 | |
| | | 财政学（含：税收学） | |
| | | 金融学（含：保险学） | |
| | | 产业经济学 | |
| | | 国际贸易学 | |
| | | 劳动经济学 | |
| | | 统计学 | |
| | | 数量经济学 | |
| | | 国防经济 | |

续表

| 学科门类 | 一级学科名称 | 二级学科名称 | 所在行政单位 |
|---|---|---|---|
| 法学 | 法学▼ | 法学理论 | 法学院 |
| | | 法律史 | |
| | | 宪法学与行政法学 | |
| | | 刑法学 | |
| | | 民商法学（含：劳动法学、社会保障法学） | |
| | | 诉讼法学 | |
| | 法学▼ | 经济法学 | 法学院 |
| | | 环境与资源保护法学 | |
| | | 国际法学（含：国际公法、国际私法、国际经济法） | |
| | | 军事法学 | |
| | 政治学 | 政治学理论 | 人文科学研究院 |
| | | 中外政治制度（暂停招生） | |
| | 社会学▼ | 社会学 | 社会与公共管理学院 |
| | | 人口学 | |
| | | 人类学 | |
| | | 民俗学（含：中国民间文学） | |
| | | 社会工作（学）▽ | |
| | | 社会管理与社会政策▽ | |
| | | 法社会学▽ | |
| | 马克思主义理论▼ | 马克思主义基本原理 | 人文科学研究院 |
| | | 马克思主义发展史 | |
| | | 马克思主义中国化研究 | |
| | | 国外马克思主义研究 | |
| | | 思想政治教育 | |
| | | 中国近现代史基本问题研究 | |
| 教育学 | 教育学 | 高等教育学 | 高等教育研究所 |
| | 体育学 | 体育人文社会学 | 体育科学与工程学院 |
| 文学 | 外国语言文学 | 英语语言文学 | 外国语学院 |
| | | 外国语言学及应用语言学 | |
| 历史学 | 中国史 | 中国近现代史（暂停招生） | 人文科学研究院 |

续表

| 学科门类 | 一级学科名称 | 二级学科名称 | 所在行政单位 |
| --- | --- | --- | --- |
| 理学 | 数学▼ | 基础数学 | 理学院 |
| | 数学▼ | 计算数学 | 理学院 |
| | | 概率论与数理统计 | |
| | | 应用数学 | |
| | | 运筹学与控制论 | |
| | 物理学▼ | 理论物理 | |
| | | 粒子物理与原子核物理 | |
| | | 原子与分子物理 | |
| | | 等离子体物理 | |
| | | 凝聚态物理 | |
| | | 声学 | |
| | | 光学 | |
| | | 无线电物理 | |
| | | 核技术应用▽ | |
| | 化学▼ | 无机化学 | 化学与分子工程学院 |
| | | 分析化学 | |
| | | 有机化学 | |
| | | 物理化学（含：化学物理） | |
| | | 精细合成化学与分子▽ | |
| | | 高分子化学与物理 | 材料科学与工程学院 |
| | 海洋生物学 | 海洋生物学 | 生物工程学院 |
| | 生物学 | 微生物学 | |
| | | 生物化学与分子生物学 | |
| 工学 | 力学 | 固体力学 | 机械与动力工程学院 |
| | 机械工程▼ | 机械制造及其自动化 | |
| | 机械工程▼ | 机械电子工程 | 机械与动力工程学院 |
| | | 机械设计及理论 | |
| | | 车辆工程 | |
| | | 工业设计▽ | |
| | 动力工程及工程热物理▼ | 工程热物理 | |
| | | 动力机械及工程 | |
| | | 流体机械及工程 | |
| | | 制冷及低温工程 | |
| | | 化工过程机械 | |
| | | 热能工程 | 资源与环境工程学院 |

续表

| 学科门类 | 一级学科名称 | 二级学科名称 | 所在行政单位 |
|---|---|---|---|
| 工学 | 材料科学与工程▼ | 材料物理与化学 | 材料科学与工程学院 |
| | | 材料学 | |
| | | 材料加工工程 | |
| | | 生物材料▽ | |
| | | 纳米材料与技术▽ | |
| | | 体育运动材料▽ | |
| | | 先进材料与制备技术▽ | 化学与分子工程学院 |
| | | 高分子化工▽ | 材料科学与工程学院 |
| | | 先进复合材料▽ | |
| | 信息与通信工程 | 信号与信息处理 | 信息科学与工程学院 |
| | 仪器科学与技术 | 测试计量技术及仪器（暂停招生） | |
| | 控制科学与工程▼ | 控制理论与控制工程 | 信息科学与工程学院 |
| | | 检测技术与自动化装置 | |
| | | 系统工程 | |
| | | 模式识别与智能系统 | |
| | | 导航、制导与控制 | |
| | 计算机科学与技术▼ | 计算机系统结构 | |
| | | 计算机软件与理论 | |
| | | 计算机应用技术 | |
| | 石油与天然气工程 | 油气储运工程 | 化工学院 |
| | 化学工程与技术▼ | 化学工程 | |
| | | 化学工艺 | |
| | | 过程系统工程▽ | |
| | | 材料化学工程▽ | |
| | | 能源化学工程▽ | |
| | | 资源循环科学与工程▽ | |
| | | 应用化学 | 化学与分子工程学院 |
| | | 工业催化 | |
| | | 制药工程与技术▽ | 药学院 |
| | | 化学生物技术与工程▽（暂停招生） | |
| | | 生物化工 | 生物工程学院 |
| | 食品科学与工程 | 食品科学 | |
| | 轻工技术与工程▼ | 制浆造纸工程（未招生） | 生物工程学院 |
| | | 制糖工程（未招生） | |
| | | 发酵工程 | |
| | | 生物工程与技术▽ | |
| | | 皮革化学与工程 | 化学与分子工程学院 |
| | 环境科学与工程▼ | 环境科学 | 资源与环境工程学院 |
| | | 环境工程 | |
| | 生物医学工程▼ | 不设二级学科 | 材料科学与工程学院 |
| | 安全科学与工程▼ | 暂不设二级学科 | 机械与动力工程学院 |

续表

| 学科门类 | 一级学科名称 | 二级学科名称 | 所在行政单位 |
| --- | --- | --- | --- |
| 农学 | 植物保护▼ | 植物病理学 | 药学院 |
| | | 农业昆虫与害虫防治 | |
| | | 农药学 | |
| 医学 | 药学▼ | 药物化学 | |
| | | 药剂学 | |
| | | 生药学 | |
| | | 药物分析学 | |
| | | 药理学 | |
| | | 微生物与生化药学 | |
| | 中药学▼ | 不设二级学科 | |
| 管理学 | 管理科学与工程▼ | 不设二级学科 | 商学院 |
| | 工商管理▼ | 会计学 | |
| | | 企业管理（含：财务管理、市场营销、人力资源管理） | |
| | | 技术经济及管理 | |
| | | 旅游管理 | 艺术设计与传媒学院 |
| | 公共管理▼ | 行政管理 | 社会与公共管理学院 |
| | | 社会保障 | |
| | | 土地资源管理 | |
| | | 社会医学与卫生事业管理（未招生） | |
| | | 教育经济与管理 | 高等教育研究所 |
| | 图书情报与档案管理 | 情报学 | 科技信息研究所 |
| 艺术学 | 设计学▼ | 暂不设二级学科 | 艺术设计与传媒学院 |

注：共146个硕士学位点。标注“▼”的为硕士学位授权一级学科，共25个；标注“▽”的为在博士学位授权一级学科下自主设置的学科专业，共19个。硕士学位点共涉及12个学科门类，25个一级学科。

**硕士专业学位授权点一览表**

| 专业学位名称 | 代码（工程领域） | 序号 | 所在行政单位 |
| --- | --- | --- | --- |
| 国际商务（MIB） | 254 | | 商学院 |
| 法律（JM） | 351 | | 法学院 |
| 社会工作（MSW） | 352 | | 社会与公共管理学院 |
| 工程（ME） | 085201 机械工程 | 1 | 机械与动力工程学院 |
| | 085203 仪器仪表工程 | 2 | 信息科学与工程学院 |
| | 085204 材料工程 | 3 | 材料科学与工程学院 |
| | 085206 动力工程 | 4 | 机械与动力工程学院 |

<table>
<tr><th>专业学位名称</th><th>代码（工程领域）</th><th>序号</th><th>所在行政单位</th></tr>
<tr><td rowspan="18">工程（ME）</td><td>085208 电子与通信工程</td><td>5</td><td rowspan="4">信息科学与工程学院</td></tr>
<tr><td>085210 控制工程</td><td>6</td></tr>
<tr><td>085211 计算机技术</td><td>7</td></tr>
<tr><td>085212 软件工程</td><td>8</td></tr>
<tr><td rowspan="2">085216 化学工程</td><td rowspan="2">9</td><td>化工学院</td></tr>
<tr><td>资源与环境工程学院</td></tr>
<tr><td rowspan="2">085221 轻工技术与工程</td><td rowspan="2">10</td><td>生物工程学院</td></tr>
<tr><td>化学与分子工程学院</td></tr>
<tr><td rowspan="2">085224 安全工程</td><td rowspan="2">11</td><td>机械与动力工程学院</td></tr>
<tr><td>资源与环境工程学院</td></tr>
<tr><td>085229 环境工程</td><td>12</td><td>资源与环境工程学院</td></tr>
<tr><td>085231 食品工程</td><td>13</td><td>生物工程学院</td></tr>
<tr><td rowspan="2">085235 制药工程</td><td rowspan="2">14</td><td>化学与分子工程学院</td></tr>
<tr><td>药学院</td></tr>
<tr><td>085237 工业设计工程</td><td>15</td><td>艺术设计与传媒学院</td></tr>
<tr><td>085238 生物工程</td><td>16</td><td>生物工程学院</td></tr>
<tr><td>085239 项目管理</td><td>17</td><td rowspan="2">商学院</td></tr>
<tr><td>085240 物流工程</td><td>18</td></tr>
<tr><td>药学（M Pharm）</td><td colspan="2">1055</td><td rowspan="2">药学院</td></tr>
<tr><td>中药学（MCMM）</td><td colspan="2">1056</td></tr>
<tr><td>工商管理（MBA、EMBA）</td><td colspan="2">1251</td><td>商学院</td></tr>
<tr><td>公共管理（MPA）</td><td colspan="2">1252</td><td rowspan="2">社会与公共管理学院</td></tr>
<tr><td>会计（MPAcc）</td><td colspan="2">1253</td></tr>
<tr><td>艺术（MFA）</td><td colspan="2">1351</td><td>艺术设计与传媒学院</td></tr>
</table>

注：共有 10 个类别的硕士专业学位授权点，其中工程有 18 个领域。

**2012 年博士研究生指导教师名单**

<table>
<tr><th>一级学科名称</th><th>二级学科名称</th><th colspan="2">导师姓名</th></tr>
<tr><td rowspan="4">应用经济学</td><td rowspan="4">国民经济学、区域经济学、财政学、金融学、产业经济学、国际贸易学、劳动经济学、统计学、数量经济学、国防经济</td><td>于立宏</td><td>孔令丞</td></tr>
<tr><td>王　跃</td><td>吴柏钧</td></tr>
<tr><td>宋福铁</td><td>杨逢珉 *</td></tr>
<tr><td>周炜星</td><td></td></tr>
<tr><td rowspan="5">社会学</td><td rowspan="5">社会学、人口学、人类学、民俗学、社会工作、社会管理与社会政策</td><td>纪晓岚</td><td>何雪松</td></tr>
<tr><td>张　昱</td><td>张广利</td></tr>
<tr><td>李瑜青</td><td>范　斌</td></tr>
<tr><td>徐永祥 *</td><td>郭　强</td></tr>
<tr><td>郭　毅</td><td>曹锦清</td></tr>
</table>

续表

| 一级学科名称 | 二级学科名称 | 导师姓名 | |
|---|---|---|---|
| | 马克思主义中国化研究 | 张　平 | 范明英 |
| | | 郭强（兼） | 鲍宗豪 * |
| 数学 | 基础数学、计算数学、概率论与数理统计、应用数学、运筹学与控制论 | 马铁驹 | 王如彬 |
| | | 韦增欣（兼） | 刘朝晖 |
| | | 李建奎 | 邵方明 |
| | | 周炜星 | 范体军 |
| | | 徐洪坤（兼） | 程红波 |
| | | 鲁习文 * | 廖　玮 |
| 化学 | 无机化学 | 卢冠忠 | 刘劲刚 * |
| | | 朱以华 | 杨宇翔 |
| | | 钟新华 | |
| | 分析化学 | 龙亿涛 * | 卫　钢 |
| | | 张文清 | 张维冰 |
| | | 杜一平 | 蓝闽波 |
| | 有机化学 | 陈凯先（兼） | 田　禾 |
| | | 施　敏 | 马海燕 |
| | | 伍新燕 * | 邹　刚 |
| | | 胡爱国 | 黄吉玲 |
| | 物理化学 | 胡　英 | 卢冠忠 |
| | | 刘洪来 * | 叶汝强 |
| | | 安学勤 | 牟伯中 |
| | | 杨世忠 | 沈伟国 |
| | | 姜建文（兼） | 胡　军 |
| | | 彭昌军 | 蔡　钧 |
| | 高分子化学与物理 | 施剑林（兼） | 林嘉平 * |
| | | 王晓松 | 田晓慧 |
| | | 吴国章 | 郎美东 |
| | | 郑安呐 | 胡爱国 |
| | | 徐世爱 | 徐海生 |
| | | 郭卫红 | 黄发荣 |
| | | 韩哲文 | |
| | 精细合成化学与分子工程 | 田　禾 | 王利民 |
| | | 伍新燕 | 朱为宏 * |
| | | 朱麟勇 | 花建丽 |
| | | 苏建华 | 陈　彧 |
| | | 陈国荣 | 解永树 |

续表

| 一级学科名称 | 二级学科名称 | 导师姓名 | |
|---|---|---|---|
| （无一级学科） | 生物化学与分子生物学 | 张永莲（兼） | 杨胜利（兼） |
| | | 陈志南（兼） | 王　平 |
| | | 王小宁（兼） | 张元兴 |
| | | 李亦学（兼） | 龙亿涛 |
| | | 沈　旭（兼） | 熊志奇（兼） |
| | | 冯耀宇 | 史　萍 |
| | | 叶邦策 | 任宇红 |
| | | 刘少伟 | 刘建文 |
| | | 牟伯中 | 张井岩 |
| | | 张惠展 | 杜一平 |
| | | 杨　弋 | 郭美锦 |
| | | 魏东芝 * | |
| 机械工程 | 机械制造及其自动化 | 章文俊（兼） | 王正东 * |
| | | 王庆明 | 易建军 |
| | | 郑建荣 | 夏春明 |
| | | 曹　恒 | 潘红良 |
| | 机械设计及理论 | 章文俊（兼） | 涂善东 |
| | | 王正东 | 安　琦 * |
| | | 轩福贞 | 程建新 |
| | | 潘红良 | |
| 材料科学与工程 | 材料物理与化学、材料学、材料加工工程、生物材料、纳米材料与技术、体育运动材料、高分子化工、先进复合材料 | 顾真安（兼） | 蒋士成（兼） |
| | | 施剑林（兼） | 王健农 |
| | | 刘昌胜 | 林嘉平 |
| | | 李春忠 | 王庚超 |
| | | 王晓松 | 田晓慧 |
| | | 乔秀臣 | 关士友 |
| | | 关凯书 | 朱以华 |
| | | 齐会民 | 吴　唯 |
| | | 吴驰飞 | 吴国章 |
| | | 张　玲 | 李　冰 |
| | | 李永生 | 杜　磊（兼） |
| | | 杨化桂 | 陈国荣 * |
| | | 陈建定 | 陈爱平 |
| | | 陈　新 | 杲　云（兼） |

续表

| 一级学科名称 | 二级学科名称 | 导师姓名 | |
|---|---|---|---|
| 材料科学与工程 | 材料物理与化学、材料学、材料加工工程、生物材料、纳米材料与技术、体育运动材料、高分子化工、先进复合材料 | 郎美东 | 郑安呐 |
| | | 郑柏存 | 胡爱国 |
| | | 徐世爱 | 徐　宏 |
| | | 郭卫红 | 黄发荣 |
| | | 龚尚庆 | 董擎之 |
| | | 韩哲文 | 路贵民 |
| | | 戴干策 | |
| | 先进材料与制备技术 | 王艳芹 | 朱麟勇 |
| | | 张金龙 | 陈　彧 * |
| | | 周晓东 | 钟新华 |
| | | 黄永民 | 韩哲文 |
| 动力工程及工程热物理 | 热能工程 | 王辅臣 * | 汪华林 |
| | | 于广锁 | 王　杰 |
| | | 王亦飞 | 刘海峰 |
| | | 朱冬生 | 张德祥 |
| | | 陈彩霞 | 胡　军 |
| | | 徐　宏 | 栾伟玲 |
| | | 高晋生 | 龚　欣 |
| | | 鲁　军 | |
| | 动力机械及工程 | 严晋跃（兼） | 王国珍 |
| | | 朱冬生 | 轩福贞 * |
| | | 赖焕新 | |
| | 流体机械及工程 | 汪华林 * | 刘海峰 |
| | | 安　琦 | 葛晓陵 |
| | | 赖焕新 | |
| | 化工过程机械 | 章文俊（兼） | 涂善东 |
| | | 马玉录 | 陈　钢 |
| | | 王正东 | 王学生 |
| | | 王国珍 | 关凯书 |
| | | 朱冬生 | 汪华林 |
| | | 轩福贞 | 徐　宏 * |
| | | 栾伟玲 | |

续表

| 一级学科名称 | 二级学科名称 | 导师姓名 | |
|---|---|---|---|
| 控制科学与工程 | 控制理论与控制工程、检测技术与自动化装置、系统工程、模式识别与智能系统、导航、制导与控制 | 钱　锋 | 韩清龙（兼） |
| | | 牛玉刚 | 王如彬 |
| | | 王行愚 | 王振雷 |
| | | 田华（兼） | 刘漫丹 |
| | | 张建华 | 李绍军 |
| | | 杜文莉 | 杨富文 |
| | | 邹俊忠 | 侍洪波 |
| | | 林家骏 | 范体军 |
| | | 凌志浩 | 顾幸生 * |
| | | 高大启 | 颜学峰 |
| | | 薛安克（兼） | |
| | 计算机应用技术 | 田华（兼） | 李洪林 |
| | | 邵志清（兼） | 易建军 |
| | | 林家骏 | 高大启 * |
| | | 虞慧群 | |
| 化学工程与技术 | 化学工程 | 胡　英 | 袁渭康 |
| | | 李元广（兼） | 于建国 |
| | | 刘洪来 | 方向晨（兼） |
| | | 龙湘犁 | 乔秀臣 |
| | | 刘够生 | 孙世刚（兼） |
| | | 朱家文 | 许振良 |
| | | 张新胜 | 李　平 |
| | | 李平（资） | 杨为民 |
| | | 辛　忠 | 周兴贵 |
| | | 周晓东 | 曹贵平 |
| | | 赵　玲 | 彭昌军 |
| | | 程振民 * | 韩一帆 |
| | | 路贵民 | 漆志文 |
| | | 谭文松 | 戴干策 |
| | 化学工艺 | 王基铭（兼） | 王辅臣 |
| | | 凌立成 | 于广锁 |
| | | 王亦飞 | 田恒水 |
| | | 乔文明 | 刘柏平 |
| | | 刘海峰 | 朱子彬 |
| | | 朱学栋 | 应卫勇 |
| | | 张成芳 | 沈本贤 * |
| | | 肖天存（兼） | 周晓龙 |
| | | 房鼎业 | 施　力 |
| | | 徐心茹 | 翁惠新 |
| | | 郭旭虹 | 高晋生 |
| | | 曹发海 | 龚　欣 |
| | | 鲍　杰 | |

| 一级学科名称 | 二级学科名称 | 导师姓名 | |
|---|---|---|---|
| 化学工程与技术 | 生物化工 | 杨胜利（兼） | 王平（兼） |
| | | 李元广（兼） | 张元兴 |
| | | 刘昌胜 | 许建和 |
| | | 钟建江（兼） | 今忠中行（兼） |
| | | 王永红 | 冯耀宇 |
| | | 卢艳花 | 叶　勤 |
| | | 叶邦策 | 任宇红 |
| | | 刘　琴 | 庄英萍 |
| | | 张惠展 | 张嗣良 * |
| | | 杨　弋 | 沈亚领 |
| | 生物化工 | 花　强 | 周祥山 |
| | | 曹学君 | 储　炬 |
| | | 鲍　杰 | 谭文松 |
| | | 魏东芝 | |
| | 应用化学 | 田　禾 * | 施　敏（兼） |
| | | 龙亿涛 | 梁鑫淼（兼） |
| | | 王成云 | 王利民 |
| | | 伍新燕 | 朱为宏 |
| | | 朱麟勇 | 牟伯中 |
| | | 宋恭华 | 张金龙 |
| | | 沈永嘉 | 花建丽 |
| | | 苏建华 | 陈　彧 |
| | | 钟新华 | 解永树 |
| | 工业催化 | 胡培君 | 卢冠忠 * |
| | | 谢在库（兼） | 马海燕 |
| | | 王幸宜 | 王艳芹 |
| | | 刘柏平 | 张金龙 |
| | | 陈爱平 | 侯震山 |
| | | 郭　耘 | 郭杨龙 |
| | | 黄吉玲 | 龚学庆 |
| | 制药工程与技术 | 梁鑫淼（兼） | 游书力（兼） |
| | | 邓卫平 | 叶金星 |
| | | 刘仁华 | 朱维平 |
| | | 宋恭华 * | 张彦涛（兼） |
| | | 张维冰 | 李　忠 |
| | | 沈永嘉 | 陈国荣 |
| | | 施小新 | 徐晓勇 |
| | | 曹　松 | 曾步兵 |
| | 制药工程与技术 | 蓝闽波 | 虞心红 |
| | | 冀亚飞 | |

续表

| 一级学科名称 | 二级学科名称 | 导师姓名 | |
|---|---|---|---|
| 化学工程与技术 | 过程系统工程 | 成思危 | 王基铭（兼） |
| | | 袁渭康 | 钱　锋 |
| | | 应卫勇 | 周兴贵 * |
| | | 赵　玲 | 漆志文 |
| | | 颜学峰 | |
| | 化学生物技术与工程 | 钱旭红 | 王　卫（兼） |
| | | 蒋华良（兼） | 熊志奇（兼） |
| | | 刘建文 | 朱维平 |
| | | 张井岩 | 杨　弋 * |
| | | 唐　赟 | 徐玉芳 |
| | | 韩焕兴 | 蓝闽波 |
| | 材料化学工程 | 李春忠 | 乔文明 |
| | | 刘柏平 | 许振良 |
| | | 辛　忠 * | 周晓东 |
| | | 洪定一（兼） | 凌立成 |
| | | 郭旭虹 | 曹贵平 |
| 轻工技术与工程 | 发酵工程 | 张元兴 | 许建和 |
| | | 钟建江（兼） | 王永红 |
| | | 叶　勤 | 庄英萍 |
| | | 张嗣良 | 沈亚领 |
| | | 花　强 * | 陈代杰（兼） |
| | | 郭美锦 | 曹学君 |
| | | 储　炬 | 鲍　杰 |
| | | 谭文松 | 魏东芝 |
| | 皮革化学与工程 | 王利民 * | 花建丽 |
| | | 苏建华 | 邹　刚 |
| 环境科学与工程 | 环境科学、环境工程 | 郑绵平（兼） | 于建国 |
| | | 马建新（兼） | 冯耀宇 |
| | | 乔秀臣 | 刘勇弟 |
| | | 吕树光 * | 许振良 |
| | | 李　平（资） | 杨　骥 |
| | | 林匡飞 | 林逢凯 |
| | | 修光利 | 姚重华 |
| | | 鲁　军 | 路贵民 |

| 一级学科名称 | 二级学科名称 | 导师姓名 | |
|---|---|---|---|
| （无一级学科） | 农药学 | 钱旭红 | 邓卫平 |
| | | SAnGhO Koo（兼） | |
| | | 宋恭华 | 李　忠* |
| | | 徐玉芳 | 徐晓勇 |
| | | 陶黎明 | 曹　松 |
| 药学 | 药物化学 | 钱旭红 | 王卫（兼） |
| | | 蒋华良（兼） | 马大为（兼） |
| | | 沈　旭（兼） | 胡立宏（兼） |
| | | 梁鑫淼（兼） | 王　蕊 |
| | | SAnGhO Koo（兼） | |
| | | 邓卫平 | 叶金星 |
| | | 刘仁华 | 刘东祥（兼） |
| | | 刘建文 | 李洪林 |
| | | 杨有军 | 李　浩 |
| | | 张卫东 | 段文虎（兼） |
| | | 俞　飚（兼） | 施小新 |
| | | 唐　赟* | 徐玉芳 |
| | | 钱忠明（兼） | 曾步兵 |
| | | 虞心红 | |
| 管理科学与工程 | | 成思危（兼） | 王基铭（兼） |
| | | 马铁驹 | 刘　刚 |
| | | 刘朝晖 | 孙济庆 |
| | | 李　英 | 李玉刚 |
| | | 陈洪安 | 陈智高* |
| | | 侍洪波 | 周炜星 |
| | | 易建军 | 范体军 |
| | | 郭　毅 | 顾幸生 |
| | | 阎海峰 | 黄维德 |
| | | 鲁习文 | |

**授予博士、硕士学位人员名单**

**1. 博士学位 269 人（学历博士 267 人）**

**法学：9 人**

**社会学（7 人）**

程　毅　熊万胜　周　莹　张本效　张瑞华　张婷婷　汤茜草

**马克思主义中国化研究（2 人）**

李林川　任福兵

**理学：33 人**

**应用数学（5 人）**

倪晓晖　陈　超　沈其骅　汪磊扬　包晓光

**分析化学（6 人）**

张　凯　张梦霓　秦利霞　阿及姆　吉布仁　郭　晶

**有机化学（2 人）**

赵谦益　张　睿

**物理化学（13 人）**

毛利斯　朱玉俊　刘　宇　邹阅超　赵会玲　唐　静　周文婷　杨　犁　周　蕾　桂日军　佘安奇　殷天翔　赵　越

**高分子化学与物理（1 人）**

张修丽

**生物化学与分子生物学（6 人）**

任立成　叶　浩　卢　艳　王　雪　柯　霞　刘　建

**工学：214 人**

**机械制造及其自动化（3 人）**

李勇峰　李　勇　林海龙

**机械设计及理论（5 人）**

任　超　鹿业波　陈守俊　张志明　山吉伍

**材料科学与工程（27 人）**

桂宗彦　王灿锋　牛德超　鲍宇彬　姜　军　王　伟　薛鹏飞　周康夫　王婷兰　鞠明杰　陆　跃　范茬兴　朱笑蒙　徐中一　傅　倩　曹慧敏　陈玉洁　鄂彦鹏　甘　琪　牟海艳　申　淼　谢　众　朱本川　缪　晖　宋　波　杨　帆　许　祥

**材料学（1 人）**

宋　宁

**纳米材料技术（1 人）**

刘　敏

**先进材料与制备技术（1 人）**

马云飞

**动力工程及工程热物理（3 人）**

孙　丽　杨　胜　付红红

**热能工程（2 人）**

刘　鑫　张尤华

**化工过程机械（4 人）**

柳 晖　曹昱澎　王志远　张永明

**控制科学与工程（12 人）**

孙少超　孙 漾　张 晴　刘路明　安 伟　权宏伟　贾廷纲　杜思伟　王 敏　严传魁　黄大羽　邓冠龙

**控制理论与控制工程（2 人）**

高 林　张波涛

**检测技术与自动化装置（1 人）**

韩津生

**模式识别与智能系统（1 人）**

王娆芬

**计算机应用技术（6 人）**

孙晓星　王精明　刘 洋　刘芳君　刘百祥　文欣秀

**化学工程（22 人）**

周 军　段学志　马晓华　范 琛　吴文章　韩灵凤　李大超　刘 振　肖国萍　朱 晟　应淑妮　陈爱梅
张 灿　包锦标　李 庆　谢 玄　徐 婕　杨明磊　李琰君　孙理鑫　许妍霞　李小松

**化学工艺（26 人）**

陆伟群　邵守言　杜平安　江正洪　陈 振　蓝 平　陈庆军　陆海峰　袁 帅　郭文元　张皓荐　张 强
赵安民　郭 强　孟 璇　张 博　曹 君　高玉生　隆 建　孙钟华　田立达　吴 爽　赵 辉　储 政
赵晓军　段良伟

**生物化工（21 人）**

周忠新　何文勋　曹晓丹　梁 欣　徐军伟　李友元　任小青　楚德强　林良才　陈 飞　孙 婕　唐振宇
刘 欢　王泽宋　魏振华　张 淳　刘 想　尤朋永　范建华　盛丽莉　刘如明

**应用化学（28 人）**

刘 会　邢明阳　张洪源　刘 璐　沈晓军　唐 俊　王岩丽　张文文　王 峰　唐 瑾　瞿 祎　马 巍
裴成奎　邹 祺　程兰雅　赵立伟　冯煌迪　杨玉衡　张晓军　曹 俭　刘 璐　宋立文　张志云　姜义华
张隽佶　康丽琴　张 磊　贝格瓦思

**工业催化（9 人）**

罗秋玲　郭 勇　王海丰　戴 宇　吴 勐　汪国军　乔云香　李俊峰　谢宝庚

**制药工程与技术（16 人）**

宋 卓　宋绍兴　施裕华　张浩义　胡 斌　杨为准　于 峰　张艳红　李思远　陈细波　史 俊　刘巧霞
聂良邓　黄 敏　杨金纬　薛佳马奎

**过程系统工程（1 人）**

刘 闯

**化学生物技术与工程（3 人）**

许哲军　赵玉政　徐 林

**材料化学工程（6 人）**

金双玲　孙刚伟　沈健伟　石尧麒　鲍　英　王继芬

**发酵工程（5 人）**

孙建安　黄艳娜　李朝东　于　岚　申　洋

**环境科学与工程（5 人）**

李文贞　胡　娟　黄流雅　杨知勋　吕文刚

**环境工程（3 人）**

朱海兴　亢万忠　法雷利

**农学：2 人**

**农药学（2 人）**

吴晶晶　叶振君

**医学：9 人**

**药物化学（9 人）**

邓　菁　戴厚玲　黄贤贵　宋维彬　刘力锋　范　锋　胡国平　黄慧才　董　菁

**同等学力博士 2 人**

**法学：2 人**

**马克思主义中国化研究（2 人）**

芦　昂　陈新光

**2. 硕士学位 2 440 人（学历硕士 1 481 人）**

**哲学：6 人**

**哲学（6 人）**

郭品希　李雪梅　林 梅　林奕欣　杨丽丽　杨新红

**经济学：31 人**

**国民经济学（5 人）**

郭 鑫　李 菁　刘 鑫　鲁元娜　撒莉莎

**金融学（含：保险学）（10 人）**

陈　琰　胡文博　黄　康　李　晶　温捷涵　曾子鑫　张静怡　赵　旸　倪晶晶　卡　诺

**产业经济学（8 人）**

崔慧琪　贺　媛　李汶晓　刘晓萍　宋铁铮　苏　畅　田　静　张何英

**国际贸易学（8 人）**

梁　乘　邵　宁　周琳姮　周宜临　朱浩丞　辛　蒂　河明烈　卓尔洛

**法学：79 人**

**经济法学（26 人）**

曹飞翔　陈　斌　陈洋洋　郭明广　韩娜娜　李　蓉　梁　艳　刘定邦　颜世虎　郁妙秋　张　伟　张　懿

祁子芯　陈　键　程　栋　丁吉琴　潘杭湖　沈月娥　杨　鑫　余　烨　朱　吉　李　婷　平　萍　张杰锋
黄天锐　达　克

**国际法学（4人）**

伍健鸿　杜　倩　谢　扬　崔珺暎

**政治学理论（5人）**

李　佳　彭　妍　宋　博　姚　瑶　朱　柱

**社会学（29人）**

石　翎　胡　巧　吉　婧　贾露露　李白莎　李　岚　林　梅　林敏琪　刘庭甫　马　威　马宗亮　闵　慧
倪婉红　濮敏雅　乔佳琦　秦　义　任亚萍　盛婷婷　王　超　王淑清　王亚芸　吴　婧　吴　蓉　余开静
张国超　张　浩　赵天琪　赵学玲　朱雪琴

**人口学（5人）**

冷文娟　杜爱萍　黄　珏　刘　楠　岳　兵

**马克思主义理论（10人）**

安雅珍　邓　超　郭财新　过夏玲　刘春莉　毛莹莹　饶勤武　王　芳　王　锐　王　岩

**教育学：15人**

**高等教育学（4人）**

段　艳　覃凌云　肖　丹　赵　璐

**体育人文社会学（11人）**

蒋　熙　李小婉　陆　叶　吕沂轩　王震宇　刁　颖　薛　南　于璐璐　赵俊琛　邹红岩　郭雪鹏

**文学：29人**

**英语语言文学（11人）**

陈　叙　邓　杰　高　杰　黄韩杨　罗　娜　王　静　乌继红　杨海娇　杨　静　翟燕霞　张　影

**外国语言学及应用语言学（18人）**

陈雪峰　程　敏　底红玉　郭晓琳　黄　慧　柯　鎏　李明霞　李琴琴　李文娟　罗　静　马　睿　孟延新
田　静　屠　静　王珊珊　赵　娜　周叶林　邹克亚

**理学：201人**

**计算数学（1人）**

欧阳凤姣

**概率论与数理统计（3人）**

季季兴　姚少英　张晓华

**应用数学（13人）**

陈　纯　董炳灿　高　晶　华少丽　鞠　铖　刘旭莹　孙　磊　王　宁　王羿伟　向桂英　周　颖　马特拉
马里沙

**理论物理（1人）**

王磊琳

**原子与分子物理（4 人）**

陈　昕　李芸彤　杨肃斌　臧爽爽

**光学（2 人）**

许　飞　朱江转

**无机化学（7 人）**

纪国媛　解小翠　李秀花　王建栋　徐海泉　张　力　郑九丽

**分析化学（24 人）**

毕艳玖　丁　卉　丁义丽　方冬梅　盖　群　韩　笋　李晓慧　刘馥婷　覃飒飒　万　莉　王飞霞　王　荣
吴爱坪　武敬青　向春兰　徐　辰　杨　蕾　张　弛　张　楠　张庆丽　赵紫珺　郑　翌　钟珍珍　博　玛

**有机化学（39 人）**

王　琼　沈　钢　刘　辉　查甫德　陈明孝　陈卫建　程　慧　程　强　戴聪聪　丁施敏　董　寅　黄　建
黎　庆　李　彬　李　刚　李　贺　李升可　刘桃涛　钱冠男　钱晶莹　宋　辉　唐文浩　王　超　王海峰
位青聪　吴玉婷　徐　媛　杨　双　叶文涛　于凤娟　袁小明　张　栋　张　国　张　萌　张　鑫　张　艳
张　勇　章荣烜　康联波

**物理化学（23 人）**

王俊芝　安丰凯　柴少虎　陈科侠　陈　涛　段若愚　高　峰　高慧娟　靳　颖　孔立纲　李凯平　刘　锋
刘　林　聂　勉　牛余萌　任慧卿　苏红娟　孙立劝　孙　萍　谭振华　夏丽萍　徐晓莲　杨　燕

**高分子化学与物理（9 人）**

池　铁　邓筱娟　丁　婉　罗　鹏　麻晓伟　蒲文亮　王　璀　夏　飞　薛兆君

**精细合成化学与分子工程（8 人）**

丁娜娜　黄诗尧　鞠坤东　刘　博　刘　君　刘乐乐　屈丽静　王　刚

**海洋生物学（3 人）**

封苏娅　洪巧巧　许　丹

**微生物学（17 人）**

王　丹　沈　晶　潘明丰　石文娟　王琴琴　胥晴晴　陈红萍　郭茸恺　李凤辰　李士杭　刘德玉　刘　剑
刘念念　刘云肖　陶　冶　张　娜　周　浪

**生物化学与分子生物学（47 人）**

付时雨　李雅蓉　孙启中　王海彬　陈海龙　陈志超　康燕燕　李　旭　王晓波　陈　欢　程安阳　凡建刚
房晓明　呼庆勋　黄　莹　李坤雨　李　伟　李小灵　李义全　梁顺庆　林　康　陆佳飞　邵　进　宋还雷
唐慧容　唐　秀　汪雅雯　汪　屹　王克平　王晓凤　武晓乐　宣黎明　杨　竞　杨照荣　易　敏　喻　莹
翟文磊　张留权　张其刚　张　茜　张　倩　张　昕　张云康　赵　玲　周　超　朱琦琦　上官娇娇

**工学：923 人**

**固体力学（6 人）**

丁　敏　罗　军　王　旭　张　亚　周　敏　鞠　峰

**机械制造及其自动化（14 人）**

李　娟　王新海　范剑刚　侯　飞　黄李冲　李国庆　李　微　刘　健　苏贞志　孙　路　孙　怡　吴寒薇
岳　鑫　张振中

**机械电子工程（24 人）**

蔡一东　蔡九茂　曹　炜　程　应　樊　哲　傅招国　华栋梁　李　劼　李　敏　刘红梅　罗巍巍　马　畅
倪小鹏　潘海东　秦净华　秦颖颀　任晋滔　沈庆韡　王　春　王士磊　吴键波　张东方　郑疏桐　周持恒

**机械设计及理论（20 人）**

鲍　洪　蔡纪卫　蔡　剑　蔡玲华　范俊生　郭延龙　郝美琴　胡小华　黄　涛　李　群　李燃灯　刘建超
刘　鹏　骆文龙　山天涯　谭书涛　唐　杰　王荣扬　赵永飞　马惠仙

**车辆工程（4 人）**

林　宇　潘大亨　饶逸云　宋怀超

**测试计量技术及仪器（6 人）**

樊　宁　管玉龙　刘佳妮　孙明磊　孙英强　郑　琳

**材料科学与工程（125 人）**

陈世杰　毛　闯　潘　镱　沈　辉　王玉辉　余良春　彭　耿　卜　军　蔡国锋　蔡梦霞　曹　凯　曹卫国
常　明　陈　岑　陈　川　戴　静　单铮铮　邓艳丽　董　波　董　超　董超亮　董　旭　范玲婷　付　平
盖礼礼　高　生　高徐必　谷淑娜　顾　奕　郭燕莉　郝鸿飞　何　伟　侯　娟　胡庆法　胡欣欣　黄新虎
江　琼　姜　斌　蒋　斌　焦　雷　金　磊　黎　朝　李浩鹏　李　平　李　艳　连　晟　梁　磊　刘　飞
刘海帆　刘海燕　刘建静　刘　蜜　刘明昌　刘　星　刘　勇　卢俊杰　鲁敬雄　陆彬彬　陆金昌　陆金东
陆　萍　栾　晶　马　彪　马雪华　马雪彦　马　迅　缪克存　彭黎明　任　翔　任益超　申世红　沈犇犇
沈　程　沈利亚　石品品　苏丹华　孙大伟　孙欣新　汤乐旻　唐小玲　田　雯　王　兵　王　乐　王灵灵
王　敏　王　娜　王　宁　王腾飞　王锡麟　王晓蜂　王　尧　王莹莹　王　准　卫　鹏　闻次章　吴朝齐
吴平章　吴　伟　吴　祥　邢紫云　徐　彬　徐　庭　徐媛媛　徐正哲　严慧积　杨爱霞　杨善祥　杨文玮
杨一凡　杨勇强　尹晓琛　游　航　于建勇　于艳梅　张晋玉　张　一　张　振　张周达　赵建建　郑　凯
郑少伟　周　旭　朱黎澜　朱琳琳　邹　燕

**先进材料与制备技术（5 人）**

孙　佳　汪　磊　许耀东　曾龙佳　张进娟

**热能工程（17 人）**

班卫静　陈　杰　程相宣　符　蓉　李秋华　林慧丽　林　岚　罗　洁　苏　攀　吴彦增　伍超文　夏　晖
于　桑　余文凤　张世万　张义超　郑　柯

**动力机械及工程（5 人）**

龚　怒　顾正军　宋　进　孙　赫　詹俊锋

**流体机械及工程（10 人）**

郭曹虹　何　凡　马爱民　牛　静　石小闯　宋义杰　文宏刚　徐宇峰　姚　进　游如泉

**化工过程机械（43 人）**

| | | | | | | | | | | | |
|---|---|---|---|---|---|---|---|---|---|---|---|
| 曹 懿 | 程 瑞 | 代晶晶 | 倪志宇 | 张广哲 | 白文田 | 陈建涛 | 耿付江 | 龚树云 | 何元章 | 洪火星 | 侯晓卿 |
| 贾 磊 | 简林均 | 姜凯华 | 孔莹煌 | 郎 欣 | 雷俊杰 | 李斌彬 | 李攀瑜 | 李序东 | 李志明 | 刘 春 | 卢均臣 |
| 罗代明 | 秦凤云 | 任 超 | 阮艺平 | 沈其松 | 司 向 | 唐 康 | 田 硕 | 王谷明 | 王跃峰 | 王争昇 | 吴张琪 |
| 徐亮亮 | 曾 斌 | 张晓虎 | 张玉们 | 章 喜 | 钟晓城 | 陈 佳 | | | | | |

**信号与信息处理（15 人）**

| | | | | | | | | | | | |
|---|---|---|---|---|---|---|---|---|---|---|---|
| 陈肃慧 | 高 深 | 蓝匀云 | 梅 丹 | 聂宗锋 | 彭小华 | 宋晨阳 | 孙迎哲 | 王 平 | 杨鑫伟 | 姚玉兵 | 俞剑锋 |
| 张毅峰 | 赵 昆 | 卡伊卡纳 | | | | | | | | | |

**控制科学与工程（84 人）**

| | | | | | | | | | | | |
|---|---|---|---|---|---|---|---|---|---|---|---|
| 丁旭东 | 王玉珏 | 蒋宏杰 | 梁丽娜 | 李 伟 | 曹海林 | 曹 欢 | 常 坤 | 陈贵华 | 陈 笑 | 戴小溪 | 董跃华 |
| 范牧之 | 高 洁 | 谷晓博 | 韩军清 | 韩 明 | 胡 玲 | 黄 猛 | 蒋余厂 | 井少朋 | 瞿 飚 | 李丙伟 | 李 杰 |
| 李 进 | 李思瑾 | 李小田 | 李鑫茂 | 李以志 | 李 月 | 林畅达 | 刘敬擎 | 卢 敏 | 卢小萍 | 栾林林 | 梅真贞 |
| 孟振兴 | 苗 锐 | 缪啸华 | 彭 鑫 | 舒海涛 | 田爱贵 | 汪丽娜 | 王 飞 | 王冠坤 | 王 鹏 | 王 倩 | 王 珊 |
| 王文超 | 王文虎 | 王 雪 | 王循华 | 王 阳 | 王一超 | 魏 恒 | 魏 明 | 翁惠瑜 | 吴国奔 | 吴 群 | 肖华桥 |
| 谢 俊 | 熊友平 | 徐 井 | 徐婧玥 | 徐 磊 | 徐明慧 | 徐志翔 | 许周凯 | 闫雪丽 | 严黎明 | 衣 哲 | 于山山 |
| 俞文俊 | 袁志华 | 张海龙 | 张 鹏 | 张志军 | 赵 宏 | 郑玉鑫 | 周美刚 | 周 仁 | 朱 俊 | 朱丽花 | 祝乃杰 |

**计算机软件与理论（18 人）**

| | | | | | | | | | | | |
|---|---|---|---|---|---|---|---|---|---|---|---|
| 陈章迎 | 丛湘香 | 丁 方 | 丁明珠 | 高 超 | 纪冬梅 | 李 阳 | 潘友勇 | 韦艳丽 | 吴彦超 | 吴昀亮 | 薛礼强 |
| 原鑫鑫 | 袁梦乔 | 张海鹏 | 张颖琛 | 张永刚 | 郑 强 | | | | | | |

**计算机应用技术（24 人）**

| | | | | | | | | | | | |
|---|---|---|---|---|---|---|---|---|---|---|---|
| 查 勇 | 陈 苏 | 陈晓宁 | 郭兆娟 | 韩小华 | 介文博 | 李翠翠 | 林芙蓉 | 凌 浩 | 刘 丽 | 刘 龙 | 刘燕辉 |
| 卢美红 | 石永红 | 滕跃啸 | 王菲菲 | 王伟俊 | 谢先龙 | 徐 晋 | 闫俊杰 | 闫 丽 | 余江涛 | 赵天玲 | 周洁颖 |

**化学工程（143 人）**

| | | | | | | | | | | | |
|---|---|---|---|---|---|---|---|---|---|---|---|
| 艾 臻 | 白 昱 | 柏 帆 | 蔡 红 | 蔡惠斌 | 蔡少鸿 | 陈建宇 | 陈 静 | 陈君茹 | 陈 琳 | 陈 璐 | 陈 淼 |
| 陈 婷 | 陈文婷 | 陈西知 | 陈 翔 | 陈学林 | 成洪涛 | 褚明伟 | 从秀华 | 邓持林 | 狄鑫俊 | 杜建鹏 | 杜伟超 |
| 范海平 | 方美琴 | 冯 堃 | 郭志锋 | 郝 敏 | 胡瑜娜 | 黄 超 | 黄丹枫 | 黄 恒 | 黄佩佩 | 黄永利 | 惠胜国 |
| 季 艳 | 姜 方 | 姜 悦 | 蒋海鹏 | 金凌洁 | 孔庆娟 | 李 超 | 李丑平 | 李翠屏 | 李华涛 | 李 佳 | 李久萌 |
| 李 淼 | 李素贞 | 李文涛 | 李现娜 | 李晓楠 | 李 莹 | 李颖慧 | 刘兵晓 | 刘国才 | 刘红岩 | 刘佳娴 | 刘 磊 |
| 刘丽娟 | 刘瑞丹 | 刘 艳 | 刘 颖 | 刘源源 | 刘政林 | 毛培学 | 孟丽娜 | 孟圆圆 | 聂美园 | 潘思思 | 庞朝霞 |
| 彭发修 | 彭亚寻 | 祁敏佳 | 祁 阳 | 芮 雪 | 沙鑫佚 | 佘晓英 | 申明星 | 沈龙燕 | 沈叶兴 | 史 一 | 司 莎 |
| 宋倩倩 | 宋维仁 | 宋宇豪 | 宋作玉 | 汤晓峰 | 汪 恒 | 王 欢 | 王凯辉 | 王世栋 | 王西龙 | 王永标 | 王子寒 |
| 吴 婷 | 吴协舜 | 武丽梅 | 武三强 | 邢磊磊 | 徐 燕 | 严 威 | 杨宏喜 | 杨 林 | 杨 薇 | 杨小倩 | 姚 伟 |
| 尹慧丹 | 俞程凯 | 喻 锋 | 喻业茂 | 袁 猛 | 岳公敬 | 张 花 | 张 婧 | 张 静 | 张 军 | 张 莉 | 张霖倩 |
| 张素华 | 张 涛 | 张婉思 | 张晓杰 | 张雪梅 | 张 艳 | 张优利 | 张玉倩 | 赵桂新 | 赵盼盼 | 赵一扬 | 郑 鹏 |
| 郑文坚 | 郑叶玲 | 支小斌 | 钟 敏 | 周 腾 | 朱广宇 | 诸发超 | 邹春昱 | 翁之玮 | 瑞 麦 | 王雪杭 | |

**化学工艺（112 人）**

张星煜　彭神风　曹坤武　曹天一　陈洁　陈路　陈胜　陈未来　陈蔚　陈晓旭　池国镇　董朝辉　段晓佳　范飞超　费金霞　付碧华　高振宝　顾海霞　顾世晓　郭玉玲　韩达英　韩丽丽　韩林芯　韩翔　何冰　何苏闽　洪钟楼　侯文杰　胡启静　胡强　江薇　蒋中锐　金晶　李昌剑　李传航　李德侠　李海峰　李亚利　李召召　刘峰　刘磊　刘涛　刘伟　刘伟伟　刘昱彤　刘志军　鲁冬艳　鹿宝华　罗俊　罗争光　毛亮　孟国平　倪军　牛莉丽　潘慧　潘晓磊　平雅敏　漆海峰　钱慧琴　秦正勇　任志忠　施敏浩　时莉　宋菲菲　孙鹏　孙诗炜　孙宇　田维平　万磊　王丹　王凤楼　王轲　王立松　王立伟　王利利　王连星　王绪建　王智楠　吴晶　吴龙武　夏伟平　向畅　邢诚　邢恒维　熊婷　熊星　徐传涛　徐江锋　徐焱　徐英达　严超凤　严小委　杨兰　于恒达　于惠娟　于恺　曾坤　张宝珍　张海坤　张会贞　张阔　张晓环　张振远　张志军　赵胜涛　赵跃　赵泽星　周成岩　周璇　朱春早　朱忠明　山巴依尔

**生物化工（41 人）**

李启富　周波　范磊　高观朋　龚迪　李磊　梁文娟　刘国庆　罗厚勇　沈丹虹　王云先　张萌　陈鸿胜　董斐　国立浩　黄刚　李桂南　李国庆　刘颖慰　卢磊芳　吕丹丹　罗艳霞　罗颖娣　戚宝杰　沈乃东　沈旭　王舒宁　王玉梅　吴向萍　武威　夏飞　杨琳琳　杨月红　于振中　玉万国　张陈胜　张静　张丽娜　张言慧　邹争争　潘忠孝

**应用化学（36 人）**

沈杰　陈宝钦　陈秋燕　范观水　冯鹏　何振华　贺楠楠　洪涛　胡娟　黄静　吉维　贾慧娟　孔维泽　李伟峰　刘国锋　刘明涛　陆美群　罗志山　苗雨　牛玉孝　潘昌艺　裘鋆　沈雷平　沈强　沈星星　孙晓龙　万媛媛　汪成　王晓军　王秀娟　杨帆　张晨婍　张毓琳　赵杉杉　山铎　本迪克

**工业催化（19 人）**

张玉萍　曹婷　常晓飞　邓贾晏　胡欣欣　李航　刘洋　彭倩　任宇涛　石玉　王术成　王争一　吴迪　姚文旭　叶小玲　易攀　曾昂　张欣烨　赵宁博

**制药工程与技术（23 人）**

曹海　曹莉　丁丹　顾烨　郭春莹　郭宏越　蒋世军　李媛　梁征　刘传夺　刘林　刘倩　刘秀洁　刘亚敬　罗婷　孟萌　祁双红　汪佳　叶婷婷　殷承华　殷丽艳　张曼曼　张曙光

**过程系统工程（4 人）**

林琳　马琳瑛　彭伟锋　吴阳阳

**化学生物技术与工程（6 人）**

陈孟杰　林敏　陆丽君　沈中华　石洪卫　杨春梅

**材料化学工程（14 人）**

董晓蕾　方洁　高云静　刘典　刘月胜　陆颖音　吕洁　宁靖卫　涂学敏　王荣君　吴志文　袁建明　张军　张晓君

**安全技术及工程（9 人）**

陈林勇　陆益锋　涂家彬　杨凯宇　余潇　俞东辉　张健　朱媛媛　邹晓慧

**油气储运工程（12 人）**

陈　锦　崔明海　高　曧　牛晓敏　潘永生　唐晓林　唐鑫楠　徐　珊　闫　凯　张艺菲　朱健荣　朱晓艳

**发酵工程（12 人）**

汤　梅　彭巧云　汤晓芒　符　浩　霍秦秦　康　茜　马　娜　乔现婷　杨建花　应　欢　赵　凯　赵　腾

**皮革化学与工程（8 人）**

方　童　卢　清　屈　蓓　孙俊耀　王大保　王荣华　吴来喜　杨保栋

**环境科学与工程（47 人）**

高金玲　汪吉辉　段　玉　艾奇峰　陈宏虎　邓丽娟　丁　毅　贺丽君　胡博娴　华丹芸　黄海苏　贾　楠
金　鑫　李冬梅　李　晶　李　丽　李　琳　李　璐　李　暮　李欣珏　李　新　李永连　梁　程　刘学阳
鲁丹丹　鲁　萍　马海南　潘　胜　乔月珍　商传莲　史海凤　苏雷燕　孙　群　王　芳　王佳佳　王英秀
肖红霞　杨　帆　杨洁扬　张海艳　张　猛　张　婷　张秀苹　赵慧娟　周　敏　左　军　司马菁珂

**生物医学工程（6 人）**

陈昌旭　李　杰　李明月　徐　磊　尤　超　张　艳

**食品科学（11 人）**

张　艳　程必影　关奕檬　黄　微　柯燕娜　田大永　叶　楠　张代晖　张蕾蕾　张　妮　朱旭君

**农学：9 人**

**植物保护（9 人）**

李小礼　程健航　旷　东　任莉萍　王　超　项光刚　姚　婧　张丹凤　张泽宇

**医学：28 人**

**药学（17 人）**

曹贤文　陈水娟　刁妍妍　丁　鹏　胡秋鹏　金芳芳　邝光林　刘真君　楼江平　卢　芹　毛小娜　项　杰
肖　文　徐达锋　殷　昕　袁泽婷　郑　庶

**药物化学（1 人）**

沈朋程

**微生物与生化药学（4 人）**

朱　玲　许玉馨　梁　雷　王子元

**中药学（6 人）**

陈旭冰　娄素卉　米佳宁　张　皓　张军威　赵　妍

**管理学：129 人**

**管理科学与工程（25 人）**

陈　丽　邓　盛　冯凯梁　胡佳雯　黄　炎　康田杰　李小鹏　吕晓南　梅亚豪　聂　旭　宁福锦　任　驰
宋小飞　隋梦晴　孙　蕾　王亚丽　吴雅婷　向诗剑　张　敏　周佳华　朱　亚　朱玉清　郭伟仁　恩里奇
石文杰

**会计学（13 人）**

冯怡然　高柳东　龚　文　胡黎娟　黄婷婷　李　萌　倪春晖　唐　文　王　贺　王梦雅　徐尔达　许盟昕
杨　维

**企业管理（19 人）**

陈子健　丛　芹　单利娜　干毓琴　胡义华　营仲岩　柯　迪　牛凯云　沈　喆　王　芳　王　芳　王　琼
王　莹　王梓臻　邢　运　杨红红　袁玲玉　钟　琳　郑益焕

**旅游管理（5 人）**

柳　林　魏　巍　许亚萍　张　瑾　朱　伟

**技术经济与管理（5 人）**

陈银花　董元树　陶　歆　夏芬芬　杨乐萍

**行政管理（29 人）**

陈文豪　陈锡璐　葛玲琳　黄　晶　姜　琦　刘付春　刘立虎　刘文慧　罗占松　马兴华　潘超韧　彭　靓
阮　凯　王　超　王　兴　王寅申　王振堂　徐海鸣　徐小凤　于　靖　俞一楠　袁　曼　曾　茹　张士泽
张玉立　胡新药　吕　华　郑丽君　爱克托德

**教育经济与管理（4 人）**

柴苗苗　胡玉巧　黄　鹏　黄　新

**社会保障（18 人）**

方晓芬　方　莹　何妮娜　靳　波　李　佳　李维芳　刘　程　卢森机　施　丹　谈海峰　王超丽　王贯新
王　娟　王　旖　杨　雨　张　玲　赵晓薇　周　瑞

**土地资源管理（6 人）**

孙伟州　王玉静　吴莎莎　张公达　张　彤　朱晓丹

**情报学（5 人）**

韩邦聚　潘国巍　任丽娜　王明凤　应　璇

**艺术学：31 人**

**设计艺术学（31 人）**

柴玮雯　付晓宇　何依信　胡金凤　黄曦臻　黄智雯　贾　凡　李　念　李文赛　刘　蓬　刘雅青　刘依晴
沈亚涛　沈　莹　盛珍贵　陶　萄　王　意　魏　燕　杨　琦　杨　寅　杨正寅　尹铨路　张　彬　张海峰
张继萍　张　敬　张艳萍　赵　福　赵　瑾　郑中央　金　梅

**同等学力硕士 14 人**

**法学：2 人**

**社会学（2 人）**

刘艳艳　张丽丽

**工学：1 人**

**机械设计及理论（1 人）**

程　鲲

**管理学：11 人**

**企业管理（11 人）**

梅　峰　蔡　岳　李俐俐　颜　宁　张艳萍　倪俊琳　张　婧　艾艳红　晁岳刚　王从庆　杨　欢

**专业学位硕士 945 人**

**法律硕士：12 人**

李东阳　李　旭　刘　哲　吕晓青　穆江兰　王丹凤　王　茹　魏艳丽　夏燕萍　杨　娇　叶　凝　袁慧超

**工程硕士：486 人**

**工程硕士（单）：302 人**

**机械工程（6 人）**

黄勇辉　李洪升　刘　磊　刘先禹　吴大斌　邢　辉

**仪器仪表工程（1 人）**

徐德俊

**材料工程（28 人）**

孙　宇　张春华　崔　龙　姜　辉　刘海航　穆庆峰　聂相奎　孙　立　王　亮　徐振钢　许祥娟　杨俊峰　于　迅　张　杰　张卫东　张秀玲　赵国通　周　磊　吉　祥　蔺　艳　任　媛　闫红丽　张大伟　陈　勇　高　凯　李红军　章铭韫　石剑峰

**动力工程（3 人）**

方　立　付春辉　刘祥春

**电子与通信工程（10 人）**

任　岗　洪方绍　倪继锋　王林稳　谢　卿　杨熙光　印兴峰　沈春江　黄文君　王　岑

**控制工程（28 人）**

杜　鹏　龚云龙　施唯奇　宋麒麟　唐　进　张　宇　曹纯桢　陈德呈　程　成　董　亭　董艳伟　梁德福　刘宇航　吕润宇　温　坛　徐久君　战立启　朱彦兴　陈　荫　黄继伟　金曹斌　李新宇　刘少平　吕海武　张顺达　童惠康　史志峰　董　军

**计算机技术（25 人）**

徐　晴　杨剑勇　虞华明　陈　波　陈希棠　何世俊　胡晓江　戚宏杰　戚俊伟　钱　诚　钱　欢　沈明达　章　堃　邹　萍　殷旭东　成永娟　范贝贝　江　立　沈旻园　张　茜　林　宏　茹　意　严　卫　陈柳华　王佳煜

**软件工程（5 人）**

傅　乐　黄　海　刘建林　张雁子　周顺宗

**化学工程（56 人）**

关俊超　郭景玉　韩　炜　贺　娜　黄晓东　倪　啸　史春岩　舒月锋　谭小勇　杨学萍　张　伟　周　健　陈赞柳　邸振春　樊胜利　季思伟　季维鹏　姜丽巍　解海兵　罗方涛　施长美　许敬刚　袁　军　朱广胜　朱　琳　晁国库　崔广东　韩　亮　梁端胜　王群涛　熊　伟　朱　敏　常利超　冯俊婷　顾兴平　沈　楠　沈　琦　殷玉圣　张　科　张晓玲　朱　秦　王以元　陈谨勇　周　通　胡　蓉　杨羽为　姚　强　贾晋云　王淑华　赵　峰　王　钊　谭　杰　叶兴平　唐　杰　胡平松　李永红

**轻工技术与工程（19 人）**

陈明光　丁益梁　黄　卓　陶建国　殷宇新　林剑靖　蒲　瑜　宋明鸣　王忠宇　张新军　朱敬鑫　卢　毅

钱慧超　郑成霞　沈　羽　宋爱平　董佳俊　孟　明　曹妙玲

**安全工程（15 人）**

杜红岩　李海双　刘宏光　龙　建　孙为民　竺栋荣　陈隆建　林观炎　夏金兵　陈启昌　戴启迪　黄　柏　夏　臻　张定军　周　刚

**环境工程（12 人）**

刘　赟　何　锲　李洪权　田大江　李欣赟　王宏伟　杨　彪　应诚威　战雪峰　诸玉辉　姚　华　朱　浩

**食品工程（4 人）**

卢琳丹　张燕琴　宁啸骏　虞成华

**制药工程（33 人）**

陈　骏　王锐东　文　强　文　勇　丁建圣　陈登民　方卫东　郭伟群　季绘明　李　涵　李正启　刘昭维　刘正荣　祁宏祥　任世建　史雪芳　王　莉　谢国亮　姚银春　张　亮　范林平　顾克军　顾遵阁　薛晓清　季吉兆　李卉君　罗小苏　倪红霞　陶海军　赵兴莉　郑磊明　周国保　孙　婧

**生物工程（3 人）**

李浩冬　周军旗　杨　英

**项目管理（46 人）**

董文剑　唐　丽　白雪明　程伟峰　胡新生　黄灵琳　刘　畅　刘　俊　马瑾花　盛浩中　孙俊明　王　斌　王　焱　王正法　吴辉媛　许雪萍　闫洪坤　颜　莉　杨荣德　杨文峰　张庆芳　张玉兰　郑　璐　周庆丰　周争义　朱　奇　高丽娟　曹永旭　范立瑀　顾涵修　李庆林　李玉杰　刘林铎　罗　伟　沈勇健　宋玲凤　孙　明　王　浩　徐映伟　许亮亮　张　民　张　宇　赵　辉　周双沂　朱　晖　张　强

**物流工程（8 人）**

丁春燕　高自敏　景　魁　刘昂昂　潜　雯　张　喆　黄先武　周　慧

**全日制工程硕士：184 人**

**材料工程（29 人）**

范书迪　付东旭　黄月霞　瞿　燕　李　静　李艳红　梁　翠　刘　琥　刘　瑾　刘　伟　卢瑶瑶　陆金丹　潘沛颐　尚勤杰　孙　林　王贤瑞　王学火　夏玉明　姚　煜　易锦辉　原恩临　张　倩　张向雨　赵　萌　仲小亮　周建刚　周洁鹏　朱旭东　卓小玲

**动力工程（16 人）**

安　玉　杜　鹏　范艳杰　方　程　刘　贵　孙玉芬　王　聪　王　进　夏　平　谢　嘉　杨依凡　尹森晶　张　滨　赵丹丹　朱　纯　朱怡珺

**控制工程（35 人）**

曹焕来　曹　坤　曹鹏飞　陈　瑜　程　中　葛开虎　顾庆进　韩　帅　胡　健　胡振义　蒋健雷　金承哲　雷　硕　李延娜　李　扬　廖审析　刘　颖　吕　智　施荣理　孙志勇　王　磊　王　琪　文　敏　吴　韬　向　导　杨　镇　叶灵宋　于大海　张　盟　张新利　张振亚　周　末　周　泉　朱松林　欧阳金真

**化学工程（45 人）**

常永鑑　成　锦　丁智翔　范秋杰　侯侨丽　华宏伟　黄生江　李冰辉　李　超　李　丹　李　坤　李闻杰

李晓韬 李杨 刘小欢 陆璐 栾金宁 倪蕾蕾 彭水清 邵园艳 施玉兰 史博 谭伟 汤睿
王国伟 王文鑫 王誉 吴凡 吴飞明 肖鹏飞 肖小玲 尹晓彬 虞正恺 张嘉元 张建勇 张金忠
张明 张倩 张伟 赵光 赵林涛 赵文强 郑优优 朱华君 朱元清

**制药工程（26 人）**

柴传柯 陈立静 陈倩 杜星 方成斌 高文强 黄伟 焦玉佩 李劲友 李艳 刘连军 陆玮
司云云 孙逸琳 汪雄 王名辉 王佩琪 王志洲 吴蕊 吴世刚 薛宇鹏 于晖晖 张薇 赵冬梅
赵红 邹莲华

**工业设计工程（7 人）**

包思施 戴广亮 黄庆 刘荣丽 叶鹏 俞海波 张苗苗

**生物工程（26 人）**

蔡丽梅 陈铖 陈双 何福春 江文涛 李军 李尉 刘朝红 刘威 邵菲 唐莉莉 童慧双
王焕焕 王景超 韦灵林 魏再鸿 吴珊 杨小一 袁向玺 张林 张薇 张引锋 章辉 赵婷婷
周阳 邹明明

**工商管理硕士：347 人**

**工商管理硕士（单）（42 人）**

鲍璟 胡海峰 黄春燕 李璘屹 马彦 汪婷 汪永平 王民新 王兆鑫 邢伟 翟光伟 周鹏
陈广安 崔殿东 龚文豪 龚张杰 胡欣 黄东 黄健 姜伟 蒋盛铭 李德荣 李梦梦 李卫东
廖阳军 林春岱 刘睿智 卢斌峰 陆彦 邵明珠 史晓宇 孙晓峰 谭骏 吴文奇 谢静文 徐敏
杨继彬 殷建 张雄刚 张奕 郑琦 周烁

**高级管理人员工商管理硕士（EMBA）（10 人）**

张强 卢建清 曾泱 赵玉峰 周军 黄海忠 尚阳 邵强 于海萍 张华

**全日制工商管理硕士（295 人）**

周刊 柴宇 程晓俊 董志强 顾云峰 王浩 方咸林 高东雷 陈超 陈红艳 金继东 李海蓝
李蕾 刘文杰 吕霏 徐建新 易辉 俞晔 蒋静法 李克祥 盛明 王娇 谢行伟 张少英
张玉楼 赵嵩 艾建华 曹颖琦 曹拯 常宏宇 陈芳 陈静 陈圣杰 陈伟 陈晓辉 陈瑜
陈宇翔 丁春宏 甘宏林 顾菁 郭权 郭威 胡川英 胡琼波 胡洋 黄磊 黄翔 蒋国豪
解熠 金亮 金少杰 蓝岚 冷海鹰 李春彬 李幅菊 李敏 李涛 李延超 郦恒 廖辉
林立强 令文广 刘东阳 刘惠娣 刘晓鹂 刘鑫 刘中元 陆瑞琦 陆翔 陆颖 吕磊 吕伊玲
茅盈盈 沈宏 沈旭旻 沈誉 舒泰 司胜利 苏敏 隋明兰 孙小明 汤大区 唐玉萍 汪雪莲
王诚 王丽 王丽华 吴晓美 吴晓溦 夏仕文 夏贤隆 肖谦 肖之音 谢伟玲 熊长华 徐正
许立安 薛成忠 杨迪 杨东民 杨慧媛 杨铭敏 杨倩 尹春晖 余凯 曾饶林 张长春 张锷
张明艳 张伟 张弦 张莹 张永涛 张喻 张赟辉 赵小金 赵玉石 郑晓廉 钟颖 周菱霖
周倩 周婉菲 周鑫勇 周燕 朱凯 朱涛 朱雯 祝小程 艾东 卞春雨 曹杰桥 陈金荣
陈亮 陈世杰 陈雅娜 陈亚群 陈颖 陈志浩 党群 丁小东 方杏萍 冯辉 冯晴 付华锋
付敏 高飞 高荣芳 葛俊 耿国桢 郭亚华 洪西生 胡小斌 胡亚军 胡业宏 黄川疆 惠发民

| | | | | | | | | | | | |
|---|---|---|---|---|---|---|---|---|---|---|---|
| 贾会峰 | 蒋云松 | 金 鑫 | 李东海 | 李 晗 | 李加兴 | 李蒙莉 | 李清波 | 廖清泉 | 林 峰 | 林祎伟 | 刘 欢 |
| 刘 军 | 刘 玮 | 刘晓萍 | 卢晓亮 | 陆 音 | 麻水红 | 麦峥嵘 | 毛华军 | 缪振东 | 潘梅琴 | 任 刚 | 沈 冲 |
| 施锦丰 | 舒文江 | 斯 敏 | 宋振磊 | 苏华斌 | 唐 米 | 屠友吉 | 汪美琴 | 汪一龙 | 王聪乐 | 王 刚 | 王九生 |
| 王 乐 | 王力淳 | 王丽丽 | 王良文 | 王文慧 | 王晓鹏 | 王艳召 | 卫 宁 | 温长新 | 文守权 | 邬铭伟 | 吴桂乔 |
| 吴燕娴 | 徐建颖 | 严 铮 | 杨 升 | 余益民 | 袁金钢 | 袁文俊 | 张洪春 | 张 静 | 张坤峰 | 张连新 | 张 鹏 |
| 张 微 | 张卫永 | 张晓明 | 张渊基 | 章勇辉 | 赵 辉 | 赵毅鹏 | 朱汉枫 | 朱 瑛 | 朱 珠 | 艾利夫 | 苏海鹰 |
| 龚兴达 | 华 玮 | 李 颖 | 刘晓庆 | 毛剑波 | 倪慧峰 | 魏 巍 | 徐 维 | 叶 青 | 陈 健 | 杜伟慧 | 付 锋 |
| 高 俊 | 金海燕 | 刘 辉 | 刘 昕 | 刘 岩 | 柳 慧 | 吕 骥 | 罗大江 | 亓皓昀 | 史长明 | 王 洪 | 王 磊 |
| 吴光勇 | 武立基 | 夏立水 | 徐丽莉 | 杨 燕 | 张雪勤 | 郑雪莲 | 周 燕 | 张 伟 | 郑贤勇 | 冯 伟 | 王宏周 |
| 郑志敏 | 博特琳 | 安搭龙 | 卡洛塔 | 劳 拉 | 安德瑞 | 埃德维 | 珊得瑞 | 奥 森 | 飞利浦 | 鲁卡斯 | 斯加索 |
| 马 克 | 安妮娅 | 资 深 | 弗 朗 | 朱莉亚 | 杰 拉 | 马蒂娜 | 伊 娃 | 山 姆 | 沙蒂夫 | 奥利亚 | 马太奥 |
| 陆琪娅 | 喜 爱 | 斯蒂凡 | 弗兰珂斯 | 马德琳娜 | 马赛蒂斯 | 菲利克斯 | | | | | |

**公共管理硕士：100 人**

**公共管理硕士（单）（90 人）**

| | | | | | | | | | | | |
|---|---|---|---|---|---|---|---|---|---|---|---|
| 官玉嫦 | 富晓丹 | 陈丝川 | 陈 健 | 金 洋 | 祁巍巍 | 张 慧 | 陈志威 | 池基建 | 戴荣亮 | 杜加秋 | 方崇辉 |
| 费益军 | 傅马丰 | 洪卫华 | 胡炘瀚 | 纪 虹 | 金 玥 | 赖班班 | 林欢欢 | 钱 华 | 钱颖佩 | 阮呈芳 | 沈 卓 |
| 盛丹丹 | 王 琦 | 王群力 | 王雅萍 | 魏晓峰 | 奚 琳 | 项 钧 | 徐燕燕 | 颜萍萍 | 颜艳艳 | 俞 萍 | 曾钦民 |
| 张 婵 | 张华平 | 张 坚 | 郑森龙 | 周卉卉 | 朱良春 | 朱 鹏 | 竺成伟 | 祝筱敏 | 王正时 | 何日贵 | 李 岚 |
| 刘 青 | 楼 琛 | 毛维国 | 吴鹏飞 | 陈余杰 | 陈智文 | 江松强 | 金崇剑 | 罗 坚 | 潘瑞秋 | 彭 枫 | 钱慧洁 |
| 邵一琼 | 沈劲松 | 施 荣 | 王丽平 | 薛伟胜 | 张建国 | 陈奋前 | 陈慧雪 | 陈如栋 | 徐勇兵 | 张坤林 | 郑丽萍 |
| 郑旭晖 | 仇 文 | 姜晓尧 | 蒋晓春 | 金倩倩 | 荆为令 | 戚小倩 | 戚怡杰 | 盛珂君 | 汤劲桦 | 王 历 | 王天然 |
| 王 悦 | 徐 威 | 杨 敏 | 姚 耀 | 张 锋 | 庄黎丽 | | | | | | |

**全日制公共管理硕士（10 人）**

| | | | | | | | | | |
|---|---|---|---|---|---|---|---|---|---|
| 顾爱斯 | 黄 磊 | 黄 毅 | 蒋晴霞 | 金 叶 | 李鹏敏 | 王 恺 | 王永斌 | 许中明 | 诸 瑛 |

# 成人继续教育

**【概况】** 继续教育学院下设六室三部，在职在聘教职工 27 人，外聘职工 18 人。在册学历学生 11 866 人（其中业余学生 11 453 人，函授学生 413 人）。参加高等教育自考生 24 399 人次。各类继续教育年培训量达 3 462 人。

年内，成人招生计划 4 400 人，其中高起专上海计划 820 人，函授计划 110 人；高起本上海计划 525 人；专升本上海计划 2 865 人；函授计划 110 人。最终上海市共录取：专升本 2 374 人，高起本 621 人，高起专 1 233 人。函授录取专升本 49 人，高起专 43 人。录取总人数为 4 320 人，完成计划总数的 98. 2%。

参加 2012 年上海市成人高校终身学习优秀学员评比活动，学院 4 名同学被评为上海市 2010—2012 年终身学习优秀学员，1 名同学同时获“优秀学员标兵”荣誉称号。开展 2012 年优秀班导师表彰会，艾叶华等 8 位班导师被评为继续教育学院“2012 年度优秀班导师”。开展 2012 年成人教育学生奖学金评定，授予校本部国贸 080（夜本）班张代平等 217 名同学夜大“优秀学生”称号和国贸 080（夜本）班平亚芬等 78 名同学夜大“优秀学生干部”称号。另外授予时尚之都服装 100（夜专）李盼盼等夜大“优秀学生”“学生干部”称号。开展 2012 年度成人高等教育优秀教师和优秀管理人员的评奖活动，评选出王婷兰等优秀教师 41 名、李岩等优秀教学管理人员 10 名。

学院与上海工艺美术学院签订设立继续教育学院工艺美院教学点。因学生全部毕业，教学合作协议到期，撤销嘉定电视大学教学点、上海前进进修教学点、上海市沪东科技进修学院教学点、上海市新知进修学院教学点。

承办中英合作商务管理与金融管理专业管理段证书考试阅卷培训会议，该会议由教育部考试中心与英国剑桥大学国际考试部（CIE）联合举办，是 CIE 对该合作项目在中国进行的首次阅卷培训。

**【教育工作研讨】** 3 月，学院召开第三期华东理工大学成人高等教育远程视频课程建设工作会议，26 位申报视频课程立项的教师和教务管理人员参加了会议。11 月，在苏州召开了 2012 年度华东理工大学成人高等教育研讨会。苏州高新区组织部副部长夏鸣，人才处处长周平、副处长董良应邀出席研讨会。会上，黄婕院长作了题为“改革创新，推进继续教育的发展”的报告。

## 附录：

**成人高等学历教育毕业生及授学位学生数一览表**　（单位：人）

| 年级 | 学习类型 | | | | |
|---|---|---|---|---|---|
| | 函授 | | | 业余 | |
| | 层次 | | | | |
| | 专升本 | 高起专 | 高起本 | 专升本 | 高起专 |
| 一年级 | 69 | 87 | 584 | 2 256 | 1 150 |
| 二年级 | 49 | 52 | 429 | 1 918 | 990 |
| 三年级 | 109 | 47 | 384 | 2 123 | 739 |
| 四年级 | — | — | 385 | — | — |
| 五年级 | — | — | 495 | — | — |
| 小计 | 227 | 186 | 2 277 | 6 297 | 2 879 |

**成人非学历教育学生人数统计表**

| 项目 | 委培单位 | 班级 | 人数 | 办班时间 |
|---|---|---|---|---|
| 中高端企业内训 | 企业领导高层研修班 | 中国石化上海石油化工股份有限公司 | 100 | 3. 31—4. 1 |
| | 跨部门冲突管理 | 上海焦化有限公司 | 60 | 4. 19—4. 26 |
| | 时间管理 | 上海焦化有限公司 | 60 | 5. 17—5. 24 |
| | 校职员培训 | 华东理工大学人事处 | 162 | 6 月 |
| | 压力应对与管理 | 上海焦化有限公司 | 60 | 6. 7—6. 14 |
| | 业务骨干培训班 | 人民银行银川中心支行 | 40 | 7. 2—7. 6 |
| | 危机管理 | 上海焦化有限公司 | 40 | 7. 11—7. 25 |
| | 营销创新管理 | 上海焦化有限公司 | 40 | 9. 18—9. 25 |
| | 营销沟通管理 | 上海焦化有限公司 | 40 | 10. 9—10. 23 |
| | 管理技能提升 | 上海焦化有限公司 | 40 | 11. 6—11. 13 |
| | 机械设备 | 中国石化上海高桥分公司 | 150 | 11. 14—11. 15 |
| | 化工环保安全管理 | 浙江省上虞市职业中等专业学校 | 100 | 11. 23—11. 24 |
| | 企业管理人员的职业素质修养 | 上海焦化有限公司 | 40 | 12. 12—12. 19 |
| 执业资格考试培训 | 社会报名 | 注册化工工程师（基础）班 | 16 | 7. 7—9. 8 |
| | 社会报名 | 注册化工工程师（专业）班 | 37 | 7. 7—9. 8 |
| | 社会报名 | 社工师（初级） | 43 | 3. 10—6. 3 |
| | 社会报名 | 社工师（中级） | 29 | 3. 10—6. 3 |

续表

| 项目 | 委培单位 | 班级 | 人数 | 办班时间 |
|---|---|---|---|---|
| 从业人员资格培训 | 社会报名 | 会计上岗证 | 89 | |
| | 社会报名 | 会计电算化培训班 | 80 | |
| | 社会报名 | PETS-3 | 50 | |
| 自考助学辅导 | 社会报名 | 中英合作商务管理（业余专科） | 35 | |
| | 社会报名 | 商务管理（业余本科） | 199 | |
| | 社会报名 | 自考毕业论文辅导班 | 882 | |
| | 社会报名 | 初级化工工程师 | 103 | |
| 成考辅导班 | 社会报名 | 成考基础补习班 | 30 | 12月—2012年2月 |
| | 社会报名 | 第一期成考辅导班 | 235 | 2—9月 |
| | 社会报名 | 第二期成考辅导班 | 115 | 3—10月 |
| | 社会报名 | 第三期成考辅导班 | 182 | 5—10月 |
| | 社会报名 | 第四期成考辅导班 | 405 | 7—10月 |

**夜大招生专业一览表**

| 序号 | 专业名称 | 修业年限 | 科类 | 学习形式 | 学历层次 |
|---|---|---|---|---|---|
| 1 | 法学 | 3年 | 法学类 | 业余 | 专升本 |
| 2 | 社会工作 | 3年 | 法学类 | 业余 | 专升本 |
| 3 | 英语（商务英语） | 3年 | 文史、中医类 | 业余 | 专升本 |
| 4 | 艺术设计 | 3年 | 艺术类 | 业余 | 专升本 |
| 5 | 国际经济与贸易 | 3年 | 经管类 | 业余 | 专升本 |
| 6 | 金融学 | 3年 | 经管类 | 业余 | 专升本 |
| 7 | 生物技术 | 3年 | 经管类 | 业余 | 专升本 |
| 8 | 药学 | 3年 | 经管类 | 业余 | 专升本 |
| 9 | 信息管理与信息系统 | 3年 | 经管类 | 业余 | 专升本 |
| 10 | 工程管理（项目管理） | 3年 | 经管类 | 业余 | 专升本 |
| 11 | 工程管理（质量管理与检测） | 3年 | 经管类 | 业余 | 专升本 |
| 12 | 工商管理 | 3年 | 经管类 | 业余 | 专升本 |
| 13 | 会计学 | 3年 | 经管类 | 业余 | 专升本 |
| 14 | 财务管理 | 3年 | 经管类 | 业余 | 专升本 |
| 15 | 人力资源管理 | 3年 | 经管类 | 业余 | 专升本 |
| 16 | 物流管理 | 3年 | 经管类 | 业余 | 专升本 |
| 17 | 行政管理 | 3年 | 经管类 | 业余 | 专升本 |
| 18 | 高分子材料与工程 | 3年 | 理工类 | 业余 | 专升本 |
| 19 | 机械设计制造及其自动化 | 3年 | 理工类 | 业余 | 专升本 |
| 20 | 机械设计制造及其自动化（模具设计） | 3年 | 理工类 | 业余 | 专升本 |

续表

| 序号 | 专业名称 | 修业年限 | 科类 | 学习形式 | 学历层次 |
|---|---|---|---|---|---|
| 21 | 自动化（测控技术及仪表） | 3年 | 理工类 | 业余 | 专升本 |
| 22 | 自动化（电气工程及其自动化） | 3年 | 理工类 | 业余 | 专升本 |
| 23 | 计算机科学与技术 | 3年 | 理工类 | 业余 | 专升本 |
| 24 | 化学工程与工艺 | 3年 | 理工类 | 业余 | 专升本 |
| 25 | 信息工程（应用电子技术） | 3年 | 理工类 | 业余 | 专升本 |
| 26 | 国际经济与贸易 | 5年 | 文理 | 业余 | 本科 |
| 27 | 工商管理 | 5年 | 文理 | 业余 | 本科 |
| 28 | 财务管理 | 5年 | 文理 | 业余 | 本科 |
| 29 | 物流管理 | 5年 | 文理 | 业余 | 本科 |
| 30 | 电子信息工程 | 5年 | 理工类 | 业余 | 本科 |
| 31 | 计算机科学与技术 | 5年 | 理工类 | 业余 | 本科 |
| 32 | 药学 | 5年 | 理工类 | 业余 | 本科 |
| 33 | 报关与国际货运 | 3年 | 文理 | 业余 | 专科 |
| 34 | 计算机信息管理 | 3年 | 文理 | 业余 | 专科 |
| 35 | 会计 | 3年 | 文理 | 业余 | 专科 |
| 36 | 经济信息管理 | 3年 | 文理 | 业余 | 专科 |
| 37 | 工商企业管理 | 3年 | 文理 | 业余 | 专科 |
| 38 | 物流管理 | 3年 | 文理 | 业余 | 专科 |
| 39 | 人力资源管理 | 3年 | 文理 | 业余 | 专科 |
| 40 | 国际质量管理体系认证 | 3年 | 文理 | 业余 | 专科 |
| 41 | 商务英语 | 3年 | 文理 | 业余 | 专科 |
| 42 | 艺术设计（动漫与游戏制作） | 3年 | 文理 | 业余 | 专科 |
| 43 | 艺术设计（广告设计） | 3年 | 文理 | 业余 | 专科 |
| 44 | 艺术设计（室内设计） | 3年 | 文理 | 业余 | 专科 |
| 45 | 机电一体化技术 | 3年 | 理工类 | 业余 | 专科 |
| 46 | 机械设计制造及其自动化（模具设计） | 4年 | 理工类 | 业余 | 专科 |

**函授招生专业目录**

| 序号 | 专业名称 | 层次 | 科类 | 函授站地址 |
|---|---|---|---|---|
| 1 | 药学 | 专科 | 理工类 | 深圳思达培训中心 |
| 2 | 电气自动化技术 | 专科 | 理工类 | 深圳思达培训中心 |
| 3 | 机械设计制造及其自动化 | 专升本 | 理工类 | 深圳思达培训中心 |
| 4 | 药学 | 专升本 | 经管类 | 深圳思达培训中心 |
| 5 | 化学（分析化学） | 专升本 | 理工类 | 新疆独山子石化公司 |
| 6 | 化学工程与工艺 | 专升本 | 理工类 | 新疆独山子石化公司 |

**自学考试专业目录**

| 序号 | 专业名称 | 层次 | 科类 |
| --- | --- | --- | --- |
| 1 | 中英合作商务管理 | 专升本 | 经管类 |
| 2 | 中英合作商务管理 | 专科 | 经管类 |
| 3 | 社会工作与管理 | 专科 | 文史类 |

**成人高等学历教育毕业生及授学位学生数一览表** （单位：人）

| 名称 | 函授 | | 业余 | | |
| --- | --- | --- | --- | --- | --- |
| 层次 | 专升本 | 高起专 | 高起本 | 专升本 | 高起专 |
| 毕业生数 | 77 | 75 | 220 | 1 968 | 626 |
| 授学位学生数 | 41 | — | 58 | 384 | — |

注：授学位学生数为2013届毕业生。

**高等教育自学考试情况一览表**

| 自学考试时间 | 报考人次 | 中英合作商务管理本科报考人次/门次 | 中英合作商务管理专科报考人次/门次 | 社会工作与管理专科报考人次/门次 |
| --- | --- | --- | --- | --- |
| 1月6、7、8日 | 4 363 | 3 179/6 493 | 1 184/2 529 | |
| 4月9、10、16、17日 | 7 714 | 6 977/21 362 | 603/1 137 | 134/312 |
| 7月6、7、8日 | 4 075 | 3 223/8 059 | 852/1 795 | |
| 10月20、21、27、28日<br>11月17、18日 | 8 247 | 7 482/25 246 | 627/1 052 | 138/322 |

注：商务管理专业专科为中英合作专业。

**高等教育自学考试毕业生一览表** （单位：人）

| 毕业时间 | 中英合作商务管理本科 | 中英合作商务管理专科 | 社会工作与管理专科 | 合计 |
| --- | --- | --- | --- | --- |
| 6月 | 351 | 189 | 18 | 558 |
| 12月 | 424 | 130 | 19 | 573 |
| 授学士学位 | 451 | — | — | 451 |

**继续教育学院校外教学点一览表**

| 编号 | 教学点 | 上课地点 |
| --- | --- | --- |
| 1 | 青浦区青浦团校教学点 | 青浦区华科路158号 |
| 2 | 上海医药职工大学教学点 | 长宁区愚园路1088弄48号 |
| 3 | 上海行知（闵行）进修学院教学点 | 闵行区碧江路359号 |
| 4 | 传媒与文化艺术学院教学点 | 静安区胶州路601号 |
| | | 徐汇区漕溪北路502号 |

续表

| 编号 | 教学点 | 上课地点 |
|---|---|---|
| 5 | 华文进修学院教学点 | 宝山区南陈路259号 |
| | | 闸北区阳曲路421号 |
| | | 虹口区三门路661号 |
| | | 宝山区同济支路199号 |
| | | 浦东新区川沙镇临园路55号 |
| 6 | 上海纺织工业职工大学教学点 | 普陀区长寿路652号 |
| 7 | 上海国际进修学院大华授课点 | 宝山区大华三路99号 |
| 8 | 上海杨浦区贤明专修学校授课点 | 杨浦区舒兰路51号 |
| 9 | 上海时尚之都进修学院教学点 | 卢湾区建国西路154号 |
| 10 | 上海市级机关后勤培训中心教学点 | 黄浦区制造局路9号 |
| 11 | 徐汇区博学科技专修学校教学点 | 徐汇区老沪闵路777号 |
| 12 | 上海工业技术学校授课点 | 徐汇区喜泰支路8号 |
| 13 | 徐汇区恒甫进修学校授课点 | 徐汇区罗香路240号 |
| 14 | 浦东新区群星职业技术学校授课点 | 浦东新区德州路240号 |
| 15 | 嘉定汽车人才培训学院教学点 | 嘉定区金沙路200号 |
| 16 | 高化委培班 | 浦东新区大同路1480号 |

# 网络教育学院

**【概况】** 年内，网络教育学院在校党委和行政的领导下，以迎接建校60周年和建院10周年为契机，继续坚持“规范、质量、规模”的办学宗旨，办学规模稳步增长，教学改革稳妥推进，资源建设全面发展，支持服务不断强化，办学影响力显著扩大，较好地完成了年初确定的各项工作目标。

**办学规模。**53家教育中心及教学点积极开展了招生工作，学历教育注册新生人数超过1万人；非学历教育继续推进，与香港公开大学合作开办的“高级工商管理研修班”录取学生28人。新增教育中心5个，其中上海3个：南汇教育中心、济光教育中心、电机教育中心；外地2个：常熟教育中心、南通业大教育中心。

**教学改革。**秋季学期正式启用新教学计划，增设通识类和讲座类课程，区分考试和考查科目，明确不同课程的考核方式，并及时修订与完善《学生学习过程考核办法》，新增调查问卷、考查课的课件点播时长等考核项。首次实行网上测评的方式开展教师评优工作，31位教师被评为2011—2012学年度网络教育优秀主讲教师。国际贸易实务（专）、项目评估与论证、金融企业会计等3门课先行试点通过试题库系统组卷。首次建设“化工原理及实验”“基本线路与电子”网络教育精品资源共享课2门以及新型HTML5课件2门；开发完成课程课件49门、基于移动平台的课件12门、虚拟实验22个；出版网络教育专用教材14本。在各类杂志和学术会议上发表网络教育学术论文13篇，其中在国内核心期刊发表2篇、国际会议期刊发表3篇、国内会议期刊发表3篇。在2012年校级教学成果奖评选中，学院10项教学成果全部获奖。

**管理系统开发。**开发培训、学历教育、中小学学习终端各1套；更新了安卓手机学习终端；开发新的虚拟校园系统——3D学习引导系统，涵盖实验楼、图书馆、办公大楼、实验室等设施；基本开发完成质量管理及学生信息校验系统、教学日历管理系统、理工类课程互认互选系统；升级维护了移动终端学习系统、班主任系统、呼叫中心、公共教学平台等系统，系统功能得到进一步完善。推出了考勤自助系统，实现单位文件、单位公告、院内通讯录等资源的共享；组织内审员参加ISO9001：2008质量管理体系培训，于11月通过了ISO9001外审专家的评审。

**教育能力建设。**新增统考报考和统考成绩查询功能。按照教学日历，完成包括现代远程教育概论、网上作业、考试预约、毕业论文写作、在线答疑预约等重要学习节点的主动提醒服务，发送短信 110 批次，超过 43 万人次。举办“明天会更好”第四届学生歌咏比赛，组织学生第六次赴金寨县天堂寨镇开展社会实践活动。作为学校 60 周年校庆的爱心献礼活动之一，学院向安徽金寨县天堂寨镇中心小学赠送了 6 台平板电脑，内置中小学生移动学习平台终端及英语学习课件，以弥补革命老区英语教学师资力量的不足。举办网络教育十周年庆典活动，进一步展示和提升了学校的对外形象。凭借优质服务和良好的社会信誉，继 2011 年之后学院再次获得“新浪 2012 最具社会影响力网络教育学院”称号。

**【成思危参观学校网络教育 10 年办学成果展】** 4 月 6 日，名誉校长、全国人大常委会原副委员长成思危来校参观了网络教育 10 年办学成果展。他对学校网络教育取得的成果给予肯定，并就大学如何发挥社会服务功能及远程教学资源共享等问题进行了指导。

（商敏锋）

**【举行网络教育十周年庆典】** 5 月 11 日，“跬步十年志存高远”华东理工大学网络教育十周年庆典在校举行。上海市教委高教处副处长许涛，全国高校现代远程教育协作组秘书长严继昌，副秘书长李德芳、侯建军，教育部现代远程教育资源建设委员会办公室副主任陈庚，中国远程教育杂志社执行主编夏巍峰，弘成教育集团董事长黄波等亲临道贺。

（商敏锋）

**【承办现代远程教育实践教学高端学术论坛】** 5 月 11—13 日，由全国高校现代远程教育协作组主办、学校承办的现代远程教育实践教学高端学术论坛在校举行。上海市教委高教处副处长许涛、全国高校现代远程教育协作组秘书长严继昌等参加论坛。本次论坛收到论文 32 篇，13 所高校申报了 25 项优秀实践教学软件与装置奖，协作组对此进行了表彰。

（商敏锋）

**【首次承担教育部项目】** 8 月 28 日，教育部“理工类课程（含实验）互选互认的研究与实践”子项目立项研讨会在校举行。“理工类课程（含实验）互选互认的研究与实践”是教育部“终身学习服务体系的建设与示范”系列项目之一“高等学校继续教育课程学分标准及质量内涵和学分转移制度与机制的研究及应用”的子课题，主要目标是研究如何实施现代远程教育试点高校之间在理工类优势课程特别是带实验环节课程的互选互认，力求突破工科远程教育的难点，实现优质教学资源共享。该项目由学院牵头，大连理工大学、哈尔滨工业大学、江南大学和山东大学等 4 所高校网院共同参与。

（商敏锋）

## 附录：

网络教育学生人数统计表

| 年　份 | 项　目 | 学生数（人） |
|---|---|---|
| 2012 | 注册学生 | 10 258 |
| | 毕业学生 | 9 009 |
| | 授予学位 | 230 |

备注：统计时间截至2012年12月底。

网络教育招生专业一览表

| 层次 | 招生专业 |
|---|---|
| 专科起点本科 | 电气工程及其自动化 |
| | 法学 |
| | 工程管理 |
| | 工商管理 |
| | 国际经济与贸易 |
| | 过程装备与控制工程 |
| | 化学工程与工艺 |
| | 会计学 |
| | 机械设计制造及其自动化 |
| | 计算机科学与技术 |
| | 金融学 |
| | 劳动与社会保障 |
| | 社会工作 |
| | 生物工程 |
| | 物流管理 |
| | 信息与计算科学 |
| | 行政管理 |
| | 药学 |
| | 自动化 |
| 高中起点大专 | 安全工程 |
| | 电气工程及其自动化 |
| | 工程管理 |
| | 工商管理 |
| | 广告设计与制作 |
| | 国际经济与贸易 |

续表

| 层次 | 招生专业 |
| --- | --- |
| 高中起点大专 | 化学工程与工艺 |
| | 会计学 |
| | 机电一体化 |
| | 过程装备与控制工程 |
| | 计算机技术与应用 |
| | 计算机信息管理 |
| | 经济信息管理 |
| | 劳动与社会保障 |
| | 市场营销 |
| | 物流管理 |
| | 行政管理 |
| | 药物制剂 |
| | 药学 |
| | 艺术设计 |
| | 自动化 |

**校外教学点一览表**

| 省份 | 校外教学点名称 | 依托建设单位 |
| --- | --- | --- |
| 上海市 | 华东理工大学网络教育学院徐家汇工商学院教育中心 | 徐家汇工商管理进修学院 |
| | 华东理工大学网络教育学院上海科技教育中心 | 上海市业余科技进修学院 |
| | 华东理工大学网络教育学院轻工教育中心 | 上海第二轻工业学校 |
| | 华东理工大学网络教育学院浦东教育中心 | 浦东新区中昊进修学校 |
| | 华东理工大学网络教育学院奉贤教育中心 | 上海市奉贤中等专业学校 |
| | 华东理工大学网络教育学院嘉定教育中心 | 上海嘉华进修学院 |
| | 华东理工大学网络教育学院长宁科技教育中心 | 上海长宁科技进修学院 |
| | 华东理工大学网络教育学院医药教育中心 | 上海市医药学校 |
| | 华东理工大学网络教育学院群星教育中心 | 上海市群星职业技术学校 |
| | 华东理工大学网络教育学院市北教育中心 | 上海市市北职业高级中学 |
| | 华东理工大学网络教育学院青浦教育中心 | 上海工商信息学校 |
| | 华东理工大学网络教育学院宝山教育中心 | 上海市宝山职业技术学校 |
| | 华东理工大学现代远程教育虹口学习中心 | 上海市南湖职业学校 |
| | 华东理工大学现代远程教育崇明学习中心 | 上海崇明中华职业进修学校 |
| | 华东理工大学现代远程教育普陀学习中心 | 上海智优经理人进修学院 |
| | 华东理工大学现代远程教育普陀信息学习中心 | 上海信息技术学校 |
| | 华东理工大学现代远程教育闵行学习中心 | 上海西南工程学校 |

续表

| 省份 | 校外教学点名称 | 依托建设单位 |
| --- | --- | --- |
| 上海市 | 华东理工大学现代远程教育新长宁学习中心 | 上海新长宁教育培训中心 |
| | 华东理工大学现代远程教育东辉学习中心 | 上海市东辉职业技术学校 |
| | 华东理工大学现代远程教育杨浦学习中心 | 上海百联职业技术学校 |
| | 华东理工大学现代远程教育黄浦学习中心 | 上海市商贸旅游学校 |
| | 华东理工大学现代远程教育宝山华文学习中心 | 上海华文进修学院 |
| | 华东理工大学现代远程教育新世界学习中心 | 上海新世界进修学院 |
| | 华东理工大学现代远程教育闵行电力学习中心 | 上海电力工业学校 |
| | 华东理工大学现代远程教育中华职校学习中心 | 中华职业学校 |
| | 华东理工大学现代远程教育静安学习中心 | 上海第二工业大学 |
| | 华东理工大学现代远程教育南汇学习中心（12） | 上海工商外国语职业学院 |
| | 华东理工大学现代远程教育济光学习中心（12） | 上海电机学院 |
| | 华东理工大学现代远程教育电机学习中心（12） | 上海济光职业技术学院 |
| 浙江省 | 华东理工大学网络教育学院宁波教育中心 | 宁波工程学院 |
| | 华东理工大学网络教育学院杭州教育中心 | 杭州市工人业余大学 |
| | 华东理工大学网络教育学院临海教育中心 | 临海电大 |
| | 华东理工大学网络教育学院嘉兴教育中心 | 嘉兴电大 |
| | 华东理工大学网络教育学院金华教育中心 | 金华职业技术学院 |
| | 华东理工大学网络教育学院桐乡教育中心 | 桐乡市工会职工学校 |
| | 华东理工大学网络教育学院温州教育中心 | 浙江工贸职业技术学院 |
| | 华东理工大学网络教育学院诸暨教育中心 | 诸暨市人事教育培训中心 |
| | 华东理工大学网络教育学院丽水教育中心 | 丽水市审计培训中心 |
| | 华东理工大学网络教育学院临安教育中心 | 临安市职工业余学校 |
| | 华东理工大学现代远程教育嵊州学习中心 | 嵊州市中等职业技术学校 |
| | 华东理工大学现代远程教育湖州学习中心 | 浙江信息工程学校 |
| | 华东理工大学现代远程教育舟山学习中心 | 舟山职业技术学院 |
| 江苏省 | 华东理工大学网络教育学院南化教育中心 | 南京化工职业技术学院 |
| | 华东理工大学网络教育学院南京科技教育中心 | 南京市科技干部进修学院 |
| | 华东理工大学网络教育学院无锡教育中心 | 无锡市行政学院 |
| | 华东理工大学网络教育学院无锡新区教育中心 | 无锡新区党校 |
| | 华东理工大学现代远程教育昆山学习中心 | 江苏省昆山第一职业高级中学 |
| | 华东理工大学现代远程教育盐城学习中心 | 江苏省盐城市高级职业中学 |
| | 华东理工大学现代远程教育扬州学习中心 | 扬州技师学院 |
| | 华东理工大学现代远程教育镇江学习中心 | 镇江市职工学校 |
| | 华东理工大学现代远程教育常州工程学习中心 | 常州工程职业技术学院 |
| | 华东理工大学现代远程教育徐州学习中心 | 徐州工业职业技术学院 |
| | 华东理工大学现代远程教育常熟学习中心（12） | 常熟理工学院 |
| | 华东理工大学现代远程教育南通业大学习中心（12） | 南通市工人业余大学 |

续表

| 省份 | 校外教学点名称 | 依托建设单位 |
|---|---|---|
| 山东省 | 华东理工大学网络教育学院青岛教育中心 | 青岛中鲁工商专修学院 |
| | 华东理工大学现代远程教育威海学习中心 | 山东药品食品职业学院 |
| 广东省 | 华东理工大学网络教育学院顺德教育中心 | 顺德职业技术学院 |
| | 华东理工大学现代远程教育中山学习中心 | 中山火炬职业技术学院 |
| 安徽省 | 华东理工大学网络教育学院芜湖教育中心 | 安徽商贸职业技术学院 |
| 云南省 | 华东理工大学现代远程教育昆明学习中心 | 昆明大学 |
| 河北省 | 华东理工大学现代远程教育石家庄学习中心 | 河北化工医药职业技术学院 |
| 江西省 | 华东理工大学现代远程教育江西化校学习中心 | 江西省化学工业学校 |

备注：(12) 指 2012 年新增校外教学点，统计时间截至 2012 年 12 月底。

# 科学研究与学科建设

Kexue Yanjiu yu Xueke Jianshe

# 科学研究

**【概况】** 年内，学校认真落实科学发展观，贯彻以人为本思想，创新科研体制与机制，以提高科技创新能力为主线，整合、优化资源配置，凝练学科方向，在支持学科建设、重大项目申请、科研基地建设、成果转化和产学研工作等方面取得重要进展，各项科技指标快速发展。

**科研经费。**年内，承担各类科研课题1 200余项，科研项目经费到款总额达48 213.13万元。其中，纵向经费29 019.65万元，横向经费17 622.38万元，人文科学经费1 571.10万元。新签订科研项目合同1 323项，合同金额51 392.56万元。

**科技获奖。**年内，共获科技奖励15项，其中国家级1项、省部级14项、人物奖3项。获国家发明二等奖1项（1项第二完成单位），高等学校科学研究优秀成果奖1项，科技进步一等奖1项（1项第五完成单位）。获上海市科技奖励12项。陕西省科技进步奖三等奖1项（1项第二完成单位）。获上海市自然科学牡丹奖、上海市青年科技英才、吴蕴初奖各1项。获上海市第九届邓小平理论研究和宣传优秀成果三等奖1项，上海市第十一届哲学社会科学优秀成果奖5项，其中二等奖2项，三等奖3项。

**科研基地与创新团队建设。**刘昌胜教授领衔的“新型纳米无机生物材料的可控制备及其应用基础研究”创新团队通过了教育部验收。国家环境保护化工过程环境风险评价与控制重点实验室通过了环保部验收。超细材料制备与应用教育部重点实验室、承压系统与安全教育部重点实验室、化工过程先进控制和优化技术教育部重点实验室、煤气化及能源化工教育部重点实验室、上海市功能性材料化学重点实验室评估取得了良好的成绩。

**技术转移工作。**完成“上海生物制造产业技术研究院（筹）”的申报立项，并完成章程、实施细则、知识服务激励与发展基金管理办法等文件的出台，促进“上海生物制造产业技术研究院（筹）”实体化运作落户奉贤达成共识。签约设立华东理工大学海正研究院、苏州德兰-华东理工大学联合实验室、华东理工大学建业微电子化学品工程技术研究中心等3个联合研发机构；以及浙江桐乡、浙江萧山、上海奉贤等3个技术转移联盟工作站；国家技术转移中心接手承办深圳研究院，并完成属地化基础工作团队的组建；常熟研究院已有2个团队完成入驻，并有其他几个团队正在准备入驻。与设计院共同设立“技术转移事业部”，搭建学校教师与设计研究院的技术集成与工程转化合作平台，并完成多项合作项目与对接。配合江苏省组织部和我校组织部组织的2012年的科技镇长团和教授博士柔性入企业的活动，共协助推荐了6位教师挂职科技镇长团和14位教授、博士柔性入企业，并为他们的工作提供有力的支持。新增两项大型国际技术转移合作项目；2012年学校教师共申请PCT专利16项，合作申请国际专利8项，合计比去年增长50%；国际技术转移中心挂牌成立。

**人文社会科学研究工作。**2012年度人文社会科学研究工作稳步向前推进。国家社科基金项目首次达到两位数，国家级项目立项数再创新高。国家社科基金项目获准10项，批准金额合计160万元，国家自然科学基金管理类项目获准12项，合同金额达到367.1万元。

## 附录：

年度科研经费统计表

| 学院 | 纵向到款（万元） | | 横向到款（万元） | | 合计（万元） | | |
|---|---|---|---|---|---|---|---|
| | 到款数 | 拨出经费 | 到款数 | 拨出经费 | 2012年总到款数 | 拨出经费 | 2012年实际到款数 |
| 化工学院 | 3 219.25 | 0.00 | 5 274.15 | 4.90 | 8 493.40 | 4.90 | 8 488.50 |
| 生物工程学院 | 6 467.74 | 868.09 | 1 317.53 | 0.00 | 7 785.27 | 868.09 | 6 917.18 |
| 化学与分子工程学院 | 3 881.62 | 251.50 | 623.51 | 10.00 | 4 505.13 | 261.50 | 4 243.63 |
| 药学院 | 3 095.05 | 414.29 | 333.16 | 0.00 | 3 428.21 | 414.29 | 3 013.92 |
| 材料科学与工程学院 | 3 806.25 | 339.45 | 1 458.35 | 0.00 | 5 264.60 | 339.45 | 4 925.15 |
| 信息科学与工程学院 | 1 735.64 | 183.00 | 1 709.55 | 0.00 | 3 445.19 | 183.00 | 3 262.19 |
| 机械与动力工程学院 | 2 748.49 | 19.90 | 2 542.28 | 0.00 | 5 290.77 | 19.90 | 5 270.87 |
| 资源与环境工程学院 | 3 537.12 | 447.00 | 4 272.87 | 0.00 | 7 809.99 | 447.00 | 7 362.99 |
| 理学院 | 528.49 | 4.13 | 90.98 | 0.00 | 619.47 | 4.13 | 615.34 |
| 行政系统 | 24.20 | | 15.00 | | 39.20 | 0.00 | 39.20 |
| 商学院 | 501.86 | | 143.85 | | 645.71 | 0.00 | 645.71 |
| 社会与公共管理学院 | 122.50 | | 148.22 | | 270.72 | 0.00 | 270.72 |
| 人文科学研究院 | 38.70 | | 108.85 | | 147.55 | 0.00 | 147.55 |
| 艺术设计与传媒学院 | 32.60 | | 143.13 | | 175.73 | 0.00 | 175.73 |
| 外国语学院 | 1.00 | | 5.41 | | 6.41 | 0.00 | 6.41 |
| 体育科学与工程学院 | 34.20 | | 44.50 | | 78.70 | 0.00 | 78.70 |
| 图书馆 | 0.00 | | 6.50 | | 6.50 | 0.00 | 6.50 |
| 法学院 | 54.80 | | 196.78 | | 251.58 | 0.00 | 251.58 |
| 合计 | 29 829.51 | 2 527.36 | 18 434.62 | 14.90 | 48 264.13 | 2 542.26 | 45 721.87 |

**承担“973”项目一览表**

| 序号 | 项目名称 | 负责人 | 任务来源 | 合同金额（万元） | 课题编号 |
|---|---|---|---|---|---|
| 1 | 分子靶标导向的绿色化学农药创新研究 | 钱旭红 | 科技部 | 3 444 | 2010CB126100 |
| 2 | 煤等含碳固体原料大规模高效清洁气化的基础研究 | 王辅臣 | 科技部 | 3 052 | 2010CB227000 |
| 3 | 清洁能源生产和环境治理中稀土催化材料应用的基础研究 | 卢冠忠 | 科技部 | 3 114 | 2010CB732300 |
| 4 | 微藻能源规模化制备的科学基础 | 李元广 | 科技部 | 2 760 | 2011CB200900 |
| 5 | 多级微纳结构生物活性材料促进骨组织快速修复的研究 | 刘昌胜 | 科技部 | 2 800 | 2012CB933600 |
| 6 | 分子探针识别肿瘤特异性血清标志物的基础研究 | 田禾 | 科技部 | 3 200 | 2013CB733700 |
| 7 | 面向节能的非常规介质分子设计及调控机制 | 胡英<br>彭昌军 | 科技部 | 432 | 2009CB219902 |
| 8 | 生物催化剂的发现及进化机制解析 | 魏东芝 | 科技部 | 481 | 2009CB724703 |
| 9 | 分子靶标导向的绿色化学农药创新研究 | 钱旭红 | 科技部 | 678 | 2010CB126104 |
| 10 | 湍流多相混合与气化反应耦合机理、过程强化剂火焰结构特征研究 | 王辅臣 | 科技部 | 600 | 2010CB227004 |
| 11 | 气化过程熔渣形成机理、流变特性及传热过程研究 | 刘海峰 | 科技部 | 405 | 2010CB227005 |
| 12 | 固定源有毒有害废气净化催化剂中稀土的作用研究 | 卢冠忠 | 科技部 | 575 | 2010CB732305 |
| 13 | 稀土催化新材料的制备与稀土催化作用研究 | 王艳芹 | 科技部 | 565 | 2010CB732306 |
| 14 | 基于光照方向混合及光衰减特性的光生物反应器设计与放大原理 | 李元广 | 科技部 | 615 | 2011CB200903 |
| 15 | 不对称基元生化反应的热/动力学 | 许建和 | 科技部 | 492 | 2011CB710803 |
| 16 | 木质纤维素降解转化过程强化的工程学原理与方法 | 鲍杰 | 科技部 | 394 | 2011CB707406 |
| 17 | 基于过程机理与运行信息融合的系统实时优化 | 钱锋 | 科技部 | 579 | 2012CB720506 |
| 18 | 复杂化工过程物质转化机理与能效分析 | 周兴贵 | 科技部 | 563 | 2012CB720501 |
| 19 | 生长因子在微纳结构材料中的高活性固载及控释 | 刘昌胜 | 科技部 | 900 | 2012CB933602 |
| 20 | 肿瘤特异性血清标志物的分子诊断 | 田禾 | 科技部 | 443 | 2013CB733704 |
| 21 | 工业生物过程系统集成原理 | 钱江潮 | 科技部 | 320 | 2013CB733605 |
| 22 | 核环境作业机器人抗失效防护 | 栾伟玲 | 科技部 | 195 | 2013CB035505 |
| 23 | CO 的常温吸附/催化过程与纳米催化材料的设计合成与性能 | 郭杨龙 | 科技部 | 290 | 2013CB933201 |

**承担“863”项目一览表**

| 序号 | 项目名称 | 负责人 | 任务来源 | 合同金额（万元） | 课题编号 |
|---|---|---|---|---|---|
| 1 | 稀土催化氧化关键材料及应用 | 郭耘 | 科技部 | 877 | 2011AA03A406 |
| 2 | 海洋微生物大规模发酵制备候选药物关键技术 | 周祥山 | 科技部 | 1 108 | 2011AA090702 |
| 3 | 基于靶标的新型化学农药设计合成、优化与产品创制 | 李忠 | 科技部 | 877 | 2011AA10A207 |
| 4 | 盐化工钙基废弃物多级循环与高值利用技术 | 宋兴福 | 科技部 | 1 323 | 2011AA06A107 |

续表

| 序号 | 项目名称 | 负责人 | 任务来源 | 合同金额（万元） | 课题编号 |
|---|---|---|---|---|---|
| 5 | 盐湖锂资源直接提取及精制加工技术 | 孙淑英<br>于建国 | 科技部 | 729 | 2012AA061601 |
| 6 | 生物制造反应过程技术与装备 | 郭美锦<br>庄英萍 | 科技部 | 905 | 2012AA021201 |
| 7 | 典型流程工业制造过程碳效优化技术 | 杜文莉 | 科技部 | 650 | 2012AA040307 |
| 8 | 高毒农药、重金属污染物高通量快速检测监测技术 | 王伟 | 科技部 | 674 | 2012AA101401 |
| 9 | 超大型煤气化关键技术研究及工艺设计软件包开发 | 于广锁 | 科技部 | 400 | 2012AA053101 |
| 10 | 粉煤空气气化制备燃气新技术开发 | 梁钦锋<br>刘海峰 | 科技部 | 470 | 2013AA051103 |
| 11 | 迟钝爱德华氏菌活疫苗的应用和产业化开发 | 吴海珍 | 科技部 | 1 076 | 2013AA093101 |
| 12 | 水氯镁石与钼酸铵热解关键技术与装置研究 | 路贵民 | 科技部 | 380 | 2013AA064007 |

近年来专利申请与授权情况

| 专利 | 2011 年度 | | | | 2012 年度 | | | |
|---|---|---|---|---|---|---|---|---|
| | 发明专利 | 实用新型 | 外观设计 | 合计 | 发明专利 | 实用新型 | 外观设计 | 合计 |
| 申请数 | 380 | 28 | 4 | 412 | 343 | 30 | 9 | 382 |
| 授权数 | 226 | 26 | 7 | 259 | 298 | 29 | 9 | 336 |
| 公开数 | 473 | 26 | 7 | 506 | 608 | 29 | 9 | 646 |

# 学科建设

**【概况】** 年内，学校学科建设工作主要完成“211工程”三期验收、“985优势学科创新平台”试点建设期总结、上海高校一流学科申报。

**“211工程”三期验收。**2012年1月，国家发展改革委员会、教育部、财政部对“211工程”三期展开验收，验收分为校内验收和国家验收。校内验收由专家验收、仪器验收、财务核算、审计四个部分组成，我校三期建设的14个项目共召开了10场验收会议，其间由上海沪港金茂会计师事务所有限公司对所有建设项目进行了全面审计，之后我办撰写了《华东理工大学“211工程”三期总结报告》。国家验收分为网络验收、抽查验收、第三方验收。网络验收由我办提交了所有的总结报告供专家评审；抽查验收，我校是被抽查的32所高校之一，7月13日在北京向专家组汇报了我校“211工程”三期建设情况；第三方验收，由三家中介机构对三期建设项目资金的使用管理情况、使用效益等进行评审，由我办、财务处、实装处共同填写材料，并由我办汇总上报。

2012年3月，上海市对“211工程”三期也展开全面验收，我办根据文件要求，撰写了《华东理工大学“211工程”三期服务地方需求重点建设项目总结报告》等，并于6月9日向上海市汇报了我校三期建设情况。

**“985优势学科创新平台”试点建设。**2012年3月，教育部对“985优势学科创新平台”开展试点建设期总结工作。我办根据文件要求，于5月10日召开了我校“985优势学科创新平台”总结会议，来自清华大学的费维扬院士等9位专家对我校平台建设进行检查验收。经过平台负责人汇报、专家组提问，我校“985优势学科创新平台”通过检查验收，并向教育部提交了《华东理工大学“优势学科创新平台”总结报告》。

**上海高校一流学科申报。**2012年5月，上海市教委实施“上海高校一流学科建设计划”，我办组织各学院积极申报，经校学术委员会无记名投票，并经校办公会议及党委常委会批准，我校化学工程与技术学科申报“上海高校一流学科A类”；我校动力工程及工程热物理、化学、材料科学与工程、药学、环境科学与工程、控制科学与工程、社会学（根据排序）等7个学科申报“上海高校一流学科B类”。

（王东）

经上海市教委组织的专家评审，我校化学工程与技术学科入选“上海高校一流学科A类”；化学、材料科学与工程、动力工程及工程热物理、控制科学与工程、环境科学与工程、药学等6个学科入选“上海高校一流学科B类”。

**【我校“211工程”三期建设成效显著，获中央专项资金奖励】** 2012年12月，教育部、国家发展改革委员会、财政部决定对“211工程”三期建设成效显著的高校予以奖励，我校是被奖励的28所高校之一。经校党委常委会讨论通过，中央奖励资金继续用于我校“211工程”三期的“面向复杂体系的化学工程与技术”“化学生物技术与工程”“高性能特种材料”“过程控制与智能信息系统”“先进过程装备技术”“资源、能源高效利用与污染控制”等6个重点学科建设项目，主要用于仪器设备购置。为6个重点学科项目涉及的8个学院撰写了项目方案，经讨论修改后，由我办整合项目安排和资金使用方案上报三部委。

（王东）

## 附录：

国家和省市重点学科一览表

| 国家重点学科 | 上海高校一流学科 | 上海市重点学科 |
|---|---|---|
| 化学工程与技术（一级学科） | 化学工程与技术（A类） | 化学工程 |
| 化工过程机械 | 化学（B类） | 生物工程 |
| 控制理论与控制工程 | 材料科学与工程（B类） | 应用化学 |
| 材料学（培育） | 动力工程及工程热物理（B类） | 材料学 |
| | 控制科学与工程（B类） | 化工过程机械 |
| | 环境科学与工程（B类） | 控制理论与控制工程 |
| | 药学（B类） | 环境工程 |
| | | 发酵工程 |
| | | 农药学 |
| | | 社会学 |

# 人事管理

Renshi Guanli

# 教职工队伍建设

**【概况】** 年内，人事处深入贯彻落实《国务院关于加强教师队伍建设的意见》（国发〔2012〕41号）以及学校《“十二五”改革与发展规划——转型2011》的精神，制订了《华东理工大学教师和其他专业技术职务评聘办法（修订）》《华东理工大学教师职务任职条件（试行）》《华东理工大学其他专业技术职务任职条件（试行）》《华东理工大学职员职级晋升办法（暂行）》等规章制度，制订了《替代石油路线大型化工过程与装备技术协同创新中心岗位设置与人员聘任管理办法》，对协同创新中心人员聘任实行人才特区。提高内部管理水平，促进教师队伍建设，深化岗位设置管理，逐步建设一支师德高尚、业务精湛、结构合理、领军人才汇聚、青年才俊活跃的高水平师资队伍。

**人才队伍建设。**“211工程”三期建设以重点学科建设为核心，进一步提高了师资队伍的整体素质和水平，培养和引进并重，以造就一批学术领军人物，在高层次人才问题上实现了质的突破。肖立华入选“中央千人”；谢贺新入选“青年千人”；韩一帆、吴清林入选第二批上海“千人计划”；刘劲刚、李浩、江浩受聘上海高校特聘教授（东方学者），在部属院校中数量上仅次于复旦、交大，“东方学者”特聘教授总数达到16名；轩福贞、张金龙、程建新入选“上海市领军人才”，领军人才总数达到12人；张金龙入选“2012年度上海市优秀学科带头人计划”；李洪林受聘华东理工大学特聘教授，叶林、YUN-JAEKIM、梁嘉言、Boris Podobnik受聘华东理工大学讲座教授；3人获得2012年度国务院特殊津贴；19人入选“2012年上海高校选拔培养优秀青年教师科研专项基金项目”；侍洪波、蔡良珍、夏春明、苏纯洁4位老师荣获宝钢教育优秀教师奖；12位老师荣获上海市育才奖。

引进、调入教师81人，其中教授5人、副教授9人，具有博士学位的教师51人，具有海外留学经历的教师26人；选录应届高校毕业生63人，其中博士50人，39人为师资博士后；17名被派遣人员转入学校编制。截至2012年底，全校教职工共计3 525人，其中专任教师1 729人，正高级专业技术职务教师376人，副高级专业技术职务教师678人。教师（指占教学、科研、思政编制的人员）中具有博士学位的比例为63.2%，比2011年底增长了3%，师资队伍的学历层次有所提高。

**青年教师培养。**实施华东理工大学"青年英才引进与培育计划"。首批遴选青年英才计划人选23名，青年教学科研骨干发展支持项目人选77名，优秀青年教师培育项目人选152名，给予科研经费和人才津贴资助。有针对性地加大对中青年教师的扶持力度，采取资助科研经费、提供和改善科研条件等措施，激励优秀中青年教师尽快脱颖而出。杜文莉、郭耘、杨骥获得上海市曙光学者计划资助；童晓峰、徐晶、李剑、陈雪莉、白志山、王靖、林绍梁入选教育部新世纪优秀人才支持计划；李辉获得上海市青年科技启明星计划资助，龚学庆获上海市青年科技启明星计划（跟踪）资助；江浩、吴君臣、宣晋、赵海涛、杜伟宇、龙东辉、任虎、张显程、闫洪斌、朱维平获得上海市浦江人才计划资助；龙东辉、郑致刚、朱明亮、蒋志强获得上海市晨光计划资助；李辉获得上海市人才发展资金资助。聘任正高级专业技术职务19人，聘任副高级专业技术职务40人，聘任中级专业技术职务38人。晋升164名专业技术人员、8名具有专业技术要求的管理人员、22名管理岗位工作人员、10名工勤技能岗位人员的等级。151名管理岗位工作人员报名参加职员培训。

**收入分配制度改革。**根据国务院《关于深化事业单位工作人员收入分配制度改革的意见》（国办发〔2011〕37号）精神，以及岗位激励制度"优化绩效激励机制，完善薪酬分配制度"的目标和要求，颁布了《华东理工大学关于2012年度深化教职员工收入分配制度改革的实施意见》，绩效分配向关键岗位、高层次人才、业务骨干和做出突出成绩的工作人员倾斜，增强学校在人才市场的竞争力。推动学院二级管理和加强分级分类管理，建立健全绩效考核制度，整体规划、统筹安排、分步实施、平稳过渡、协调发展。在清理核查津贴补贴的基础上，顺利完成和调整了基础性绩效工资中岗位津贴、工作量津贴的发放方案，约占总量的60%（全校总量）。同时完成2011—2012学年业绩津贴发放共计3 417万元，发放卓越津贴3 500万元。

**师资队伍国际化。**加大海外优秀留学人才的招聘力度，通过争取国家层面的国际交流平台支持等途径，鼓励和支持教师尤其是优秀青年教师出国研修，开展对外科技、教育交流，加强与国际学术组织的联系等。46人出国做访问学者，2人出国进修或开展合作研究，2人出国从事博士后研究，5人参加国际课程研修。3人获得华东理工大学优秀青年教师参加国际会议资助计划资助。组织举办雅思英语培训班，共有40名中青年教师参加，提高了教师运用外语讲授专业课程和国际交流的能力。33名教师获2012年上海高校中青年教师国外访学进修计划资助。截至2012年底，学校专任教师中具有半年以上海外留学或工作经历的教师比例为26.8%。聘请42位海内外专家担任我校名誉教授（15位）、客座教授（17位）和兼职教授（10位），进一步扩大了学校的影响力。

**干部队伍建设。**按时按量完成2011年人事处文书档案的归档工作，共完成归档370卷（件）。全年接受新进人员干部人事档案87份，收集、归档各类干部人事档案材料13 000余份，转递档案及相关材料50余份，接待查阅、公证、复印档案材料400余人次，整理和装订干部档案2 000余份，档案目录输入2 000余份。

**博士后队伍建设。**新设植物保护、轻工技术与工程2个博士后科研流动站。落实《师资博士后工作实施办法（试行）》，积极开展师资博士后工作。进站博士后72名，出站博士后18名，退站博士后1名。5名博士后获中国博士后科学基金特别资助计划，8名博士后获51批中国博士后科学基金资助，15名博士后获52批中国博士后科学基金资助。10名博士后获上海市博士后科研资助计划。博士后获自然科学基金、社科基金16项。

**校园文化建设。**采取多种措施，加大宣传力度，从尊重人、关心人、信任人、培养人的角度出发，大力营造“尊重知识、尊重人才”“拴心留人”的文化氛围和校园文化环境，用系统的可持续发展观，将感情留人、事业留人和待遇留人有机地结合起来，形成一个综合的、配套完善的人才环境。安排院士及为学校做出突出贡献的高级专家学者进行体检、疗休养；组织学校长江学者、校特聘及二级岗教授38位高层人才去华检体检中心参加体检；新增和补办医疗红卡6张；上报高级专家享受医疗照顾情况等材料。组织新进教职工外出交流活动；组织优秀教师参加暑期考察、疗养，献血教职工短期修养活动；参加教职工30岁及50岁集体生日、中秋青年教工联谊、退休教职工迎送活动，参与组织了教职工2 261余人进行体检。共同完成教职工献血工作，2012年教职工参加献血人数为67人。

## 附录：

**2012年教职工情况统计表**

（单位：人）

| 教职工总数 | 女性 | 专任教师 | 教辅人员 | 管理人员 | 校产人员 | 后勤及工勤人员 | 附属单位人员 | 其他 |
|---|---|---|---|---|---|---|---|---|
| 3 525 | 1 524 | 1 729 | 504 | 532 | 119 | 286 | 55 | 300 |

**2012年各学院专任教师情况统计**

（单位：人）

| 部门 | 正高职称（年龄分布） | | | | | | 副高职称（年龄分布） | | | | | 中级职称 | 初级职称及以下 | 合计 | 博士 | 硕士 |
|---|---|---|---|---|---|---|---|---|---|---|---|---|---|---|---|---|
| | ≤35岁 | 36～40岁 | 41～50岁 | 51～60岁 | >60岁 | 小计 | ≤35岁 | 36～40岁 | 41～50岁 | 51～60岁 | 小计 | | | | | |
| 化工学院 | | 5 | 29 | 16 | 1 | 51 | 11 | 16 | 43 | 12 | 82 | 45 | 3 | 181 | 121 | 46 |
| 生物工程学院 | | 3 | 24 | 5 | 2 | 34 | 6 | 18 | 14 | 7 | 45 | 55 | 3 | 137 | 96 | 25 |
| 信息科学与工程学院 | 1 | 6 | 12 | 5 | 2 | 26 | 11 | 23 | 19 | 13 | 66 | 70 | 2 | 164 | 108 | 40 |
| 材料科学与工程学院 | | 5 | 22 | 14 | 2 | 43 | 13 | 15 | 25 | 10 | 63 | 30 | 2 | 138 | 98 | 28 |

| 部门 | 正高职称（年龄分布） | | | | | | 副高职称（年龄分布） | | | | | 中级职称 | 初级职称及以下 | 合计 | 博士 | 硕士 |
|---|---|---|---|---|---|---|---|---|---|---|---|---|---|---|---|---|
| | ≤35岁 | 36～40岁 | 41～50岁 | 51～60岁 | >60岁 | 小计 | ≤35岁 | 36～40岁 | 41～50岁 | 51～60岁 | 小计 | | | | | |
| 化学与分子工程学院 | 1 | 9 | 28 | 7 | 4 | 49 | 9 | 15 | 26 | 5 | 55 | 50 | 3 | 157 | 121 | 22 |
| 机械与动力工程学院 | | 3 | 23 | 8 | 1 | 35 | 6 | 16 | 25 | 14 | 61 | 39 | 3 | 138 | 88 | 34 |
| 资源与环境工程学院 | | 4 | 13 | 6 | 1 | 24 | 8 | 10 | 6 | 3 | 27 | 23 | 3 | 77 | 61 | 14 |
| 药学院 | 2 | 2 | 18 | 4 | | 26 | 7 | 12 | 10 | 3 | 32 | 18 | 1 | 77 | 67 | 7 |
| 理学院 | 1 | 3 | 11 | 5 | 1 | 21 | 9 | 9 | 18 | 3 | 39 | 51 | 2 | 113 | 85 | 24 |
| 商学院 | | 5 | 14 | 7 | | 26 | 9 | 21 | 26 | 7 | 63 | 68 | 1 | 158 | 111 | 36 |
| 人文研究院 | | | 1 | 3 | 1 | 5 | | 10 | 10 | 5 | 25 | 20 | 1 | 51 | 29 | 13 |
| 社会与公共管理学院 | | 3 | 6 | 6 | 1 | 16 | 1 | 11 | 9 | 2 | 23 | 30 | 3 | 72 | 47 | 18 |
| 外国语学院 | | | 1 | 2 | 1 | 4 | 2 | 11 | 11 | 13 | 37 | 64 | 1 | 106 | 16 | 61 |
| 艺术设计与传媒学院 | | 1 | | 7 | | 8 | 3 | 5 | 7 | 1 | 16 | 23 | 1 | 48 | 15 | 25 |
| 体育科学与工程学院 | | | 2 | | | 2 | 2 | 4 | 13 | 10 | 29 | 36 | 2 | 69 | 7 | 22 |
| 法学院 | | | 2 | 3 | | 5 | 3 | 6 | 3 | 1 | 13 | 9 | 2 | 29 | 19 | 6 |
| 合计 | 5 | 49 | 206 | 98 | 17 | 375 | 100 | 202 | 265 | 109 | 676 | 631 | 33 | 1 715 | 1 089 | 421 |

## 2012 年高层次人才计划名单

**2012 年引进国家海外高层次人才计划**

肖立华　谢贺新

**2012 年长江学者**

汪华林

**2012 年上海千人**

韩一帆　吴清林

**2012 年受聘华东理工大学特聘教授、讲座教授**

特聘教授：李洪林

讲座教授：叶　林　YUN-JAE KIM　梁嘉言　Boris Podobnik

## 2012 年在聘正高级专业技术职务人员名单

**教授（329 人）**

| | | | | | | | | | | | |
|---|---|---|---|---|---|---|---|---|---|---|---|
| 于广锁 | 于立宏（女） | 于杨曜（女） | 于建国 | 卫春回（女） | 马玉录（女） | 马兴元 | 马海燕（女） | 马铁驹 | 马新胜 | 孔令丞（女） | 方　明 |
| 方　波 | 牛玉刚 | 王　卫 | 王中俭 | 王巧纯 | 王　平 | 王正东 | 王亦飞（女） | 王如彬 | 王庆明 | 王成云 | 王　旭 |
| 王行愚 | 王利民 | 王　芳（女） | 王国珍 | 王学生 | 王幸宜（女） | 王建国 | 王　杰 | 王荣发 | 王健农 | 王艳芹（女） | 王　跃 |

| | | | | | | | | | | | |
|---|---|---|---|---|---|---|---|---|---|---|---|
| 王慧锋（女） | 王蕊（女） | 王薇（女） | 邓卫平 | 乐清华（女） | 冯翔（女） | 冯耀宇（女） | 卢冠忠 | 卢艳花（女） | 史贤林 | 叶金星 | 叶蕊芳（女） |
| 田禾 | 田恒水 | 田晓慧 | 龙亿涛 | 龙湘犁 | 乔文明 | 乔秀臣 | 伍新燕（女） | 关士友 | 关岳 | 刘少伟 | 刘长军 |
| 刘长虹 | 刘刚 | 刘劲刚 | 刘建文 | 刘建国 | 刘金祥 | 刘剑平 | 刘勇弟 | 刘柏平 | 刘洪来 | 刘胜平 | 刘海峰 |
| 刘涛 | 刘培念 | 刘够生 | 刘朝晖 | 刘殿华 | 刘漫丹（女） | 吕树光 | 孙自强 | 安学勤（女） | 安琦 | 庄启昕 | 朱为宏 |
| 朱以华 | 朱冬生 | 朱卡克 | 朱志庆 | 朱学栋 | 朱眉华（女） | 朱家文 | 朱煜（女） | 朱麟勇 | 牟伯中 | 许志美 | 许建和 |
| 许振良 | 阮永平 | 阮赞林 | 齐鸣斋 | 何录武 | 何雪松 | 吴小红 | 吴幼青 | 吴玉鸣 | 吴驰飞 | 吴国章 | 吴柏钧 |
| 吴唯 | 宋兴福 | 宋福铁 | 应卫勇 | 张广利 | 张井岩（女） | 张元兴 | 张文清（女） | 张平 | 张先梅（女） | 张建华 | 张金龙 |
| 张金朝 | 张昱 | 张爱民 | 张维冰 | 张惠展 | 张新胜 | 张德祥 | 李元广 | 李平（女） | 李平（女） | 李永生 | 李玉刚 |
| 李伟（女） | 李冰（女） | 李建奎 | 李忠 | 李英（女） | 李剑 | 李春忠 | 李涛 | 李瑜青 | 杜一平 | 杜仕菊（女） | 杨弋 |
| 杨云霞（女） | 杨化桂 | 杨世忠 | 杨发祥 | 杨存忠 | 杨宇翔 | 杨苏 | 杨明刚 | 杨贤金 | 杨逢珉（女） | 杨富文 | 杨骥 |
| 汪志勤 | 沈冬（女） | 沈永嘉 | 沈伟国 | 花建丽（女） | 花强 | 苏永升 | 苏建华 | 辛忠 | 邵方明 | 邵志洪 | 邹刚 |
| 邹俊忠 | 陆善祥 | 陈国荣（女） | 陈国荣 | 陈建定（女） | 陈彧 | 陈洪安 | 周兴贵 | 周忍伟 | 周志明 | 周邵萍（女） | 周炜星 |
| 周家春 | 周晓龙 | 周祥山 | 周燕（女） | 陈彩霞（女） | 陈雪莉（女） | 陈智高 | 陈锋 | 陈新 | 陈麒 | 麦勇 | 侍洪波 |
| 尚亚卓（女） | 居伟忠 | 易建军 | 林大钧 | 林匡飞 | 林家骏 | 林砺宗 | 林嘉平 | 欧阳福生 | 罗有华 | 罗建平 | 范体军 |
| 范明英 | 范斌（女） | 郎美东 | 郑安呐 | 郑建荣 | 郑柏存 | 金杏妹（女） | 侯震山 | 俞慰刚 | 修光利 | 姚晓东 | 宫衡 |
| 施力 | 施小新 | 胡一晨（女） | 胡仁昱 | 胡军（女） | 胡坪（女） | 胡英 | 胡爱国 | 费梅苹（女） | 贺黎明 | 赵一先 | 赵健（女） |
| 赵海涛 | 钟新华 | 钮月萍（女） | 倪力军（女） | 倪礼忠 | 凌志浩 | 凌昊 | 唐颂超 | 唐燕辉（女） | 唐赟 | 夏春明 | 徐心茹（女） |
| 徐世爱 | 徐永祥 | 徐宏 | 徐晓勇（女） | 徐海生 | 徐殿胜 | 徐燕翼 | 栾伟玲（女） | 殷锡鸣 | 涂善东 | 聂桂平（女） | 袁荞龙 |
| 袁媛（女） | 袁渭康 | 郭卫红（女） | 郭丙君 | 郭圣莉（女） | 郭守国 | 郭旭虹 | 郭毅 | 钱世超 | 钱旭红 | 钱锋 | 顾幸生 |
| 顾春华 | 高大启 | 高飞（女） | 高志 | 高松 | 高峰 | 崔景斌 | 曹发海 | 曹学君 | 曹恒 | 曹贵平 | 曹锦清 |

阎海峰 黄发荣 黄光团 黄青春 黄婕（女） 黄维德（女） 龚学庆 龚尚庆 龚欣（女） 傅蓉蓉（女） 储炬（女） 彭建华

彭昌军 惠虎 曾守锤 曾作祥 曾步兵 焦家俊 程红波 程建新 程振民 童晓峰 董国礼 董擎之

蒋小洪 谢林生 谢海芬（女） 韩一帆 韩伟 鲁习文 鲁军 蓝闽波 虞心红 虞慧群 解永树 赖焕新

路贵民 鲍宗豪 鲍杰 廖玮 漆志文 蔡兰坤 蔡良珍（女） 蔡建国 蔡钧 蔡海波（女） 谭文松 赫崇衡

潘红良 潘晓川 颜静兰（女） 冀亚飞 魏东芝

**教授（专职学生思想政治教育）（2 人）**

沈炜 程毅

**研究员（47 人）**

于新海 方云进 王永红（女） 王伟 王庚超 王振雷 王辅臣 史萍（女） 叶邦策 任宇红 关凯书 刘仁华

刘昌胜 庄英萍（女） 朱尚明 朱维平 纪晓岚（女） 齐会民 宋恭华 张玲（女） 李绍军 李星玮（女） 李洪林 李蔚

杜文莉（女） 杨胜利 汪华林 沈亚领 轩福贞 陈爱平 周玲（女） 周晓东 柏子龙 赵玲（女） 凌立成 徐云龙

徐玉芳（女） 郭杨龙 郭美锦 郭耘 钱江潮（女） 曹松 梁晓怿 黄永民 潘艺林 颜学峰 魏杰

**高级工程师（教授级）（10 人）**

米普科 何云 张杰 陈康 金锡标 侯锐钢 赵丰年 陶黎明 雷浩 薛群（女）

**享受教授待遇的高级实验师（1 人）**

杨富琴

**研究馆员（1 人）**

孙济庆

**研究馆员（1 人）**

郑彦

**自聘教授（2 人）**

方斌 葛晓陵

**自聘高级工程师（教授级）（2 人）**

刘坐镇 吴秋芳

## 2012 年首次聘任高级专业技术职务人员名单

**教授（16 人）**

于杨曜 马兴元 王慧锋 叶金星 刘涛 刘培念 庄启昕 汪志勤 陈雪莉 尚亚卓 钮月萍 凌昊

袁　媛　高　松　曾守锤　谢林生

**教授（专职思政）（1 人）**

程　毅

**研究员（1 人）**

于新海

**享受教授待遇的高级实验师（1 人）**

杨富琴

**副教授（26 人）**

方以启　方田红　王飞军　刘文珂　刘德吉　华　静　孙伟振　孙　泽　朱晓琴　闫宏斌　吴　亮　张　敏　邵旭升　邹媛媛　邹　雷　陈建钧　陈　亮　周　英　周彦波　尚淑珍　郑致刚　赵双良　赵世成　郝　斌　姬　超　徐国民

**副教授（专职学生思想政治教育）（4 人）**

王爱祥　李永慧　赵　菡　曹化勤

**副研究员（7 人）**

王　蓓　肖　艳　陈立芳　杭海峰　罗　娜　赵春花　贾九红

**高级实验师（2 人）**

宁　雷　熊　焰

**副研究馆员（1 人）**

康　健

**2012 年在聘外籍教师名单**

| 序号 | 姓名 | 国籍 | 聘请部门 |
|---|---|---|---|
| 1 | 关岳 | 英国 | 生物工程学院 |
| 2 | 应维琪 | 美国 | 资源与环境工程学院 |
| 3 | Phillip Lee | 美国 | 药学院 |
| 4 | 新家增美 | 日本 | 社会与公共管理学院 |
| 5 | 卢又华 | 美国 | 社会与公共管理学院 |
| 6 | 三村达也 | 日本 | 外国语学院 |
| 7 | Garrett Vang | 美国 | 外国语学院 |
| 8 | Jenny Tai | 美国 | 外国语学院 |
| 9 | Billie-jean Weir | 英国 | 外国语学院 |
| 10 | Ulrich Wessinger | 德国 | 外国语学院 |

**2012 年新聘任名誉教授、兼职教授、客座教授名单**

| 类别 | 序号 | 姓名 | 国籍 | 聘请部门 |
|---|---|---|---|---|
| 名誉教授 | 1 | Alice P. Gast | 美国 | 化工学院 |
| | 2 | 计亮年 | 中国 | 化学与分子工程学院 |
| | 3 | 周其林 | 中国 | 化学与分子工程学院 |
| | 4 | Alan J. Heeger | 美国 | 化学与分子工程学院 |
| | 5 | 张玉奎 | 中国 | 化学与分子工程学院 |
| | 6 | 涂永强 | 中国 | 化学与分子工学院愿 |
| | 7 | 徐滨士 | 中国 | 机械与动力工程学院 |
| | 8 | 钱煦 | 美国 | 生物工程学院 |
| | 9 | Michel Rohmer | 法国 | 生物工程学院 |
| | 10 | 欧阳平凯 | 中国 | 生物工程学院 |
| | 11 | 刘炯天 | 中国 | 资源与环境工程学院 |
| | 12 | 郑绵平 | 中国 | 资源与环境工程学院 |
| | 13 | 曲久辉 | 中国 | 资源与环境工程学院 |
| | 14 | 张懿 | 中国 | 资源与环境工程学院 |
| | 15 | 应维琪 | 美国 | 资源与环境工程学院 |
| 兼职教授 | 1 | 杨宇润 | 中国 | 材料科学与工程学院 |
| | 2 | 范先国 | 中国 | 化工学院 |
| | 3 | 姚小利 | 中国 | 化工学院 |
| | 4 | 丁汉 | 中国 | 机械与动力工程学院 |
| | 5 | 林树青 | 中国 | 机械与动力工程学院 |
| | 6 | 赵全忠 | 中国 | 理学院 |
| | 7 | 龚朴 | 中国 | 商学院 |
| | 8 | 陈炜 | 中国 | 商学院 |
| | 9 | 李小松 | 中国 | 资源与环境工程学院 |
| | 10 | 梁振华 | 中国 | 资源与环境工程学院 |
| 客座教授 | 1 | 赵若飞 | 中国 | 材料科学与工程学院 |
| | 2 | 张伟 | 德国 | 材料科学与工程学院 |
| | 3 | Dietmar Drummer | 德国 | 材料科学与工程学院 |
| | 4 | 李华 | 英国 | 法学院 |
| | 5 | 陈晶 | 中国 | 化工学院 |
| | 6 | 松冈雅也 | 日本 | 化学与分子工程学院 |
| | 7 | Helmut Mothes | 德国 | 机械与动力工程学院 |
| | 8 | 张远惠 | 中国 | 商学院 |
| | 9 | 长栋辉行 | 日本 | 生物工程学院 |
| | 10 | 张麟声 | 中国 | 外国语学院 |

续表

| 类别 | 序号 | 姓名 | 国籍 | 聘请部门 |
|---|---|---|---|---|
| 客座教授 | 11 | Mayuresh. V. Kothare | 美国 | 信息科学与工程学院 |
| | 12 | 黄捷 | 中国香港 | 信息科学与工程学院 |
| | 13 | Klaus Janschek | 德国 | 信息科学与工程学院 |
| | 14 | 汪凯 | 美国 | 信息科学与工程学院 |
| | 15 | 谢立华 | 新加坡 | 信息科学与工程学院 |
| | 16 | 邬荣领 | 中国 | 资源与环境工程学院 |
| | 17 | 刘坤磊 | 美国 | 资源与环境工程学院 |

## 2012 年“上海高校选拔培养优秀青年教师科研专项基金项目”人选名单

曹宵鸣　陈兰岚　戴启广　傅　倩　刚洪泽　高　攀　和望利　金春兰　金　晶　李大伟　王凡凡　王立权
王丽娜　魏圣香　宣　晋　姚平平　尹斌成　赵　鹏　朱丽丽

## 上海市育才奖获得者名单

庄启昕　沈　林　曾步兵　孙荣林　刘漫丹　栾伟玲　伍新燕　谢静莉　朱洵韬　周晓梅　王爱祥　朱　姝

## 2012 年专业技术岗位、管理岗位、工勤技能岗位人员晋升名单

### 专业技术岗位

**晋升专业技术二级（2 人）**

马铁驹　龙亿涛

**晋升专业技术三级（9 人）**

牛玉刚　冯耀宇　刘柏平　张广利　杜一平　沈亚领　范体军　郭旭虹　郭杨龙

**晋升专业技术五级（24 人）**

丁起国　冯惟敏　刘长利　刘必信　刘桂霞　安源胜　朱孟钦　严彬彬　李青华　陆　冲　陆　健　陈顺纷
陈雪莉　周雅新　房　毅　金登男　徐知今　盛宝莲　章登宏　傅水林　傅　琴　蒋爱平　谢国娥　褚长虎

**晋升专业技术六级（50 人）**

于　炜　毛静华　王元华　王　仲　王善利　邓刚宏　包春燕　任家瑜　刘　晶　孙贤波　孙淑敏　朱忆天
朱　洁　许　胜　吴勇强　吴海珍　张　卫　张　杰　张晓东　张　敏　张雪芹　张　琪　李　莉　李瑞江
杜伟宇　杜妍冬　杨座国　杨晓玲　汪　华　陆　馨　陈伟明　陈　丽　陈秀荣　陈芳萍　陈　涛　周志杰
欧聿红　罗晓燕　郑文云　施亮平　赵　赟　赵春常　赵菊娣　夏守浩　徐震浩　曹旭妮　黄育红　龚秀全
程　华　潘正官

**晋升专业技术八级（20 人）**

丁庆豹　王晓霞　卢　怡　朱丽达　孙月姝　刘宏伟　杨　琍　肖慈英　陆引芳　陈继章　周玉荣　杭海峰
施　杰　施倬嘉　徐环昕　郭永艳　郭晓镭　钱宁尔　章弘扬　谭睿光

**晋升专业技术九级（54 人）**

方向阳　方学梅　牛　星　付　蓉　史晓慧　左　鹏　刘晓亮　刘颋颋　孙玉柱　孙　浩　米　丹　许　浩
许建良　吴坚敏　吴志先　吴　越　宋　艳　宋　宁　应再正　张秀璀　张艳红　张雅玮　张鲁嘉　张　颖
张　巍　李廷雨　李　嘉　杨雅伟　沈　峰　肖婧凡　周　霞　周　英　周彦波　林　琳　俞　楠　姜妙屹
施　敏　胡　兵　赵　亮　赵　莉　饶志雄　夏建业　徐　艳　殷广卫　袁小辉　贾维华　郭庆华　崔长征
崔姗姗　常亚青　梁小露　曾晓玲　程秀玲　笞　鸿

**晋升专业技术十一级（5 人）**

陆　乐　陆军林　俞　花　彭碧辉　解鹏飞

## 管理岗位

**晋升六级职员（6 人）**

许晓霍　李宗印　李星阶　唐伟芳　贾　方　黄朝华

**晋升七级职员（5 人）**

马晓春　吴　婷　张　楠　顾　斌　程素丽

**晋升八级职员（2 人）**

陆　乐　袁　园

**晋升九级职员（1 人）**

宗佳君

**专业技术岗位转管理七级（4 人）**

王　翎　吴连弟　张　蕾　李慧萍

**工勤技能岗位转管理十级（4 人）**

刁秋伟　李海良　陆建国　黄志刚

## 具有专业技术水平要求的管理岗位

**晋升专业技术八级（4 人）**

朱　蓉　李明杰　徐　清　樊　耘

**晋升专业技术九级（4 人）**

孙　莹　李志华　沈玲珍　高小伍

## 工勤技能岗位

**晋升工勤技能二级（2 人）**

方晓平　金伟建

**晋升工勤技能三级（6 人）**

乔　虹　朱建玲　吴永善　张凤飞　周佳玮　殷玉兰

**晋升工勤技能四级（2 人）**

吴培基　施　健

**博士后科研流动站设置一览表（一级学科）**

| 设站学科 | 设站部门 | 设站时间 |
|---|---|---|
| 化学工程与技术 | 化工学院、生物工程学院、化学与分子工程学院 | 1985 年 |
| 控制科学与工程 | 信息科学与工程学院 | 2001 年 |
| 材料科学与工程 | 材料科学与工程学院 | 2003 年 |
| 动力及工程热物理 | 机械与动力工程学院 | 2003 年 |
| 环境科学与工程 | 资源与环境工程学院 | 2003 年 |
| 机械工程 | 机械与动力工程学院 | 2007 年 |
| 化学 | 化学与分子工程学院、药学院 | 2007 年 |
| 药学 | 药学院 | 2009 年 |
| 社会学 | 社会与公共管理学院 | 2009 年 |
| 植物保护 | 药学院 | 2012 年 |
| 轻工技术与工程 | 生物工程学院 | 2012 年 |

# 离退休工作

**【概况】** 年内，学校退休教职工人数为2 461人，其中男性1 172人，女性1 289人；教授等正高级职称人员296人，副教授等副高级职称人员622人，讲师等其他人员575名。退休人员中正副局级和正副处级以上干部有79人，并有786名共产党员和231名民主党派人士。

**退管工作。**年内，推行“两级管理、两级服务”模式，印发《退休工作管理条例》（校退〔2012〕1号）。强化校、院两级退管工作的沟通联系制度。及时探望、慰问生病住院的退休教职工，关心治疗情况，共探望住院病人120多人，慰问资金近7.5万元。为2 354名退休人员办理了住院互助医疗的续保手续，参保金额35.86万元。对33名去世人员，退管会及时协调原工作部门共同妥善处理善后事宜。送清凉、送温暖等每年大面积慰问活动，既关心重点，又照顾到面上，对1997—1998年退休的教职工开展普遍慰问，对80岁以上的高龄老人、孤老、一老养一老、参加过抗美援朝老战士以及生病住院身体欠佳人员，均列入慰问范围，今年共慰问了1 428人次，慰问支出总金额58.16万元。

安排1 736名退休教职工开展体检工作。成立退休教职工互助服务团。退休教职工重大疾病医疗帮困互助慈善基金会运行一年来，广泛争取资金支持，截至11月底，退休人员自愿捐款20.3万元，捐款人数超过了总数的80%，经基金管理委员会委员讨论共资助26人，支出金额12.23万元，其中重大病患者22人，资助金额达11.78万元，约占资助总数的96.3%。老年大学开班38个，共有学员850人次。教学效果深受退休教职工和周边社区居民的喜爱。高林老师获得徐汇区2012年老年教育“奉献奖”。

**群众活动。**退管会春、秋季共组织了6批207人次参加旅游活动。在附近省份环境优美的地方建立疗休养基地。于安徽东黄山旅游区和浙江遂昌两地建立廉价休养基地。退休教职工艺术团结构调整，新艺术团队伍有9支，队员100余人，排练大型歌舞剧《长征组歌》。坚持每两周组织由20多位老年人参加的谈心活动，组织谈心会成员参观福寿园。举行“金秋重阳庆金婚”活动，为16对80岁以上的高寿夫妇祝福。

**党建工作。**退管会分党委目前共有19个党支部，退休党员640多名。组织6次专题报告，共有2 100人次的退休教职工党员聆听了报告会，参与党员超过了60%。2012年退管会分党委的“集体组织生活”项目被评为“经典党建创新项目”。退管会工作人员撰写的论文《需要层次视角：党支部提高党员幸福感的途径和机制》获华东理工大学党建课题三等奖。组织党员参加考察活动、上门关心高龄老党员活动、学习活动，以及和社区、二级单位的共建活动等。

**离休工作。**截至2012年底，我校有离休干部43人，其中原副局级3人，享局级12人，参照局级三项待遇3人，参照局级单项医疗待遇2人，处级和享处级21人，其他干部2人。抗战时期参加革命的13人，解放战争时期参加革命的30人，副高级以上职称的13人，中共党员39人。

## 附录：

**2012年度去世的我校退休教职工名单（33人）**

蔡镇安　徐建华　吴汝霈　吴善良　薛　炬　刘维英　吴瑞芳　李道良　许汝谟　程继健
孙　皓　潘志刚　陈克明　祝金华　李寿萱　张桂兰　杨东华　周　钢　黄雪照　常继东
朱复中　刘丽玲　陈友忠　王　詠　徐家骧　朱文才　何寿生　金凤珍　孙宝生　周家菱
陈邦海　蒋慰孙　洪信海

# 国际交流与合作

**【概况】** 年内，以60周年校庆为契机，组织开展了多种形式的国际合作交流活动。邀请德国克劳斯塔尔工业大学校长、法国化学工程师大学校联盟（FGL）主席、日本金泽大学校长、德国亚琛工业大学校长特使、以色列理工学院副校长、韩国明知大学副校长、德国DAAD秘书长特使等嘉宾参加60周年庆典并致贺词。支持举办10个有影响力的国际学术会议，共邀请近300位境外代表出席，包括2000年诺贝尔化学奖获得者Alan J. Heeger。接待了来自美国、德国、英国、日本和法国等36个国家和地区的286个团组，共计674人次（不包括国际会议境外代表）。与国（境）外高校和机构签署合作协议12份。出国（境）交流教师457人次、学生435人次。聘请长期授课的外籍专家10名，短期授课（至少16学时）的外国专家28名。获得国家外专局/教育部引智经费达369万元；上海市引智项目14项，资助额度合计29万元。成立华东理工大学上海诺丁汉高等科学院、国际工程师学院和国际技术转移中心。教育部批准学校中外合作办学项目——华东理工大学与德国克劳斯塔尔工业大学合作举办应用化学专业本科教育项目。

**国际合作。**与英国诺丁汉大学合作，正式成立华东理工大学上海诺丁汉高等科学院。该机构作为学校二级学院，将充分利用双方优势教育资源，以生命科学、绿色科技以及航天航空等上海产业发展导向为重点，成立联合实验室，开展前沿研究和人才联合培养。时任上海市政府副秘书长的翁铁慧女士到会致辞，《文汇报》《解放网》《新闻晚报》《中国化工报》及上海电视台外语频道等多家媒体争相对活动进行了报道。

**学生国际交流。**学生海外交流人数（含各类学生交流项目、中外合作办学项目、暑期项目、学术交流、参加会议、访问、参加比赛训练等）继续上升，本科生达341人次，研究生39人次，国家公派留学生55人次。出国（境）交流学生人数比去年增加了18%。本科学生国际交流主要分布在德国、英国、美国、法国、日本、澳大利亚等国家，交流模式由中外合作办学项目及“2+2”“3+3”“3+1+1”“3+2”“3+1”等课程学习项目拓展到毕业设计/实验项目、暑期海外实践等短期项目。与友好伙伴院校之间的合作交流是学生国际交流，特别是本科学生交流的主要渠道。

**海外学者短期授课项目。**学校加大海外学者短期英语讲授本科或研究生专业课程（1 学分）项目的资助力度。资助经费有较大幅度的增加，受资助项目的数量从 2011 年的 12 个增加到 28 个，总经费达 80 余万元，授课领域涵盖了化工、材料、机械、环境、生工、药学、艺术设计、化学、数学、商业管理等多个学科，授课教授来自如美国里海大学、明尼苏达大学、英国邓迪大学、巴斯大学、伯明翰大学，法国里昂一大，德国慕尼黑技术大学，日本庆应义塾大学等世界知名学府。

**师资队伍海外培训加强。**加快提高中层管理干部的国际化水平和推动文科教授的国际交流与合作，分别派遣了 3 个代表团和 5 名中层管理干部赴美国、英国、日本、德国、瑞士和中国香港地区访问、进修。学校 30 名教师获得了国家留学基金委资助、16 名教师获得了上海市教委资助赴海外研修。这些教师被派往包括英国牛津大学、利兹大学，美国哈佛大学、耶鲁大学、斯坦福大学、加州大学、康奈尔大学、普林斯顿大学、威斯康星大学、西北大学、里海大学、普渡大学、加利福尼亚大学，意大利博洛尼亚大学等世界一流大学进修。这些海外进修和考察有利于提升我校教学、科研、管理水平。

**引智项目建设。**依托国家实施的高等学校学科创新引智计划，延续和延展学科创新引智基地项目各 1 个，延续 2 个海外名师项目。年内，共获得国家外专局/教育部引智经费 369 万元，上海市外国专家局的引进国外技术人才项目 14 个，28 位国外专家获得资助，资助额度达到 29 万余元，同比呈平稳态势。

（唐纪敏、叶晓松）

## 附录：

因公出国（境）分类汇总表　　（单位：人）

| 学院/部处 | 出访目的 | | | | | | | | | | | | |
|---|---|---|---|---|---|---|---|---|---|---|---|---|---|
| | 访问 | 会议 | 访问学者 | 进修 | 科研 | 讲课 | 培训 | 比赛 | 训练 | 展览 | 实验 | 招生 | 合计 |
| 化学与分子工程学院 | 16 | 45 | 5 | | 7 | | | | | | | | 73 |
| 化工学院 | 9 | 42 | 4 | 1 | 7 | | | | | | 1 | | 64 |
| 体育科学与工程学院 | 14 | 2 | 1 | | | | | 18 | 13 | | | | 48 |
| 生物工程学院 | 8 | 28 | 3 | 3 | 1 | | | | | | | | 43 |
| 机械动力工程学院 | 9 | 24 | 2 | | 2 | | 3 | | | | 1 | | 41 |
| 资源与环境工程学院 | 13 | 17 | 3 | | 3 | | | | | | | | 36 |
| 理学院 | 15 | 8 | 4 | 3 | 2 | | | | | | | | 32 |

续表

| 学院/部处 | 出访目的 | | | | | | | | | | | | |
| --- | --- | --- | --- | --- | --- | --- | --- | --- | --- | --- | --- | --- | --- |
| | 访问 | 会议 | 访问学者 | 进修 | 科研 | 讲课 | 培训 | 比赛 | 训练 | 展览 | 实验 | 招生 | 合计 |
| 材料科学与工程学院 | 6 | 15 | 1 | | 2 | | | | | | 3 | | 27 |
| 商学院 | 5 | 13 | 4 | 1 | 2 | 1 | | | | | 1 | | 27 |
| 艺术设计与传媒学院 | 13 | 2 | 2 | | | | | | | | | | 17 |
| 外国语学院 | 9 | 4 | 4 | | | | | | | | | | 17 |
| 信息科学与工程学院 | 4 | 5 | 4 | | 3 | | | | | | | | 16 |
| 社会与公共管理学院 | 7 | 3 | 1 | | 3 | | | | | | | | 14 |
| 药学院 | 3 | 4 | 2 | | 2 | | | | | | | | 11 |
| 国际教育学院 | 1 | | | | | | 1 | | | 7 | | | 9 |
| 中德工学院 | 5 | | | | | | | | | | | | 5 |
| 网络学院 | 3 | 2 | | | | | | | | | | | 5 |
| 法学院 | | | 1 | 1 | | | | | | | | | 2 |
| 机关 | 26 | 3 | | | | | 6 | | | | | 1 | 36 |
| 校部 | 15 | | | | | | 1 | 1 | | | | | 17 |
| 合计 | 181 | 217 | 41 | 9 | 34 | 1 | 11 | 19 | 13 | 7 | 6 | 1 | 540 |

（俞晓青）

**国家公派出国留学项目汇总表**

| 姓名 | 单位 | 国别 | 国外单位 | 项目类别 |
| --- | --- | --- | --- | --- |
| 赵世成 | 化工学院 | 美国 | 哈佛大学 | 1∶1 配套项目 |
| 张乐华 | 资源与环境工程学院 | 美国 | 哈佛大学 | 1∶1 配套项目 |
| 王飞军 | 化学与分子工程学院 | 美国 | 斯坦福大学 | 全额资助 |
| 孙伟振 | 化工学院 | 美国 | 加州大学伯克利分校 | 1∶1 配套项目 |
| 郁惠蕾 | 生物工程学院 | 美国 | 麻省理工学院 | 1∶1 配套项目 |
| 罗千福 | 化学与分子工程学院 | 英国 | 牛津大学 | 1∶1 配套项目 |
| 迟春洁 | 商学院 | 美国 | 康奈尔大学 | 全额资助 |
| 王成云 | 化学与分子工程学院 | 美国 | 加州大学圣地亚哥分校 | 1∶1 配套项目 |
| 尚慧芳 | 艺术设计与传媒学院 | 美国 | 威斯康星大学麦迪逊分校 | 1∶1 配套项目 |
| 马海英 | 商学院 | 美国 | 密歇根大学 | 1∶1 配套项目 |
| 周静红 | 化工学院 | 美国 | 加州大学圣塔芭芭拉分校 | 1∶1 配套项目 |
| 陈启斌 | 化学与分子工程学院 | 美国 | 里海大学 | 1∶1 配套项目 |
| 于新海 | 机械与动力工程学院 | 美国 | 南加州大学 | 1∶1 配套项目 |
| 马先锋 | 理学院 | 美国 | 宾夕法尼亚州立大学 | 1∶1 配套项目 |
| 刘刚 | 商学院 | 美国 | 普渡大学 | 全额资助 |
| 赵宏庆 | 理学院 | 美国 | 佛罗里达大学 | 1∶1 配套项目 |

续表

| 姓名 | 单位 | 国别 | 国外单位 | 项目类别 |
|---|---|---|---|---|
| 龚嵘 | 外国语学院 | 美国 | 佛罗里达大学 | 1：1配套项目 |
| 王永红 | 生物工程学院 | 美国 | 佛罗里达大学 | 全额资助 |
| 高茜 | 艺术设计与传媒学院 | 美国 | 波士顿大学 | 1：1配套项目 |
| 刘笛 | 信息科学与工程学院 | 美国 | 密歇根州立大学 | 1：1配套项目 |
| 王学东 | 生物工程学院 | 美国 | 佐治亚理工学院 | 1：1配套项目 |
| 孙淑敏 | 社会与公共管理学院 | 美国 | 塔夫斯大学 | 1：1配套项目 |
| 孙泽 | 资源与环境工程学院 | 英国 | 里兹大学 | 1：1配套项目 |
| 赵蔚 | 外国语学院 | 美国 | 堪萨斯大学 | 1：1配套项目 |
| 刘济 | 信息科学与工程学院 | 美国 | 伦斯勒理工学院 | 1：1配套项目 |
| 张建华 | 信息科学与工程学院 | 德国 | 柏林工业大学 | 博士生导师项目 |
| 徐贤 | 信息科学与工程学院 | 意大利 | 博洛尼亚大学 | 全额资助 |
| 刘柏平 | 化工学院 | 荷兰 | 埃因霍芬理工大学 | 博士生导师项目 |
| 祝宁波 | 法学院 | 澳大利亚 | 维多利亚大学 | 1：1配套项目 |
| 张敏 | 药学院 | 美国 | National Institute of Health | 1：1配套项目 |

**上海市教委资助出国留学项目汇总表**

| 姓名 | 单位 | 国别 | 国外单位 |
|---|---|---|---|
| 陆馨 | 化工学院 | 美国 | 哈佛大学 |
| 朱贻安 | 化工学院 | 美国 | 斯坦福大学 |
| 吴艳阳 | 化工学院 | 美国 | 加州大学伯克利分校 |
| 曹萃文 | 信息科学与工程学院 | 美国 | 普林斯顿大学 |
| 韩霞 | 化学与分子工程学院 | 美国 | 华盛顿大学 |
| 崔长征 | 资源与环境工程学院 | 美国 | 西北大学 |
| 周帼彦 | 机械与动力工程学院 | 美国 | 西北大学 |
| 戚海峰 | 商学院 | 美国 | 普渡大学 |
| 李琼 | 社会与公共管理学院 | 美国 | 普渡大学 |
| 黄艳 | 化学与分子工程学院 | 美国 | 匹兹堡大学 |
| 常香云 | 商学院 | 美国 | 佛罗里达大学 |
| 徐震浩 | 信息科学与工程学院 | 美国 | 佐治亚理工学院 |
| 赵春雨 | 外国语学院 | 美国 | 马萨诸塞大学阿莫斯特分校 |
| 邵方明 | 理学院 | 美国 | 纽约州立大学 |
| 施劲松 | 理学院 | 美国 | 韦恩州立大学 |
| 危大福 | 材料科学与工程学院 | 加拿大 | 纽布伦斯威克大学 |

（俞晓青）

**2012 年我校签署协议情况一览表**

| 国家/地区 | 合作单位 | 协议名称 |
|---|---|---|
| 英国 | 诺丁汉大学 | 合作协议备忘录 |
| 德国 | 亚琛工业大学 | 合作交流谅解备忘录 |
| 美国 | 肯塔基大学 | 框架协议 |
| 以色列 | 以色列本古里安大学 | 合作协议 |
| 瑞典 | 查尔姆斯理工大学 | 双博士培养协议 |
| 英国 | 普利茅斯大学 | 合作协议 |
| 德国 | 萨尔大学 | 合作与交流框架协议 |
| 俄罗斯 | 喀山国立技术大学 | 学术合作协议 |
| 美国 | 费耶特维尔州立大学 | 双学位协议续签 |
| 日本 | 大阪府立大学 | 学生交流协议 |
| 日本 | 东京海洋大学 | 学生交换协议 |
| 法国 | 罗地亚中国投资有限公司 | 全日制工程硕士研究生<br>实践教学协议 |

（唐纪敏）

**来访团组国别一览表（不含国际会议境外与会代表）** （单位：人）

| 国别/地区 | 美国 | 英国 | 德国 | 法国 | 澳大利亚 | 韩国 | 日本 | 其他 | 合计 |
|---|---|---|---|---|---|---|---|---|---|
| 人数 | 204 | 62 | 55 | 50 | 49 | 47 | 34 | 173 | 674 |

（唐纪敏）

**2012 年长期外国文教专家聘请情况一览表**

| 所属学院 | 专家姓名 | 最高学位 | 国籍 | 类别 | 聘用属性 |
|---|---|---|---|---|---|
| 生物工程学院 | 关岳 | 博士 | 英国 | 非语言类 | 续聘 |
| 资源与环境工程学院 | 应维琪 | 博士 | 美国 | 非语言类 | 续聘 |
| 药学院 | Phillip Lee | 博士 | 美国 | 非语言类 | 新聘 |
| 社会与公共管理学院 | 新家增美 | 博士 | 日本 | 非语言类 | 续聘 |
| 社会与公共管理学院 | 卢又华 | 博士 | 美国 | 非语言类 | 新聘 |
| 外国语学院 | 三村达也 | 硕士 | 日本 | 语言类 | 续聘 |
| 外国语学院 | Garrett Vang | 硕士 | 美国 | 语言类 | 新聘 |
| 外国语学院 | Jenny Tai | 本科 | 美国 | 语言类 | 新聘 |
| 外国语学院 | Billie-jean Weir | 本科 | 英国 | 语言类 | 新聘 |
| 外国语学院 | Ulrich Wessinger | 硕士 | 德国 | 语言类 | 新聘 |

（唐纪敏）

**2012 年获批上海市外专局引智项目一览表**

| 项目名称 | 负责学院 |
|---|---|
| 石油化工过程能源管理系统及应用 | 信息科学与工程学院 |
| 基于数据驱动的故障检测与诊断 | 信息科学与工程学院 |
| 无线传感器网络分簇路由协议的研究 | 信息科学与工程学院 |

续表

| 项目名称 | 负责学院 |
|---|---|
| 基于多模型切换的阶梯式广义预测控制 | 信息科学与工程学院 |
| 网络化控制系统的故障诊断与容错控制 | 信息科学与工程学院 |
| 可调控的双稳态、多稳态功能分子体系和分子机器 | 化学与分子工程学院 |
| 基于人类重大疾病检测的传感识别糖分子构建 | 化学与分子工程学院 |
| 新型高疏水性 $TiO_2$ 复合光催化剂的制备、表征及其在环境污染物降解中的研究 | 化学与分子工程学院 |
| 天然海藻纤维不饱和聚酯树脂复合材料界面及力学性能研究 | 材料科学与工程学院 |
| 原位显微技术对于卤化银可见光催化复合材料的作用机理的研究 | 材料科学与工程学院 |
| 电极材料的宏量制备及输运性能研究 | 材料科学与工程学院 |
| 含纳米催化剂的设计及其氧化性能研究 | 化工学院 |
| 碳材料负载 Fenton 催化剂处理有机废水新技术 | 化工学院 |
| 绿色纳米晶的可控合成与聚合物复合太阳能电池研究 | 机械与动力工程学院 |

（唐纪敏）

**2012 年国际（地区）会议情况一览表**

| 会议名称 | 举办部门 | 总人数 | 境外代表数 | 举办日期 |
|---|---|---|---|---|
| 华东理工大学诺丁汉大学可持续未来国际研讨会 | 学校 | 200 | 48 | 11 月 5 日 |
| 光电功能分子国际研讨会 | 化学与分子工程学院 | 236 | 125 | 3 月 11 日 |
| 国际技术转移与可持续发展上海论坛 | 科技处 | 40 | 10 | 10 月 25 日 |
| 第八届海峡两岸管理硕士学术交流与发展研讨会 | 商学院 | 90 | 60 | 6 月 3 日 |
| 城市化与城市公共管理国际会议 | 社会与公共管理学院 | 60 | 3 | |
| 印刷电子技术上海国际研讨会 | 机械与动力工程学院 | 35 | 6 | 10 月 26 日 |
| 虚拟商务与供应链管理研讨会 | 商学院 | 35 | 5 | 7 月 4 日 |
| 第六届能源资源开发利用战略研讨会暨社会经济复杂系统建模学术研讨会 | 商学院 | 177 | 3 | 10 月 17 日 |
| 2012 中国行动学习国际论坛 | 商学院 | 350 | 2 | 12 月 14 日 |
| 第 28 届国际运动面层科学协会 2012 技术研讨会 | 材料科学与工程学院 | 129 | 37 | 11 月 1 日 |

（叶晓松）

**海外学者授课情况一览表**

| 邀请人 | 学院 | 海外学者所属单位 | 授课题目 |
|---|---|---|---|
| 陈国荣 | 材料科学与工程学院 | 法国雷恩一大 | 新型玻璃在信息产业的应用 |
| 吴唯 | 材料科学与工程学院 | 德国埃尔兰根-纽伦堡大学 | 高分子材料特种注射成型 |
| 韩一帆 | 化工学院 | 德国乌尔姆大学 | 纳米材料合成技术 |
| 赫崇衡 | 化工学院 | 韩国国立全北大学 | Electrochemistry and Solar Cell Technology for Chemical Engineers |
| 陈国荣 | 化学与分子工程学院 | 里昂第一大学 | 绿色化学最新研究进展 |
| 田禾 | 化学与分子工程学院 | 德国雷根斯堡大学 | 高等精细化学品化学 |

续表

| 邀请人 | 学院 | 海外学者所属单位 | 授课题目 |
|---|---|---|---|
| 俞善辉 | 化学与分子工程学院 | 英国伯明翰大学 | 有机化学 |
| 张金龙 | 化学与分子工程学院 | 日本大阪府立大学 | 光催化及化学基础课程 |
| 朱为宏 | 化学与分子工程学院 | 法国加香高师 | 光化学 |
| 赖焕新 | 机械与动力工程学院 | 英国伦敦大学玛丽女王学院 | 流体力学 |
| 栾伟玲 | 机械与动力工程学院 | 德国美因茨大学 | 微反应工程 |
| 夏春明 | 机械与动力工程学院 | 英国邓迪大学 | 先进超声技术及其应用 |
| 章兰珠 | 机械与动力工程学院 | 韩国釜山大学 | 动力学 |
| 章兰珠 | 机械与动力工程学院 | 韩国釜山大学 | 运动学 |
| 陈志高 | 商学院 | 日本先端科技大学 | 知识科学概论 |
| 陈志高 | 商学院 | 奥地利国际应用系统分析研究所 | 决策支持与数据分析 |
| 曹学君 | 生工学院 | 瑞典 Uppsala University | 蛋白质分离纯化 |
| 曹宇烨 | 理学院 | 美国 Iowa 大学 | Statistical Analysis for Categorical Data |
| 何高奇 | 信息科学与工程学院 | 日本庆应义塾大学 | 图形学与图像处理 |
| 孙自强 | 信息科学与工程学院 | 美国里海大学 | 基于模型的多变量过程控制 |
| 王慧锋 | 信息科学与工程学院 | 德国慕尼黑工业大学 | Fail-safe Communication in Automation |
| 张建华 | 信息科学与工程学院 | 德国德累斯顿工业大学 | 机电系统建模方法 |
| 邓卫平 | 药学院 | 英国伯明翰大学 | 立体选择性合成 |
| 张井岩 | 药学院 | 美国明尼苏达大学 | Genetics and Personalized Medicine |
| 陈虹 | 艺术设计与传媒学院 | 英国诺森比亚大学 | 动漫游戏的创意设计 |
| 冯耀宇 | 资源与环境工程学院 | 美国疾病预防控制中心 | 分子生物学原理及其在环境微生物和环境工程中的应用 |
| 吕树光 | 资源与环境工程学院 | 英国南安普顿大学 | 污水和废物处理的环境生物技术 |
| 修光利 | 资源与环境工程学院 | 美国佛罗里达大学 | 大气气溶胶技术与化学 |

（叶晓松）

**港澳台及华侨学生奖学金获奖名单**

| 姓名 | 学生类别 | 申请等级 | 生源类别 | 姓名 | 学生类别 | 申请等级 | 生源类别 |
|---|---|---|---|---|---|---|---|
| 曹孝安 | 本科 | 一等 | 台湾 | 容东明 | 本科 | 一等 | 澳门 |
| 苏圣杰 | 本科 | 一等 | 台湾 | 柯宝珠 | 本科 | 二等 | 澳门 |
| 黄子恩 | 本科 | 二等 | 台湾 | 杨绮彤 | 本科 | 二等 | 澳门 |
| 连绍棠 | 本科 | 二等 | 台湾 | 张家琪 | 本科 | 三等 | 澳门 |
| 许永升 | 本科 | 三等 | 台湾 | 梁艳菲 | 本科 | 三等 | 香港 |
| 张文宁 | 本科 | 三等 | 台湾 | | | | |
| 梁紫涵 | 本科 | 三等 | 台湾 | | | | |

（叶晓松）

# 公共保障体系与后勤服务

Gongqong Baozhang Tixi yu Houqin Fuwu

# 校园信息化建设

**【概况】** 信息化办公室负责学校内部网、数据交换中心、学校办公自动化系统的建设、更新、维护，信息化重大项目的立项、招标、验收，并举办了各种形式的信息化培训等工作，不断提高全校师生员工的信息化应用技能。信息化办公室下设网络中心、信息中心和运行服务中心三个部门，分别负责校园网络的建设和维护、应用系统的实施和推广以及向广大师生提供信息服务。

**网络工作。**年内，针对教工电子邮件进行归档系统建设，实现教工邮件全备份，保护学校重要资料。国家科技支撑计划“新一代可信任互联网试验网”子课题“华东理工大学校园网IPV6技术升级”（SAVI项目）成功验收，该项目的成功验收标志着我校的新一代网络研究和建设水平在国内处于领先地位。徐汇校区和奉贤校区之间的备用裸光纤开通运营，保障徐汇、奉贤两校区之间网络无间断通信。完成徐汇校区机房改造、办公大楼有线无线网络改造、办公大楼门禁改造。徐汇校区电信覆盖的无线网络改造完成，在上海电信的协助下完成徐汇校区学生宿舍光网改造。统一调整学校无线Ssid：ECUST和Ecust-net。完成奉贤校区实验6楼、教学E楼的无线覆盖及奉贤图书馆和体育馆的网络建设。

**信息工作。**新闻网CDN项目实施并验收，该核心业务系统首次采用虚拟化的部署方式，标志着数据中心虚拟化建设的开始。对不同类别的服务器网段进行了调整并迁移了应用服务器，规划未来的业务系统网络划分，提高核心业务系统的安全性。数据库系统部署了新购置的存储设备，实现学校核心数据的安全灾备。启动财务处网上支付系统、校办投票管理系统、商学院专业学位分流系统、学工处就业管理系统的建设任务。实施学校主页和其他二级网站IPV6部署、校办服务质量评价系统。组织验收宣传部新闻网CDN项目、校信息门户系统二期、后勤保障处后勤系统、化工学院会议管理系统。完成数据中心ODI接口整理任务。完成教务处、党务公开、材料科学与工程学院、党委组织部、一机关党委、化工过程先进控制和优化技术教育部重点实验室等网站建设，加强信息门户、OA系统、人事系统、校友系统、学工系统、后勤系统、信息办运维系统、一卡通平台、教代会提案等系统的维护和问题跟踪处理，确保了各应用系统的稳定运行。

# 图书情报

**【概况】** 年内新购纸质图书 75 518 册，新增数据库 10 个，纸质中外文期刊 2 000 余种。图书馆现拥有纸质文献 291 万余册，国内外数字资源 84 种，外文电子期刊 29 364 种，电子图书 197 万余册。以奉贤新馆启用和教育部修购项目为契机，对馆藏资源布局进行了优化，确定了校本部、奉贤校区和金山科技园三地的藏书布局。徐汇校区图书馆和奉贤校区图书馆以及金山三线书库的馆舍总面积达 5 万平方米，阅览座位 3 500 席。全年进馆人数 150 万人次，图书借阅量达 44 万册，电子图书阅读量达 47 万余册。

**文献资源持续增长。**新增 sage 全文现刊库、Hein Online 法律全文库、JCR 的社科版、ESI、INCITES 等多个特色数据库，尤其是移动图书馆等数据库的引入，使我校师生能够通过手机等移动终端访问、获取图书馆已购资源。同时，加强了人文社科类馆藏资源的建设，为学校的教学、科研提供了强有力的文献信息保障。

**管理水平不断提升。**继续引进新技术，对图书馆主页进行全面更新和整合。使用座位管理系统，形成“选座不占座”管理，盘活图书馆有限资源，为学生创造良好的学习环境。推出图书馆信息发布管理系统和网络自助打印服务系统。徐汇校区图书馆完成 71 万册图书的 RFID 电子标签处理，全面启动 RFID 智能管理系统，进一步提升现代化管理水平。新增图书馆信息发布管理系统、网络自助打印系统和座位管理系统。

服务能力不断提升。徐汇校区图书馆设立“跃升阅览室”，面积达 800 平方米，阅览座位 324 席，配置 4 大类考研复习资料和 300 多个专用书包箱，使用座位管理系统自助管理此室，被考生喻为最“给力”的自习室。成立数字化与学科服务组，为教学科研提供个性化的服务。以学科建设为主线，开展文献评价和分析服务，辅导大学生创新实验，整理并推出免费数字图书 13 000 多本，国外大学课程视频 18 980 个，收集学科课程课件和视频 220 多个。开展馆际互借和全文传递服务，全年完成了 7 886 篇全文传递，用户满意率达 99%。图书馆第四党支部荣获上海市先进基层党组织，阅览部获上海市巾帼文明岗等荣誉。

**【庆祝我校 60 周年华诞——第五届读书月活动】** 10 月 16 日，由图书馆、团委和学工部联合举办的华东理工大学第五届以“典藏华理人文，品味华理书香”为主题的读书月活动启动，以此庆祝我校60周年华诞。开幕式上陈英南副校长致辞，陈敏恒教授作了“读书与人生”的精彩主题报告。图书馆配合60周年校庆开展了图书交流活动，举办校史风云人物、校园60年变迁、走近院士等图片展。举行了图书馆达人赛、校史视频播放、校史馆史知识竞赛等活动。

**【图书馆馆内项目立项】** 为促进图书馆科研工作，经过图书馆各部门和个人申报、图书馆评审小组评审，确立10个项目为2012年图书馆研究项目。

# 出版工作

**【概况】** 年内，出版社共有员工 90 人，其中上海化工书店 14 人（含校教材中心）；学校编制 15 人，企业编制 75 人（含劳务派遣 6 人）。经新闻出版总署批准，校出版社语文、英语、数学、物理、化学等五个科目获得中小学教辅材料出版资质。出版社进行机构调整，成立项目部、基础教育事业部和编校中心，撤销校对室，调整理工经管事业部为理工事业部，经管类图书归口社科事业部，优化化工书店经营模式。出版社下设编辑部、营销部、出版部、数字出版部、行政部等部门，还拥有电子音像出版社和上海化工书店（校教材中心）。张辉兼任电子音像出版社社长和上海化工书店经理，欧丰红、周永斌兼任电子音像出版社副社长。

**图书出版与获奖情况。**出版图书 520 种（含电子音像），其中重印 263 种，完成发书码洋 7 359.7 万元。2012 年引进图书版权 1 种。出版“十二五”国家重点图书 2 项，共 7 种。“十二五”上海市重点图书 7 项，共 26 种，“十二五”上海市重点图书的完成率达 46%。出版社 26 年累计出版新书约 3 391 种，获得各类图书奖项 249 种。6 种图书获批上海文化发展基金会图书出版专项基金资助，3 种图书获上海科普图书创作出版专项资助。《新中国石油化学工业发展史（1949—2009）》荣获第三届文汇·彭心潮优秀图书出版基金资助。《爱由心生情自真——西部集团物业行风建设文萃》一书获得“第七届华东书籍设计双年展暨中国最美的书展”封面设计二等奖。

**社会效益评估。**在上海市新闻出版局组织的对全市 39 家出版社的评估中，出版社社会效益总分达到 93 分的历史新高，排名第 15 位。

**制度建设情况。**颁布《华东理工大学出版社有限公司职工工资改革实施方案（试行）》《华东理工大学出版社有限公司年度评优管理办法（试行）》《华东理工大学出版社有限公司创新奖励办法（试行）》《华东理工大学出版社有限公司职工考勤管理规定（2012 年修订）》。

**部分重要活动。**3 月 31 日，10 人爵士舞“Me And My Baby”获得上海市新闻出版工会主办的“上海出版界职工‘我为美丽而舞动’舞蹈大赛”二等奖。6 月 9 日，由中国日语教学研究会上海分会主办，J. TEST 中国事务局协办，华东理工大学出版社与新世界教育集团等共同承办的“2012 年度日语教育与日本学研究国际研讨会”圆满举行。10 月 9 日，华东理工大学建校 60 周年校庆重点图书《履痕——华理往事辑要》《我们的家园——钱旭红院士的校长言谈和新闻选录》和《舌尖上的营养和能量》新闻发布会圆满召开。

# 档案工作

**【概况】** 年内，全校共归类各类档案 5 027 卷、OA 文件 2 143 件、照片 2 042 张，以及以资料保存的硕士研究生学位论文 2 158 本。接待档案利用 2 142 人次，利用档案 2 805 卷次，出具各类档案证明 37 000 余份。召开学校档案工作暨表彰先进会议，党委办公室等 10 个档案工作先进集体、王惠等 16 名档案工作先进个人受到表彰，对退休教师顾慰源捐赠其父顾毓珍之遗物，于学校的义举也作了表彰。

校史馆全年接待 2 154 人前来参观，继续为 2012 级新生、辅导员、机关职员等作校史专题讲座，在党委宣传栏举办“走近院士”专题展览，参加话剧《根在华理》的策划、研讨工作，邀请 50 位档案工作分管领导参与国家档案局举办的 2012 年“飞狐灵通杯”档案法制知识有奖竞赛。完成入选《20 世纪中国知名科学家学术成就概览》化工冶金与材料工程卷：朱正华、蒋慰孙两位人物传记的撰稿，陆宪良撰写的《说说“文革”大学招生那回事》一文被 2012 年 7 月的《新华月报》全文转载，完成 2012 年度校党史大事记的内容补充、审定工作。

陆宪良获 2012 年上海市档案系统“先进工作者”称号。档案馆被评为 2011 年度校精神文明单位和校综合治理工作先进单位。档案馆支部被评为华东理工大学创先争优先进基层党组织和上海市教卫系统创先争优先进基层党组织。

**【举办华东理工大学 60 年建设成就回顾展】** 展览共分 10 个篇章，选用 650 幅馆藏档案图片，图文并茂、生动形象地展示了学校 60 年来在人才培养、科学研究、文化传承等方面的重大事件、著名人物及所取得的辉煌成就。扫描处理 1977、1978 级校友的 2 380 张入学照片，制成《那些年一起走过》画册，制作校友毕业 30 周年纪念册。为 1992 届校友毕业 20 周年返校举办“1992 届毕业生合影照回放展”。为拍摄《因您而感动》校庆宣传片提供档案图片，邀请龚德明老先生前来档案馆拍摄场景。为各单位筹备校庆提供档案查询利用。负责 60 周年校庆礼品的收集、登记和证书发放工作，共收到社会各界和校友馈赠的礼品 40 多件。做好老照片、实物以及 60 周年校庆活动相关材料的归档工作。

**【《履痕——华理往事辑要》一书出版】** 历时 5 年，由陆宪良编著的《履痕——华理往事辑要》正式出版，并作为 60 周年校庆贺礼赠品。该书书名由建校元老龚德明先生题写，党委书记杨贤金为之作序。全书近30万字，分“回眸”“钩沉”“缀忆”“感恩”四篇，较全面、详细地追述了华理前辈创业、继业之艰难、曲折和困苦，梳理了华理几代人为国、为民创造的巨大财富和取得的不朽功绩。

# 教育技术

**【概况】** 年内，中心共有在编教职工 31 人，其中高级职称 4 人，初中级职称 24 人，中高级工 3 人，非在编合同工 4 人。先后建成徐汇校区多媒体教室 121 间，容量达 13 946 座，奉贤校区多媒体教室 90 间，容量达 14 106 座。

**保障工作。**参与校庆各项宣传报道、会务保障、院士讲座、校友返校等工作。保障各项重大会议的顺利进行，支持了百余场会议服务，其中与校庆相关重大会议近 40 场，校庆工作例会 16 场。参与、配合相关部门（后勤保障处等）对两校区教学环境进行了功能性布局调整的基础调研、建设与改造工作，参与项目招投标、施工过程中的工程监控督查、项目经费使用等工作。工程涉及两校区的四教、五教、六教、七教、八教、研究生楼和 A、B、C、D、E 楼，奉贤校区 15 间多媒体教室的新增扩展建设和徐汇校区多媒体教室改造及系统更新、升级改造、维护等，国家教育考试标准化考点之 IP 网络广播系统建设，高清影视设备的购置等。跟踪拍摄特邀院士系列讲座：钱旭红院士的《从尼古丁和番茄红谈起》《改变思维》2 个专题讲座；顾真安院士报告《无机非金属材料工业发展战略研究》，周俊院士报告《我国天然产物化学的可能发展》等共计 17 场院士报告会。编辑制作了 4 分 07 秒的《因您而感动——华理 60 庆典》电视专题新闻短片。做好国家视频公开课由刘昌胜教授主讲的《生物医用材料》共计 5 讲的修改工作。拍摄直录“海湾大讲坛”。参与由钱旭红校长启动的 OCW 课程的公共视频资源平台建设，拍摄、编辑完成了菲利浦·李教授主讲的 5 集《农药学》、9 集《计算毒理学》，另外由化工学院金浩老师、药学院唐赟老师和李忠老师主讲的《药物设计》各 1 集。拍摄编辑了申报上海市精品课程的三集“心理课”，编辑制作了“教师节”90 分钟片长的专题节目。

**平台建设。**完善徐汇、奉贤两校区多媒体教室、普通教室使用情况统计。奉贤校区及徐汇校区部分教学楼实现了校园卡实时对接功能，使教师校园卡信息能直接与中控室控制软件相联系，完善刷卡开启多媒体设备这一功能。改进多媒体教学系统维护外包服务管理新模式。负责中心统一服务热线——呼叫中心系统，为全校师生提供了全天候的服务响应平台。

完成的“课程中心建设项目”和“智能化交互式远程教学系统——与美国 DUKE 大学交互式远程授课”两项成果分获学校教学成果三等奖。“现代教育技术平台升级改造”项目平稳运行，对课程中心平台进行定期教师名单、课程信息等数据导入，协助制作平台精品课程，对教师在建课过程中发现的问题进行修正。本年度对课程中心升级 2 次，更新维护 10 余次。目前平台已开设课程 82 门，其中国家级 12 门、省部级 27 门、校级 23 门，课程增长率近 10%，点击量超过 340 万次，比上学年增长 26%。对移动教学平台进行数据导入与对接，实现信息实时查询、实时课表、手机点播、短信提醒等功能；建立网络自修教室查询系统，允许师生通过网络查看相应教室使用情况。完成 SONY 高清远程交互系统与原 POLYCOM 系统硬件对接，实现远程交互教学系统的关键性无缝切换。

完成 2012 年三个年级入住奉贤校区的教室资源调配及改造方案，于暑假期间在 B、E 楼新建 15 间多媒体教室，完成了“教室资源调配及改造工作”备忘录中二期的改造工作。配合研究生院和保卫处完成国家教育考试标准化考点之 IP 网络广播系统建设。完成六教多媒体教学系统改造、徐汇四教多媒体教学系统改造、研究生楼改造，完成研究生院、商学院案例室，三多、四多项目立项。

# 校园基本建设

**【概况】** 年内，学校完成基建投资 10 802.06 万元（其中国拨资金 4 851.19 万元，自筹资金 5 950.87 万元，国拨投资中新校区药学院完成 3 951.19 万元），在建工程为药学院、工程训练中心和学生公寓二期三个项目。

奉贤校区药学院楼总投资 6 010 万元，建筑面积 18 421 平方米，于 2011 年 9 月正式开工建设，2012 年末完成了教育部 9 月份追加的 2 000 万元国拨投资。已完成大楼内部装修及设备的安装调试工作，完成投资 5 239 万元，工程质量达到上海市优质结构，并评为市级文明工地。

奉贤校区二期学生公寓按计划于 2012 年 4 月份完成全部前期报建手续后正式开工，基础开挖时遇到地下电缆，经与规划局协商，同意 2、3 号楼西移 4 米，无须迁移电缆，为学校节约近 140 万元的电缆迁移费。9 月份完成结构封顶，已部分完成内外墙粉刷和门窗安装工作。

奉贤校区工程训练中心总投资 2 417 万元，建筑面积 8 000 平方米，按计划于 2012 年 5 月份完成全部前期报建手续后正式开工，10 月底完成了主体结构封顶，已部分完成内部二次分隔工程。

对图文信息中心大楼七层会议室进行装修，完成大厅的大型瓷壁画制作和安装。配合奉贤校区环境治理，启动奉贤校园西北角的绿化景观工程。奉贤校区学生二食堂和教学二楼工程进入方案批复阶段。基建处收回并保管由现代设计院设计的一期工程项目底图。领取奉贤校区二期 812 亩土地的建设用地批准书，完成产权办理工作，解决 8 年没有土地产权证的困扰。按照教育部要求上报《“十一五”以来基本建设工作总结交流材料的报告》和《近三年国拨资金使用的调查报告》。6 月，教育部来校就国拨资金的使用进行调研。编制完成了徐汇校区学生公寓二期的可行性研究报告并通过了教育部专家组评审。徐汇校区实验十九楼项目取得教育部项目建议书的批复。关于徐汇校区 35 千伏用户站工程，由于修建性详规与目前新规则不符，阻碍了前期手续办理的进度。

**【“十二五”校园建设规划调整意见征询会召开】** 6 月 11 日，杨存忠副校长组织召开“十二五”校园建设规划调整意见征询会，特别对奉贤校区教学二楼和学生二食堂改址等问题进行讨论研究，决定尽快建设学生公寓和实验楼，并向校常委会汇报。

## 附录：

年度基本建设情况一览表

| 校区 | 项目名称 | 建筑面积（平方米） | 总投资（万元） | 已完成投资（万元） | 工程进度 |
|---|---|---|---|---|---|
| 奉贤校区 | 药学院 | 18 421 | 6 010 | 5 239 | 内部装修 |
| 奉贤校区 | 学生公寓二期 | 40 000 | 7 767 | 2 285 | 内墙粉刷 |
| 奉贤校区 | 工程训练中心 | 8 000 | 2 417 | 571 | 内部二次分隔 |

# 财务工作

**【概况】** 年内，学校资产总额为475 492.27万元，其中：流动资产172 124.46万元，固定资产303 367.81万元。年末负债总额50 915.20万元，年末净资产总额424 577.07万元，其中：事业基金60 680.94万元，固定基金303 367.81万元，专用基金2 224.82万元，未完成项目58 303.50万元。

本年度学校共筹集各类收入177 349.76万元，（比上年增加了19 049.85万元，增长率为12.03%），其中：教育经费拨款76 357.47万元（含基建拨款4 900万元），科研经费拨款26 102.83万元，其他经费拨款5 612.07万元，教育事业收入41 228.79万元，科研事业收入19 647.40万元，上级补助收入90.00万元，其他收入8 311.20元。学校各类支出164 170.14万元，其中：工资福利支出49 083.27万元，商品和服务支出70 202.22万元，对个人和家庭的补助支出12 674.90万元，其他资本性支出30 803.83万元（其中基建支出11 532.47万元），债务利息支出1 405.92万元。积极向教育部、财政部、上海市政府争取资金支持，缓解我校资金偏紧的状况。全校完成收入17.24亿元，其中国拨资金较2011年同期减少3.57亿元。财政拨款增加11 758万元。

**加大国库专项资金管理力度。**对教育部、科技部等上级部门的专项项目，提高管理及服务意识，及时向项目负责人提供资金结余情况，并根据项目任务书监督指导资金的用款计划，避免形成结余，提高资金的使用效益。每月定期向修购专项及基本科研业务费的项目负责人提供执行进度，较好地完成了项目执行计划。在教育部每月公布的国库资金使用进度表中，我校在76所高校中基本上排在第10～20位。加强校务公开，完善财务管理制度，增强预算透明度，以利于更好地吸收全校教职工在学校预算上的意见和建议，通过校园网对2012年校级财政预算（不含校部部分直接管理的项目）及校级专项预算予以公布，接受广大教师的监督。4月，财政部检查组对我校的修购专项执行情况及2013年的新报专项进行了检查评估。2012年9月，财政部检查组对学校的票据执行情况进行了检查。

**推进财务信息化工作。**财务处网站向广大教师提供办事流程、项目到款查询等方面的信息查询服务，方便教师及时掌握有关财务信息。为国拨资金的各项目负责人每月定期提供执行进度。为缓解年终报销排队、等候时间过长的问题，今年下半年推出网上预约报销服务，反馈情况说明。与信息办合作，推出网上缴费系统，并首先在小范围内推广使用，如本科自主招生、研究生报名缴费等。

**【参与市教委及兄弟院校的活动】** 在今年上海市教委举办的第四届“阳光体育 阳光财务”的比赛中，来自上海的34所高校参加了角逐，我校财务处以综合成绩第一的好成绩获得金奖，为学校赢得了荣誉，体现了德、智、体、美全面发展的精神。

（朱蓉）

# 审计工作

**【概况】** 年内，审计处围绕学校中心工作，认真履行内部审计职责，牢固树立科学审计理念，发挥审计“免疫系统”功能，不断加大审计力度，突出对学校发展中的热点、难点和领导关注、群众关心的问题开展审计监督，充分发挥建设性作用，在促进依法行政，维护财经秩序，推进廉政建设，优化资源配置等方面发挥了积极的作用。

**项目审计。**完成各类审计项目 297 项，审计总金额 436 132.64 万元。其中预算执行与财务决算审计 1 项，经济责任审计 15 项，基本建设修缮项目审计 277 项，基建修缮付款审批项目 95 项，科研项目结题审批 107 项，其他专项审计 4 项。共查出有问题资金 2 384.39 万元，提出审计建议 37 条。2012 年基建、修缮项目审计共受理送审项目金额 28 832.33 万元，审定额 25 467.39 万元，共计为学校节省 3 364.94 万元。

**制度建设。**在基建、修缮项目审计过程中，依靠社会力量，推进制度建设，进一步优化招投标管理模式，配合后勤部门制订了《华东理工大学修缮改造工程管理须知》，在坚决执行基本建设项目全过程跟踪审计的基础上，在改造和修缮工程中也建立和执行了全过程跟踪审计。对奉贤校区建设工程实施全过程跟踪审计，并严格做好校庆修缮工程审价把关。积极参与实验室与装备处等部门组织的大宗物资、设备采购招标项目。共参与招标项目 248 个，累计金额 10 088.40 万元。定期召集驻上海的部属高校举行审计处长会议和审计工作交流会议。以高校基本建设和修缮工程审计及“211 工程”三期经费审计情况通报为主题组织召开了 2 次研讨会。参与教育部直属高校内部控制制度评审活动，对部属高校报送的内部控制制度材料进行了评审。

**业务培训。**加强业务培训，提高内部审计人员的业务水平。2012 年审计人员参加各种业务学习和后续教育活动共有 11 人次。李德强参加了全国教育系统审计人员培训。李东萍参加了内部审计实务培训班。会同纪委监察处、基建处，承担了上海国际建设总承包有限公司诉学校建设工程合同纠纷一案的应诉工作。上海市徐汇区人民法院做出了一审判决（〔2012〕徐民三（民）初字第 2303 号），支持了学校诉求。

# 后勤工作

**【概况】** 年内，后勤系统围绕学校“十二五”发展规划目标，以做好校庆后勤保障工作为中心任务，以服务质量提升和形象展示为工作主线，以“受众面广、满意度高、投诉率低”为工作目标，深化内涵建设，营造良好氛围，迎接党的十八大和学校第十次党代会的召开。

**提升后勤服务质量。**（1）开展餐饮系统改革。加大社会餐饮引入力度。建立以食堂为单位的经营目标考核责任制。修订餐饮职工收入分配办法，积极推行同工同酬，员工收入与食堂效益、员工的岗位作用挂钩。开展食堂主要管理人员的公开竞聘，打破合同制员工的身份限制，何民杰、鲍家好等合同制员工走上了食堂主厨的岗位。推出《华理餐饮简报》，展示餐饮新形象。全校餐饮取得了 6 209 万元的营业额，较 2011 年的 5 817 万元增长了 392 万元，增幅 6.8%。其中自营部分营业额 2 859 万元，占 46%，同比增长 16.53%。四食堂二楼推出了多元小吃，一食堂东厅引入笑缘美食广场。优化已有窗口设置，利用奉贤食堂一楼玻璃房场地资源，开设售餐窗口、营养快餐外送等，解决奉贤师生就餐拥挤问题。优化友谊餐厅的服务功能，承接校内外接待、宴席、自助餐宴、冷餐会等业务，开设“无碘盐专窗”，满足师生的特殊需求。完成四食堂二楼、桃李园、三食堂二楼设施改造等工程。开展食堂厨艺大比拼、“舌尖上的华理我最喜爱的食堂”评选活动。免费向毕业生派送红烧肉。落实食堂安全卫生工作，友谊餐厅 3 月被徐汇区食药监所评为食品卫生“笑脸”单位，于 9 月份通过徐汇区食药监局规范化验收。饮食服务公司被上海市徐汇区食品药品监督局授予“食品安全先进单位”，被上海市餐饮烹饪行业协会、上海市徐汇区食品药品安全协会授予“餐饮服务食品安全示范单位”。获得上海高校后勤第十一届文化节厨艺比赛团体第一名。（2）加强对学生寝室的卫生检查和安全检查，为学生提供整洁舒心的居住环境。加强对安全用电的教育和警示，在每栋宿舍楼的电视屏幕滚动播出“消防安全防火”宣传片。配合学生管理部门进行文明寝室的评选工作，加强学生消防安全教育和良好寝室文化氛围教育。定期以座谈会的形式与宿舍区楼长和层长搭建良好的桥梁，及时将管理中发现的问题与学生反馈的问题进行面对面的交流，以互换信息、及时解决问题。开展以学生公寓为单位的女子篮球比赛和“我的社区我的家”征文比赛等多种文体活动，陶冶学生情操。在宿舍管理中，开展管理员为学生缝补衣物、失物招领和报修服务等工作。协助学校顺利完成两校区约3 290名学生搬迁工作、约6 700名毕业生离校、约5 800名迎新报到的住宿各项服务工作，通过周到的服务，培养学生和校友对学校的情感。刘红玉同志获得“全国高校学生公寓管理服务先进个人”荣誉称号。(3) 完善基本诊疗服务，不断拓展预防保健和公共卫生管理职能。加强专业医护人员引进和在职人员培训，充实医疗队伍配置。加强内部管理和医德医风建设，提高基本诊疗服务水平，并与上海市急救中心联动，在奉贤校区校医院设置海湾高校急救站，建立校医院与急救中心人员的业务交流与培训机制，完成校庆等大型活动的医疗保障任务。完善学校医疗专家委员会的建设，开设专家门诊。注重调整药品结构，丰富药品种类，根据师生员工的用药需求新增药品90余种。加强公共卫生管理和预防保健服务。加强对食堂卫生和食品安全等方面的监管；提供流行病学分析，定期针对当季的多发病、高发病提供预警和预防保健知识，对师生员工加强医疗保健知识的科普教育；在组织好职工体检的同时，发布全校体检分析报告，提供日常保健和防病知识宣传等。(4) 教师班车及学生班车运行有序，未发生安全责任事故。优化班车运行管理和运行计划，师生满意率达95%以上，班车误点率、投诉率为零。汽车队全年安全行驶里程达到60.5万公里，运送达18万余人次。新购大巴士3辆，增加了汽车队运能。新建教职工候车点设立环形通道，教职工候车条件得到改善。

**推进生态校园建设。**(1) 以60周年校庆为契机，制订徐汇校区绿地基本建设规划。对徐汇校区南门和东门区域进行道路设施和绿化改建。攀登路两侧修建了人行便道，东门附近实验十七楼小桥边搭建人行便桥，实现人车分离。对逸夫楼和七教两侧绿化进行改建，形成了视觉通透的校园景观。对大草坪进行整体翻修。在五教北面青春河边增设学生修读点。在友谊餐厅东面新建了休闲点。开展绿化包干和认建认养活动，两个校区的绿化维护保养工作进一步加强。奉贤校区46万平方米的绿化养护管理工作得到有效监管，通过了各类卫生检查和花园单位复查。(2) 校园保洁改变以往一天2次打扫的传统，加强重点路段、重点区域的清扫频次，增加校园卫生流动巡检人员。小广告、海报栏、车棚、建筑垃圾堆放、公共设施损坏等现象第一时间得以发现和清理。加大了校园商业管理力度，商业管理静态和动态管理结合，校园设摊纳入有序审批和管理。(3) 完善修缮管理制度，圆满完成各类校园修缮任务。完成60周年校庆建设、教育部改善基本办学条件修缮项目、暑期宿教年度大修项目、校级预算专项等四大部分，预算总额达1亿元以上。制订《华东理工大学修缮改造工程管理须知（2012年试行）》，把政府有关部门与学校对修缮工作的要求落实到制度上。建立每周一次的修缮工程例会制度和景观改造例会制度。强化修缮项目现场协调与管理制度，修缮管理人员与项目建设单位负责人联动，确保安全生产和工程质量；完善了修缮项目审计与监察工作全过程跟踪机制，有效提高了修缮工程维修内容的计划性与资金使用效率，确保2012年修缮改造工作的有序安全推进和严格规范管理。共计完成大型修缮改造任务53项，施工区域包括教学楼10幢、实验楼16幢、学生宿舍（公寓）25栋、食堂4个、大型绿化景观4处、行政办公楼2栋。做到了修缮改造工程安全事故零发生，各类建筑垃圾清运较为及时。（4）推动节约型校园建设。进一步加强节能规划设计和运行管理，从制度层面、技术层面、执行层面保障节约型校园建设。申报获得了75万元热水系统改造项目资金及上海市教委能耗监测平台350万元建设项目经费。前三季度，同比减少能耗553.31吨标煤，下降率为4.7%为能源费减少支出94.03万元；减少水量13.2万吨，下降率为7.45%，减少水费支出37.2万元。

**保障重点工作、大型活动。**圆满完成60周年校庆、诺丁汉学院揭牌仪式等大型活动的后勤保障工作。各有关服务部门通力合作、周密组织实施，各项服务工作按照学校的总体要求得到落实，校容校貌建设、餐饮保证、车辆调度等服务质量经受住了检验。

# 金山科技园

**【概况】** 金山科技园的功能定位为技术研发、科技转化、招商引资、延伸教育、社会服务。经上海市工商行政管理局批准，成立上海华理化工科技发展有限公司，建立了董事会制度。公司的职责是对地处金山区学府路1300号的资产运行管理，以企业化运作，确保国有资产保值增值。截至2012年底，已有两家教育培训单位和8家公司入驻科技园。园区现有正式员工33人，派遣的劳务工24人。

**安全保卫工作。**自2012年1月1日起，校保卫处将金山科技园的安全保卫工作委托给金山科技园管委会负责，同时7名保卫人员也委托金山科技园管理。

**园区建设。**为了更好地、有效地利用现有的资源，学校决定在原金山科技园图书馆的基础上建设学校图书馆三线书库。园区广大职工配合做好相应工作，按时完成了校图书馆三线书库建设。

**学校军工基地一期工程基本完工。**经过多方努力，学校军工基地一期工程于5月29日基本完工，除原实验楼（小纺丝）建筑面积外，新增建筑面积241平方米（$9\times9=81$、$10\times16=160$），高度为10米。原实验楼（小纺丝）280平方米。园区大门伸缩门改造工程顺利完工，确保了入驻园区教育培训单位正常开学。

# 奉贤校区

**【概况】** 截至2012年底，奉贤校区一期各类建筑总面积32.17万平方米，有一、二年级及文科、理科三年级本科生共计9 586人。

**校内工作。**理科三年级学生顺利留驻奉贤校区，完成理科三年级学生留驻奉贤校区所需的教室改造和实验室建设，信息化服务条件进一步改善，建筑面积1.4万平方米的体育馆投入使用。解决了实验室、教室、就餐等基础建设，确保校区平稳运行。逐步深化“四式管理”，开展各类丰富多彩的思想学术活动和文化艺术活动，进一步繁荣校园文化，荟萃人文精神。大力开展安全防范能力的软实力建设，确保校区安全稳定。学校60周年校庆期间，管委会配合校庆办联系奉贤区委、区政府及相关政府部门，请求奉贤区对学校校庆活动进行支持，顺利举办华东理工大学建校60周年庆祝大会。

**区校融合发展。**奉贤区四套班子领导牵头走访学校，奉贤区委书记时光辉、副区长钱雨晴，区委副书记张小松（2次），区长庄少勤，奉贤区委常委、宣传部部长蒋震波等分别于2月15日、3月2日、8月28日、9月17日、11月13日5次专程到学校奉贤校区与校领导商讨区校合作。9月11日，中共奉贤区委邀请华东理工大学等在奉高校负责人征求《中共上海市奉贤区委关于进一步推进区校融合发展的指导意见》的意见。9月18日，中共奉贤区第三届委员会第四次全体会议审议并通过了《中共上海市奉贤区委关于进一步推进区校融合发展的指导意见》，副校长杨存忠等在奉9所高校领导列席会议。区校合力推进海湾地区公共基础设施的建设与共享，青年教师公租房、上师大四附中改扩建、大学园区卫生中心等项目已列入市教委规划编制待审的上海市“十二五”教育发展规划。海湾大学园区医疗急救分站于2012年10月20日启用。

**创业服务平台建设。**奉贤区加速创业服务平台建设，加紧研究扶持各类孵化器建设的相应政策，制订孵化器建设管理办法。以上海交通大学、华东理工大学、上海理工大学三家高校院所国家技术转移中心的科技人才资源优势为依托，联合奉贤区科委，合作共建上海国家技术转移联盟奉贤工作站。推进企业和高校共建工程技术研究中心及联合研发工作站。奉贤区知名药企上海海利生物药品有限公司与华东理工大学联合成立上海兽用生物制品工程技术研究中心。上海振泰化工有限公司与华东理工大学共建奉贤区特种材料工程技术中心。华东理工大学与奉贤区达成共识，共建上海生物制造业技术研究院。奉贤区支持华东理工大学的上海煤气化工程研究中心落户奉贤。

**校外活动。**9 月 29 日，学校组队参加 2012 年上海旅游节第十五届旅游风筝会暨上海市第一届市民运动会风筝比赛及 2012 年第四届中国上海国际大众体育节上海国际友人风筝会开幕式。10 月 28 日，柘林镇首届滚灯艺术节开幕式暨长三角滚灯艺术展演在校举行。11 月 27 日，由奉贤区科委等主办的“2012 奉贤海湾大学生创意创业节宣讲会”在校举行。全校每学期有高达 4 565 人次参与奉贤区志愿活动，平均每两人每学期服务一次。共有 11 支志愿者队伍，30 余项志愿服务形式，其中有 3 家医院、1 所图书馆、5 个乡镇社区服务点、10 余所中小学校、3 所敬老院、1 个交通枢纽、1 个公园及近 30 个残障子女家庭。有 25 个长期开展的项目和 5 个单次活动，其中定期项目以一周或两周一次为主，多为双休日和节假日。自 2008 年以来，华东理工大学科学商店在奉贤区南桥镇等地多次开展活动，直接或间接受益的居民多达 1 万人次。

**【积极做好联席会议轮值秘书长单位工作】** 3 月 22 日，在学校奉贤校区召开了海湾大学园区联席会议第五届年会，副校长杨存忠当选秘书长。5 月 3 日，召开了海湾大学园区高校“三区融合、联动发展”务虚会。5 月 24 日，召开了海湾大学园区联席会议秘书处第一次会议，11 月 15 日，召开了第二次会议；12 月 6 日，召开了在奉高校“区校融合发展”座谈会。几次会议主题集中，聚焦区校融合发展，促进了区、校合作的稳步发展。

**【举行华东理工大学建校 60 周年庆祝大会】** 10 月 20 日，华东理工大学在奉贤校区隆重举行庆祝典礼，欢庆建校 60 周年。庆祝大会由华东理工大学党委书记杨贤金教授主持。中央、国务院有关部门、有关省市区的领导同志、海内外著名大学校长、合作企事业单位负责人等在主席台就座。华东理工大学离退休干部教师代表、在校师生员工代表，以及从祖国各地专程回到母校的校友们参加了庆祝大会。

**【诺丁汉高等科学院揭牌仪式在奉贤校区举行】** 11 月 5 日，华东理工大学上海诺丁汉高等科学院揭牌仪式暨可持续未来国际研讨会在奉贤校区图文信息中心报告厅举行，校长钱旭红院士和英国诺丁汉大学校长戴维·格林威教授分别致辞并为科学院揭牌。

**【上海市第一届市民运动会在奉贤校区举行】** 6 月 17 日，上海市第一届市民运动会暨 2012 年上海市学生阳光体育大联赛高校组龙舟比赛在华东理工大学奉贤校区通海湖举行，来自 14 所高等院校的 350 余名学生运动员参加了比赛。

**【沈晓明副市长到奉贤校区调研】** 2 月 29 日，副市长沈晓明、市政府秘书长翁铁慧及市教委、市发改委、市建交委、市规土局、市住房局及奉贤区领导赴海湾大学园区调研。

（蒋晓春）

# 发展规划工作

**【概况】** 年内，发展规划处针对学校“十二五”规划，召开多种形式的座谈会，结合学校教代会、校内外专家、教职员工代表意见，不断完善“十二五”规划，提交学校党政联席会、党委会、教代会，并讨论通过了《华东理工大学“十二五”改革与发展规划》和《华东理工大学中长期发展战略规划》。与院系和相关职能部处研究讨论“十二五”关键指标，经反复沟通，编制完成所有专业学院的“规划目标任务书”。结合教育部对学校“十二五”规划的审核意见，再次对《华东理工大学“十二五”改革与发展规划》进行了修改，提交了修改过程与说明并上报教育部以供备案。完成学校总体规划、专项规划和学院发展规划的汇编工作。

**完成《华东理工大学章程（讨论稿）》。**筹建章程制定领导小组、工作委员会和秘书组，正式印发了《华东理工大学关于印发学校章程制定工作方案的通知》(校规〔2012〕5号)，召开了章程制定工作会议，明确章程制定的基本原则、价值导向和工作目标。通过学习、研究国家有关文件和法律法规，参照国内外著名大学的章程，学习起草规范，全面梳理、总结和提炼学校现有的与章程制定有关的制度与政策，完成了《华东理工大学章程（讨论稿）》并发送至章程起草委员会秘书组、工作组，听取意见和建议，对学校章程讨论稿已修改了20多版。学校章程（讨论稿）共分九章、九十八条，内容涵盖序言，总则，学校功能，组织机构与管理，教职员工，学生，外部关系，资产、经营与财务管理，校徽、校旗、校歌、校识色、校庆日和附则等部分。

**跟踪学校发展进程。**完成《2011年华东理工大学信息统计资料汇编》和《2011年华东理工大学事业发展报告》。

**提供决策咨询与服务工作。**编写了9期《规划与发展工作简报》《规划与发展研究报告》，分析比较了学校在人才培养、科学研究、国际交流和师资建设等方面的优势与不足，为改进工作、提升学校竞争力提供参考。

**完成校领导和教育部下达的调研报告、经验总结。**(1) 奉贤校区规划定位的历史回顾与工程建设指标说明。(2) 关于资源配置与学科专业水平挂钩的建议。(3) 业绩津贴分配方案的修订建议。(4) 关于学校核心竞争力要素的解析及权重设置的建议。(5) 华东理工大学学术委员会的制度创新与实践。(6)服务国家需求，立足前沿创新，促进技术转化。(7)中外合作培养工程科技领军人才的探索。(8)关于青海大学发展战略定位的论证意见。(9)上海石化股份有限公司-华东理工大学战略框架协议。(10)关于苏州研究院调研报告。(11)中国工程院学术活动任务书。(12)大学国际化战略及其实践与探索。(13)大学与行业的相互支撑与共同发展——过程工程发展与转型的视角。

# 校办产业

【概况】 根据学校发展纲要和产业工作目标，产业系统积极围绕推进创新和落实完成计划目标而努力开展各项工作。年内，学校控股、参股企业共44家。44家企业净资产为19 095.11万元。其中科技园运营平台5家，净资产为1 763.12万元；科技型企业18家，净资产为14 269.37万元；孵化企业7家，净资产为657.77万元；委托管理企业4家，净资产为987.52万元；拟工商注销企业10家，净资产为1 417.33万元；未划转企业2家（华东理工大学出版社有限公司、上海伯瑞生物技术发展有限公司），净资产为3 888.35万元。学校合并净资产为22 983.46万元，净资产总量比2011年同期增长4.53%。

**校产管理及发展建设工作。**做好华昌、华明、华理安全装备以及现代中医药股份公司的上市跟踪工作。常熟研究院有限公司正常运行，校内3个科技团队入驻。启动华东理工大学东莞研究院筹建工作。第七次荣获中国国际工业博览会“优秀组织奖”。3项科技成果转化，拟组建的科技公司完成工商注册组建工作。浙江泽元生物制品有限责任公司3 000万元注册资金全部到位。截至11月底，根据学校股份比例，应享有的净利润为973.69万元，与2011年同期相比有一定提高。协助完成华昌公司收购上海嘉思喆工程塑料有限公司51%股权的准备工作；协助华明公司设立注册资金3 000万元的上海华明锐特新材料有限公司的论证工作。

**监管、监督及管理工作。**进一步加强对学校控股和参股企业的监管与监督工作，着重于产权监督、界定权责监管、清产核资监管、资产评估监管、财务清算监管、资产审计监管的力度，尤其加强了财务监督、审计监督。制订了产业工作方面的管理文件，已在部分公司试行。全面调整各企业董、监事人员，加强沟通，推进管理。进一步规范企业的正常化运作，促进企业的健康发展，对各企业的股东会、董事会、监事会（三会）的管理工作加大监管力度，从而保证了全年各企业未发生影响企业正常运作的不良行为。

**改制工作。**学校全资企业华凯公司报批转制。完成小红花幼儿园、华理置业公司的资产重组。启动出版社、博瑞两家企业股权由学校转入华理资产经营有限公司。清理关闭（除特殊情况、校部批准外）历史闲置公司，完成5家企业的工商、税务全部的注销工作，完成2家企业的税务注销工作，已解决学校历史上大部分遗留的校产不良企业关、停的问题。

**科技园建设工作。**徐汇科技园孵化、引进企业51家，园区企业达到200余家。园区获得上海市知识产权试点园区资质。徐汇科技园华泾基地、G7基地获得徐汇区政府科技园区载体建设立项批复，分获载体建设补贴575万元和564万元。海湾科技园大学生或青年创业企业达到109家。金山科技园目前入驻科技企业20多家，处于平稳态势。但因受设施（主要是房屋结构）的影响，给招商工作带来较大的难度。

**大学生创业。**大学生创业工作在上海市大学生科技创业基金会（以下简称“市基金会”）的指导下有序开展。学校分基金会共通过市基金会项目评审4项，其中股权资助项目2项，债权资助项目2项，共计资金70万元。加快进行大学生创业资助资金孵化期满后的退出工作，顺利完成退出企业5家。学校分基金会与市基金会共同主办全球创业周峰会论坛活动，同国内外大学生创业及投资领域的专家一起交流学习。协助市基金会在校园内开展创业课堂，请知名主持人及嘉宾开设创业讲座，提高学生创业意识，推广宣传大学生创业政策。学校分基金会联合商学院MBA组织参加市基金会主办的上海市首届MBA创业案例大赛，并获得三等奖。

**企业文化建设工作。**学校产业系统人员结构发生较大变化，除学校编制现有125人之外，各企业招录用社会编制及外来务工人员近500人，管理好这支队伍，是稳定与发展的关键。各企业组建编外人员工会，未发生拖欠编外人员工资的情况。校产党总支组织党员参观华西村、一大会址，充分发挥党员同志在企业中的带头及骨干作用。产业系统被评为精神文明单位和安全文明单位。

## 附录：

**2012年学校控股、参股企业名单**

| 序号 | 企业名称 | 序号 | 企业名称 |
|---|---|---|---|
| 科技园运营平台 | | | |
| 1 | 上海华东理工科技园有限公司 | 3 | 嘉兴泽元生物制品有限责任公司 |
| 2 | 上海华理化工科技发展有限公司 | 4 | 上海海湾科技园发展有限公司 |
| 孵化企业 | | | |
| 5 | 上海华理生物医药有限公司 | 10 | 上海合达炭素材料有限公司 |
| 6 | 青海盐湖镁业有限公司 | 11 | 上海华理能源生物技术有限公司 |
| 7 | 上海浩思海洋生物科技有限公司 | 12 | 上海深懋中医药工程技术有限公司 |
| 8 | 上海敏光化学科技有限公司 | 13 | 华东理工常熟研究院有限公司 |
| 9 | 上海宝利纳材料科技有限公司 | | |
| 科技型企业 | | | |
| 14 | 华东理工大学华昌聚合物有限公司 | 23 | 上海华力索菲科技有限公司 |

续表

| 序号 | 企业名称 | 序号 | 企业名称 |
|---|---|---|---|
| 15 | 上海华明高技术（集团）有限公司 | 24 | 上海华天生物科技有限公司 |
| 16 | 华东理工大学工程设计研究院有限公司 | 25 | 上海瑞邦生物材料有限公司 |
| 17 | 上海多佳水处理科技有限公司 | 26 | 上海伊特工程技术有限公司 |
| 18 | 上海华理安全装备有限公司 | 27 | 上海现代中医药技术发展有限公司 |
| 19 | 上海华泰科技贸易有限公司 | 28 | 上海华理远大技术有限公司 |
| 20 | 上海国佳生化工程技术研究中心有限公司 | 29 | 上海华友科贸实业有限公司 |
| 21 | 上海华化摩擦材料有限公司 | 30 | 上海华凯科技贸易公司 |
| 22 | 上海四达石油化工科技有限公司 | 31 | 华东理工大学科技服务部 |
| 委托管理企业 | | | |
| 32 | 上海华商企业发展智力服务公司 | 34 | 上海华东理工安全工程咨询有限公司 |
| 33 | 上海化立教育信息咨询有限公司 | 35 | 上海博商经济技术有限公司 |
| 未划转企业 | | | |
| 36 | 华东理工大学服务公司 | 37 | 上海华卫装潢公司 |
| 拟工商注销企业 | | | |
| 38 | 上海华化生物制品厂 | 42 | 上海华理置业有限公司 |
| 39 | 上海顺风自控新技术开发公司 | 43 | 上海华方建筑装饰工程公司 |
| 40 | 华东理工大学催化剂厂 | 44 | 上海华理化学专用品有限公司 |
| 41 | 上海华化副食品经营部 | | |

# 党建与思想政治工作

Dangjian yu Sixiang Zhengzhi Gongzuo

# 组织工作

**【概况】** 年内，组织部（党校）在党委领导下，认真学习贯彻党的十八大精神，以不断提升党建科学化水平和推进学校事业科学发展为主题，以加强干部队伍建设及基层党组织、党员先进性与纯洁性建设为重点，认真落实组织部（党校）“十二五”规划的各项目标任务，为促进学校“十二五”期间党的建设与各项事业又好又快发展提供组织保证。

**干部队伍建设工作。**（1）做好干部选拔任用工作，加强中层干部队伍建设。坚持按照德才兼备、以德为先的用人标准和干部“四化”要求配强、选好干部，根据学校事业发展和干部队伍建设需要对部分岗位进行了调整。截至12月31日，2012年共聘任和调整处级干部21人，其中新提职处级干部16人（副处级11人，副处级升正处级4人，直接提职正处级1人），平级调动5人。新提职的处级干部平均年龄为38.5岁，其中35岁以下（含35岁）的有7人，占43.8%；新提职的处级干部中副高职级称以上的占56.3%，硕士研究生学历以上的占75%。在12位初任处级干部中，经公开选拔8人，占初任处级干部的66.7%；平均年龄36岁，比目前处级干部的平均年龄低10.3岁，一批年富力强、充满生机活力和创造力的年轻干部经公开选拔途径充实到学校中层干部队伍中来。

（2）干部工作制度不断健全，副处级干部公开选拔大力推进。2012年上半年，根据党委干部工作部署，在广泛调研和听取意见的基础上，制订并实施了《华东理工大学中层党政领导干部选拔任用工作实施细则》。在党委的领导和统一部署下，加大了竞争性选拔干部的工作力度，从2012年5月起在副处级干部选拔任用工作中实施公开选拔。学校党委专门成立了公开选拔工作领导小组，在公开选拔中做到选拔政策公开、条件和资格公开、步骤和程序公开、选拔结果公开。

（3）不断优化干部培养锻炼机制，加强后备干部队伍建设。不断完善后备干部库，加强后备干部队伍建设。在进行调研、民主推荐、听取意见的基础上，加强后备干部库建设；同时根据学校发展需要，适时做好后备干部队伍的充实、调整和优化。2012年共选派54名干部参加中央党校、教育部、国家教育行政学院、上海市委组织部、上海市委党校、上海市科教党校等机构组织的学习培训（包括干部在线学习），以及学校组织的境外学习考察培训。选派17名年轻干部在教育部、市委组织部、市教卫工作党委、团市委、区县机关和西部对口支援高校及江苏省“科技镇长团”项目等进行挂职锻炼。重视选送年轻干部到艰苦的岗位接受锻炼，收到了很好的成效。例如，学校承担了选派第七批援疆干部的任务，选派信息科学与工程学院副教授过弋作为学校第七批第二轮援疆干部，担任新疆石河子大学信息科学与技术学院副院长（主持工作）；选派化工学院教授李涛对口支援石河子大学，担任化学化工学院院长。根据团中央的要求选派 2 名年轻共青团干部赴云南和上海郊县挂职。另外，选派 3 名干部到奉贤区委办挂职锻炼，选派 6 名同志参加江苏省“科技镇长团”项目，从政治意识、全局观念、视野眼光、组织协调能力、吃苦耐劳精神等方面锻炼了年轻干部。

（4）推进干部思想政治和综合能力建设，加强干部教育培训和监督管理工作。发挥组织部-党校合署办公的优势，建立干部培训培养、选拔任用一体化工作模式，结合学校发展和干部队伍建设实际，举办各种类型的干部培训班。一是举办了第十六期青年干部培训班。2012 年 3 月中旬至 6 月中旬举办了第十六期青年干部培训班。青年干部培训班的学员大多来自教学、科研、管理等岗位的青年骨干，来自学校 20 个基层单位共 36 名学员接受了系统培训与实践训练。二是举办了全体新上岗基层党务工作者培训班。10 月 26 日至 11 月 30 日举办了全体新上岗基层党务工作者（包括学生党支部书记）培训班，培训内容重点强化岗位实践技能，主要包括理论学习、党务知识、管理实务、专题研讨、项目调研、录像观摩、案例剖析等，首次进行了基层党建经典案例和创新项目的现场教学，共 97 名新上岗基层党务工作者接受了系统培训。三是举办了基层党务工作者研讨班。围绕“深化创先争优，推进基层组织建设年活动”开展了党务工作者沙龙活动，党务工作者沙龙这一形式延伸到二级党组织，一些二级党组织创造性地开展党支部书记、党建工作坊等沙龙形式的党建交流活动，成效良好。围绕学校党建重点和中心工作召开了两次学生党建工作研讨会，就如何迎接和庆祝 60 周年校庆、党的十八大和学校第十次党代会胜利召开等推进基层党建工作进行了培训和研讨。四是组织党务干部开展先进事迹学习活动。如组织干部、二级党务部门负责人通过观看电影《雨中的树》等方式学习李林森先进事迹。

（5）严格按照市教卫工作党委有关要求对干部选拔任用工作进行了“一报告两评议”工作。严格执行上海市领导干部个人有关事项报告制度以及党政领导干部经济责任审计制度，2012 年向审计处发出对 12 名审计对象进行审计的集中审计委托书，并将审计结果作为干部考核考评和职务晋升的考察依据。严格执行特定身份人员有关管理规定，及时更新并向上海市公安局出入境管理局报送特定身份人员名单。配合教育部党组和上级党组织，认真做好 2011 年度校领导班子及成员述职考核工作。加强了对处级干部的述职考核工作，在党委的统一领导和部署下，制订并实施了《2011—2012 学年度处级干部管理岗位履职情况的考核办法》，对全校正副处级干部进行了履职情况考核。

**基层党组织建设工作。**（1）长效开展创先争优和基层组织建设年活动，强化基层组织先进性建设。在创先争优活动开展中，学校共有419个基层党组织、8 931名共产党员做出公开承诺，积极服务广大师生、学校发展与和谐校园建设。创先争优以来，学校各级党组织和党员为师生办实事好事1 089件，共有2 935名党员参加志愿服务活动，组织党员开展志愿服务4 888人次。学校党委发扬各级党组织与基层结对服务以及党建联建共建的优良传统，不断深化拓展开展联系服务基层和为民服务活动，在学校党委领导的带动下，领导干部和基层支部、师生党组织之间纷纷开展结对共建活动。在继续长效深化推进创先争优活动的基础上，根据中央、上级党委和学校党委的统一部署，大力开展基层组织建设年活动。2012年3月，制订了《华东理工大学在创先争优活动中开展基层组织建设年活动的实施办法》，制订了教工、学生、后勤、离退休等党支部分类定级标准支部自评和组织考评版，对394个基层党支部进行了分类定级，并制订整改提高和晋位升级的目标和措施。积极开展创先争优和基层组织建设年活动各项评比表彰工作。通过提高组织生活质量保障六大机制推进组织生活的形式创新、内容拓展和实效提高；通过每月组织生活指导性计划，促进基层党组织围绕理论热点和中心工作开展重大活动、抓好党员学习教育、开展好组织生活、抓好党支部建设，同时评选产生2012年度“十佳组织生活”和学生党支部“优秀组织生活”，并积极向上海教卫工作党委系统推荐优秀组织生活项目参加系统评比活动。6月29日，协助党委组织召开庆祝中国共产党成立91周年暨创先争优活动总结表彰大会，图书馆第四党支部荣获上海市创先争优先进基层党组织，生工中心党支部、宣传部党支部、档案馆党支部、数学党支部、机械与动力工程学院09级本科第二党支部荣获上海市教卫工作党委系统创先争优先进基层党组织，刘洪来、宋兴福、孙荣林、董慧敏、杨静靓（学生）荣获上海市教卫工作党委系统创先争优优秀共产党员，生工中心党支部等15个党支部荣获校创先争优先进基层党组织，刘洪来等26位同志荣获校创先争优优秀共产党员，获奖的单位和个人在大会上受到表彰。为了营造浓厚的创先争优氛围，在宣传橱窗和校报上专门宣传展示了创先争优先进基层党组织和优秀共产党员的事迹和风采，激励广大党员师生积极创先争优，为学校党的建设和科学发展做出更大的贡献。

（2）以迎庆党的十八大和校第十次党代会为契机，提升基层党建工作的创新性与实效性。积极开展丰富多彩的迎庆党的十八大主题活动，活动方式包括：在青年干部培训班、学生党员教育和党性锻炼、入党积极分子培训班、每月组织生活、党建研究等工作开展中，增加党的十八大的主题和内容；组织动员参与党的十八大网上知识竞赛；在党建网站设立专栏，积极宣讲党的十八大精神等。部门自2011年5月至2012年5月举办了以“庆祝建党90周年，迎接十八大召开”为主题的基层党建经典案例和创新项目征集活动，旨在推进基层党建工作创新，以实际行动和优秀成果迎接党的十八大召开，材料科学与工程学院“给党员过‘政治生日’”、信息科学与工程学院“党建服务站”等2个项目荣获校2011—2012年基层党建经典案例和创新项目最佳项目；资源与环境工程学院“以‘三个着力’加强少数民族学生党员的教育和培养”等8个项目荣获校2011—2012年基层党建经典案例和创新项目优秀项目。11月，依托上海基层党建网联合开展“寄语十八大”活动，为学校师生党员、群众抒发对党的十八大的期盼、祝福，对未来的展望以及发表见解感言提供网络平台。以迎接校第十次党代会为契机，总结党建工作的成效、经验与不足，研讨党建工作的目标、任务与思路，提升基层党建工作的创新性与实效性，加强基层党建工作的科学化建设。为了将基层党建工作实践中的制度成果形成工作成效，部门还开展了基层党建工作制度征集活动。

（3）推进党建工作项目化管理，不断提升党建研究工作水平。进一步实施“党建工作项目化管理”的基本模式，年度最终结题47项，评选出一等奖2项，二等奖5项，三等奖10项。2012年立项的51项党建研究课题，参与人员不断扩大，团队意识不断增强，专业水平不断提高。2012年获准上海市教卫工作党委系统立项党建课题项目4项、上海高校党建专业委员会课题1项。2012年学校获得上海市教卫工作党委系统党建研究课题成果二等奖1项、鼓励奖1项，获得上海市创先争优理论研讨会征文奖励1项。部门成员还在中文核心期刊、市委组织部《党建通讯》等期刊上发表党建研究论文多篇。

（4）认真落实上海市城乡基层党组织结对帮扶工作精神，积极开展服务帮扶和社区党建联建工作。组织部在党委的领导下，继续与奉贤柘林镇夹路村、新塘村签订结对协议书，开展第二轮为期3年的“双结对”工作。为了做好新年到来前的慰问帮扶工作，学校有关负责人走访慰问夹路村困难家庭，送去慰问资金2万元，表达了学校对该村困难家庭的关爱之情和亲切慰问，同时也表达了学校对该村民生问题的真切关注和人文关怀。积极组织大学生在夹路村及周边地区开展爱心帮扶和志愿者活动，形成帮扶活动的社会辐射格局，在奉献爱心的同时，也促进了大学生的社会化成长。本部门联合团学工作部门积极组织广大学生党员、入党积极分子和大学生与周边地区开展经常性的公益活动和文化建设活动，各基层党组织先后在该村及周边建立大学生党性锻炼基地和社会实践基地，积极开展支部共建活动，促进了互动交流。学校积极利用后勤保卫系统岗位解决了一批该村村民就业问题，岗位主要涉及饮食服务、物业维修管理、保安保洁、教师公寓管理、商店超市等。目前，学校为该村提供各种类型岗位约590个。积极参与凌云社区党建共建联建工作，积极参与社区平安志愿者和其他共建活动，组织有关学院和广大党员在凌云社区党员党性锻炼基地开展社区精神文明活动，成效明显。积极组织党员参与社会和社区服务，根据上海市委和市教卫工作党委关于做好中共党员主动到居民区（村）党组织联系、报到工作的通知精神和要求，及时做好工作动员、组织和布置，抓住过程促进，确保学校广大党员能够主动到居民区（村）党组织报到和服务。

（5）积极推进制度建设和党务公开工作，党建制度化和党内民主建设不断推进。部门重视制度建设，在《华东理工大学党的先进性建设长效机制手册》制度汇编的基础上，根据形势发展和党建工作需要，不断建立健全各项制度，形成了干部队伍建设、党建工作和管理、党员先进性建设一系列制度体系。加强制度执行力和监督检查工作，对干部队伍建设责任范围内的制度、党校培训教育、党员发展和管理的各项制度及时进行组织落实、监督检查，确保落实到位。2012年制订并实施《华东理工大学中层党政领导干部选拔任用工作实施细则》和《2011—2012学年度处级干部管理岗位履职情况的考核办法》，参与制订并实施《华东理工大学党员领导干部联系基层党支部工作制度》等重要制度。创先争优活动以来，学校建立了195个创先争优长效机制，其中校级18个，院系级177个。另外，学校以创先争优活动为催化剂，在广泛调研讨论的基础上，在人才队伍建设、人才培养、科研管理、教育教学管理等方面制订和完善了一系列制度，形成长效机制并切实加以实施。部门通过党务公开机制，根据中组部和上级要求及学校党费管理办法，及时、规范公开党费使用情况，根据党务公开规定要求及时公开部门党务工作，推进党内民主和党风政风建设。

**党员队伍建设。**（1）夯实党员发展工作基础，提升学生党员的综合素质与先进性。不断完善入党积极分子教育培训的初、中、高“三级党校”培训体系，形成教育培训分类实施、全面覆盖的工作机制。一是认真实施大学生入党启蒙和普及教育。针对奉贤校区党建和一年级学生特点，进一步在新生教育活动中加强大学生入党启蒙和普及教育，使入党启蒙教育全面覆盖。同时党校还指导各基层党组织开展初、中二级党校的教育培训工作，不断完善入党积极分子教育培训的初、中、高“三级党校”培训体系。二是认真办好入党积极分子培训班。举办第56、57两期学生入党积极分子培训班，共培养学生入党积极分子1 746名，举办2012年度教工积极分子培训班，培养教工入党积极分子20名，完成了积极分子培训的各项任务，达到了预期的目标和效果。三是认真办好新生、毕业班和全体学生党员教育培训班。党校每年对新生党员进行系统培训，全面提高新生党员的理论水平和党性修养。举办了2012年全体学生党员培训班，结合年度学生党员党性锻炼计划对全体学生党员进行了主题培训与动员。举办了毕业班学生党员培训班，针对毕业班学生的特点，结合学校工作实际，对全体毕业班学生党员进行了系统培训和组织关系转移工作。四是不断改进培训班工作，加强了考核和管理，实施了淘汰机制和巡考制度，进一步完善考核办法和评估体系，保证了培养质量。五是进一步拓宽了教育资源和教育载体。积极利用上海市委、市教卫工作党委的网络教育资源，2 月份，组织学校党员、干部、入党积极分子计 5 780 人次观看了电视系列片《人民的好儿女》，其中党员 4 867 人次。按照学校党委的要求和部署，于 9 月份组织学校党员、干部、入党积极分子观看理论文献片《信仰》，在部门网站上增加了“党员教育电视片《信仰》点播”的链接，在组织部、党校举办的入党积极分子培训班和新上岗党务工作者培训班等培训中安排了观看讨论环节，并指导中级党校、初级党校同期做好这项工作。10 月份，组织党员干部和师生党员、入党积极分子观看杨兆顺同志先进事迹报告会，两个校区共有 930 余名同志到场观看，有些党员干部、师生党员、入党积极分子还通过干部在线平台、党建网、电视等载体及时进行了补看。(2) 坚持“公开答辩”制度，在确保质量的前提下稳步推进党员发展工作。组织部进一步贯彻落实学校党委《关于进一步加强和改进大学生党员发展工作的实施意见》，坚持实施入党“公开答辩”制度，并充分发挥特邀党建组织员的作用，严格党员发展程序，党员发展工作稳步推进。截至年底，2012 年共发展党员 1 150 名，其中本科生党员 950 名，研究生党员 193 名，教工党员 7 名。学生党员整体比例呈稳步提升态势和良好发展势头，大学生党员比例为 23.8%，本科生党员比例为 14.3%。重视在高知群体，教学、科研和管理青年骨干教师中发展党员。入党公开答辩制度的实践成为我校精神文明建设的特色和亮点之一。(3) 围绕学校中心加强学生党员党性锻炼和先进性建设，积极发挥学生党员先锋模范作用。继续通过加强学生党员先进性建设“十大机制”来保证大学生党员先进性的具体要求得到落实，在加强学生党员思想理论建设的基础上，利用学生党员党性锻炼中定岗明责、述责答辩等机制，发挥学生党员在促进学校中心工作中的先进性作用。通过组织学生党员在校内外党性锻炼基地进行服务和实践，提升学生党员的党性修养和先进性。积极利用重大节庆日和重大活动的契机加强学生党员党性锻炼，充分发挥学生党员的先进性作用，例如开展迎接校庆 60 周年、党的十八大召开、建团 90 周年等主题活动，加强学生党员的成才报国教育和先进性实践。普通同学对学生党员的满意度保持在 99%以上。评选出信息科学与工程学院李君楠等 19 名党性锻炼先进个人、商学院 2010 级应经研究生党支部等 10 个党性锻炼先进集体，并进行了表彰。

**多校区党建工作和基层党建信息化管理工作。**推进党建工作“进社区、进公寓、进社团、进网络”，继续实施《华东理工大学关于做好奉贤校区学生党建工作的实施意见（试行）》，各基层党组织通过建立党员工作站、开展书院党建、建立学生党员工作团队等方式，为确保多校区学生党建工作有效开展提供各种支持。加强奉贤校区的办公管理，提高服务多校区人才培养、学校党建科学化以及党校教育培训水平。学院纷纷建立党建网络平台，实施了多校区网络组织生活、手机党校等的新实践，不断开拓网络党建的新局面。部门重视网络党建和网站维护建设，各二级党组织向部门网站基层党组织之窗踊跃提交信息。高度重视基层党建信息化工作，先后建立了校院两级信息系统管理体系，做到不定期召开基层党建信息化工作研讨会、培训会和促进会，以上海市党员党组织信息系统建设维护工作为契机，积极探索基层党建工作信息化新路径，推动党建工作由封闭向开放转变、由单向向互动转变、由管理向服务转变。

**党代会等有关工作。**根据党委统一部署，配合党委认真做好学校第十次党代会召开的有关工作。一是党代会筹备期间，在党委的领导下，做好相关筹备工作。其一，做好党代表选举和代表资格审查工作。根据9月14日学校党委《关于做好中国共产党华东理工大学第十次代表大会代表选举工作的通知》精神和部署，组织开展党代表的选举工作。选举工作于10月26日前全部完成，25个二级党组织共产生299名校第十次党代会代表，女代表、一线教师代表、50岁以下代表、高职称高学历代表比例均比第九次党代会有所提高，代表更加年轻化、知识化、专业化。组织部对299名代表资格进行了初步审查，向代表资格审查小组做了汇报。其二，做好两委委员推荐提名工作。10月17日，学校党委审议通过并下发了《关于推荐中共华东理工大学第十届委员会委员、纪律检查委员会委员候选人预备人选的通知》。同日，召开了二级党组织书记会议，对两委委员候选人预备人选的推荐工作进行动员和部署。10月17日至11月9日，全校基层党组织和党员经过了“三下三上”的严格程序，对两委委员进行了推荐、酝酿。第一轮共推荐党委委员候选人预备人选294名，纪委委员候选人预备人选289名，党支部参与率100%，党员参与率95.16%。第二轮共推荐党委委员候选人预备人选252名，纪委委员候选人预备人选233名，党支部参与率100%，党员参与率95.22%。其三，配合党委做好党委换届考察工作。同时按照党委要求，准备并报送两委委员、党委常委和正副书记、纪委正副书记候选人预备人选的相关任免材料。其四，做好有关组织、会务准备工作。起草代表资格审查报告（草案）（初稿）、筹备工作情况报告（初稿）、关于党费收缴、使用和管理情况的报告（草案）（初稿）、大会日程（初稿）、列席人员和校内嘉宾建议名单、主席团成员建议名单、有关选举办法（草案）等文件资料，对参加选举计票的有关工作人员进行培训，完成了党代表、列席人员和校内嘉宾的照片采集以及党代会纪念品、各类证件的设计和定制等工作，完成了党代会会务手册、文件资料、选票等材料的印制与分装。二是党代会召开期间，在校党委和大会主席团的领导下，做好有关工作，确保大会顺利召开。其一，顺利完成两委委员预选、正式选举和党委常委、党委正副书记的选举工作，配合纪委完成了纪委正副书记的选举工作。其二，做好大会主席团会议、代表团团长会议、十届党委一次全会、十届纪委一次全会的有关会务工作。三是党代会闭幕后，做好相关总结工作。此外，配合党委做好党的十八大代表、上海市第十次党代会代表的推荐、提名、选举等工作，以及上海市第十四届人大代表初步人选推荐提名工作。

**部门自身建设。**为了贯彻落实中组部、市委组织部、市教卫工作党委、学校党委开展基层组织建设年和组工系统“一迎双争”主题活动的有关部署和要求，以服务大局、服务中心工作、服务师生为宗旨，以学生党建工作为重点，力图通过与学院的结对、联系、服务，树立组工干部优良形象，发挥组织部门同志的服务和指导作用，不断提升基层党建特别是学生党建工作的科学化水平，加强学院基层党建工作队伍和组工干部队伍自身建设。组织部制定实施了联系服务学院“五项要求”，同时加强了深入基层党组织、深入基层单位的调研指导工作，并与学生党支部结对子，指导学生党员健康成才。

**【学校两项目获市教卫党委系统创先争优主题活动优秀案例奖】** 2012年2月，学校党委申报的《党务工作者沙龙：党务工作者创先争优新载体》等两项党建项目，获得上海市教卫党委系统创先争优主题活动优秀案例奖。

（杨雅伟）

**【举行2011年度校领导班子及成员述职考核会】** 2月17日，举行2011年度校领导班子及成员述职考核会。党委书记杨贤金代表学校党政领导班子作述职报告，校领导班子成员分别作个人述职报告。校党政领导班子成员，党委、纪委委员，党委中心组成员和各方面的师生代表与会并参与了民主测评。

（杨雅伟）

**【学校启动和部署基层组织建设年活动】** 3月13日，学校召开创先争优活动领导小组会议，就启动学校基层组织建设年活动进行研究部署。党委书记杨贤金，副书记沈炜、蒋文文以及创先争优活动领导小组成员出席会议。3月15日，召开创先争优活动工作会议暨基层组织建设年启动动员会，就学校基层组织建设年活动进行动员和具体部署。党委副书记蒋文文和创先争优活动领导小组办公室成员、各二级党组织书记等与会。

（杨雅伟）

**【钱嫦萍等10位同志获得学生党建先进个人称号】** 3月28日，举行学生党建工作先进个人交流暨表彰会，授予钱嫦萍、刘颋颋、杨雅伟、汪丽丽、陆乐、邱娟、杨嫣、李廷雨、孙明、黎俊玲等10位同志“2011年度华东理工大学学生党建工作先进个人”称号。

（杨雅伟）

**【校领导为青年干部培训班学员作主题报告】**3月16日至6月15日，举办了第十六期青年干部培训班。3月16日，党委副书记蒋文文为青干班学员作“加强学校青年干部队伍建设——兼谈高校青年干部应具有的能力和素质”主题报告。3月23日，副校长钱锋为青干班学员作“全国‘两会’精神”主题报告。4月27日，副校长马玉录为青干班学员作“加强师资队伍建设，推进人才强校战略”主题报告。5月4日，副校长于建国为青干班学员作“‘十二五’学科建设的思考”主题报告。

（徐永桢）

**【党史专家顾继虎为青年干部和入党积极分子授课】** 4月13日，上海市教卫党委党建研究会秘书长顾继虎为第十六期青年干部培训班和第十二期教工入党积极分子培训班学员授课，作了主题为“学习党史，推进社会主义核心价值体系建设”的学习辅导报告。组织部副部长兼党校常务副校长陈荣武主持了学习会。

（徐永桢）

**【校党委召开庆祝建党91周年暨创先争优活动总结表彰大会】** 6月29日，学校党委召开庆祝中国共产党成立91周年暨创先争优活动总结表彰大会。大会表彰了在创先争优活动中涌现出来的先进基层党组织和优秀共产党员，并号召全体基层党组织和广大党员向先进基层党组织和优秀共产党员学习，积极投入教学、科研、管理、服务等各项工作，以饱满的精神状态迎接学校第十次党代会和党的十八大胜利召开。

（徐永桢）

**【学校召开第十次党代会筹备工作会议，产生299名党代表】** 9月13日，学校召开第十次党代会筹备工作第一次组织工作会议。10月26日前完成了党代表的选举工作，共产生299名校第十次党代会代表。11月13日，召开校第十次党代会筹备工作第一次会务工作会议。

（杨雅伟）

**【教育部考察组来校进行党委换届考察工作】** 11月23日，教育部考察组组长、人事司副司长魏士强带领由教育部人事司高校干部处、上海市委组织部宣教科技干部处、上海市教卫党委组干处有关同志组成的一行10人的考察组来校进行党委换届考察工作。学校党政领导、教师代表、党委委员、纪委委员等150余人参加了换届考察民主测评和民主推荐大会。

（杨雅伟）

**【党委书记杨贤金出席教育部直属高校暨有关高校组织工作研讨会】** 12月6—7日，第十五次教育部直属高校暨全国有关高校组织工作研讨会在南京农业大学召开。学校党委书记杨贤金在大会上作了“全面落实‘三重一大’决策制度，大力推进领导班子‘四项能力’建设”的交流发言。

（杨雅伟）

# 宣传思想工作

**【概况】** 年内，在校党委的直接领导下，紧紧围绕学校重点工作，在扎实推进日常工作的基础上，深入开展学习宣传党的十八大精神主题活动，大力开展60周年校庆宣传工作，积极参与校第十次党代会相关工作，通过在理论武装、舆论引导、文明创建和文化传承创新等方面创新性地开展工作，有效扩大了学校的影响力，提升了学校的美誉度。

**开展学习宣传十八大精神主题活动。**通过多种形式，在全校营造了深入学习贯彻党的十八大精神、推动学校事业科学发展的浓郁氛围。下发了《华东理工大学关于学习宣传贯彻党的十八大精神的通知》，组织了党员干部和广大师生集中收看党的十八大现场直播，组织开展了“学习贯彻党的十八大精神座谈会”，承办了“上海市党的十八大精神宣讲报告会”，会同马克思主义学院，遴选10名理论宣传骨干教师组成华东理工大学“党的十八大精神宣讲团”，承办了《陈云与中国共产党2012高校巡回专题展》，依托校报，开展“学习宣传贯彻党的十八大精神知识竞赛”，并推出学习宣传党的十八大精神专刊；利用学校宣传栏，举办了党的十八大图片展。校园新闻网开设“学习宣传贯彻党的十八大精神”专题，积极报道学校和各单位的学习贯彻活动。

**开展60周年校庆主题宣传工作。**（1）营造温馨喜庆氛围。设计制作了60周年校庆视觉识别系统；重新录制了校歌（2012版）；在《中国教育报》《光明日报》《文汇报》上分别刊登了3期校庆公告，制作了校庆形象片《因您而感动》，会同艺术学院共同设计制作了校庆道旗等系列宣传品。积极参与校庆庆典环境建设和氛围营造；依托校园网和腾讯网建立了两个60周年校庆专题网站，浏览量近300万人次；新闻网开辟“喜迎60华诞”“因您而感动”“深度报道”“口述校史”等专题，共发布信息500余条。推出两期12个版面的《华东理工大学周报》校庆专刊，展示学校发展成就；在腾讯微博平台发起了“祝福华理”“微博征文”“笑脸征集”等活动，收到来自全国各地不同地区近万名校友的祝福；组织和参与出版了《改变思维》《舌尖上的营养与能量》《我们的家园》《履痕》等4本校庆图书。与档案馆合作，在徐汇校区和奉贤校区分别制作了“让历史告诉未来”的校史长廊。（2）加强对外新闻报道力度，提升学校美誉度。与中国化工报社建立全面战略合作伙伴关系，与腾讯网结成战略合作关系，倾力宣传校庆；在《光明日报》《中国教育报》《中国化工报》《文汇报》等主流媒体上推出专版12个；广邀新闻媒体，报道校庆庆典，新华社及《光明日报》《解放日报》《文汇报》《中国化工报》等30余家媒体对校庆庆典给予了重点报道。通过腾讯网平台，采用视频直播和微博直播方式，全程直播建校60周年庆祝大会，近6万人收看视频直播，开展微博上墙互动活动，吸引了4 000余名师生和校友发送祝福，开创了中国高校应用新媒体全面宣传校庆活动的先河。

**参与校第十次党代会相关工作。**设计制作了第十次党代会专题网站；校园新闻网和校报开设“党代表访谈”专栏；校报推出“迎接党代会，开创新局面”专栏，刊发第九次党代会召开以来学校建设成就巡礼系列文章；推出4个版面的第十次党代会校报专刊；党代会召开期间，设立“聚焦党代会”专栏，发布了16篇新闻，实时报道党代会进程；在《解放日报》推出专版——《创新，驱动内涵发展——华东理工大学贯彻十八大精神建设高水平研究型大学纪实》；在做好宣传报道工作的基础上，积极参与党代会的各项会务工作。

**推进各项常规工作。**（1）宣传教育工作有效推进。承办了“创新驱动，转型发展——上海科学发展成就图片展”高校巡展；组织学生参与“学党史，诵伟人——上海高校红色经典诵读大赛”。教职工与学生的政治学习活动有效开展：全年共组织“东方讲坛”及“海湾讲坛”19场，发放各类理论学习书籍1 100余册；组织32名骨干教师参加了国家和上海市的哲学社会科学教学骨干培训；组织开展了第24届宪法宣传周活动；组织了3 275名学生报名参加普通话测试工作。（2）新闻宣传工作进步明显。2012年学校被中国化工新闻工作者协会评为全国石油和化学工业新闻宣传先进单位。学校新闻网共发布新闻4242条，同比增长26%。校园网主页再获“全国高校百佳网站”称号。校报在上海市新闻出版局的报纸编校检查中获得“优秀”。对外宣传硕果累累，2012年各类媒体上刊登关于学校建设成果和办学成就的新闻报道多达1 000余篇，转载15 000多次。学校五大官方微博粉丝日益增多，仅腾讯微博粉丝数就达20万人，近半年增长近万人。在腾讯网主办的“回响中国”2012年教育年度总评榜荣耀盛典上，华东理工大学喜获“2012年度高校新媒体应用先锋”荣誉称号。（3）文明创建工作常抓不懈。集中表彰了文明部处、文明学院和优秀文明创建项目；发布了《华东理工大学社会责任报告书》，改版了校精神文明创建网站。学校报送的“用爱心温暖每个角落——华东理工大学学生社团主题公益行动”荣获教育部高校校园文化建设优秀成果二等奖。高雅艺术进校园工作顺利开展，全年共组织师生4 000余名，观看各类演出近18场次。此外，还组织了560名师生分12批参加了科技馆志愿服务活动。

**【光明日报社与学校联合举办创业文化与创业精神主题论坛】** 1月13日上午，光明日报社和学校联合举办的创业文化与创业精神主题论坛在徐汇校区逸夫楼演讲厅举行。光明日报社副总编李春林、记者部副主任周立文、上海站站长曹继军，东华大学教授顾庆良，上海市创业投资行业协会副秘书长、上海创业投资管理有限公司总经理陈爱国，学校党委副书记沈炜，6 位成功创业的校友代表以及相关部门负责人等出席了论坛。论坛上，与会嘉宾围绕会议主题畅所欲言，表达自己对创业文化与创业精神的理解。1 月 18 日，《光明日报》整版报道了学校领导、专家以及创业成功校友在论坛上的发言要点。

（杨艳生）

**【学校组织学生参加“在校大学生普通话水平测试”】** 3—5 月，学校分 5 次组织了 2 717 名在校三年级学生进行了普通话水平免费测试。在党委宣传部、教务处、信息学院以及各学院的通力合作下，学校 2012 年的在校大学生普通话水平测试顺利完成，学校应测 3 894 人，报名 3 275 人，实测 2 717 人，最终达标 2 424 人，达标率为 89. 22%。

（曲珩）

**【学校党委举行学习贯彻十八大精神座谈会】** 11 月 28 日，学校党委在和平楼第二会议室举行学习贯彻党的十八大精神座谈会。校党委书记杨贤金出席并讲话，校党委副书记沈炜、校党委副书记兼纪委书记林志华和党群系统各部门负责同志、各二级党组织书记及宣传委员、各单位的师生代表、党委宣传部全体工作人员出席座谈会。座谈会由沈炜主持。8 名教师、学生代表分别交流发言，畅谈学习体会。

（杨艳生）

**【学校获评“2012 年度高校新媒体应用先锋”】** 12 月 10 日，由腾讯网主办的“回响中国”2012 年教育年度总评榜荣耀盛典在北京举行。学校获得“2012 年度高校新媒体应用先锋”荣誉称号，并受邀出席盛典。在稍后举行的首届全国高校新媒体发展论坛上，媒体领域专家、全国各高校领导、党宣团委负责人、新闻学院院长以及高校微博运营人员等百余人，共同围绕“新媒体时代的高校发展与人才培养”进行主题交流。党委宣传部部长宋来在会上介绍了学校新媒体建设、运营过程中的经验，交流了与腾讯联手开展华理 60 周年校庆宣传活动的情况。

（杨艳生）

## 附录：

**2012 年度各类媒体报道学校情况统计表**

| 序号 | 标题 | 媒体 | 日期 |
| --- | --- | --- | --- |
| 1 | 文化，大学的灵魂 | 《光明日报》 | 2012 - 1 - 11 |
| 2 | 让大学成为创业者的摇篮 | 《光明日报》 | 2012 - 1 - 18 |
| 3 | 除夕，为留校学子掌大勺 | 《解放日报》 | 2012 - 1 - 23 |

续表

| 序号 | 标题 | 媒体 | 日期 |
|---|---|---|---|
| 4 | 给了“第一桶金”，再给“第二桶金” | 《文汇报》 | 2012-2-5 |
| 5 | 给大型石化装置做诊疗 | 《文汇报》 | 2012-2-15 |
| 6 | 盐湖“提钾”，创出百万吨级生产线 | 《解放日报》 | 2012-2-17 |
| 7 | 后全球化视野下的社会管理 | 《解放日报》 | 2012-2-19 |
| 8 | 提升中国智库要破解四个难题 | 《北京日报》 | 2012-2-20 |
| 9 | 华理创制绿色农药打入美国市场 | 《解放日报》 | 2012-2-22 |
| 10 | 一台文化球　创出三奇迹 | 《文汇报》 | 2012-2-24 |
| 11 | PTA 优化运行：装备有限潜能无限 | 《中国化工报》 | 2012-2-28 |
| 12 | 华东理工与新疆天业建产学研合作创新基地 | 《中国化工报》 | 2012-3-8 |
| 13 | 中国绿色杀虫剂赢得美国信任 | 《中国化工报》 | 2012-3-12 |
| 14 | 勤俭搞科研，设备可共享 | 《中国化工报》 | 2012-3-13 |
| 15 | 光电功能分子国际研讨会在沪举行 | 《中国科学报》 | 2012-3-14 |
| 16 | 华理工煤制油技术在新疆伊犁“开花” | 《上海科技报》 | 2012-3-21 |
| 17 | 诺贝尔化学奖得主受聘华理名誉教授 | 《文汇报》 | 2012-3-14 |
| 18 | 天业与华东理工大学战略合作 | 《科技日报》 | 2012-3-26 |
| 19 | 中国化工报与华东理工大学签署战略合作协议 | 《中国化工报》 | 2012-3-30 |
| 20 | 创业半年即摘黑马大赛冠军 | 《东方早报》 | 2012-4-4 |
| 21 | 大学是人类精神的家园 | 《文汇讲堂》 | 2012-4-5 |
| 22 | “中国获诺贝尔奖会水到渠成” | 《东方早报》 | 2012-4-5 |
| 23 | 用心就能成功 | 《文汇报》 | 2012-4-6 |
| 24 | “大学生应学会批判辨别质疑” | 《东方早报》 | 2012-4-6 |
| 25 | 靶向激活开辟光精确控制新路 | 《中国科学报》 | 2012-4-6 |
| 26 | 大学生创业半年月入过百万 | 《天天新报》 | 2012-4-9 |
| 27 | 要主动学终身学，还要善于合作 | 《文汇报》 | 2012-4-11 |
| 28 | 帮科学家建“化学分子厨房”的追梦者 | 《青年报》 | 2012-4-15 |
| 29 | 华理全力培养卓越工程师 | 《东方教育时报》 | 2012-4-19 |
| 30 | 该吃的苦，总是要吃的 | 《文汇报》 | 2012-4-23 |
| 31 | 我“靶向激活光扳机”开辟光精确控制治癌新路 | 《科技日报》 | 2012-4-23 |
| 32 | 大学生村官眼中“变”与“不变” | 《解放日报》 | 2012-4-25 |
| 33 | 在学生心中埋下创新的种子 | 《东方教育时报》 | 2012-4-26 |
| 34 | “站上三尺讲台，就要对得起学生” | 《东方教育时报》 | 2012-4-26 |
| 35 | 上海华谊罗明陨：从学生到专家 | 《中国化工报》 | 2012-5-1 |
| 36 | 华东理工今年在沪招生 762 名 | 《文汇报》 | 2012-5-3 |
| 37 | 华东理工建新生“专业交换平台” | 《天天新报》 | 2012-5-5 |
| 38 | 职业咨询师宿舍区设摊咨询 | 《东方教育时报》 | 2012-5-30 |

续表

| 序号 | 标题 | 媒体 | 日期 |
|---|---|---|---|
| 39 | 为同学募捐，徐汇奉贤骑个来回 | 《青年报》 | 2012－6－1 |
| 40 | 构建社会公平　须防止利益世袭化 | 《深圳特区报》 | 2012－6－5 |
| 41 | 没出校门就当上了厂长 | 《中国教育报》 | 2012－6－9 |
| 42 | 职业咨询师开进学生宿舍区 | 《中国教育报》 | 2012－6－14 |
| 43 | “吃块红烧肉再走　记得 made in 母校!” | 《青年报》 | 2012－6－20 |
| 44 | 华东理工的“文化球” | 《解放日报》 | 2012－6－29 |
| 45 | 走进国家重点实验室 | 《上海科技报》 | 2012－7－20 |
| 46 | 华理教师想带婉晴一起参观博物馆 | 《青年报》 | 2012－7－31 |
| 47 | “三校四企”协同创新煤炭资源化利用 | 《中国科学报》 | 2012－8－8 |
| 48 | 校企协同创新非石油原料大型化工技术 | 《中国科学报》 | 2012－8－21 |
| 49 | 校友“老师”走上母校讲台——记华东理工大学 EHS 校友会 | 《东方教育时报》 | 2012－9－5 |
| 50 | 搞科研是件有趣的事情——记华东理工大学药学院特聘教授杨弋 | 《东方教育时报》 | 2012－9－5 |
| 51 | 把学生放在心上——记华东理工大学理学院教授殷锡鸣 | 《东方教育时报》 | 2012－9－5 |
| 52 | 离开实践的创新是伪命题 | 《文汇报》 | 2012－9－6 |
| 53 | 一把钥匙引发大四“保卫战” | 《解放日报》 | 2012－9－8 |
| 54 | 打开入学手册　现亲切“淘宝体” | 《新民晚报》 | 2012－9－8 |
| 55 | 院长与学生“平起平坐” | 《新民晚报》 | 2012－9－10 |
| 56 | 华东理工博导为大一新生上专业导论课 | 《新闻晨报》 | 2012－9－12 |
| 57 | “决定做一件事就努力做好它” | 《东方教育时报》 | 2012－9－12 |
| 58 | 榜样的力量 | 《文汇报》 | 2012－9－14 |
| 59 | 要当“杰青”不当“愤青” | 《文汇报》 | 2012－9－17 |
| 60 | 华东理工大学着力培养工程科技领军人才 | 《中国教育报》 | 2012－9－17 |
| 61 | 华东理工：构建技术转移的“立交桥” | 《中国化工报》 | 2012－9－19 |
| 62 | 华东理工：充满诱惑的科学世界 | 《上海科技报》 | 2012－9－19 |
| 63 | 感动从接站开始——2012 年上海南站迎新现场直击 | 《东方教育时报》 | 2012－9－19 |
| 64 | 退休教师志愿迎新生 | 《东方教育时报》 | 2012－9－19 |
| 65 | 勤工助学岗第一时间“供应”新生 | 《东方教育时报》 | 2012－9－19 |
| 66 | 新生未到校　关爱已到家 | 《东方教育时报》 | 2012－9－19 |
| 67 | 2013 年，华理 MBA 新生奖学金将大幅提高 | 《新闻晨报》 | 2012－9－20 |
| 68 | 用执着铺就追梦之旅 | 《东方教育时报》 | 2012－9－26 |
| 69 | 大学课堂如何才更有吸引力 | 《光明日报》 | 2012－10－8 |
| 70 | 煲鱼汤要用热水　舌尖上也有“化学” | 《新民晚报》 | 2012－10－9 |
| 71 | 吃点臭豆腐能防老年痴呆 | 《新闻晚报》 | 2012－10－10 |
| 72 | 将最优质的教育资源投入教学 | 《中国教育报》 | 2012－10－10 |

续表

| 序号 | 标题 | 媒体 | 日期 |
| --- | --- | --- | --- |
| 73 | “舌尖上的误区”不少 | 《解放日报》 | 2012－10－10 |
| 74 | 炒菜秘诀：锅要热油要凉 | 《文汇报》 | 2012－10－10 |
| 75 | 院士“数字化”解析中华美食 | 《东方早报》 | 2012－10－10 |
| 76 | 百舸争流千帆竞——上海高校五年科研工作回眸 | 《上海科技报》 | 2012－10－12 |
| 77 | 华东理工编写《舌尖上的营养与能量》饮食中的化学值得关注 | 《上海科技报》 | 2012－10－12 |
| 78 | 将“中国创新”推向世界 | 《中国化工报》 | 2012－10－12 |
| 79 | 把最优秀的大学生选进组织 | 《中国教育报》 | 2012－10－16 |
| 80 | 中外携手，精英工程人才培养同行 | 《中国教育报》 | 2012－10－16 |
| 81 | CSSO：创业教育的新模式 | 《中国教育报》 | 2012－10－16 |
| 82 | 优势学科创新平台：再创新优势 | 《中国教育报》 | 2012－10－16 |
| 83 | 以创新打造研究型重点高校——华东理工大学科技创新纪实 | 《中国化工报》 | 2012－10－17 |
| 84 | 未出校门就当“厂长”——记华东理工全日制工程硕士培养体系 | 《中国化工报》 | 2012－10－17 |
| 85 | 华东理工出书引大众均衡膳食 | 《东方教育时报》 | 2012－10－17 |
| 86 | 华东理工大学科技成果转化率超50% | 《人民日报》 | 2012－10－18 |
| 87 | 教授必须是教学能手 | 《文汇报》 | 2012－10－18 |
| 88 | 以人为本，培育卓越工程人才 | 《文汇报》 | 2012－10－18 |
| 89 | 创新活动引导学子走上科研之路 | 《文汇报》 | 2012－10－18 |
| 90 | “七项”举措强化实践育人 | 《文汇报》 | 2012－10－18 |
| 91 | 10月千场宣讲会催热校园招聘季 | 《新闻晨报》 | 2012－10－18 |
| 92 | “中国牌”煤气化国际领先 | 《新民晚报》 | 2012－10－20 |
| 93 | 上海大学生企业最高市值已达7亿 | 《东方早报》 | 2012－10－21 |
| 94 | 华东理工大学喜迎六十华诞 | 《文汇报》 | 2012－10－21 |
| 95 | 华东理工大学建校60周年 | 《解放日报》 | 2012－10－21 |
| 96 | 华东理工大学喜庆60岁生日 | 《新民晚报》 | 2012－10－21 |
| 97 | 华东理工大学喜庆60周岁 | 《光明日报》 | 2012－10－22 |
| 98 | 华东理工大学举行60周年校庆盛典 | 《中国化工报》 | 2012－10－23 |
| 99 | 露脸走天下，沪高校将闪耀工博会 | 《新闻晨报》 | 2012－10－24 |
| 100 | 华东理工大学迎六十年校庆 | 《东方教育时报》 | 2012－10－24 |
| 101 | 华理食堂好爷叔　服务之外“卖”温暖 | 《青年报》 | 2012－10－25 |
| 102 | 教育应当让人改变思维 | 《东方教育时报》 | 2012－10－31 |
| 103 | 有材料，才有料！ | 《解放日报》 | 2012－11－2 |
| 104 | 曹锦清谈三十年来的农民中国 | 《东方早报》 | 2012－11－4 |
| 105 | 智慧之光点亮我们的生活 | 《上海科技报》 | 2012－11－7 |
| 106 | 打造“绿色化”的塑料生产模式 | 《上海科技报》 | 2012－11－7 |

续表

| 序号 | 标题 | 媒体 | 日期 |
|---|---|---|---|
| 107 | 海正药业牵手华东理工“掘金”抗体药物市场 | 《上海证券报》 | 2012－11－10 |
| 108 | 一款网游一夜爆红　六人公司月入百万 | 《新民晚报》 | 2012－11－23 |
| 109 | 谢应波：创业火种生根，企业进入上市辅导期 | 《青年报》 | 2012－11－25 |
| 110 | 我们为什么该关心农药的前途 | 《文汇报》 | 2012－12－6 |
| 111 | 创新才是硬道理 | 《新闻晚报》 | 2012－12－13 |
| 112 | 想成为科学家脚下的肩膀 | 《文汇报》 | 2012－12－13 |
| 113 | 微博关注晨友会　赢取《改变思维》 | 《新闻晨报》 | 2012－12－19 |
| 114 | 创新，驱动内涵发展 | 《解放日报》 | 2012－12－28 |
| 115 | 华理网络学院两名毕业生入选“百名学习之星” | 东方网 | 2012－1－4 |
| 116 | MBA学生为贫困儿童义拍 | 《新闻晚报》 | 2012－1－13 |
| 117 | 设备再先进也抵不过“人脑” | 《文汇报》 | 2012－1－14 |
| 118 | 华东理工首次在沪自选直推生 | 《解放日报》 | 2012－2－6 |
| 119 | 华东理工自主招生选拔考昨举行 | 《文汇报》 | 2012－2－6 |
| 120 | 华理自主招生四千考生笔试 | 《新闻晚报》 | 2012－2－6 |
| 121 | 华东理工大学最新创新绿色基因调控技术 | 《中国新闻社》 | 2012－2－13 |
| 122 | 华东理工大学杨弋教授课题组创新绿色基因调控技术 | 中国经济网 | 2012－2－14 |
| 123 | 我学者发明一种光调控基因表达系统 | 《中国科学报》 | 2012－2－14 |
| 124 | 获奖成果为上海提供创新驱动 | 《中国科学报》 | 2012－2－15 |
| 125 | 上海获奖成果渐成产业引擎 | 《解放日报》 | 2012－2－15 |
| 126 | 绿色杀虫剂为水稻撑起保护伞 | 《新闻晚报》 | 2012－2－22 |
| 127 | 上海农药专利被500强企业相中　为水稻撑起保护伞 | 解放牛网 | 2012－2－23 |
| 128 | “中国创制”绿色新农药走向国际　对环境更友好 | 中国经济网 | 2012－2－23 |
| 129 | 国家重大科研计划聚焦骨组织快速修复 | 《中国科学报》 | 2012－2－24 |
| 130 | 全球作物保护发展联盟在沪成立 | 《中国化工报》 | 2012－2－24 |
| 131 | 华东理工大学商学院MBA高峰论坛召开 | 中国MBA网 | 2012－2－26 |
| 132 | 华东理工大学于建国、涂善东副校长率团访问新疆天业 | 兵团新闻网 | 2012－2－26 |
| 133 | 天业和华东理工大学联手打造产学研合作创新基地 | 兵团新闻网 | 2012－2－27 |
| 134 | 微纳结构生物材料项目在沪启动 | 《中国化工报》 | 2012－2－27 |
| 135 | 社工穿针引线　快乐文化植入社区 | 《四川日报》 | 2012－2－27 |
| 136 | 中国绿色农药跻身国际市场 | 《中国科学报》 | 2012－2－28 |
| 137 | 乙烯废锅优化与国产化获突破 | 《中国化工报》 | 2012－2－29 |
| 138 | EMBA教育本质：拒绝浮躁，沉着面对 | 《MBAChina》 | 2012－2－29 |
| 139 | “863”计划现代农业技术领域新烟碱杀虫剂成果成功转化 | 科技部网站 | 2012－2－29 |
| 140 | 为了人民的利益——上海市全国人大代表积极履职纪实 | 新华社 | 2012－3－1 |
| 141 | 华理与新疆建设兵团联建“产学研合作创新基地” | 上海教育新闻网 | 2012－3－1 |

续表

| 序号 | 标题 | 媒体 | 日期 |
|---|---|---|---|
| 142 | 华理与新疆建设兵团联建“产学研合作创新基地” | 中国经济网 | 2012-3-1 |
| 143 | 上海加快创建“中国软件名城” | 《上海金融报》 | 2012-3-2 |
| 144 | 好莱坞归来进沙漠 | CCTV“致富经”栏目 | 2012-3-2 |
| 145 | 两个月，提案变成了法规 | 《科技日报》 | 2012-3-2 |
| 146 | 如何培养自己的“乔布斯” | 新华网 | 2012-3-3 |
| 147 | 资源共用　开启智慧城市之钥 | 中国经济网 | 2012-3-3 |
| 148 | 中国实体经济再上路 | 《文汇报》 | 2012-3-5 |
| 149 | 盐湖钾镁开发：提高自给　循环利用 | 《中国化工报》 | 2012-3-6 |
| 150 | 上海代表团畅谈如何深化改革 | 《东方早报》 | 2012-3-6 |
| 151 | 习近平参加上海代表团审议　强调要加快改革创新 | 东广新闻台 | 2012-3-6 |
| 152 | 代表委员热议转变发展方式　称需避免柯达困境 | 《新民晚报》 | 2012-3-6 |
| 153 | 这笔钱应该花在哪——委员热议财政性教育经费“追4” | 《科技日报》 | 2012-3-6 |
| 154 | 专家：用颜色辨油品好坏不科学 | 《汽车007周报》 | 2012-3-6 |
| 155 | 教育国际化不能替代本国教育 | 《新闻晨报》 | 2012-3-6 |
| 156 | 华东理工大学商学院MBA高峰论坛关注民生安全 | 《中国商业电讯》 | 2012-3-7 |
| 157 | 寒门子弟“春天”在哪里 | 《中国科学报》 | 2012-3-7 |
| 158 | 政协委员呼吁消除“化工恐惧症” | 《中国化工报》 | 2012-3-8 |
| 159 | 二氧化碳替代光气绿色合成聚氨酯 | 《生意社》 | 2012-3-8 |
| 160 | 业余志愿者“发光发亮”社会体育毕业生为何却难到社区工作 | 《青年报》 | 2012-3-8 |
| 161 | 石化产业对接战略性新兴产业需过技术关 | 中国广播网 | 2012-3-8 |
| 162 | 政协委员谈石化对接战略性新兴产业 | 《中国化工报》 | 2012-3-9 |
| 163 | 十一化建与华东理工签订研发协议 | 《中国化工报》 | 2012-3-9 |
| 164 | 法律的关键在落实、执行 | 《中国科学报》 | 2012-3-9 |
| 165 | 政务微博成政府倾听民意创新形式 | 《青年报》 | 2012-3-9 |
| 166 | 病人戴“手表”，医生可远程诊病 | 《新闻晚报》 | 2012-3-9 |
| 167 | 华东理工大学在细胞内分子过程研究领域取得突破 | 中国教育网 | 2012-3-12 |
| 168 | 华东理工60年校庆学术活动揭幕 | 《解放日报》 | 2012-3-12 |
| 169 | 诺奖得主成名誉教授 | 《新闻晚报》 | 2012-3-13 |
| 170 | 莫忽视“田间地头”安全隐患 | 《新民晚报》 | 2012-3-13 |
| 171 | 逾两成公众受调查时表示：从未得到过食安信息服务 | 《解放日报》 | 2012-3-13 |
| 172 | 华东理工研讨会：专家呼吁推进食品召回制度 | 解放牛网 | 2012-3-13 |
| 173 | 华东理工筹建新药设计重点实验室 | 《中国化工报》 | 2012-3-13 |
| 174 | “食品药品安全与消费者权益保护研讨会”举办 | 中国经济网 | 2012-3-13 |
| 175 | 学者建议设立儿童食品安全保护区 | 《天天新报》 | 2012-3-13 |
| 176 | 食品摊贩有望合法化 | 《东方早报》 | 2012-3-13 |

续表

| 序号 | 标题 | 媒体 | 日期 |
|---|---|---|---|
| 177 | 合成气间接制乙二醇中试通过鉴定 | 《中国化工报》 | 2012－3－14 |
| 178 | 打出生物工程领域强势“中国牌” | 《上海科技报》 | 2012－3－14 |
| 179 | 为提高食品药品安全水平献计——跨学科专家共话消费者权益保护 | 《上海科技报》 | 2012－3－14 |
| 180 | 华东理工大学举办光电功能分子国际研讨会 | 中国经济网 | 2012－3－14 |
| 181 | 全球作物保护创新发展联盟在上海签约 | 中国农药网 | 2012－3－15 |
| 182 | 政协委员为石化产学研衔接支招 | 《中国化工报》 | 2012－3－15 |
| 183 | 华理 MBA 高峰论坛讨论民生安全与企业生存 | 《MBAChina》 | 2012－3－15 |
| 184 | 2012 国际橡塑展 4 月 18 日将在沪举行 | 东方网 | 2012－3－15 |
| 185 | 诺奖获得者受聘任华东理工名誉教授 | 《上海科技报》 | 2012－3－16 |
| 186 | 华东理工大学 MPA 教学基地落户盐城人才金港 | 中国新闻社 | 2012－3－17 |
| 187 | 大学生手机软件设计赛鸣金 | 《解放日报》 | 2012－3－18 |
| 188 | 上海：老厂房变身高科技企业集聚基地 | 《科技日报》 | 2012－3－19 |
| 189 | 2011 上海大学生移动终端软件设计大赛落幕 | 《IT 时报》 | 2012－3－21 |
| 190 | 多喷嘴对置式水煤浆气化技术成功实现产业化 | 腾讯网 | 2012－3－23 |
| 191 | 科学与人生中的七颗“心” | 《文汇报》 | 2012－3－25 |
| 192 | 华东理工大学第七次戈壁挑战赛队员集训 | 新浪网 | 2012－3－26 |
| 193 | 华东理工大学与新疆企业共建产学研合作创新基地 | 《中国高新技术产业导报》 | 2012－3－26 |
| 194 | 原创农药要“出海”投资回报需等待 | 《上海证券报》 | 2012－3－27 |
| 195 | 中国商学院林立竞争激烈　特色优势何在 | 搜狐网 | 2012－3－28 |
| 196 | 华东理工大学机械学院学生张双刀：相信未来 | 腾讯网 | 2012－3－29 |
| 197 | 上海触龙：移动游戏暴盈者 | 新浪网 | 2012－4－1 |
| 198 | 文明幸福新萧山建设系列调研座谈会举行 | 《萧山日报》 | 2012－4－2 |
| 199 | 搞笑视频让老外读懂中国 | 《新闻晚报》 | 2012－4－5 |
| 200 | 上海酝酿“核电服务科技园区”加快核电服务业 | 《上海国资》 | 2012－4－5 |
| 201 | 华东理工新增一本科专业，为社会培养紧缺人才 | 解放牛网 | 2012－4－6 |
| 202 | 毫毛变出一帮猴子　不正是干细胞克隆 | 《解放日报》 | 2012－4－8 |
| 203 | 钱煦、钱旭红两院士共话科学与人生 | 腾讯网 | 2012－4－9 |
| 204 | 名誉校长成思危来华理指导工作并发表校庆致辞 | 腾讯网 | 2012－4－9 |
| 205 | 华东理工大学办学历史上的一批老器材找到归宿 | 腾讯网 | 2012－4－9 |
| 206 | 搬还是不搬，员工感受最重要 | 《解放日报》 | 2012－4－9 |
| 207 | 上海蜂业理事长孙德官：化身“蜜蜂”酿生涯 | 中国经济网 | 2012－4－11 |
| 208 | 沪青年新闻工作者深入开展“走、转、改”活动 | 东方网 | 2012－4－11 |
| 209 | “景观学”今秋招生 | 《天天新报》 | 2012－4－11 |
| 210 | 创业黑马大赛：上海小伙凭手机游戏夺冠 | 解放牛网 | 2012－4－14 |

续表

| 序号 | 标题 | 媒体 | 日期 |
|---|---|---|---|
| 211 | “泥腿子”与“农状元” | 《经济日报》 | 2012-4-15 |
| 212 | 我市80家社会组织将接受第三方等级评估 | 《东莞日报》 | 2012-4-17 |
| 213 | 13个展团齐聚国际橡塑展“蝙蝠鲨”未来汽车亮相 | 中国新闻社 | 2012-4-18 |
| 214 | 他们为何赚不到钱 | 《江苏商报》 | 2012-4-18 |
| 215 | 华东理工大学双管齐下创新民族班学生“双帮扶”培养模式 | 民教网 | 2012-4-18 |
| 216 | 专访帖雅娜：受益优才计划不应限制海外乒团 | 腾讯网 | 2012-4-18 |
| 217 | 塑料+橡胶+太阳能未来的汽车会是这样吗? | 《城市商报》 | 2012-4-19 |
| 218 | 中国工程院徐滨士院士受聘华理名誉教授 | 腾讯网 | 2012-4-19 |
| 219 | “陈云与中国共产党”高校巡回展今启动 | 《新民晚报》 | 2012-4-20 |
| 220 | 借助RFID技术华东理工图书馆全面升级 | 东方网 | 2012-4-20 |
| 221 | “陈云与中国共产党”高校巡回专题展启动 | 《文汇报》 | 2012-4-22 |
| 222 | 曹锦清做客衡阳县解析“土地制度与城乡一体化建设” | 红网 | 2012-4-23 |
| 223 | 王滨海：让智能直升机巡检电线 | 《中国青年报》 | 2012-4-23 |
| 224 | 华东理工大学2012计划招生3 940人沪招生近800人 | 《新闻晨报》 | 2012-4-23 |
| 225 | 华理MBA荣登福布斯中国最佳商学院榜单 | 网易 | 2012-4-24 |
| 226 | 华东理工大学成立青年教师教学能力培训基地 | 《中国教育报》 | 2012-4-24 |
| 227 | 低碳时代的冲浪人王金安 | 《今日中国》 | 2012-4-25 |
| 228 | 特聘教授马铁驹：决定做一件事，就努力做好它 | 腾讯网 | 2012-4-26 |
| 229 | 复旦交大等沪上11所高校今年招收插班生 | 东方网 | 2012-4-26 |
| 230 | 11所高校部分专业招收插班生 | 《新闻晨报》 | 2012-4-26 |
| 231 | 11所普通高校继续招插班生 | 《新民晚报》 | 2012-4-26 |
| 232 | 华理同英国诺丁汉大学签署合作协议备忘录 | 腾讯网 | 2012-4-27 |
| 233 | 华理EMBA举办南北经济学家2012高峰对话 | 中国经济网 | 2012-4-27 |
| 234 | 农民、硕士、80后：张李桃的三张名片 | 光明网 | 2012-5-2 |
| 235 | 王国平等经济学家齐聚华理　探讨2012经济趋势 | MBA环球网 | 2012-5-2 |
| 236 | 南北经济学家高峰对话在上海成功举办 | 腾讯网 | 2012-5-3 |
| 237 | 一本报考零风险　进校可转专业 | 《新闻晚报》 | 2012-5-3 |
| 238 | 上海大学生年度人物揭晓 | 《新闻晚报》 | 2012-5-3 |
| 239 | 华理EMBA举办南北经济学家2012高峰对话 | 解放牛网 | 2012-5-3 |
| 240 | 机械与动力工程学院辅导员杨倩：用心灵为学生成长导航 | 腾讯网 | 2012-5-3 |
| 241 | 生物工程学院博士生张闽：认准目标　脚踏实地做科研 | 腾讯网 | 2012-5-3 |
| 242 | 宁财神：每个年轻人都会有激烈的时候 | 凤凰网 | 2012-5-3 |
| 243 | 沪12所高校今年招收插班生 | 东方网 | 2012-5-3 |
| 244 | 职业咨询室开进华东理工大学学生宿舍区 | 中国新闻社 | 2012-5-3 |
| 245 | 职业咨询室开进学生宿舍区 | 《青年报》 | 2012-5-4 |

续表

| 序号 | 标题 | 媒体 | 日期 |
| --- | --- | --- | --- |
| 246 | 一本报考零风险进校可转专业 | 《新闻晚报》 | 2012－5－4 |
| 247 | 大力推进行业协会改革发展 | 《经理日报》 | 2012－5－6 |
| 248 | 生物工程学院常雅宁老师：多重身份　多样风采 | 腾讯网 | 2012－5－7 |
| 249 | 奉贤学生社团出新招　庆祝五四青年节 | 东方网 | 2012－5－7 |
| 250 | 沪高校陆续发布招生计划 | 《东方教育时报》 | 2012－5－9 |
| 251 | 变“学历崇拜”为“创新力崇拜” | 《解放日报》 | 2012－5－11 |
| 252 | 青蒿素“专利之痛”又将发作? | 《文汇报》 | 2012－5－11 |
| 253 | 中国力研究中心费城论坛在美召开 | 《世界日报》 | 2012－5－11 |
| 254 | 实录：华东理工大学招办解读2012高招政策 | 人民网 | 2012－5－14 |
| 255 | “80后”创业月入过百万 | 《大连晚报》 | 2012－5－15 |
| 256 | 华理与新疆建设兵团联建创新基地 | 《科技日报》 | 2012－5－21 |
| 257 | 华东理工大学2012高考本科招生计划3 940人 | 中国教育在线 | 2012－5－21 |
| 258 | 华东理工大学：新增景观学专业 | 《海峡都市报》 | 2012－5－22 |
| 259 | 摩尔定律将遭遇大限　石墨烯有望做下一代存储器 | 解放牛网 | 2012－5－22 |
| 260 | 陶氏功能助剂业务部与华东理工大学携手表彰未来涂料科学家 | 上海热线 | 2012－5－23 |
| 261 | 高校直通车：这些学校对优秀学生很“照顾” | 《新安晚报》 | 2012－5－24 |
| 262 | 华东理工大学物理系大四学生张越宇：炼成全能“学术帝” | 腾讯网 | 2012－5－24 |
| 263 | “公益事务所”扎根居民的启示 | 东方网 | 2012－5－30 |
| 264 | 食品安全蓝皮书发布　超七成公众不乐观　买食品首要看品牌 | 新民网 | 2012－5－30 |
| 265 | 逾六成公众认为政府对食品安全监督力度不足 | 人民网 | 2012－5－30 |
| 266 | 华理EMBA举办南北经济学家2012高峰对话 | 《新闻晨报》 | 2012－5－31 |
| 267 | 超7成公众对食品安全不满　最不放心肉及乳制品 | 东方网 | 2012－5－31 |
| 268 | 上海大学生足球联赛落幕 | 《文汇报》 | 2012－5－31 |
| 269 | 国产煤气化技术推广还须加把劲 | 《中国化工报》 | 2012－5－31 |
| 270 | 逾六成公众对食品安全不乐观 | 《国际金融报》 | 2012－5－31 |
| 271 | 八地食品安全认知调查显示：食品安全趋势向，好现状不乐观 | 新华网 | 2012－5－31 |
| 272 | 毒胶囊到水质门拷问中国安全　公众弱势群体如何应对? | 千龙网 | 2012－5－31 |
| 273 | 华理“二手玩具城”有新意 | 《新民晚报》 | 2012－6－1 |
| 274 | 高考报考当心学校改名 | 新华网 | 2012－6－2 |
| 275 | 凌云社区联手华东理工大学赛龙舟 | 新民网 | 2012－6－2 |
| 276 | 华东理工亲子嘉年华“二手玩具城”让孩子学习“绿色消费” | 新民网 | 2012－6－3 |
| 277 | 华东理工大学“优秀生源基地”落户桐高 | 嘉兴在线 | 2012－6－4 |
| 278 | 华理商学院亲子活动传播绿色理念 | 解放牛网 | 2012－6－4 |
| 279 | “凌云杯”社区龙舟赛在华东理工大学举行 | 解放牛网 | 2012－6－4 |
| 280 | 环保理念从娃娃抓起 | 《天天新报》 | 2012－6－4 |

续表

| 序号 | 标题 | 媒体 | 日期 |
|---|---|---|---|
| 281 | 端午将至 社区高校联手赛龙舟 | 《上海商报》 | 2012-6-4 |
| 282 | 大型PTA装置优化技术成效显著 | 《中国科学报》 | 2012-6-4 |
| 283 | 华东理工大学举办亲子活动 绿色消费从娃娃抓起 | 中国经济网 | 2012-6-4 |
| 284 | 世界环保日：上海高校积极倡导绿色消费 | 1财网 | 2012-6-5 |
| 285 | 世界著名粒子物理学家袁简鹏教授来华理作报告 | 腾讯网 | 2012-6-5 |
| 286 | 校庆学术报告会 香港理工大学李迅教授应邀参加 | 腾讯网 | 2012-6-5 |
| 287 | 吴飞明：未出校门的“厂长” | 腾讯网 | 2012-6-5 |
| 288 | 刘红玉老师：用爱诠释服务育人理念 | 腾讯网 | 2012-6-5 |
| 289 | 区域化党建聚“核”力 | 中国共产党新闻网 | 2012-6-6 |
| 290 | 中国第三产业吸纳就业首超农业发展空间巨大 | 《第一财经日报》 | 2012-6-6 |
| 291 | 华东理工大学喜获上海高校技术合同管理先进单位“五连冠” | 千龙网 | 2012-6-7 |
| 292 | 公益，一种卫康的文化自觉 | 《中国青年报》 | 2012-6-7 |
| 293 | 华理学生研发笔记本散热器 | 《青年报》 | 2012-6-8 |
| 294 | 石墨烯有望为信息存储器“大限”解围 | 《中国科学报》 | 2012-6-8 |
| 295 | 海事大学、华东理工获上海高校外国留学生龙舟赛冠亚军 | 解放牛网 | 2012-6-9 |
| 296 | 外国留学生划龙舟劈波斩浪 | 《青年报》 | 2012-6-10 |
| 297 | 留学生赛龙舟 | 《文汇报》 | 2012-6-10 |
| 298 | 沪上留学生迎端午赛龙舟 | 《解放日报》 | 2012-6-10 |
| 299 | 2万元奖学金奖励发明创新 | 《解放日报》 | 2012-6-10 |
| 300 | 艾利丹尼森发明创新奖学金在沪颁发 | 解放牛网 | 2012-6-10 |
| 301 | 我的澳洲留学之路 | 《神州学人》 | 2012-6-11 |
| 302 | 子女创业，上海安徽家长态度相对消极 | 《中国青年报》 | 2012-6-11 |
| 303 | “硕士农民”经营现代农业 | 《安徽日报》 | 2012-6-11 |
| 304 | 洋学生赛龙舟 | 《新民晚报》 | 2012-6-11 |
| 305 | 刘昌胜教授世界生物材料大会获终身荣誉称号 | 腾讯网 | 2012-6-12 |
| 306 | 华理颁发明创新奖学金 | 《新闻晚报》 | 2012-6-13 |
| 307 | 深度解析上海之魅力高校 | 北方网 | 2012-6-13 |
| 308 | 欧盟强征碳税有何算计 | 《新闻晨报》 | 2012-6-14 |
| 309 | 上海科学发展成就展高校巡展启动 | 解放牛网 | 2012-6-15 |
| 310 | 做中国科学服务首席供应商 | 《中国化工报》 | 2012-6-15 |
| 311 | 灵谷化工坚持集成创新成就行业领跑者 | 《无锡日报》 | 2012-6-19 |
| 312 | 足不出沪划龙舟周末预订已爆满 端午短途游行程中加入龙舟元素 | 《青年报》 | 2012-6-21 |
| 313 | 机械专业能满足你的好奇心就业前景不错 | 《都市快报》 | 2012-6-25 |
| 314 | 供港食品安全率达99.999%的启示 | 《新华每日电讯》 | 2012-6-25 |

续表

| 序号 | 标题 | 媒体 | 日期 |
|---|---|---|---|
| 315 | 钱三强何泽慧铜像在沪落成 | 《天天新报》 | 2012－6－26 |
| 316 | 华理洁净煤所捐资百万设立于遵宏奖、助学金基金 | 腾讯网 | 2012－6－26 |
| 317 | 华理毕业季：一碗红烧肉永远华理情 | 腾讯网 | 2012－6－26 |
| 318 | 大物实验中心钟菊花老师：实验教学的“博导” | 腾讯网 | 2012－6－26 |
| 319 | 名校研究生欲创业卖烤猪蹄 | 《新闻晚报》 | 2012－6－27 |
| 320 | 研究生申请科技创业基金卖烤猪蹄引争议 | 《青年报》 | 2012－6－28 |
| 321 | 华理化工创新实践大赛考出“准科研工作者” | 《青年报》 | 2012－6－29 |
| 322 | 我们身边的“90后”党员 | 《半月谈》 | 2012－6－29 |
| 323 | 华理化工创新实践大赛考出“准科研工作者” | 国家石油和化工网 | 2012－7－2 |
| 324 | 青海大学与四所高校签署协议共建协同创新平台 | 新华网 | 2012－7－2 |
| 325 | “准工程师”参加华东理工化工创新实践大赛 | 解放牛网 | 2012－7－2 |
| 326 | 曹化勤老师：以乐“化”人，以“勤”动人 | 《腾讯教育》 | 2012－7－2 |
| 327 | 奉贤区第二届海湾杯龙舟赛开幕 | 搜狐网 | 2012－7－3 |
| 328 | “黑黄金”碳纤维，从天上来到人间 | 《解放日报》 | 2012－7－4 |
| 329 | 华东理工 MBA 中心 7 月 9 日将举办招生咨询会 | 新浪网 | 2012－7－4 |
| 330 | 一个非共识项目的非凡成长 | 《中国科学报》 | 2012－7－4 |
| 331 | 化工创新实践大赛直击生活实际问题 | 《文汇报》 | 2012－7－4 |
| 332 | 华东理工举办化工创新实践大赛 | 《上海科技报》 | 2012－7－4 |
| 333 | 华东理工支教团入藏进行为期一周的支教活动 | 中国西藏新闻网 | 2012－7－4 |
| 334 | 普莱克斯在华东理工设奖学金 | 《中国化工报》 | 2012－7－5 |
| 335 | 华东理工学子来包社会实践 | 包头新闻网 | 2012－7－6 |
| 336 | 华东理工大学代表团来天津大学调研 | 北方网 | 2012－7－6 |
| 337 | 家电拆解正规军被迫停工 | 《经济导报》 | 2012－7－8 |
| 338 | 全国青少年高校科学营本周日上海开营 | 文新传媒网 | 2012－7－10 |
| 339 | 章成光：扛起“法律驿站”铜牌 | 《文汇报》 | 2012－7－10 |
| 340 | 美丽山村迎来 3 名校 9 博士 | 安徽农网 | 2012－7－12 |
| 341 | 华东理工大学商学院举办市场营销的人类学途径讲座 | 中国社会科学在线 | 2012－7－16 |
| 342 | 2012 年世界核大学培训研讨会在大亚湾召开 | 中国教育新闻网 | 2012－7－16 |
| 343 | 福建（龙岩）稀土工业园区已落户企业 7 家 | 中国广播网 | 2012－7－17 |
| 344 | 华东理工大学七进大别山颁奖 | 六安新闻网 | 2012－7－21 |
| 345 | 2012 先进能源技术学术研讨会在华东理工大学召开 | 中国教育网 | 2012－7－26 |
| 346 | 华理选手进社区宣传“七城会” | 《新闻晚报》 | 2012－7－27 |
| 347 | 冰冰用手机拍下沿路每一刻 | 和讯网 | 2012－8－1 |
| 348 | 吴柏均：寻找商学院“蓝海” | 《第一财经日报》 | 2012－8－3 |
| 349 | 非粮淀粉基生物塑料课题启动 | 《中国化工报》 | 2012－8－8 |

续表

| 序号 | 标题 | 媒体 | 日期 |
| --- | --- | --- | --- |
| 350 | 中科院院士田禾回访母校石河子二中 | 天山网 | 2012－8－9 |
| 351 | 开发石油原料替代技术 | 《文汇报》 | 2012－8－15 |
| 352 | 教育部直属高校54个党委72个行政班子完成换届 | 新华网 | 2012－8－17 |
| 353 | 中国石化与华东理工共建气化技术研究中心 | 《中国化工报》 | 2012－8－20 |
| 354 | 钱旭红：协同创新推进“石油替代” | 《中国化工报》 | 2012－8－21 |
| 355 | 大满贯＋八金王 | 腾讯网 | 2012－8－23 |
| 356 | 沪高校领导研讨提高教学质量 | 《东方早报》 | 2012－8－26 |
| 357 | 华东理工推出七项帮困措施 | 《新闻晚报》 | 2012－8－31 |
| 358 | 华昌公司“聚变”扩张谋发展 | 人民网 | 2012－9－4 |
| 359 | 华理获航天配套荣誉奖 | 《新闻晚报》 | 2012－9－5 |
| 360 | 华理成立快递收寄中心 | 《青年报》 | 2012－9－5 |
| 361 | 全国高校化学视频大赛初赛结束 | 《中国化工报》 | 2012－9－7 |
| 362 | 华东理工大学新生入学前家访：搜索经济困难学生 | 中国新闻网 | 2012－9－8 |
| 363 | 华东理工绿色通道解困难学生燃眉之急 | 解放牛网 | 2012－9－9 |
| 364 | 华东理工大学开学典礼上院长与学生“平起平坐” | 中国新闻网 | 2012－9－10 |
| 365 | 华东理工开学典礼今天上午举行院长们与学生“平起平坐” | 《新闻晚报》 | 2012－9－10 |
| 366 | 华东理工中法双学位MBA项目举行首届“法国日”活动 | 解放牛网 | 2012－9－11 |
| 367 | 华理钱旭红校长为新生上第一课：因您而感动 | 解放牛网 | 2012－9－11 |
| 368 | 华东理工等大学加深与新生互动交流 | 科学网 | 2012－9－11 |
| 369 | 国家生化工程技术研究中心在宁夏设立分中心 | 新华网 | 2012－9－13 |
| 370 | 钱旭红校长鼓励研究生当“杰青”不要做“愤青” | 《新闻晨报》 | 2012－9－14 |
| 371 | 华理校长：拒绝抄袭、剽窃、造假、虚伪 | 《青年报》 | 2012－9－15 |
| 372 | 校长重提“四个拒绝” | 《东方早报》 | 2012－9－15 |
| 373 | 沪上高校校长开学讲话勉励新生　进入大学当有所为有所不为 | 《中国青年报》 | 2012－9－19 |
| 374 | 自主煤气化技术花开国内外 | 《中国化工报》 | 2012－9－25 |
| 375 | 华东理工出版《舌尖上的营养与能量》 | 解放牛网 | 2012－10－9 |
| 376 | 华东理工60周年庆正能量“书”发感动 | 腾讯网 | 2012－10－9 |
| 377 | 华东理工大学《舌尖上的营养与能量》昨首发 | 《天天新报》 | 2012－10－9 |
| 378 | 《舌尖上的营养与能量》本月发行 | 《上海商报》 | 2012－10－9 |
| 379 | 华东理工大学推科普著作讲述身边“舌尖上的化学” | 中国新闻网 | 2012－10－9 |
| 380 | 《舌尖上的营养与能量》发行揭露饮食健康“秘诀” | 东方网 | 2012－10－10 |
| 381 | 华东理工大学关注“营养与能量” | 《青年报》 | 2012－10－10 |
| 382 | “蛋白信使”：为新药研发打开新天地 | 《解放日报》 | 2012－10－11 |
| 383 | 华东理工大学校庆主打温情牌 | 中国新闻网 | 2012－10－13 |
| 384 | 我国多喷嘴对置式煤气化技术实现大型化目标 | 《科技日报》 | 2012－10－15 |

| 序号 | 标题 | 媒体 | 日期 |
| --- | --- | --- | --- |
| 385 | 华理商学院推动培养模式创新 | 1财网 | 2012-10-15 |
| 386 | 第九届上海市大学生话剧节开幕 | 《解放日报》 | 2012-10-16 |
| 387 | 第六届能源资源开发利用战略研讨会在华东理工大学召开 | 中国经济网 | 2012-10-18 |
| 388 | 华东理工一石油技术获超亿元技术许可费 | 《新闻晨报》 | 2012-10-19 |
| 389 | 华东理工大学建校60周年　吴邦国致信祝贺 | 中国新闻社 | 2012-10-20 |
| 390 | 华东理工大学60年：为我国化学工业进步作出奠基性贡献 | 新华社 | 2012-10-20 |
| 391 | 华东理工研制出世界最大气化装置 | 《东方早报》 | 2012-10-21 |
| 392 | 华东理工大学迎60周年校庆赢得“化学工程师摇篮”美誉 | 解放牛网 | 2012-10-21 |
| 393 | 60年华东理工大学喜迎校庆 | 《青年报》 | 2012-10-21 |
| 394 | 华东理工大学昨庆生60周岁 | 《新闻晨报》 | 2012-10-21 |
| 395 | 华东理工大学迎来甲子校庆 | 《劳动报》 | 2012-10-21 |
| 396 | 华东理工大学校庆全球校友发微博祝贺 | 《天天新报》 | 2012-10-22 |
| 397 | 华东理工大学校庆全球校友发微博祝贺 | 《上海商报》 | 2012-10-22 |
| 398 | 华东理工、南航、南农、南林、河北农大五高校金秋十月喜迎校庆 | 《中国社会科学报》 | 2012-10-22 |
| 399 | 华东理工大学举行建校60周年庆典 | 《中国教育报》 | 2012-10-22 |
| 400 | 华东理工大学迎来建校60周年 | 《中国科学报》 | 2012-10-22 |
| 401 | 上海高校一批紧贴民生项目亮相第十四届工博会 | 中国教育新闻网 | 2012-10-24 |
| 402 | 多个工博会环保题材参展项目提前“曝光” | 上海教育新闻网 | 2012-10-25 |
| 403 | 系列环保和灾难搜救展品将亮相工博会 | 《新闻晚报》 | 2012-10-25 |
| 404 | 微型智能电动车解决“最后一公里” | 《天天新报》 | 2012-10-25 |
| 405 | 工博会高校科研成果打环保牌 | 《新闻晨报》 | 2012-10-26 |
| 406 | 寻找走失儿童　航天技术来帮忙 | 《东方早报》 | 2012-10-26 |
| 407 | 华理MBA：以行动学习颠覆MBA培养模式 | 新浪网 | 2012-10-26 |
| 408 | 华东理工大学成立国际技术转移中心 | 中国新闻网 | 2012-10-26 |
| 409 | 为高校科技成果进入国际市场提供助力 华理国际技术转移中心成立 | 《新闻晨报》 | 2012-10-27 |
| 410 | 能源专家上海聚焦资源开发利用 | 《科学时报》 | 2012-10-29 |
| 411 | 华东理工大学成立国际技术转移中心 | 上海教育新闻网 | 2012-10-29 |
| 412 | 华东理工大学成立国际技术转移中心 | 中国经济网 | 2012-10-29 |
| 413 | 第14届工博会：一批高校环保科技项目将亮相 | 中国教育新闻网 | 2012-10-29 |
| 414 | 华东理工大学国际技术转移中心揭牌 | 《科技日报》 | 2012-10-31 |
| 415 | 华东理工成立国际技术转移中心 | 《中国化工报》 | 2012-10-31 |
| 416 | 华理成立技术转移中心 | 《新闻晚报》 | 2012-10-31 |
| 417 | 华东理工成立国际技术转移中心 | 《中国科学报》 | 2012-11-1 |

续表

| 序号 | 标题 | 媒体 | 日期 |
| --- | --- | --- | --- |
| 418 | 华理工团队成功研制“玉米塑料”薄膜可完全降解 | 上海教育新闻网 | 2012-11-1 |
| 419 | 华理教授巧施“魔法”土豆变身塑料 | 上海教育新闻网 | 2012-11-1 |
| 420 | 完全可降解薄膜：终于用得起了 | 解放牛网 | 2012-11-2 |
| 421 | 土豆变身环保餐具电动升降式移动床椅让独居老人活动自如 | 解放牛网 | 2012-11-2 |
| 422 | 首届中国运动层面科学与工程研讨高峰论坛在沪开幕 | 新浪网 | 2012-11-3 |
| 423 | 交大新技术助力西气东输至香港 | 《东方早报》 | 2012-11-4 |
| 424 | 华理成立高等科学院 | 《新闻晚报》 | 2012-11-5 |
| 425 | 中英工科名校携手成立高等科学院培养“领军型”卓越工程师 | 中国新闻网 | 2012-11-5 |
| 426 | 华理和诺丁汉大学携手建高等科学院 | 《文汇报》 | 2012-11-6 |
| 427 | 中英大学在沪成立高等科学院 | 解放牛网 | 2012-11-6 |
| 428 | 华理诺丁汉携手成立高等科学院 | 解放牛网 | 2012-11-6 |
| 429 | 上海诺丁汉高等科学院昨成立 | 《新闻晨报》 | 2012-11-6 |
| 430 | 华理诺丁汉携手建高等科学院培养工程领军人才 | 腾讯网 | 2012-11-6 |
| 431 | 华理诺丁汉携手成立高等科学院 | 中国经济网 | 2012-11-6 |
| 432 | 华东理工诺丁汉携手成立高等科学院 | 上海教育新闻网 | 2012-11-6 |
| 433 | 华东理工大学上海诺丁汉高等科学院成立 | 《中国化工报》 | 2012-11-7 |
| 434 | 华东理工师生观看十八大开幕式现场直播 | 上海教育新闻网 | 2012-11-8 |
| 435 | 工博会高校展台亮点多 石头造纸、手套阻燃 | 东方网 | 2012-11-9 |
| 436 | 华理与药企建创新平台 | 《新闻晚报》 | 2012-11-9 |
| 437 | 华东理工大学与企业联合研制抗体药物 | 解放牛网 | 2012-11-9 |
| 438 | 华东理工成立研究院 | 《文汇报》 | 2012-11-10 |
| 439 | 沪浙校企联合攻关抗体药物 | 《解放日报》 | 2012-11-10 |
| 440 | 华东理工与海正药业合作推进抗体药物产业化 | 《新闻晨报》 | 2012-11-11 |
| 441 | 抗体药物价格有望下降30% | 《天天新报》 | 2012-11-12 |
| 442 | 2012全国高校化学视频大赛在华理工圆满落幕 | 上海教育新闻网 | 2012-11-16 |
| 443 | 2012全国高校化学视频大赛今天落幕 | 解放牛网 | 2012-11-16 |
| 444 | 高校化学视频赛落幕 | 《天天新报》 | 2012-11-19 |
| 445 | “2012全国高校化学视频大赛”落下帷幕 | 新华网 | 2012-11-19 |
| 446 | “2012全国高校化学视频大赛”圆满落幕 | 上海热线 | 2012-11-19 |
| 447 | 化学为绿色地球作贡献视频赛落幕 | 《中国化工报》 | 2012-11-20 |
| 448 | 华东理工大学荣国斌教授作客上海石化工业学校讲学 | 上海教育新闻网 | 2012-11-20 |
| 449 | 上海地区高校传媒联盟前主席张旭：咬定目标不放松 | 上海教育新闻网 | 2012-11-23 |
| 450 | 我大型化工成套技术首次向发达国家转移 | 《文汇报》 | 2012-11-23 |
| 451 | 社区居家养老的好法子 | 《东方早报》 | 2012-11-27 |
| 452 | 992名青年教师将受培养资助 | 《新民晚报》 | 2012-11-27 |

续表

| 序号 | 标题 | 媒体 | 日期 |
| --- | --- | --- | --- |
| 453 | 上海青年学生学习十八大精神报告会举行 | 《青年报》 | 2012－12－6 |
| 454 | 青年学生学习十八大精神 | 《文汇报》 | 2012－12－6 |
| 455 | 精简、脱稿，上海会风悄然改变 | 解放牛网 | 2012－12－6 |
| 456 | 新中国经济学人史——曹锦清 | 网易 | 2012－12－6 |
| 457 | “爱心”被下架 网络募捐如何合情又合法? | 《解放日报》 | 2012－12－7 |
| 458 | 华理商学院荣获新浪网“最具品牌影响力 MBA 院校”殊荣 | 中国 MBA 网 | 2012－12－11 |
| 459 | 青年公益联盟海报组成校园一道风景线 | 《中国青年报》 | 2012－12－12 |
| 460 | 商学院探索教学新模式　行动学习“西学东渐”受青睐 | 东方网 | 2012－12－14 |
| 461 | 上海高校校报 2012 年会举行 | 上海教育新闻网 | 2012－12－14 |
| 462 | 华东理工大学自主招生笔试科目缩水考生可选数学＋物理或数学＋化学 | 《新闻晨报》 | 2012－12－17 |
| 463 | 华理 MBA 教育引入“行动学习”法创全国先例 | 《上海商报》 | 2012－12－17 |
| 464 | 华理自主选拔录取网上报名明天开始 | 《文汇报》 | 2012－12－18 |
| 465 | 华东理工大学科学技术发展研究院揭牌 | 《中国化工报》 | 2012－12－18 |
| 466 | 基础测试有两个组合供选择 | 《新闻晚报》 | 2012－12－19 |
| 467 | 学校：四六级考抢了“末日活动”人气 | 《新闻晚报》 | 2012－12－21 |
| 468 | 全国高校新媒体发展论坛举行 | 《中国青年报》 | 2012－12－21 |
| 469 | 高校教师板书时间竟然有规定安琦委员认为有悖教育精神呼吁：应明令废止 | 《联合时报》 | 2012－12－21 |
| 470 | 引才“健脑”，“南海制造”迈向“南海创造” | 搜狐网 | 2012－12－21 |
| 471 | “迎接末日”活动轮番上阵打破预言传递“正能量” | 新华网 | 2012－12－22 |
| 472 | 沪上高校志愿者募捐活动今日启动 | 东方网 | 2012－12－22 |
| 473 | 三类学生可报名华理自主招生 | 《新民晚报》 | 2012－12－25 |
| 474 | 上海产学研合作优秀项目颁奖 | 《新闻晚报》 | 2012－12－26 |
| 475 | 上海市业余乒乓总决赛落幕 | 《青年报》 | 2012－12－28 |

# 统战工作

**【概况】** 2012年，统战部认真贯彻落实党的十八大会议精神及《中共中央关于加强新形势下党外代表人士队伍建设的意见》精神，认真贯彻落实“同心”思想，不断加强党外干部队伍建设，结合学校实际，坚持“围绕中心，服务大局”的原则，进一步提高广大党派成员对中国共产党领导的多党合作和政治协商制度的认识、提高广大统战成员的政治素质和思想认识水平，发挥各民主党派及统战团体的自身优势，为学校改革、发展和稳定，为建设和谐校园做出新贡献。

**民主党派和统战团体基层组织自身建设。**根据中共中央统战部下发的《关于在统一战线实施“同心”行动的意见》通知以及上海市委统战部的有关要求，结合学校实际，加强“同心”教育、推进“同心”实践，积极协助民主党派基层组织以“同心”思想为指导加强思想建设、组织建设。组织主题鲜明、内容丰富的系列活动，如组织学习和聆听党的十八大辅导报告、传达全国和上海市“两会”精神报告会；举行“创新驱动，争当先锋”座谈会及迎中秋国庆座谈会；组织召开“薪火相传，同心同行”为主题的党派基层组织专题研讨会；在统一战线成员中开展“我为上海文化大发展大繁荣献一计”活动；支持各党派、团体开展各种类型的联谊活动和考察活动，寓教育于各种活动中。引导民主党派成员围绕中心、服务大局、发挥作用和优势，增进政治认同和思想认同，坚定走中国特色社会主义政治发展道路的信念，不断提高“同心”行动的成效。新发展民主党派成员23名，成员数量稳步增加，基层组织稳步发展。欧美同学会华东理工大学分会顺利换届；凌云街道民族联与学校民族联共建，区校共建又有新拓展。坚持主动服务，增强统一战线成员凝聚力。主动做好对统一战线成员的服务工作，坚持重大节日慰问制度；关心统战成员和少数民族学生，帮助协调解决实际问题，切实发挥桥梁和纽带作用；为遇到特殊困难的统战成员积极反映情况，争取上级各级组织的帮助，2012年统战领域争取各类助学金、困难补助9万余元，使统战成员感受到各级组织的关心和帮助。以校园网、校报、华理统战简报和统战网页为载体，进一步宣传我校统一战线成员、党外代表人士的工作成果及精神面貌。编辑《华理统战》简报7期，在统战部网页发布信息85条，被校园网新闻采用49篇，进一步增强了统一战线凝聚力。

**党外代表人士队伍建设。**不断加强后备干部队伍建设，积极做好党外干部选拔、培养和推荐工作。选派 12 名党外教师参加各级、各类培训班学习培训。选送 2 名民主党派成员赴宝山区上海市党外干部培训基地进行挂职锻炼，林珩挂职宝山区体育局副局长，刘少伟挂职宝山区食安委办副主任。在各民主党派换届工作中，协助各党派市委做好考察工作。民主党派中央换届，陈英南当选民盟中央委员，钱锋当选九三学社中央委员，邵志清当选致公党中央委员，杨逢珉当选民革中央委员。民主党派市委换届，10 名民主党派成员担任民主党派市委委员及以上职务，其中钱锋当选九三学社上海市委副主委，邵志清当选致公党上海市第七届委员会副主任委员，杨逢珉当选民革上海市委常委，黄发荣当选民盟上海市常委。23 名民主党派成员在各党派市委专委会任职。校欧美同学会副会长马玉录当选为上海市欧美同学会北欧分会副会长。俞慰刚当选徐汇区侨联第七届委员会常委。

**统战工作与学校发展。**支持和引导统一战线成员为社会和学校发展做贡献。积极组织民主党派、统战团体基层组织负责人、各级党外人大代表和政协委员参加学校重大政治活动，参与对学校领导班子成员的推荐、测评、后备干部的选拔等工作；通过召开各类座谈会，引导广大统一战线成员积极参与学校的民主管理与监督，围绕学校各阶段的重点工作，如对学校分配制度改革、校党代会工作报告等发表真知灼见，为完善学校的发展战略、提升学校科学发展水平做贡献。支持各级人大代表、政协委员和在各级组织中任职的统一战线成员认真履职，积极发挥作用，2012 年各级人大代表、政协委员递交的提案、议案以及书面意见 40 件。安琦获政协上海市委员会“2010—2011 年度反映社情民意先进个人”。支持各党派、统战团体基层组织及统一战线成员发挥优势、服务社会。民盟华东理工大学委员会荣获“民盟上海市委 2011 年度宣传工作先进集体”“民盟上海市委反映社情民意先进集体一等奖”，民进支部获民进市委“学习践行社会主义核心价值体系先进集体”，机械与动力工程学院过程设备科学与工程研究室获“中国侨联贡献奖的创新团队奖”。统战部获“上海市侨务工作先进集体”。杨逢珉、黄发荣获“上海市统一战线（工作）先进个人”，赵玲获民进中央学习践行社会主义核心价值体系先进个人，安琦获民盟上海市委 2011 年度“反映社情民意先进个人”和“宣传工作先进个人”，郑丽华获民进上海市 2012 年度会务工作积极分子。

**【10 名教师担任市委委员及以上职务】** 3 月 28 日—4 月 25 日，上海各民主党派市委完成换届，学校 10 名教师担任市委委员及以上职务，6 名教师当选各民主党派全国代表大会代表。其中民革党员杨逢珉当选民革上海市第十三届委员会常委和民革第十二次全国代表大会代表；民盟盟员黄发荣、安琦分别当选民盟上海市第十四届委员会常委、委员，陈英南当选民盟第十

一次全国代表大会代表；民建会员林大钧当选民建上海市第十二届委员会委员；民进会员赵玲当选民进上海市第十五届委员会委员；农工党党员蓝闽波当选农工党上海市第十二届委员会委员；致公党党员邵志清、李建奎分别当选致公党上海市第七届委员会副主任委员、委员和致公党第十四次全国代表大会代表；九三学社社员钱锋、朱家文分别当选九三学社上海市第十六届委员会副主委、委员，黄道、钱锋当选九三学社第十次全国代表大会代表。

**【召开“薪火传承，同心同行”民主党派主题研讨会】** 5月11日，统战部在奉贤校区召开了“薪火传承，同心同行”民主党派主题研讨会。校党委副书记蒋文文及各民主党派基层组织代表出席了研讨会。民盟、九三学社等7个民主党派从不同角度，运用大量的数据、图片对党派发展进行了系统梳理，展示了各党派的发展成就和精神风貌。校党委副书记蒋文文在讲话中充分肯定了学校民主党派在60年的发展中做出的贡献并提出希望。各党派纷纷表示要以此为契机，在学校党委的领导下，团结一致、同心同德、立足岗位，不断加强自身建设，认真履行参政党职能，积极建言献策，全力推动学校和党派工作迈上一个新台阶，以优异成绩迎接党的十八大的胜利召开。统战部部长方振敏主持会议。

**【欧美同学分会换届】** 5月18日，上海市欧美同学会华东理工大学分会举行换届大会。上海市欧美同学会常务副会长彭裕文，会员部副部长徐丽娜以及校领导钱旭红、蒋文文，统战部长方振敏等人到会祝贺。换届大会由分会副会长涂善东副校长主持，分会会长沈伟国代表上届理事会作工作报告，分会秘书长焦家俊介绍了新一届理事会候选人，大会产生了新一届理事会。新一届理事会召开第一次会议。会议推选涂善东为华东理工大学分会会长，马玉录、田禾为分会副会长，焦家俊为秘书长。

**【地校共建，爱心助学】** 11月2日，举行了凌云社区向华东理工大学少数民族学生爱心助学捐赠仪式。凌云街道副主任邢冰、武装部部长莫庸、宣传统战科科长石宏斌及统战部方振敏部长、校民族联副会长李玉俊等老师及10名受助学生出席会议。此次捐助在凌云社区统战工作地校共建的基础上，由街道专项支出帮困基金，资助10名少数民族学生，每名学生颁发2 000元助困金。

**【马玉录副校长当选上海市欧美同学会北欧分会副会长】** 11月10日，上海市欧美同学会北欧分会成立仪式在外滩罗斯福公馆举行。来自北欧的留学归国人员及上海市欧美同学会各级领导、北欧相关各国驻沪领事、嘉宾150人参加了成立仪式。在成立仪式前召开了北欧分会一届一次理事会，副校长、校欧美同学会副会长马玉录当选为副会长。北欧分会目前会员有200多名，从瑞士留学归国的药学院副院长唐赟及校欧美同学会理事俞慰刚也参加了成立仪式。

**【4 名教师当选民主党派中央委员】** 11 月 30 日—12 月 21 日，我国 8 个民主党派相继换届。本次换届，钱锋、黄道参加了九三学社第十次全国代表大会，陈英南参加了中国民主同盟第十一次全国代表大会，邵志清、李建奎参加了中国致公党第十四次全国代表大会，杨逢珉参加了中国国民党革命委员会第十二次全国代表大会。经选举，陈英南当选民盟中央委员，钱锋当选九三学社中央委员，邵志清当选致公党中央委员，杨逢珉当选民革中央委员。

# 纪检监察工作

**【概况】** 年内，纪检监察部门按照党中央、国务院和中央纪委关于反腐倡廉建设的决策部署，以维护广大教职员工和学生的根本利益为宗旨，以党风廉政建设责任制为抓手，深入推进惩治和预防腐败体系建设，坚持改革创新，建立长效机制，不断推进学校党风廉政建设和反腐败工作。

**认真落实党风廉政建设责任制和基层党建责任制。**根据教育部《关于执行党风廉政建设责任制的实施办法》精神，协助党委制订了《2012年华东理工大学校党政领导班子成员党风廉政建设和反腐败工作责任分工》和《2012年华东理工大学校党政班子成员和各分管范围党风廉政建设工作任务责任分解》。学校重新调整了党风廉政建设领导小组成员。根据上海市教卫工作党委要求，学校对党风廉政建设责任制和基层党建责任制落实情况开展自查。在上一年度对二级学院责任制落实情况进行专项检查的基础上，认真总结并继续做好推进工作。向被检查学院下发检查考核反馈意见及民主测评结果，并提出进一步整改要求，落实整改措施。

**加强反腐倡廉宣传教育，推进干部廉洁从政。**协助党委召开了由校两委委员、副处级以上领导干部等200余人参加的党风廉政建设干部大会，纪委书记林志华作年度工作报告，会上向每一位干部发放了《新编党风廉政建设学习问答》等学习资料。校党委组织召开党委中心组学习会，就“小金库”的成因及财务监督措施预防、科研经费管理、经济责任审计等主题开展专题教育，财务处、科技处、审计处处长分别作主题发言，近百位中心组成员参加了学习。组织校纪委委员、二级党组织纪检委员、党务部门及重点岗位和重要环节的负责同志观看了党的十八大献礼重点影片《忠诚与背叛》。一年来，对14位新提职干部进行了上岗谈话，明确廉洁自律、廉洁从政的具体要求。全年共受理领导干部礼品礼金登记上交95人次，上交礼品合计价值约55 299元；上交礼金、有价证券合计价值16 396元。开展了专项治理违规收送礼金礼券购物卡复查整改“回头看”工作，进一步巩固了专项治理成果。

**加强重点领域和关键环节监管，规范权力运行。**根据教育部《关于进一步推进直属高校贯彻落实“三重一大”决策制度的意见》精神和要求，学校不断完善制度，加强民主决策。协助党委修订并颁布了《华东理工大学关于落实“三重一大”决策制度的实施办法》。印发《关于开展二级学院“三重一大”决策制度贯彻执行情况监督检查的通知》，要求各二级学院对“三重一大”决策制度的贯彻落实情况进行认真自查总结。2012 年，重点加强了对“七个关口”的监管。监察处共参与了 3 934 名本科生、2 449 名双证硕士研究生、732 名单证硕士研究生、355 名博士研究生、2 979 名继续教育本科生、1 233 名继续教育专科生以及网络学院的招生录取工作，参与了继续教育学院自学考试的巡视工作，以及大学英语四六级考试、计算机等级考试等工作，做到在参与中监督，在监督中服务。在 7 月召开的上海市教育系统政风行风建设大会上，于建国副校长代表学校作了题为《完善制度、规范管理、强化监督——推进阳光招生的公开公平公正》的主题发言。在招标采购工作中，加大对基建、修缮项目的监管，尤其是对 60 周年校庆建设项目、修缮项目和相关活动的监管，发现问题，及时督促纠正，有效防范了违规违纪行为的发生。一年中参与校区 17 项基建项目的开标、评标工作，涉及金额 6 054 万元；参与 100 余个修缮、改造工程和服务类项目的开标工作；参与大宗物资、设备招投标的开评标工作 43 次，涉及 265 个项目，总金额折合人民币 1.057 亿元；参与图书采购招标 2 次共 11 项。年底，按照教育部要求，学校就推进惩防体系建设工作认真开展了自查。

**抓好办信查案工作，坚决纠正和查处违纪违规行为。**2012 年，纪检监察部门共受理群众信访举报 27 件，其中检控件 25 件，转初核 6 件，初核率为 24%。抓好案件查处工作是纪检部门的重要职责，一年内，立案 2 件，2 人受到党纪处分；认真执行“一案两报告”制度，分析、查找在管理和制度建设方面的漏洞，积极向学校和相关单位提出整改建议，建章立制，堵塞漏洞。

**加强部门自身建设，不断提高履职能力。**纪检监察部门积极参加创先争优活动，被评为校文明示范单位、2011 年度安全文明单位。由童之敏、苏建玲等完成的课题“高校党务公开工作的探索与实践”获得 2011—2012 年度华东理工大学党建研究成果三等奖。纪检监察干部还积极参加各类培训，开展业务交流。

**【教育部来校检查国家教育体制改革试点项目及“三重一大”工作】** 10 月 15—16 日，教育部第七专项检查组来校，就国家教育体制改革试点项目及“三重一大”决策制度执行情况进行检查。检查组组长由教育部人事司副司长魏士强和教育部咨询委员、厦门大学教育研究院院长刘海峰共同担任。党委书记杨贤金汇报了学校在执行“三重一大”决策制度方面的主要做法，校长钱旭红汇报了学校承担的国家教育体制改革试点项目“探索工程科技领军人才中外合作培养模式”进展情况，检查组还查阅了相关资料，召开了座谈会并进行了现场考察。

**【选举产生中共华东理工大学第十届纪律检查委员会委员】** 12 月 26—28 日，学校召开第十次党代会，会议选举产生了中共华东理工大学第十届纪律检查委员会，委员包括马玲、王喆、朱志华、朱育红、庄启昕、苏建玲、李建伟、张广利、张爱民、林志华、侍洪波、唐颂超、唐燕辉、葛轶群、童之敏。12月28日，校第十届纪委第一次全体会议在和平楼第一会议室召开。会议由林志华主持，表决通过了纪委书记、副书记候选人名单，林志华同志当选为中国共产党第十届纪律检查委员会书记，童之敏同志当选为副书记，选举结果报十届党委第一次全体会议通过后由上级党组织批准。

**【师生廉政文化作品获奖】** 11月，在上海市教卫党委、上海市教委主办的主题为“高校廉政文化建设”的上海市高校廉政文化作品大赛评选中，学校吴文水老师的书法作品《廉政筑云楼》、岳遥明同学的宣传画《扪心自问》和《自有公论》获得优秀奖。

**【上海市教卫纪工委“阳光招生”课题组来校调研】** 4月12日，由上海市教卫纪工委副书记陈家源带队，上海交通大学、上海外国语大学、东华大学等高校纪委、监察处领导组成的“阳光招生”课题组一行11人来校调研。课题组详细了解了学校近年来在招生管理、监督、纪律方面的制度规定及经验、体会，特别是在自主招生、艺术类和高水平运动员等特殊类招生过程中开展工作的情况。调研期间，课题组还进行了问卷调查，对学生做了个别访谈。

# 安全保卫工作

**【概况】** 在学校党委和行政主管的领导下，结合学校实际情况，在全校开展了争创安全文明单位的活动，推动了安全文明校园的创建工作，促进了综合治理和安全保卫工作的开展，全年保持政治稳定、治安安定、校园安全，没有发生重特大火灾、爆炸事故，没有发生治安灾害事故，没有发生集体上访、群体性闹事、游行示威等影响学校政治稳定的群体性事件，确保了学校的政治稳定和良好的校园治安秩序，保证学校正常的教学、科研、工作、生活秩序和人员、财产的安全。获得了上海市“安全文明校园”称号。

**综合治理工作。**一是积极落实“双创”活动。3 月份，召开了 2011 年度校治安综合治理总结表彰大会，与所有二级单位签订 2012 年“治安综合治理目标管理责任书”，并抓好逐级签约工作，三级签约率达到 100%。切实抓好新修订的《治安综合治理工作评估标准》的落实，规范管理全校的治安综合治理工作，推进“双创”活动的开展。二是加强外来人口管理。自 2010 年 4 月市教委发布《上海市教育委员会关于开展高校内实有人口服务和管理工作的通知》（沪教委保〔2010〕9 号）以来，对实有人口服务和管理工作进行了全面部署，同时利用校园网、校刊、板报等载体进行了宣传，联系各单位要求按文件采集实有人口信息。对各单位聘用新的临时人员，按教委文件要求采集实有人口信息，办理证件，将此项工作进行长效管理，做到外来人口“三证”齐全。三是加强大学生校外租房管理。对提出申请校外租房的学生，严格按照本人申请、学院审核、家长签字确认、校综合治理委员会办公室审批的程序进行，全年批准在校外租房的大学生共 156 人，其中本科生 3 人，其余都是研究生，并将名单及租房的时间、地点及时通报徐汇区综合治理委员会学校周边整治办公室，协调各方共同做好校外租房学生的管理，全年没有发生校外租房学生违法违纪、人身伤害和财产损失等各类案件。四是加强校园交通和车辆停放管理。教职员工的车辆凭通行证免费进出校园，校外车辆进出计时收费。自 2012 年 12 月 3 日起，学校开始执行外来车辆停车收费。为了配合停车收费工作的进行，对校内机动车通行证进行了重新审核办理。各项措施的有效落实确保了校园的良好交通秩序，全年没有发生重大交通事故。五是组织开展了争创治安综合治理先进单位和先进个人的活动，经校综合治理委员会验收并审核批准，信息科学与工程学院等 22 家单位被评为“2012 年度治安综合治理先进单位”，34家单位被评为“2012年度治安综合治理文明单位”。张雪银等42人被评为2012年度先进个人。

**校园安全环保工作。**加强了校园安全环保和实验废弃物管理，国家管控化学品、特种设备的审批和管理；做好校园防雷检测与督促整改工作；积极协助核技术应用研究所做好问题放射源的系列处理工作。同时，加强了十八大及60周年校庆期间剧毒化学品、易燃易爆化学品的管控及安全环保类投诉的迅速处理。组织开展华理-GE安全论坛；与美国加州大学伯克利分校国家实验室开展实验室安全研讨活动；承接上海市教委课题，研讨并起草了《上海高等学校实验室安全管理规程》；成立了生物安全委员会，出台《实验室生物安全管理办法（试行）》；对特种设备及特种作业人员的安全管理进行调研并完成了《特种设备及特种作业人员安全管理规定》初稿；探索了安全环保学生志愿者的运行机制。

**治安防控工作。**第一，以校园巡控、单位内控、技术监控为抓手，加强治安防控，维护校园的治安安定。在校园巡控上，加强了门卫和巡逻队的管理，规范了内部管理制度，开展“亮点工程”建设，对校园实行全天候、地毯式巡查，减少了校园面发案率，为维护校园治安安定发挥了重要作用。2012年，保卫处妥善处理了实验室夜间未锁门127起，协助公安机关抓获盗窃嫌疑人9名，破获近38起盗窃案件。我校案发率远低于上海市高校平均水平，破案率及突发事件处理能力均名列上海市高校前茅。在治安管理和安全防范上，投入了400余万元进行了技防改造，加强了单位内控、面上巡控、重点监控的防控力度。加强了外来人口管理、校门管理和校园巡控，维护了校园良好的治安秩序。第二，广泛开展安全防范教育和宣传活动。一是开展防范知识宣传。全年，先后组织了10场安全教育讲座，编写了41期“每周一案”，发布预警信息2次。二是开展新生安全教育。9月初陆续对各学院全体新生分别举办安全教育讲座，进行防盗、防骗、防抢、防火、防事故的安全教育。三是有针对性地对留学生开展法制宣传教育。保卫处、警务室联系国际教育学院，对留学生开展必要的法制教育（特别是交通法规，明确告知留学生禁止购买和使用无牌无证摩托车）和安全防范教育活动。通过各项工作的开展，有效地提高了全校师生的法律意识和安全防范意识，促使各系、各部门及时做好安全防范工作。第三，抓好消防设施的维护和消防安全管理工作。一是根据《中华人民共和国消防法》《机关、团体、企业、事业单位消防安全管理规定》《上海市消防条例》《高等学校消防安全管理规定》等文件精神，制订了《华东理工大学消防安全管理规定》（校保〔2010〕7号），在消防器材的管理上，加强检查，及时更换到期灭火器的药剂。二是对消防报警联网系统抓好维护、管理和各区域单位的协调工作，保持了联网系统的正常运行。三是组织开展安全检查和督促指导有关单位落实火灾隐患的整改工作。同时，协同安全办对实验室易制毒化学品、剧毒化学品、特定种类危险化学品、病原微生物、特种设备、气瓶、放射源与射线装置等危险物品进行安全检查。全年进行了2次大规模的灭火演练，5次地毯式的安全大检查。第四，广泛开展消防安全宣传教育工作。组织开展了2012年“119”消防安全宣传周活动、“119”消防安全宣传板报比赛（参展黑板报40余块）、师生消防灭火比赛活动（参加灭火演练500余人），大大增强了广大师生的消防安全意识，提高扑救火灾、疏散逃生等技能。

**完善校园交通和大型活动安全管理。**一是完善并落实校园交通管理制度，建立并实施了停车收费制度（从2012年12月1日起，在各部门通力协作下，华东理工大学徐汇校区开始执行机动车停车收费。目前停车收费工作正处在平稳运行中），完善校园交通标识，加强停车管理。对校园交通问题，采用疏堵相结合的方式进行治理。一方面改建部分空地为停车场，用于日常教职员工车辆停放；另一方面设法通过合理收费形式减少社会车辆进入校园，大大改善了校园交通环境，减少了外来车辆停放和进出。二是完善大型活动安全审批工作，加强学校大型活动的安全管理。在60周年校庆系列活动中，保卫处全体同志全力做好安全保卫工作，并且积极协调公安部门参与校庆安保工作，确保了各项活动的顺利进行。

# 工会工作

【概况】 年内，学校共有23个部门工会，149个工会小组，会员总数4 172人（其中编外教职工会员720人），发展新会员204人（其中编外教职工会员98人）。2012年是全面落实“十二五”规划承上启下的一年，校工会围绕学校中心工作，服务学校发展，维护教职工权益，实打实地开展教职工群众工作。

**突出重点，有序推进民主管理。**积极推进学校的民主建设，学校作为高校唯一代表在上海市厂务公开民主管理工作会议上交流并就如何加强学校民主管理作《加强民主管理制度建设，发挥教职工民主办学的积极性》的发言。3月，召开七届三次教代会、十四届三次工代会。大会作校行政、校财务和工会工作报告，财务报告透明度提高，公开学校三公经费，公布教职工收入水平，汇报财务管理工作。大会通过《学校提案工作实施办法》，形成5份教代会审议意见。闭会期间，以教代会联席会议形式审议通过学校《深化教职工收入分配制度改革的实施方案》《规划指标的绩效评估与卓越津贴分配方案》等与职工切身利益相关的文件。5月，召开七届三次教代会提案落实工作会议。校领导带队对各二级学院开展民主管理院务公开工作调研。

**围绕主题，丰富宣教文体工作。**举行庆祝“三八”国际妇女节暨先进表彰大会；启动2008—2010年“优秀对子”评选活动，覆盖新老教师136对，评选“优秀对子”33对，召开座谈会进行交流表彰；评选“优秀工会干部”“优秀工会工作者”“优秀妇女工作者”“优秀工会积极分子”98名；开展市、系统及学校的“三八红旗手”“三八红旗集体”的评选及推荐活动。青年教师联谊会组织青年教师羽毛球赛、足球赛、中秋浦江夜游等联谊活动；组织优秀青年教师赴临安进行社会考察；邀请校党委书记为青年教师联谊会作年度主题报告。积极推动青年教师优秀技术创新成果转化，向市职工技协报送项目参加上海市优秀发明选拔赛，5人获奖。4月，邀请第二工业大学的形象设计专业资深教师张晓妍作“打造完美职业形象喜迎华理六十校庆”的礼仪讲座；10月，举办“喜迎六十载校庆，共话女教师成长”座谈会，编排舞蹈“甲子庆”在奉贤校区演出，举办第六届“校庆杯”教工龙舟赛；11月，开展校庆祝福语征集活动，共征集243条祝福语；开展“万人迎校庆，小手画华理”幼儿绘画大赛，共征集全校教职工子女画稿173件；组织“庆六十周年校庆，贺十八大召开”主题师生书画展出；推荐参与教育系统“校训指引我成长”主题征文与演讲，两件作品及一份演讲获得奖励。5月，华东理工大学女教授联谊会“彩虹工程”正式启动；组织参加上海市第七届教工运动会，130余人次直接参与16个项目的比赛，获得14项个人奖励、6项团体奖励，学校舞龙队和广播操队在开幕式上表演，成功承办由64支代表队640余名运动员参与的乒乓球比赛，获优秀组织奖和优秀承办奖。校广播操队代表市教育系统参加了上海市市民运动会的广播操决赛和闭幕式展演活动，获得三等奖；排舞、瑜伽、太极拳、拉丁班等培训班共吸引1 000余名教职工报名参与；组织开展校内“舞林秀”，促进各舞类协会之间的交流；象棋、围棋、钓鱼、足球、游泳、羽毛球、钱币、摄影等协会开展多形式交流。

**依法维权，构建全方位多层级保障体系。**开展3·15普法宣传及教师节专场活动，普及法律知识，帮助教职工提高自我维护权益的能力。加强法律咨询中心日常服务，周一至周四安排法学院学生接待、接听电话，周五邀请法律专家提供现场咨询，开通咨询邮箱，及时对教职工需求给予答疑解惑，共为150余人次提供法律咨询服务。开展“一日捐”活动，共募得善款18.92万元；实施帮困164人次，共计16.2万元。学校投入130余万元，完成市总工会、市教育系统补充医疗保险，教职工及时获得各类赔付及上级工会的大病援助；上门慰问新婚、添丁、生病住院等247人次；6月，校人事处、工会组织2011年参加献血教职工赴扬州进行短途休养；9月，举办“华理一家人—2012年庆中秋、迎国庆浦江夜游”活动，120多名青年教师在黄浦江畔欢度双节；11月，本年度退休的70多名教职工前往苏州穹窿山参加退休教职工集体生日联谊活动，80余名50周岁教职工赴江苏常熟市支塘镇蒋巷村参加集体生日联谊活动；12月，近200名30岁及40岁教职工在学校与校领导一起进行生日联谊。组织了由564人参与的14条境内外休养线路、18个教工休养团的暑期休养活动。5月，邀请招生办公室举办教职工子女高考咨询会；继续保持与徐汇区教育局及周边中小学的密切联系，为广大教职工子女入学、就学提供服务。

**立足现实，加强工会自身建设。**完善编外教职工会员的组织形式和活动方式，组织编外会员参与假期休息休养活动，制作校庆交通卡发放给编外会员，为编外员工发放校庆津贴。工会工作平台项目通过验收并启动运行，暑期休养网上操作系统受到教职工欢迎；工会网页加大了对各部门工会的工作宣传和交流；改进提案工作系统，增设意见和建议窗口，以便有更多渠道倾听教职工的心声。评选第二届工会课题（23项），选送的优秀调研论文获市教育系统一、二等奖各一篇；第三届工会课题工作顺利启动，立项18项；继续以立项形式开展部门工会特色活动建设，13个部门的项目申请获得立项；与天津大学优秀教师考察团就工会工作进行座谈交流；参与教育系统公民办高校工会结对共建活动，在教代会建设、提案工作、工会组建、职工文化建设等方面形成共建计划。

# 妇女工作

**【概况】** 年内，妇委会在校党委和上级妇女组织的领导、指导下，按照胡锦涛总书记“坚强阵地”和“温暖之家”的重要讲话要求，深入贯彻落实科学发展观，以创先争优、建设先进“妇女之家”为目标，引领广大妇女不断提升自身综合实力，积极参与创新驱动、转型发展。

**表彰先进，推动女优青发展。** 化学实验中心获上海市“三八红旗集体”称号，冯耀宇获上海市“三八红旗手”称号，纪晓岚、陈建定获教育系统“三八红旗手”称号，体育拳操获教育系统“三八红旗集体”称号；评选表彰了2011—2012年工会工作中成绩突出的“优秀妇女工作者”；优秀青年女教师代表万永菁、李琼参加了教育妇工委主办的“探索、进取、责任——上海女教授创新论坛”；韩霞参加教育妇工委主办的“优秀青年女教师发展论坛”并发言；7位女教师获上海市优秀青年资助金（科研成果奖励）、6位女教师获得上海市优秀青年资助金（生育补助）、5位女教师获得上海市优秀青年资助金（家政补贴）。

**助力女教授联谊，关爱女大学生成长。** 女教授联谊会“彩虹工程”正式启动；参加教育妇工委主办的女大学生成才教育工作案例交流展评，学校“彩虹工程”结对工作荣获优秀案例奖；在上海市妇联和学校妇委会的组织下，“青年女性职业飞翔计划”活动拉开序幕；“青年领导力”拓展训练同期在奉贤校区大学生活动中心举行。

**服务女教工权益，满足女教工需求。** 瑜伽、形体、摄影、有氧拉丁、声乐基础、交谊舞、排舞等培训班全面开班，吸引500余名教职工报名；妇女之家迎来了20余名女教工齐聚慧雅苑学习编织及缝纫技巧；开展庆三八妇女节法律咨询“妇女儿童权益保护”专场；开展打造完美职业形象迎校庆礼仪讲座；开展“万人迎校庆，小手画华理”幼儿绘画大赛，征集画稿173件；邀请沪上知名育儿专家沃奶奶为青年教师带来了一场精彩的0～3岁育儿讲座；参加教育妇工委主办的“母爱，爱母”——第七届科学母爱论坛；学校代表队参加了由上海市教育妇工委主办的“春韵秋舞”女教师海派秧歌展示活动，获得“最佳表演奖”；12名女教师表演的校庆舞蹈“甲子庆”在奉贤校区演出；排舞舞会在八角亭二楼举行；组织单身教职工参加上海妇工委组织的“2012上海市青年教师牵手联谊活动”。

**推进妇女组织自身建设。** 女教授联谊会精心组织开展了“美丽起航，喜看发展”赴海宁参观考察活动，妇女干部培训暨文体培训班开班内容调研会在苏州同里举行。

# 共青团工作

**【概况】** 年内，校团委紧密围绕学校“十二五”规划的战略部署，全面学习宣传贯彻党的十八大精神，以建校60周年、建团90周年为契机，深入贯彻我校实践育人、文化育人的总体要求，在校党委的领导和团市委的指导下，带领全体团员青年，以邓小平理论、“三个代表”重要思想和科学发展观为指导，坚持思想引领与组织建设齐头并进，牢固树立起青年学生坚定跟党走中国特色社会主义道路的信念，用团组织的吸引力、凝聚力覆盖和影响全体学生，并在推进校园文化建设、服务广大团员青年成长成才等诸多方面取得了一定的成绩。

**思想引领。**（1）围绕党情、国情，深入开展学习宣传贯彻党的十八大精神系列活动，强化理想信念教育。2012年适逢中国共产主义青年团成立九十周年，党的十八大顺利召开，围绕本年度的党情、国情，针对学生的思想政治教育，团委组织开展了一系列理想信念教育活动。全年累计下发团日活动主题近15个，内容包括“学习雷锋精神”“凝聚青春力量，弘扬五四精神”“颂师情　咏校情”“青春与华理同行”“实践献礼十八大”等。通过指导全校基层团支部开展“3+2”模式团日活动（3次主题团日活动，2次特色团日活动），每月评选十佳精品策划，并给予100—200元的项目资助；通过每月评选十佳精品团日等方式，广泛凝聚基层力量，在弘扬五四精神、建校60周年校庆、学习宣传贯彻党的十八大精神期间，取得了广泛而积极的效果，形成了每年推选“一百个活力团支部”“一百个精品团日活动”“一百个精品团日活动策划”的良好局面。此外，继续响应团市委“与信仰对话——科学发展新成就”成果报告会活动，累计上报讲座50余场，覆盖学生近万名，在校园中营造了积极的十八大学习氛围。深入开展“中国道路青春行”十八大学习主题活动，承办“中国道路青春行”上海青年学习十八大精神知识竞赛，校内笔试选拔参与人数超过400人，遴选队伍最终获得上海市第一名。

（2）聚焦学研发展和校园动态，做好新闻宣传工作，培养学生爱校荣校情结。在校团委指导下，《华东理工青年》和《华理视界》获得持续关注，军训期间配合校军训团组建的《戎装生活》报道团，累计出版军训特刊10期。为献礼我校60周年华诞，《华东理工青年》组织策划了校庆版专刊，用8个版面大篇幅重点展现了华理建校以来的光辉岁月，也集中刊登了华理学子对母校最衷心的祝福，得到了众多华理校友的赞扬和支持。此外，宣传部还大力拓宽对外宣传口径，积极组织学生参与中国校园媒体联盟的各项活动，如“百名学生记者对话百名十八大代表”“校际联动采访”等，与上海《青年报》和《新民晚报》取得合作关系，产生了积极的社会反响。

（3）整合各级团学资源，形成覆盖全体在校青年、多级培养模式的华理“励志”团校。在校团委的统一指导下，我校各级团学组织积极落实校党委和团市委等的各项工作要求，积极推进党建带团建工作，密切团青关系，发挥团学组织在思想引领、校风建设、人才培养等方面的积极作用，为党赢得青年。在团干部队伍建设方面，依托团学组织的平台优势、资源优势、渠道优势，在整合各级团学组织学习培训活动的基础上，形成覆盖全体在校青年、实现多级培养模式的华理“励志”团校，将主要开展“英才班”团学干部培训班、“百优班”百名优秀学生干部培训班、“先锋班”社团领袖培训班、“远志班”青年成才服务培训班、“求索班”大学生创业训练营等一系列培训活动，通过理论与实践相结合的教学模式，对我校团员青年进行信念教育、能力培养、素质拓展。

（4）2012 年共组织 5 场高雅艺术进校园活动，邀请上海歌剧院、上海轻音乐团、上海京剧院等多家沪上知名团体，带来多场高水准演出，引起极大反响。10 月，校大学生合唱团管乐团和教工合唱团联袂呈献了“建校六十周年庆典音乐会”，精彩的演出博得了到场嘉宾和校友的高度赞誉。合唱团同时也积极参加外事演出，促进学校对外文化交流，先后接待美国 Rice 大学、美国里海大学等来访的贵宾，精彩的表演赢得了外宾们热烈的掌声。2012 年共举办了 70 多项文化艺术活动，开展了新生卡拉 OK 大赛、“新生杯”3 + 2 篮球赛、“迎新杯”拔河比赛等一系列精彩纷呈的文体活动，极大调动了同学们的参与热情，丰富了同学们的课余生活，展现了华理学子的多才多艺。

（5）2012 年，团委主办了以“六秩芳华·情系华理”为主题的第二十五届文化艺术节系列活动。本届文化艺术节共有 80 余项活动，其中重点活动 15 项。这 15 项活动以《奋斗篇——甲子风云、岁月如歌》《光荣篇——勤奋求实、百花齐放》和《辉煌篇——仰承先贤、励志明德》这三个篇章来呈现，此外，还围绕建校 60 周年开展了喜迎母校 60 华诞系列活动，包括“爱的瞬间、感动你我”影像大赛、“根在华理”知识竞赛、“聆听华理”故事会、“寄语华理”征文比赛、“梦想华理”歌唱比赛等，以及“因您而感动”校庆志愿者招募行动。

（6）以思想学术节为载体，践行十八大精神，谱写我校学术思想的青春新篇章。第二十六届思想学术节系列以“改变思维献礼母校，砥砺品格青春报国”为主题，内容涵盖思想教育、学风建设、职业规划、科技创新、社会实践等多个方面，共开展“学术导航”“院长论道”“汇贤讲坛”等系列讲座108场，“与信仰对话”报告会54场，共收到“奋进杯”课外学术科技作品82件，本科生论文年会学术论文396篇，各级团学组织共开展思想学术节各项活动200余次，进一步引导了我校广大青年学生践行十八大精神，认真思考、积极实践，成长为时代需要的社会英才。

（7）以社团文化为亮点，丰富校园文化活动，传递科学精神与人文情怀通融的理念。学校社团发展迅速，全校现有社团80个，分为公益类、实践类、学术类、理论学习型、体育类、艺术类6大类，各社团在校团委的统一指导和社团联的统一管理之下开展活动。本年度，为进一步规范和管理社团，社团联专门制订了《华东理工大学学生社团管理手册》，用于对社团的注册、活动申请、监督和管理。

**科技创新。**以各类科创竞赛为载体，鼓励学生多角度全方位思考，营造良好的科技创新氛围。2012年度，在校内形成良好运行机制的基础上，团委组织或参与的科技创新活动和创新赛事均取得了优异的成绩。在“挑战杯”中国大学生创业计划竞赛中，我校报送的三件作品全部获奖，荣获银奖1项、铜奖2项，学校获“校级优秀组织奖”；在第七届“上汽教育杯”上海市高校学生科技创新作品展示评优活动中，我校学生作品收获特等奖，另有三项作品获得优胜奖，我校荣获“优秀组织奖”；在上海高校学生创造发明“科技创业杯”比赛、上海市陈嘉庚科技发明奖等各类科技创新比赛中，我校报送的作品也获得了优异成绩。

**实践育人。**精心组织暑期社会实践，引导学生践行创先争优。在校团委的精心组织和指导下，2012年大学生暑期社会实践以“继承青年光荣，激荡华理感动，实践报效祖国”为主题，开展项目数达到498项，13 300余人次参与。活动分为两大板块：文化科技卫生“三下乡”社会实践活动和围绕第四届“知行杯”上海市大学生社会实践大赛开展社会调查活动等。其中百余支重点团队奔赴辽宁、重庆、云南、四川等全国20余个省市开展了丰富多彩的社会实践活动，直接接受文化、科技、卫生等实践服务的各地群众达83 500余人次。2012年，我校获得上海市大学生暑期社会实践活动最佳组织奖，共有16个暑期社会实践项目荣获市级“优秀项目奖”，其中“心存感恩，共处和谐——博士生赴新疆石河子科技服务”获得上海市大学生暑期社会实践活动最佳项目奖，8名学生被评为市级“社会实践先进个人”，3名教师被评为“优秀指导老师”。

**志愿服务。**（1）以科学商店活动为品牌，依托学校专业资源，深入社区传播科普文化知识。科学商店是以大学生为主体的科普志愿者服务组织，让同学们在积极参与学习的过程中共享学习成果，增强活动范围，覆盖到徐汇、奉贤、浦东、闵行、金山、卢湾等六个区县，开展专题服务活动50余场，参与服务的学生志愿者达到5 000多人次。今年我校科学商店被凌云街道社区教育委员会授予2012年度“凌云街道学习型社区创建学习型组织”荣誉称号。

（2）围绕“西部计划”“研究生支教团”“首届国际英才创新创业周”三大重点工作，感恩志愿，热情服务。今年我校共招募并选拔了3名西部计划志愿者，赴西藏、云南、重庆、四川等地进行为期一年的志愿服务工作；2012年，我校首次加入全国研究生支教团扶贫接力计划中，经过公开招募、院系初审、资格审核、专家组面试以及集中公示，最终选拔了6名符合要求的学生组建了我校研究生支教团；首届“上海国际英才创新创业活动周”于今年7月在奉贤南桥举行，我校团委推选的70多名志愿者不畏艰苦，甘于奉献，在台风“海葵”严重影响上海的情况下，充分发挥华理学子的后世博精神，圆满完成此次志愿服务工作。

（3）志愿服务日常化，打造一支多重点、广覆盖、素质高、经验足、自主性强的高水准团队。日常志愿服务活动主要以“3·5学雷锋活动日”“12·5国际志愿者日”等为契机，依托九大保障机制组织，全校青年团员开展了如“上海高校留学生龙舟赛”“兴家”“交通安全日”“爱心沪语”“科技馆志愿服务”等多项社会实践和志愿服务活动，其中“上海高校留学生龙舟赛志愿服务”和“‘爱心沪语’志愿服务”两个项目成为上海青年志愿者网站首批市级认证项目。2012年我校“兴家”志愿服务项目再次荣获上海市肢残人协会颁发的优秀组织奖。

（4）以志愿为名，共绘区校联动美好蓝图。校团委始终秉持服务社会、回报社会的理念，依托“以华理校区为中心、辐射周边社区”的模式，形成了以几个重要乡镇为中心、覆盖奉贤大部分地区的各种类型的志愿服务阵地，并发展了一支素质高、人数多、经验足的志愿者队伍，以青年志愿者服务活动为载体，与奉贤区形成良好的“区校联动”新模式。一共有15支志愿服务队在奉贤区各个乡镇、社区开展服务，包括学生党支部、校志愿服务总队、学院志愿服务分队、科学商店、各类公益性社团等多种志愿服务实体，约占在校学生比例的63%。其中，共有11支队伍定期定点于奉贤区敬老院、中小学等地开展一系列服务。

**【团市委书记潘敏为我校学生作十八大辅导报告】** 12月5日下午，党的十八大代表、共青团上海市委书记潘敏专程来到我校逸夫楼报告厅，作了“与信仰对话”——上海青年学生学习党的十八大精神的辅导报告。报告中，潘敏就大会的时代背景、大会主题、大会报告的主要内容、大会讨论和选举等情况向同学们作了介绍和辅导，并结合自身的学习经历和感悟，和同学们分享了学习十八大报告精神的初步体会。潘敏书记的报告语言平白朴实、情感真挚，内容旁征博引、深入浅出，给全校的团学青年上了生动一课。本次潘敏书记的报告为“理论指航程——信仰指引人生路，青春共话十八大”理论宣讲活动的首场辅导报告，由共青团上海市委、上海市学联主办，我校团委承办。

**【举办第二十五届文化艺术节闭幕式暨话剧《根在华理》公演】** 6月6日晚，我校第二十五届文化艺术节闭幕式暨话剧《根在华理》公演在奉贤校区大学生活动中心剧场举行。通过DV短片对本届文化艺术节进行简短的精彩回顾后，大会举行了颁奖典礼。校领导先后为获得本届文化艺术节的优秀组织奖、优秀项目奖，校庆主题活动优秀组织奖，“校庆杯”影像比赛摄影和摄像奖等奖项的获奖代表颁奖。闭幕式过后，校话剧团倾情演绎的话剧《根在华理》进行了公演。该话剧带领观众们感受着华理的昨天和今天，展望着华理的美好明天。

**【举办2012年“五四”表彰大会】** 5月4日，“华理青年共携手，高举团旗跟党走”——华东理工大学2012年“五四”表彰大会隆重举行，华东理工大学2011—2012年度共青团系统优秀个人和先进集体以及系列“十佳”在大会上受到了表彰。会议由校党委副书记沈炜主持，校党委书记杨贤金出席会议并讲话。表彰大会结束后，“传承90年的青年光荣，激荡60载的华理感动”——优秀青年校友与在校学子共话华理人、华理事、华理情主题交流活动如约展开，这也是华理青年庆祝建校60周年的一个重要活动。来自材料科学与工程学院的研究生田鑫、社会与公共管理学院的袁晶、信息科学与工程学院的王星与我校校友上海氯碱化工股份有限公司总经理何刚、上海昊阳创业投资有限公司执行董事任鲁海、上海星雨社区发展中心主任陈军共同分享了自己的成长历程和生活感悟。不同时代的华理人，不同时期的华理事，相同的是永恒不变的华理情。交流过程有欢笑、有感动、有慨叹、有泪水，近800名华理师生共同讲述和分享着在勤奋求实、励志明德精神感召下的华东理工大学的感动。

**【举办“励志团校”揭牌仪式】** 12月25日晚，我校第二十六届思想学术节闭幕式暨“中国道路青春行”党的十八大精神学习知识竞赛在奉贤校区大学生活动中心剧场隆重举行，我校“励志团校”在闭幕式上正式揭牌。校党委副书记沈炜和团市委学校部部长、市学联秘书长陈立俊共同为华东理工大学“励志团校”揭牌。据悉，“励志团校”将依托团学组织的平台优势、资源优势、渠道优势，整合各级团学组织学习培训活动，形成覆盖全体在校青年、多级培养模式的华理团校，将主要开展“英才班”团学干部培训班、“百优班”百名优秀学生干部培训班、“先锋班”社团领袖培训班、“远志班”青年成才服务培训班、“求索班”大学生创业训练营等一系列学习培训活动，通过理论与实践相结合的教学模式，对我校团员青年进行信念教育、能力培养、素质拓展。

# 武装工作

**【概况】** 年内，武装部从抓好本科学生军事理论教学、组织并圆满完成学生军训任务、完成上海市教委赋予学校的征兵任务、做好拥军优属工作、抓好校大学生射击和定向运动两支队伍建设、加强枪支弹药管理等方面卓有成效地开展了各项工作。

**军事理论教学。**完成了2010级3 900余名本科学生和2012级3 800余名新生18学时的军事理论教学任务，内容涉及中国国防、军事思想、军事科技、国际战略形势、军事高技术等。教学实施中按照军事化要求，让学生指定位置就座，并严格点名和扣分制度，确保良好的教学秩序和到课率，狠抓“校风、教风、学风、考风”建设。

**新生集中军训。**6月30日—7月7日，对2010级全体本科学生进行为期8天的军训；9月10日—16日对2012级全体新生进行为期一周的军训。军训内容以队列、擒敌拳、三防、战术、战场救护为主，教官由上海警备区海防二旅的94名官兵担任。

**征兵工作。**52名大学生光荣入伍。其中26名男生服役于武警117师，14名男生服役于第14集团军；4名男生服役于西藏林芝军分区，3名男生服役于31集团军防空旅，1名男生服役于安徽省军区，1名男生服役于上海武警总队；1名女生服役于南京军区司令部，2名女生服役于总装31基地。他（她）们是：机械与动力工程学院过程125班曾繁荣、徐小云，机设112班侯乾震，金属110班刘鹏，过程112班淡京，材控111班熊红波，机设095班符成伟，过程113班文昱尧，机设123班钟思蒙，机设111班陈伟奇，过程104班潘晴（女）；社会与公共管理学院社工121班刘佳玮，社保121班艾孜来提·艾力，社工101班任雷，社工121班张博文；材料科学与工程学院无材111班曾发平；理学院应物112班王玉印；化学与分子工程学院材化093班徐文豪，精细113班彭泽坤；艺术设计与传媒学院旅游102班莫孙微，广告120班董彬，产品110班华星杰，产品110班王晓玲；商学院工管100班戴时红，金融102班李豪，物流100班赵阳；信息科学与工程学院测仪091班王维任，测仪102班赵大洋，计105班邓日东、程堂继，信工103班陆鹏，测仪121班李凯；化工学院轻化092班毛伟，油气101班王启鹏，化工101班孙诗白，油气103班刘雪枫，卓越111班侯洋洋，油气111班况哲宇，油气103班陈昊，化工102班周昊楠，油气102班韩智斌，油气102班闫凯，化工102班单毫；生物工程学院生技101

班杨泽华，生技 111 班陈同文；资源与环境工程学院热能 112 班刘炎，热能 112 班房军，安全 112 班张宏伟，热能 111 班郭志远；外国语学院英语 122 班徐云华。

**退伍学生安置工作。**16 名退伍学生返校复学。2010 年 12 月入伍的 19 名学生退出现役返校复学。他们是：机械与动力工程学院机设 093 班卢莹锚、材控 092 班刘勇、过程 092 班陈文浩；社会与公共管理学院社工 101 班吴宗勇、社保 071 班肖纯阳；理学院信计 092 班单春华；材料科学与工程学院材制 080 班王传鑫、高材 102 班高佳；药学院制药 092 班张燕德；化学与分子工程学院精细 091 班吴胜密；商学院营销 092 班莫志华；信息科学与工程学院计 074 班韩林、电自 081 班郑渊豪、计 091 班李诗刚；化工学院轻化 093 班朱林；艺术设计与传媒学院旅游 101 班杨岭（女）。2010 年入伍的 3 名同学考入部队院校：理学院数 092 班王错考入国防科技大学，机械与动力工程学院过程 092 班孟文涛考入第二军医大学，信息科学与工程学院计 081 班张运考入解放军理工大学。

**拥军优属工作。**春节、“八一”两大节日，组织对全校烈军属、伤残和复退转军人以及共建部队——上海警备区海防二旅进行慰问。

**校射击运动队参赛获奖。**在上海市大学生射击锦标赛中，何莹滢同学获女子 30 发卧射个人第一名，郑建敏同学获男子气手枪个人第二名。

# 表彰与奖励

Biaozhang yu Jiangli

# 科研成果奖励

| 序号 | 获奖者或获奖项目 | 学院完成单位 | 完成单位 | 主要完成者 | 获奖名称及等级 |
|---|---|---|---|---|---|
| 1 | 高效节能的新型紧凑式换热器及工业化应用 | 机械与动力工程学院 | 华东理工大学 2 | 涂善东 2 | 国家技术发明二等奖 |
| 2 | 多组元结构的损伤、断裂与安全评定理论 | 机械与动力工程学院 | 华东理工大学 | 涂善东、轩福贞、张显程 | 上海市自然科学一等奖 |
| 3 | 金融信息安全的若干关键技术及风险预警系统的研制 | 信息科学与工程学院 | 华东理工大学 | 顾春华、易建军、罗飞 | 上海市科技进步一等奖 |
| 4 | 干性非天然氨基酸生物催化制备技术及其应用 | 生物工程学院 | 华东理工大学 | 魏东芝、苏二正、孙爱友 | 上海市科技进步一等奖 |
| 5 | 高效节能的非饱和蒸发散热装备关键技术 | 机械与动力工程学院 | 华东理工大学 | 朱冬生、蒋翔、涂善东 | 上海市技术发明二等奖 |
| 6 | 高拉伸混沌混合技术与装备及其在高填充复合材料生产中的应用 | 机械与动力工程学院 | 华东理工大学 | 谢林生、马玉录、李培宁 | 上海市科技进步二等奖 |
| 7 | 环保型高速涂布 IPNSSBR 乳胶成套工业技术开发 | 材料科学与工程学院 | 华东理工大学 | 米普科、邢秋菊、李彤霞 | 上海市科技进步二等奖 |
| 8 | 高效晶硅太阳电池金属化技术 | 材料科学与工程学院 | 华东理工大学 | 杨云霞、袁双龙、敖毅伟 | 上海市科技进步二等奖 |
| 9 | 系列磷氮系无卤阻燃剂开发及其在有机聚合物中的应用 | 化学与分子工程学院 | 华东理工大学 | 王辛宜、郝冬梅、吴晓辉 | 上海市科技进步二等奖 |
| 10 | 大型分散控制系统容错关键技术研发与应用 | 信息科学与工程学院 | 华东理工大学 | 吴胜昔、叶敏、张智 | 上海市技术发明三等奖 |
| 11 | 基于双膜耦合碱回收的甲壳素清洁生产技术及产业化应用 | 生物工程学院 | 华东理工大学 | 赵黎明、姜启光、夏文水 | 上海市科技进步三等奖 |
| 12 | 双进油双电场重质劣质原油高效脱盐脱水技术 | 化工学院 | 华东理工大学 | 沈本贤、凌昊、蒋长胜 | 上海市科技进步三等奖 |
| 13 | 大型炼化装置高硫原油腐蚀与防护技术开发与应用 | 机械与动力工程学院 | 华东理工大学 | 侯峰、谭金龙、徐宏 | 上海市科技进步三等奖 |
| 14 | 水霉菌资源筛选与生防菌剂创新及其应用 | 生物工程学院 | 华东理工大学 5 | 王伟 5 | 高等学校技术进步一等奖 |
| 15 | 面向再制造的表面工程技术基础 | 机械与动力工程学院 | 华东理工大学 2 | 张显程 3 | 北京市科学技术一等奖 |
| 16 | 青年科技杰出贡献奖 | 材料科学与工程学院 | 华东理工大学 | 刘昌胜 | 上海市科委 |
| 17 | 敏感性导电聚合物复合材料制备、响应特性及机理研究 | 材料科学与工程学院 | 华东理工大学 2 | 王庚超 2 | 陕西省科学技术三等奖 |
| 18 | 第六届上海青年科技英才 | 材料科学与工程学院 | 华东理工大学 | 张玲 | 上海市科协 |

续表

| 序号 | 获奖者或获奖项目 | 学院完成单位 | 完成单位 | 主要完成者 | 获奖名称及等级 |
|---|---|---|---|---|---|
| 19 | 第九届上海市自然科学牡丹奖 | 材料科学与工程学院 | 华东理工大学 | 李春忠 | 上海市科委 |
| 20 | 吴蕴初化学化工技术进步奖 | 资源与环境工程学院 | 华东理工大学 | 王辅臣 | 上海市化学化工学会 |
| 21 | 煤炭直接液化油煤浆特性研究与应用 | 资源与环境工程学院 | 华东理工大学 3 | 张德祥 2 | 中国石油和化学工业联合会科技进步一等奖 |

## 学校、部门及个人获市级以上表彰、奖励情况

| 获奖集体或个人 | 受奖名称 | 获奖时间 | 授奖单位 |
|---|---|---|---|
| 党委 | 《党务工作者沙龙：党务工作者创先争优的新载体》被评为市教卫党委系统创先争优主题活动优秀案例 | 2012 年 2 月 | 中共上海市教育卫生工作委员会 |
| 党委 | 《以“攀登计划”为平台，推动党员创先争优》被评为市教卫党委系统创先争优主题活动优秀案例 | 2012 年 2 月 | 中共上海市教育卫生工作委员会 |
| 王珊 | 上海市教委信息报送先进个人 | 2012 年 1 月 | 上海市教委 |
| 党委办公室 | 上海市教委信息报送先进单位 | 2012 年 1 月 | 上海市教委 |
| 华东理东大学 | 2010—2011 年度上海市安全文明校园 | 2012 年 2 月 | 上海市综治委学校及周边治安综合治理工作领导小组 |
| 胡坪 | 上海市精品课程“分析化学” | 2012 年 6 月 | 上海市教委 |
| 周邵萍 | 上海市精品课程“过程流体机械” | 2012 年 6 月 | 上海市教委 |
| 施云海 | 上海市精品课程“化工热力学” | 2012 年 6 月 | 上海市教委 |
| 陈洪安 | 上海市精品课程“企业研究法” | 2012 年 6 月 | 上海市教委 |
| 郭旭红 | 上海市示范性全英语教学课程“大分子组装” | 2012 年 5 月 | 上海市教委 |
| 罗健旭 | 上海市示范性全英语教学课程“过程控制工程” | 2012 年 5 月 | 上海市教委 |
| 谢海芬 | 上海市示范性全英语教学课程“大学物理” | 2012 年 5 月 | 上海市教委 |
| 于建国 | 上海市重点教改项目——资源循环科学与工程人才培养模式创新实践 | 2012 年 6 月 | 上海市教委 |
| 林大钧 | 上海市重点教改项目——实施质量工程推进工程图学教学共享平台建设 | 2012 年 6 月 | 上海市教委 |
| 宋恭华 | 上海市重点教改项目——校企合作培养制药工程卓越工程人才 | 2012 年 6 月 | 上海市教委 |
| 王爱祥 | 2012 年高校德育创新发展研究成果三等奖 | 2012 年 5 月 | 教育部高等学校社会科学发展研究中心 |

续表

| 获奖集体或个人 | 受奖名称 | 获奖时间 | 授奖单位 |
|---|---|---|---|
| 王芝眉 | 2011年度上海市教卫党委系统党建研究课题成果二等奖 | 2012年6月 | 上海市教育卫生党委系统党的建设研究会 |
| 李翌 | 爱心包裹劝募志愿者项目圆梦2012优秀指导老师 | 2012年6月 | 中国扶贫基金会 |
| 庄启昕 | 育才奖 | 2012年8月 | 上海市教育发展基金会 |
| 沈林 | 育才奖 | 2012年8月 | 上海市教育发展基金会 |
| 曾步兵 | 育才奖 | 2012年8月 | 上海市教育发展基金会 |
| 孙荣林 | 育才奖 | 2012年8月 | 上海市教育发展基金会 |
| 刘漫丹 | 育才奖 | 2012年8月 | 上海市教育发展基金会 |
| 栾伟玲 | 育才奖 | 2012年8月 | 上海市教育发展基金会 |
| 伍新燕 | 育才奖 | 2012年8月 | 上海市教育发展基金会 |
| 谢静莉 | 育才奖 | 2012年8月 | 上海市教育发展基金会 |
| 朱洵韬 | 育才奖 | 2012年8月 | 上海市教育发展基金会 |
| 周晓梅 | 育才奖 | 2012年8月 | 上海市教育发展基金会 |
| 王爱祥 | 育才奖 | 2012年8月 | 上海市教育发展基金会 |
| 朱姝 | 育才奖 | 2012年8月 | 上海市教育发展基金会 |
| 汪华林 | 长江学者特聘教授 | 2012年7月 | 教育部 |
| 韩一帆 | 上海千人计划 | 2012年8月 | 上海市委组织部 |
| 吴清林 | 上海千人计划 | 2012年8月 | 上海市委组织部 |
| 白志山 | 首批青年拔尖人才 | 2012年8月 | 中组部 |
| 张显程 | 首批青年拔尖人才 | 2012年8月 | 中组部 |
| 江浩 | 上海浦江人才计划A类 | 2012年8月 | 上海市人力资源和社会保障局 |
| 吴君臣 | 上海浦江人才计划A类 | 2012年8月 | 上海市人力资源和社会保障局 |
| 宣晋 | 上海浦江人才计划A类 | 2012年8月 | 上海市人力资源和社会保障局 |
| 赵海涛 | 上海浦江人才计划A类 | 2012年8月 | 上海市人力资源和社会保障局 |
| 杜伟宇 | 上海浦江人才计划C类 | 2012年8月 | 上海市人力资源和社会保障局 |
| 任虎 | 上海浦江人才计划C类 | 2012年8月 | 上海市人力资源和社会保障局 |
| 闫宏斌 | 上海浦江人才计划C类 | 2012年8月 | 上海市人力资源和社会保障局 |
| 龙东辉 | 上海浦江人才计划D类 | 2012年8月 | 上海市人力资源和社会保障局 |

续表

| 获奖集体或个人 | 受奖名称 | 获奖时间 | 授奖单位 |
| --- | --- | --- | --- |
| 张显程 | 上海浦江人才计划 D 类 | 2012 年 8 月 | 上海市人力资源和社会保障局 |
| 朱维平 | 上海浦江人才计划 D 类 | 2012 年 8 月 | 上海市人力资源和社会保障局 |
| 商学院工商管理系人力资源教研室 | 市教育系统巾帼文明岗 | 2012 年 3 月 | 市教育工会及教育妇工委 |
| 药学院行政、思政管理办公室 | 市教育系统巾帼文明岗 | 2012 年 3 月 | 市教育工会及教育妇工委 |
| 体育科学与工程学院大学体育拳操教学团队 | 市教育系统巾帼文明岗 | 2012 年 3 月 | 市教育工会及教育妇工委 |
| 图书馆阅览部 | 上海市巾帼文明岗 | 2012 年 3 月 | 市妇联 |
| 党委宣传部 | 上海市巾帼文明岗 | 2012 年 3 月 | 市妇联 |
| 化学实验教学中心 | 上海市巾帼文明岗 | 2012 年 3 月 | 市妇联 |
| 理学院分团委 | 2011 年度上海市“五四”红旗团委 | 2012 年 4 月 | 上海市团市委 |
| 信息科学与工程学院分团委 | 2011 年度上海市“五四”特色团委 | 2012 年 4 月 | 上海市团市委 |
| 万婷、曹化勤、陈立俊 | 上海市第三届大学生艺术展演艺术教育科研论文一等奖 | 2012 年 2 月 | 上海市第三届大学生艺术展演 |
| 曹化勤、刘少文、陈立俊 | 上海市第三届大学生艺术展演艺术教育科研论文三等奖 | 2012 年 2 月 | 上海市第三届大学生艺术展演 |
| 倪炜、何希 | 上海市青年“五四”奖章 | 2012 年 4 月 | 共青团上海市委员会、上海市人力资源和社会保障局、上海市公务员局 |
| 万婷 | 上海市优秀团干部 | 2012 年 4 月 | 团市委 |
| 黄文彬 | 第七届“上汽教育杯”上海市高校学生科技创新作品展示评优活动杰出工作奖 | 2012 年 6 月 | 全国科技活动周（上海）组委会办公室 |
| 民盟委员会 | 上海市 2011 年度反映社情民意先进集体一等奖 | 2012 年 5 月 | 民盟上海市委 |
| 安琦 | 政协上海市委员会反映社情民意先进个人 | 2012 年 3 月 | 市政协 |
| 杨逢珉 | 上海市统一战线（工作）先进个人 | 2012 年 5 月 | 上海市委统战部上海市人力资源和社会保障局 |
| 黄发荣 | 上海市统一战线（工作）先进个人 | 2012 年 5 月 | 上海市委统战部上海市人力资源和社会保障局 |

续表

| 获奖集体或个人 | 受奖名称 | 获奖时间 | 授奖单位 |
|---|---|---|---|
| 机械与动力工程学院过程设备科学与工程研究室 | 中国侨联贡献奖的创新团队奖 | 2012 年 8 月 | 中国归国华侨联合会 |
| 统战部 | 上海市侨务工作先进集体 | 2012 年 4 月 | 上海市人民政府侨务办公室、上海市人力资源和社会保障局 |
| 陆宪良 | 上海市档案工作先进个人 | 2012 年 3 月 | 上海市档案局 |
| 余静 | 化工高校体育协会优秀青年教师 | 2012 年 7 月 | 化工高校体育协会 |
| 高杰荣 | 化工高校体育协会优秀青年教师 | 2012 年 7 月 | 化工高校体育协会 |
| 周传尧 | 化工高校体育协会优秀青年教师 | 2012 年 7 月 | 化工高校体育协会 |
| 大学生乒乓球协会 | 世界大运会表彰先进协会 | 2012 年 8 月 | 国家人力资源和社会保障部、教育部、国家体育总局等六部委 |
| 华东理工大学 | 世界大运会先进集体 | 2012 年 8 月 | 国家人力资源和社会保障部、教育部、国家体育总局等六部委 |
| 臧玉瑛 | 世界大运会先进个人 | 2012 年 8 月 | 国家人力资源和社会保障部、教育部、国家体育总局等六部委 |
| 王　跃 | 上海市体教结合先进个人 | 2012 年 2 月 | 上海市体育局 |

# 校教学成果奖获奖名单一览表

| 序号 | 获奖等级 | 成果名称 | 主要完成人 | 主要完成单位 |
|---|---|---|---|---|
| 1 | 一等奖 | 深化物理化学课程建设，夯实“卓越计划”实施基础 | 黑恩成、史济斌、彭昌军、熊焰、胡英 | 化学与分子工程学院 |
| 2 | 一等奖 | 多维度结合 · 全面提升学生工程能力——过程装备与控制工程专业的教学实践 | 涂善东、周邵萍、惠虎、轩福贞、夏春明、张洪波、王学生 | 机械与动力工程学院 |
| 3 | 一等奖 | 构筑生物工程实践创新教育体系，造就适应时代需求的卓越人才 | 张元兴、常雅宁、曹学君、俞建瑛、庄英萍、张惠展、叶蕊芳、谢静莉 | 生物工程学院 |
| 4 | 一等奖 | 基于工程能力培养的高分子材料与工程专业教学内涵建设 | 唐颂超、庄启昕、李欣欣、钱军、林绍梁、潘泳康、王婷兰 | 材料科学与工程学院 |
| 5 | 一等奖 | 学研互动，传承创新，建设应用化学特色专业 | 蔡良珍、张文清、史济斌、王燕、孙学芹 | 化学与分子工程学院 |

续表

| 序号 | 获奖等级 | 成果名称 | 主要完成人 | 主要完成单位 |
|---|---|---|---|---|
| 6 | 一等奖 | 思想政治理论课“全方位育人体系”的创新与实践——《毛泽东思想和中国特色社会主义理论体系概论》教学新探索 | 杨苏、徐国民、杜仕菊、熊万胜、奚建武、方以启、米丹、卢杨 | 人文学院 |
| 7 | 一等奖 | 分析化学（第六版）及配套教材建设 | 王燕、张济新、胡坪、张波、赵怡 | 化学与分子工程学院 |
| 8 | 一等奖 | 工科现代远程教育实验教学体系的研究和构建 | 宋恭华、应卫勇、程华、钱自强、高建宝、姚俊 D、姚俊 X、汪淳 | 网络教育学院 |
| 9 | 一等奖 | 改革软件技术课群的教考模式　着力培养大学生计算机工程应用能力 | 顾春华、刘江、王占全、张欢欢、李飞、文欣秀、胡庆春、万锋、黄惠 | 信息科学与工程学院 |
| 10 | 一等奖 | 建设实验工程制图新课程拓宽卓越工程师专业基础 | 林大钧、赵菊娣、郭慧、马惠仙、邹培玲、刘晶、张明忠、张纯楠 | 机械与动力工程学院 |
| 11 | 一等奖 | 依托国家级教学示范中心　促进地区化学实验教学水平 | 刘洪来、虞大红、殷馨 | 化学与分子工程学院 |
| 12 | 一等奖 | 以行动学习推动商学院 MBA、EMBA 教学培养模式创新 | 吴柏均、高松、侯丽敏、陈万思、刘红丽、陈智高、韩丽清、邹怡、陈蕾 | 商学院 |
| 13 | 一等奖 | 加强学业支持，培养优秀人才——“本科教育跃升行动计划”构建与实施 | 于建国、乐清华、沈文君、秦添、殷锡鸣、杨苏、徐洁 | 教务处 |
| 14 | 一等奖 | 按需培养，分类施教新培养模式的探索 | 赫崇衡、许志美、唐黎华、乐清华、张达中、朱子彬、房鼎业、徐佩若 | 化工学院 |
| 15 | 一等奖 | 大学生网络德育的理论研究与实践探索 | 王荣发、朱建婷、彭纪春、曹东勃、王党辉 | 人文学院 |
| 16 | 一等奖 | 思想政治理论课“实践教学”环节的创新与探索 | 杨苏、杜仕菊、奚建武、徐国民、熊万胜、冯军、徐雪明、米丹 | 人文学院 |
| 17 | 一等奖 | 《机械设计制造及其自动化专业英语》（第二版）（教材） | 马玉录、李琳、洪瑛、周邵萍 | 机械与动力工程学院 |
| 18 | 一等奖 | 结合学科及工程前沿的压力容器设计人才培养——国家精品课程压力容器设计课程的改革与实践 | 惠虎、潘家祯、王学生、安源胜、周帼彦、洪瑛 | 机械与动力工程学院 |
| 19 | 一等奖 | 加强实践教学，全日制工程硕士培养模式研究 | 林嘉平、刘殿华、马桂敏、苏娜、刘爱伦、栾伟玲 | 研究生院 |
| 20 | 一等奖 | 强实践重创新，校企合作培养制药工程专业人才 | 宋恭华、罗晓燕、任福正、虞心红、马红梅、邓卫平、刘宏伟 | 药学院 |

续表

| 序号 | 获奖等级 | 成果名称 | 主要完成人 | 主要完成单位 |
| --- | --- | --- | --- | --- |
| 21 | 一等奖 | 创新驱动，提升工程教育内涵——开放型创新实践竞赛的研究与实践 | 钱军、李欣欣、唐颂超、潘咏康、王庆海 | 材料科学与工程学院 |
| 22 | 一等奖 | 深化“生物分离工程”国家精品课程建设内涵，培养卓越生物工程创新人才 | 曹学君、万俊芬、赵延斌、龚小雁、李友元、刘坐镇、许环昕、张秀萍 | 生物工程学院 |
| 23 | 一等奖 | 扬长补短　强化工程实践　努力培养化学工程领域全日制工程硕士 | 沈本贤、房鼎业、徐心茹 | 化工学院 |
| 24 | 一等奖 | 青年教师教学能力培训机制的建立与实施 | 乐清华、蔡兰坤、房鼎业、黑恩成、林大钧、齐鸣斋、朱学栋、许志美 | 教务处、人事处等 |
| 25 | 一等奖 | 高层次应用型人才培养的实践教学质量保障体系探索与实践 | 刘爱伦、崔文钧、刘殿华、苏娜、王雪红、林嘉平 | 研究生院 |
| 26 | 一等奖 | 多模块、分层次机电类创新实践活动探索——培养学生多维度工程能力 | 夏春明、吴清、颜建军 | 机械与动力工程学院 |
| 27 | 一等奖 | 追求卓越，彰显特色——自动化专业教学改革与实践 | 侍洪波、刘漫丹、孙自强、王华忠、牛玉刚、顾幸生、凌志浩、王慧锋 | 信息科学与工程学院 |
| 28 | 一等奖 | 改革运营管理课程，提升课程建设质量 | 范体军、李淑霞、常香云、刘建香 | 商学院 |
| 29 | 一等奖 | 分层次、多元化开展大一基础化学课程建设 | 徐志珍、张敏、魏清莲、刘金库、王磊、田振芬、徐虎、朱裕贞 | 化学与分子工程学院 |
| 30 | 一等奖 | 理工科第五大化学——“生物化学”——大面积学科基础课群建设 | 李素霞、张元兴、欧伶、俞建瑛、叶江、辛秀娟、欧阳立明、张惠展 | 生物工程学院 |
| 31 | 一等奖 | 面向企业的过程导向型职业生涯指导和服务体系建设 | 岳海洋、王喆、徐国庆、吴青芳、郑东、邹玉梅、盖钧超、马晓春 | 学生工作部（处） |
| 32 | 一等奖 | 依托学科竞赛，培养学生创新意识和实践能力 | 凌志浩、夏春明、何云、杜红彬、吴清、潘鹤林 | 信息科学与工程学院、机械与动力工程学院、工训中心 |
| 33 | 一等奖 | 全校本科生公选课“职业设计与应聘”强实践重能力的课程改革与建设 | 陈万思、龙丽群、陈洪安、吴冰、朱姝、Tony Fang、潘丽达 | 商学院 |
| 34 | 一等奖 | 高分子物理课程十年的持续建设与实践 | 徐世爱、林嘉平、张德震、吴国章、余若冰、刘胜平、陈涛、卢红 | 材料科学与工程学院 |
| 35 | 一等奖 | 化工创新实践大赛 | 金浩、徐菊美、叶启亮、雷明 | 化工学院 |
| 36 | 一等奖 | 工业设计教育创新机制及教学模式探索与实践 | 程建新、周美玉、张青、丁伟、叶俊男 | 艺术设计与传媒学院 |

续表

| 序号 | 获奖等级 | 成果名称 | 主要完成人 | 主要完成单位 |
|---|---|---|---|---|
| 37 | 一等奖 | 控制工程领域系列教材建设与实践 | 顾幸生、俞金寿、凌志浩、张凌波 | 信息科学与工程学院 |
| 38 | 一等奖 | 与时俱进，深化改革化学反应工程教学内容与教学方法 | 许志美、赵玲、曹发海、周兴贵、刘涛、孙伟振、邹滢、房鼎业 | 化工学院 |
| 39 | 一等奖 | 面向工程实践，探索全日制工程硕士培养模式 | 田禾、唐燕辉、朱为宏、仇昭君 | 化学与分子工程学院 |
| 40 | 一等奖 | 创新德育模式，提高学生素质 | 沈炜、王爱祥、胡兵、储琰、沈海涛 | 学生工作部（处） |
| 41 | 一等奖 | 以艺术教育为载体搭建大学生思政教育的新平台 | 沈炜、储琰、倪炜、何希、万婷、曹化勤、黄文彬、何筠、包雷晶 | 团委 |
| 42 | 一等奖 | 开拓创新，构建多元化继续教育体系，建立终生教育立交桥 | 黄婕、欧伶、张雪芹、王才龙 | 成人继教教育学院 |
| 43 | 一等奖 | 培养计算思维和提高内涵教育，改进计算机创新实践培养模式的研究与实践 | 王占全、顾春华、付相君、邢晓怡、胡庆春、杨泽平 | 信息科学与工程学院 |
| 44 | 一等奖 | 创新型药物设计人才培养模式探索与实践 | 唐赟、李洪林、刘桂霞、李卫华、程家高 | 药学院 |
| 45 | 一等奖 | 以创新基地为依托，以训练项目为载体，加强学生创新能力和工程素质的培养 | 刘漫丹、杨富琴、侍洪波、王慧锋、郁金明、马国荣、冯伟国、蔡益军 | 信息科学与工程学院 |
| 46 | 一等奖 | 《过程自动化及仪表》（第二版）十一五国家级规划教材建设与应用实践（教材） | 俞金寿、孙自强 | 信息科学与工程学院 |
| 47 | 一等奖 | 发挥国家级基地作用，构建工程化教育体系，培育工程型人才 | 庄英萍、唐寅、张明、刘健、储炬、杭海峰、夏建业、张嗣良 | 生物工程学院 |
| 48 | 一等奖 | 上海市精品课高级英语与综合英语建设 | 颜静兰、贾卉、王慧、黄岚、方朝、赵宏、郑国锋、葛玥玥 | 外国语学院 |
| 1 | 二等奖 | 理论教学、实践环节、科学研究全面协同化工原理团队培养学生创新能力的探索 | 黄婕、齐鸣斋、谢佑国、张秋香、叶启亮 | 化工学院 |
| 2 | 二等奖 | 《大学物理实验》（第三版）（教材） | 张兆奎、钟菊花、陈建华、张月兰、李远光 | 理学院 |
| 3 | 二等奖 | 化工热力学精品课程建设及教学改革研究与实践 | 施云海、王艳莉、程亮、彭阳峰、童天中、刘洪来、徐晶、吴福忠 | 化工学院 |

续表

| 序号 | 获奖等级 | 成果名称 | 主要完成人 | 主要完成单位 |
|---|---|---|---|---|
| 4 | 二等奖 | 依托上海市精品课程的学生创新实践能力的培养与探索 | 易建军、束雯、罗飞、周炜、何云 | 机械与动力工程学院 |
| 5 | 二等奖 | 优化配置、科学管理，资源共享、发挥能效，建设现代化开放式一流实验中心 | 杨富琴、冯伟国、宋海虹、王为国、于文静、杨洁、潘军兴、陈小弟 | 信息科学与工程学院 |
| 6 | 二等奖 | 多层次大学生创新能力培养与专业竞赛综合平台建设 | 朱煜、李振坡、万永菁、黄如、袁伟娜、蒋翠玲 | 信息科学与工程学院 |
| 7 | 二等奖 | 加强网络自主学习，推动英语实践应用——研究生英语教学的立体建构 | 黄淑芳、佟方、华静、邵惟韺、吴建伟、管博、王捷 | 外国语学院 |
| 8 | 二等奖 | 拓展知识性、强化应用性，在化工专业实验教学中推进工程教育 | 徐菊美、雷明、宁雷、李秀军、朱志华、张秋华、黄林发、严抗抗 | 化工学院 |
| 9 | 二等奖 | 改革化工原理教学内容，适应工程型人才培养 | 齐鸣斋、黄婕、张秋香、谢佑国、叶启亮 | 化工学院 |
| 10 | 二等奖 | 立足创新，全方位、多元化地开展“高等数学”课程建设 | 殷锡鸣、江志松、李红英、宋洁、方民、李义龙、孟雅琴、苏纯洁 | 理学院 |
| 11 | 二等奖 | “劳动与社会保障法”精品课程建设 | 刘金祥、董溯战、郭曰君、吴亮 | 法学院 |
| 12 | 二等奖 | 协同建设课程与教材致力提升石油炼制工艺学课程质量 | 沈本贤、欧阳福生、凌昊、吕涯、李少萍、赵基钢、邹滢 | 化工学院 |
| 13 | 二等奖 | 探索创新人才培养和跃升行动计划完美结合的教学改革新模式 | 刘剑平、施劲松、钱夕元、朱坤平、鲍亮 | 理学院 |
| 14 | 二等奖 | 《过程设备机械基础》(教材) | 潘红良、郝俊文、钱卓群、陈建钧 | 机械与动力工程学院 |
| 15 | 二等奖 | 基于KSRI创新实践能力培养新模式的大学生科学商店经营与管理 | 沈炜、倪炜、黄文彬、储琰、何希、万婷、何筠、曹化勤 | 团委 |
| 16 | 二等奖 | 轻化工程专业特色建设与教学改革 | 刘霞、辛忠、蔡建国、赵世成、郑实 | 化工学院 |
| 17 | 二等奖 | 充分发挥教研组基层作用，切实提高青年教师的教学水平 | 徐志珍、张敏、田振芬、答鸿、卢怡、黄艳、孙慧萍、汤毅晖 | 化学与分子工程学院 |
| 18 | 二等奖 | 材料添加剂化学精品课程建设 | 辛忠、孟鑫、赵世成、殷强锋、刘霞 | 化工学院 |
| 19 | 二等奖 | “货币银行学”课程建设和改革探索 | 刘建国、麦勇、盛宝莲、钱丽霞、郑庆寰、叶志强、单亚玲 | 商学院 |
| 20 | 二等奖 | 创新型实践教学模式的构建与实践 | 陈琴珠、颜雪娟、王学生、蔡文明、陈聪 | 机械与动力工程学院 |

续表

| 序号 | 获奖等级 | 成果名称 | 主要完成人 | 主要完成单位 |
| --- | --- | --- | --- | --- |
| 21 | 二等奖 | 强化专业能力与创新能力，培养高素质计算机专业人才 | 郭卫斌、虞慧群、高大启、过弋、罗勇军、陈志华、范贵生、赵文瑜 | 信息科学与工程学院 |
| 22 | 二等奖 | 生物科学与技术专业研究型教学模式与创新能力培养 | 赵健、张惠展、范立强、李素霞、叶江、吴海珍、李春秀 | 生物工程学院 |
| 23 | 二等奖 | 卓越工程师培养中电类课程教学模式与手段改革 | 林家骏、张雪芹、杨富琴、朱煜、吴雪、程华、宋继荣、阮建国、朱奇 | 信息科学与工程学院 |
| 24 | 二等奖 | 课指委“基本要求”指导下的“大学物理”多维度交融的教学模式探索 | 房毅、章登宏、顾英俊、谢湘华、赵丽霞 | 理学院 |
| 25 | 二等奖 | 积极心理学视野下大学生心理健康课程教学模式探索 | 朱育红、王爱祥、王爱丽、李永慧、周冠华、徐玉兰、胡娟顾剑 | 学生工作部（处） |
| 26 | 二等奖 | 依托行业背景，加强校企合作，构建卓越工程师培养体系 | 于建国、涂善东、谭文松、徐世爱、刘田、张帆、张浩然、徐洁 | 工程教育学系 |
| 27 | 二等奖 | “过程控制工程”国家精品课程建设 | 俞金寿、顾幸生、刘漫丹、罗健旭、刘爱伦、孙京诰 | 信息科学与工程学院 |
| 28 | 二等奖 | “企业研究方法”课程教学改革与实践 | 陈洪安、李玉刚、阎海峰、费鸿萍、陈亮、吴冰 | 商学院 |
| 29 | 二等奖 | 导入 ISO9001 质量管理体系规范并有效提升网院的管理水平 | 钱自强、郑丽华、商敏锋、孔巍 | 网络教育学院 |
| 30 | 二等奖 | 思想政治理论课“精彩系列”建设的创新与探索 | 杜仕菊、奚建武、徐国民、方以启、徐雪明 | 人文学院 |
| 31 | 二等奖 | 基于互联网的网上实验建设实践与关键支撑技术 | 程华、姚俊 X、姚俊 D、蔡方、房一泉、万浩、孔巍、徐鹏 | 网络教育学院 |
| 32 | 二等奖 | 生工专业卓越工程师人才培养模式的探索 | 花强、曹学君、叶蕊芳、唐寅、付水林 | 生物工程学院 |
| 33 | 二等奖 | 大学生创新能力的培养与实践 | 李平、朱贻安、钱刚、周志明、袁佩青、徐晶 | 化工学院 |
| 34 | 二等奖 | 立足学科特色，提高数理基础课青年教师教学能力措施的探索与实践 | 张先梅、房毅、钟菊花、钱夕元、陈建华、殷锡鸣、鲁习文阴其俊 | 理学院 |
| 35 | 二等奖 | 大学生志愿服务活动长效机制建设研究 | 钱嫦萍、倪炜、储琰、陈立俊 | 团委、理学院 |
| 36 | 二等奖 | 以课程建设为载体加强研究生科研规范教育 | 王荣发、栾伟玲、安琦、朱建婷、曹东勃 | 人文学院 |

续表

| 序号 | 获奖等级 | 成果名称 | 主要完成人 | 主要完成单位 |
|---|---|---|---|---|
| 37 | 二等奖 | 珍惜初始好奇心，培养优秀本科生 | 许建和、郁惠蕾、李春秀、郑高伟、潘江 | 生物工程学院 |
| 38 | 二等奖 | 上海市精品课程——分析化学课程建设 | 胡坪、张文清、王燕、杨世忠、王氢、刘海燕、夏玮、张凌怡 | 化学与分子工程学院 |
| 39 | 二等奖 | 按照专业介绍和国际认证标准，全面提高教育质量，培养一流制药工程专业人才 | 虞心红、沈永嘉、宋恭华、姚善泾、宋航、罗晓燕、任福正、张珩 | 药学院 |
| 40 | 二等奖 | 依托科研优势，打造“流体力学”特色精品课程 | 刘海峰、李伟锋、许建良、龚欣、王辅臣 | 资源与环境工程学院 |
| 41 | 二等奖 | 艺术设计与传媒专业实验教学改革与实践 | 吴慧兰、叶俊男、鹿双岭、王静蕴、生伟 | 艺术设计与传媒学院 |
| 42 | 二等奖 | 以教学团队精品课程为重点，推进金融市场学教学改革与建设 | 麦勇、孟磊、徐琤、盛宝莲、徐岚 | 商学院 |
| 43 | 二等奖 | “以基础理论与实践相结合为导向”的“多元统计学”课程教学改革与创新的探索 | 汪冬华、任飞、马艳梅 | 商学院 |
| 44 | 二等奖 | 以实现教学内容与教学效果“步步高”为目标，努力形成研究生公共政治理论课程新体系与新品牌 | 熊万胜、黄时进、米丹、杨苏、陈迎年、范明英、汪帮琼 | 人文学院 |
| 45 | 二等奖 | 以教材建设促进线性代数精品课程改革 | 施劲松、刘剑平、钱夕元、鲍亮、曹宵临 | 理学院 |
| 46 | 二等奖 | 基于“以学生为中心”的“热学”课程立体化建设与持续改进 | 房毅、钟菊花、张先梅、章登宏、顾晓燕 | 理学院 |
| 47 | 二等奖 | 分析类课程的教学研究 | 李建奎、赵建丛、杨勤民、黄文亮 | 理学院 |
| 48 | 二等奖 | 新时期有特色的本科班导师工作制度建设探索与实践 | 张达中、司忠业、赫崇衡、许志美、张黎、武亚珍 | 化工学院 |
| 49 | 二等奖 | 成人继续教育生物技术专业应用技能型人才培养模式的探索与实践 | 范立强、张惠展、赵健、李春秀、俞建瑛 | 生物工程学院 |
| 50 | 二等奖 | 以建设国家精品课程为核心，深化工程教育课程改革 | 唐燕辉、沈永嘉、杨军、程毅 | 化学与分子工程学院 |
| 51 | 二等奖 | 材料成型及控制工程新专业建设 | 姚兴军、张修庆、马玉录、谢林生、秦宗慧、孙丽娟、路贵民、何云 | 机械与动力工程学院 |
| 52 | 二等奖 | 注重系统能力培养的教育部 Intel 精品课程“操作系统”建设与实践 | 郭卫斌、李建华、虞慧群、何高奇、罗勇军 | 信息科学与工程学院 |
| 53 | 二等奖 | 《管理沟通》（第二版）（“十一五”国家级规划教材） | 康青 | 商学院 |

续表

| 序号 | 获奖等级 | 成果名称 | 主要完成人 | 主要完成单位 |
|---|---|---|---|---|
| 54 | 二等奖 | 多元多渠道合作，构建国际化办学新体系 | 辛忠、赫崇衡、郭旭虹、金浩、许志美、司忠业、包华、刘百祥、乐清华、高艺霞 | 化工学院 |
| 55 | 二等奖 | 开发“无线遥控开关”项目，培养学生综合实践和设计开发能力 | 郁金明、宋海虹、马国荣、潘军兴 | 信息科学与工程学院 |
| 56 | 二等奖 | 中国象征文化（教材） | 居伟忠、罗建平、李柏令 | 艺术设计与传媒学院 |
| 57 | 二等奖 | 机械设计创新教学团队建设 | 安琦、王小芳、陈琴珠、王建文、夏守浩 | 机械与动力工程学院 |
| 58 | 二等奖 | 知识传授主导型向能力培养主导型转变的课堂教学实践 | 周邵萍、张洪波、苏永升、涂善东 | 机械与动力工程学院 |
| 59 | 二等奖 | 基于网络的协作学习实践和探索——小组作业互评与创新实践模式 | 胡庆春、刘江、付相君、张欢欢、叶元卯 | 信息科学与工程学院 |
| 60 | 二等奖 | 立足应用实践　培养创新思维 | 秦衍、朱坤平、夏宁茂、方民、林爱红 | 理学院 |
| 61 | 二等奖 | 上海高校示范性全英语教学“管理沟通”课程建设项目 | 康青 | 商学院 |
| 62 | 二等奖 | 国际食品法规与风险管理方向特色专业建设 | 刘少伟、于杨曜、阮赞林 | 生物工程学院、法学院 |
| 63 | 二等奖 | CAD 创新设计与卓越工程师培养相结合的教学改革与实践 | 郭慧、马惠仙、赵菊娣、刘晶、邹培玲、张明忠、张纯楠 | 机械与动力工程学院 |
| 64 | 二等奖 | 数理统计课程素质教育的探索与实践 | 朱坤平、刘剑平、陆元鸿、钱夕元、方民 | 理学院 |
| 65 | 二等奖 | 研究生大面积数学全英文课程模块建设 | 何志庆、钱夕元、苏纯洁、刘朝晖 | 理学院 |
| 66 | 二等奖 | 《海关报关实务》（第五版）（教材） | 谢国娥 | 商学院 |
| 67 | 二等奖 | 大学德育课考核方式的改革创新 | 张丽芬、王荣发、彭纪春 | 人文学院 |
| 68 | 二等奖 | 《食品工艺学》（第二版）（教材） | 周家春 | 生物工程学院 |
| 69 | 二等奖 | 以国家级化学实验教学示范中心建设为契机，深化基础化学实验教学改革 | 王燕、殷馨、俞晔、熊焰、王月荣、刘洪来 | 化学与分子工程学院 |
| 70 | 二等奖 | 开展学期小制作项目，培养学生动手能力 | 安琦、殷勇辉、李骏、钱宁尔 | 机械与动力工程学院 |
| 71 | 二等奖 | 研究生大面积“最优化方法”课程体系建设与实践 | 苏纯洁、鲁习文、刘朝晖 | 理学院 |
| 72 | 二等奖 | 国际经济合作（上海市全英语示范课） | 黄庐进 | 商学院 |
| 73 | 二等奖 | 《市场营销策划》（“十一五”国家级规划教材） | 杨明刚 | 艺术设计与传媒学院 |

续表

| 序号 | 获奖等级 | 成果名称 | 主要完成人 | 主要完成单位 |
|---|---|---|---|---|
| 74 | 二等奖 | 龙舟校园文化构建与高校龙舟后备人才培养模式的实践与探索 | 高杰荣、阎珏、裘德平、陈家云、李军 | 体育科学与工程学院 |
| 75 | 二等奖 | 全程导师制的实践与探索 | 汪华、杨发祥、赵方杜、陆丽君、张燕、罗恩立、唐有财、童雪红 | 社会与公共管理学院 |
| 76 | 二等奖 | 少学时化工原理教材建设与教学改革 | 潘鹤林、张辉、陈敏恒、孙浩 | 化工学院 |
| 77 | 二等奖 | 创新培养理念，改革培养模式，全日制工程硕士实践教学环节的认识与实践 | 牛玉刚、侍洪波、孙自强、吴勤勤 | 信息科学与工程学院 |
| 78 | 二等奖 | 注重个体发展、优化分层教学，探索多渠道的大学物理教学模式 | 汪溶、葛自明、张孟、陆慧、谢海芬、路明 | 理学院 |
| 79 | 二等奖 | 现代远程教育校外学习中心学生零度管理研究与实践 | 应卫勇、杨敏、陶峰 | 网络教育学院 |
| 80 | 二等奖 | 以国家精品课程为基地，加强青年教师的培养 | 齐鸣斋、许志美、张达中、刘霞、徐心茹 | 化工学院 |
| 81 | 二等奖 | “油气集输”课程教学模式与质量提升的创新实践 | 徐心茹、杨敬一、李少萍、欧阳福生、江洪波 | 化工学院 |
| 82 | 二等奖 | “机械原理”精品课程建设与创新人才培养体系的研究 | 高志、殷勇辉、章兰珠、崔立、夏守浩 | 机械与动力工程学院 |
| 83 | 二等奖 | 促进科学素质教育，加强物理与现代科技课程建设 | 章登宏、赵丽霞、路明、谢湘华 | 理学院 |
| 84 | 二等奖 | 构建多元化、全方位、全过程资助育人体系，激励学生成长成才的实践与探索 | 王芝眉、徐美华、张学洪、徐艳、饶志雄、李波、李翌、焦建辉 | 学生工作部（处） |
| 85 | 二等奖 | 《药学专业实验教程》（教材） | 唐赟、邓卫平、刘建文、景秋芳、马磊 | 药学院 |
| 86 | 二等奖 | 化工类国际大学生竞赛的组织与实施 | 金浩、刘柏平、叶启亮、曹正芳、熊丹柳、袁萍 | 化工学院 |
| 87 | 二等奖 | 有机化学本科教育国际化新探索 | 焦家俊、罗千福、俞善辉、刘涛平、沙风 | 化学与分子工程学院 |
| 88 | 二等奖 | 构建具有鲜明特色、先进性的《高等数学》教材 | 殷锡鸣、李红英、江志松 | 理学院 |
| 89 | 二等奖 | 发挥体育教学团队优势，推动校园体育文化发展 | 余静、徐勤华、潘捷良、李新卫、杨清、马爱囡 | 体育科学与工程学院 |
| 90 | 二等奖 | 现代远程教育教学设计及资源建设创新与实践 | 高建宝、汪淳、赵俊艳、张又文 | 网络教育学院 |
| 1 | 三等奖 | 传承与创新，构建化学新专业创新教育体系 | 张文清、蔡良珍、徐志珍、孙学芹、汤毅晖、夏玮 | 化学与分子工程学院 |

续表

| 序号 | 获奖等级 | 成果名称 | 主要完成人 | 主要完成单位 |
|---|---|---|---|---|
| 2 | 三等奖 | 加强专业知识应用能力和创新能力培养——树脂基复合材料课程体系改革与实践 | 倪礼忠、周权、宋宁、董擎之 | 材料科学与工程学院 |
| 3 | 三等奖 | 以全国大学生过程控制仿真大赛促进创新实验教学 | 孙京诰、王华忠、王学武、余昭旭、杨文 | 信息科学与工程学院 |
| 4 | 三等奖 | 电磁学中研究性教学的探索和实践 | 汪溶、路明、冯晓娟、刘海清 | 理学院 |
| 5 | 三等奖 | 大学生物理学术研究与创新能力激发培育的探索与实践 | 钟菊花、郁仁德、葛自明、张月兰、顾英俊、房毅、章登宏、高建平 | 理学院 |
| 6 | 三等奖 | 高校学生党建工作精细化管理的探索与实践 | 刘伟兰、岳海洋、钱嫦萍 | 理学院 |
| 7 | 三等奖 | 借力化工设计竞赛，提高专业教学质量 | 顾雄毅、沈荣春、张文理 | 化工学院 |
| 8 | 三等奖 | 具有国际化视野的创新型、研究型人才培养机制探索 | 魏东芝、常雅宁、马昱澍、俞建瑛、王学东 | 生物工程学院 |
| 9 | 三等奖 | 以科研促教学——“细胞工程”及相关课程研究型教学的实践与探索 | 周燕、谭文松、蔡海波、叶朝阳、朱明龙 | 生物工程学院 |
| 10 | 三等奖 | 生物炼制微型工厂的实践教学 | 鲍杰、张建、胡凤仙 | 生物工程学院 |
| 11 | 三等奖 | 以行业展会为平台，拓宽工科学生视野——高分子材料与工程实践教学改革与创新 | 潘泳康、唐颂超、王庆海、王婷兰、李远 | 材料科学与工程学院 |
| 12 | 三等奖 | 材料类基础平台课程“材料概论”教学探索与研究 | 陆冲、宋鹂、毛荐 | 材料科学与工程学院 |
| 13 | 三等奖 | “线性代数”（双语）教学课程建设 | 钱夕元、刘剑平、李启慧 | 理学院、中德工学院 |
| 14 | 三等奖 | 《中国文化导论》作为理工商学生人文教育教材 | 陈荣杰、任家瑜、吴思增、郜林涛 | 人文学院 |
| 15 | 三等奖 | 基于“敏捷培养”模式的研究生创新能力塑造与发展 | 卢艳花、庄英萍、许建和、林嘉平、刘殿华 | 生物工程学院 |
| 16 | 三等奖 | 多核和云计算时代的“并行与分布计算”课程 | 李建华、郭卫斌、郑红、杨建国 | 信息科学与工程学院 |
| 17 | 三等奖 | 研究生导师双向选择系统的设计与实践 | 黄建华、李晓明、滕居特 | 信息科学与工程学院、研究生院 |
| 18 | 三等奖 | 计算机网络课程教学模式的研究 | 王占全、过弋、李振武、杨建国、蔡金辉 | 信息科学与工程学院 |
| 19 | 三等奖 | 创新教育跨专业，综合素质上台阶 | 郝俊文、王焱、金登男 | 机械与动力工程学院 |

续表

| 序号 | 获奖等级 | 成果名称 | 主要完成人 | 主要完成单位 |
| --- | --- | --- | --- | --- |
| 20 | 三等奖 | 思想政治理论课优秀教学创新团队建设新探索 | 徐国民、易如、杜仕菊、卢杨、奚建武、方以启、米丹、汪碧云 | 人文学院 |
| 21 | 三等奖 | 重兴趣，厚基础，练思维，利用数学竞赛平台培养独立思考的创新型工科人才 | 江志松、殷锡鸣、李红英、李义龙 | 理学院 |
| 22 | 三等奖 | 上海高校全英语教学探索与评价 | 孙济庆、傅建勤、张红、孔莹莹、陈峰、康健 | 上海高校外国教材中心 |
| 23 | 三等奖 | 《药理学》（理工科院校专用教材） | 刘建文、黄永平 | 药学院 |
| 24 | 三等奖 | “药物化学”课程建设和药物创新人才培养 | 邓卫平、马红梅、李剑、唐赟、郑剑斌 | 药学院 |
| 25 | 三等奖 | 综合创新运用先进教学手段，提升本科现代工程类课程教学效果的实践 | 薛明俊、姜建华、李会平 | 材料科学与工程学院 |
| 26 | 三等奖 | 创新性实验计划项目培养大学生研究型学习能力研究 | 刘桂荣、汪冬华、陈祖潮、王子君、杜小泊、康倩 | 商学院 |
| 27 | 三等奖 | 基于信息化质量管理平台构建远程教育质量保障体系的实践 | 蔡方、郑丽华、钱自强、商敏锋 | 网络教育学院 |
| 28 | 三等奖 | 电路实验课程教学目标体系化研究与实践 | 吴雪、罗小娟、张秋萍、黄如 | 信息科学与工程学院 |
| 29 | 三等奖 | 以社会需求为导向，多层次全面办学——探索多元化的高校继续教育模式 | 欧伶、王丽霞、李本友、朱晓枫 | 成人继教教育学院 |
| 30 | 三等奖 | 国际经济与贸易专业外贸函电课程的建设：“外经贸函电教程” | 蔡惠伟 | 商学院 |
| 31 | 三等奖 | 思想政治理论课“精品课程网站”建设的新探索 | 米丹、冯军、徐雪明、汪碧云 | 人文学院 |
| 32 | 三等奖 | 课程中心建设项目 | 王晓、郑军、沈健、杜龙兵、朱斌峰 | 现教中心 |
| 33 | 三等奖 | 化工专业实验教学中心远程实验室建设 | 宁雷、雷明、徐菊美、张秋华、李秀军、严抗抗、黄林发 | 化工学院 |
| 34 | 三等奖 | 深化实验教学方法改革，践行发酵工程实验多层面互动教学 | 李友元、宫衡、张嗣良、付水林、杨雅琴 | 生物工程学院 |
| 35 | 三等奖 | 社会实际需求导向的学生创新实践教学模式 | 赵黎明、夏泉鸣、周家春、蒋丽华、邱勇隽 | 生物工程学院 |
| 36 | 三等奖 | 应用化学专业实验改革与建设 | 孙学芹、蔡良珍、王艳芹、邹刚、刘洪来、王月荣、金文虎 | 化学与分子工程学院 |
| 37 | 三等奖 | 程序设计竞赛培训在计算机人才培养中的重要作用 | 罗勇军、陈志华、罗飞、郑红、雷向欣、张小勤、范贵生 | 信息科学与工程学院 |

续表

| 序号 | 获奖等级 | 成果名称 | 主要完成人 | 主要完成单位 |
|---|---|---|---|---|
| 38 | 三等奖 | 突出实践环节的“锅炉原理”课程教学改革探索 | 梁钦锋、于广锁、鲁锡兰、周志杰 | 资源与环境工程学院 |
| 39 | 三等奖 | 英语专业写作能力的系统培养 | 杨慧敏、颜静兰、贾卉、黄岚 | 外国语学院 |
| 40 | 三等奖 | 传统文化系列课程：人文教育、通识教育，华理工的新探索 | 陈荣杰、任家瑜、吴思增、郜林涛、朱忆天 | 人文学院 |
| 41 | 三等奖 | 以人为本，以服务社会为导向，坚持多方位改革——成人高等学历教育改革与实践 | 张雪芹、许学敏、张振明、桂宁来、王玉华、陈德庆、王毅、董小芹 | 成人继续教育学院 |
| 42 | 三等奖 | 提高本科人才培养质量相关的若干招生举措的研究与实施 | 项延训、朱涛、刘卫华、李玉俊 | 教务处 |
| 43 | 三等奖 | 控制工程（设备监理）领域培养模式研究 | 牛玉刚、侍洪波、孙自强 | 信息科学与工程学院 |
| 44 | 三等奖 | 多模态环境下的多元化大学英语学习者共同体构建 | 龚嵘、戚元方、施镜蔚、姚俊、吴承钧 | 外国语学院、网络教育学院 |
| 45 | 三等奖 | 校企合作培养信息安全创新人才的研究与实践 | 黄建华、冷春霞 | 信息科学与工程学院 |
| 46 | 三等奖 | 多层次培养大学生创新实践能力的模式探索和应用 | 谢海芬、张先梅、苏纯洁、汪溶、刘海清、罗锻斌、陆慧 | 理学院 |
| 47 | 三等奖 | 研究生设计创新能力培养方法的探索 | 陈虹 | 艺术设计与传媒学院 |
| 48 | 三等奖 | 通过灵活多样的本科生国际交流提升学生综合素质 | 曹学君、周英、鲍杰、包华、吴蓉、征春秀、邱娟 | 生物工程学院 |
| 49 | 三等奖 | 与时俱进研究生示范群体建设与实践 | 徐心茹、于靖、李涛、张达中、伍华芳、赵晓军、魏永明、张曙慧 | 化工学院 |
| 50 | 三等奖 | 计算机公共课考试通用机考平台的建设 | 李飞、王立中、文欣秀、邢晓怡、万锋 | 信息科学与工程学院 |
| 51 | 三等奖 | 上海市精品课程“高等数学”的服务平台——高等数学课程中心网站的建设与应用 | 宋洁、孟雅琴、方民 | 理学院 |
| 52 | 三等奖 | 《实践导向：面向工商管理硕士（MBA）的人力资源管理案例建设》（教材） | 董临萍、黄维德 | 商学院 |
| 53 | 三等奖 | 开发“流水线物件传输控制系统设计”项目，培养学生电子产品设计开发能力 | 郁金明、蔡益军、陈小弟 | 信息科学与工程学院 |
| 54 | 三等奖 | 外语教育创新基地 | 谷伟珍、朱晓琴、陆伟忠 | 外国语学院 |
| 55 | 三等奖 | 一课为主多课辅佐的德育课程群建设 | 王党辉、朱建婷、彭纪春 | 人文学院 |
| 56 | 三等奖 | 智能化交互式远程教学系统——与美国 DUKE 大学交互式远程授课等 | 王晓、郑军、沈健、朱斌峰 | 现教中心 |

续表

| 序号 | 获奖等级 | 成果名称 | 主要完成人 | 主要完成单位 |
| --- | --- | --- | --- | --- |
| 57 | 三等奖 | 嵌入研究型学习，加强中央银行学精品课程建设 | 盛宝莲、徐琤 | 商学院 |
| 58 | 三等奖 | 基于行动学习法的“风险管理”案例教学改革与实践 | 郑庆寰、刘建国、刘桂荣、汪冬华、崔惠贤 | 商学院 |
| 59 | 三等奖 | “跨国企业概述”双语课程教改成果 | 秦一琼 | 商学院 |
| 60 | 三等奖 | 工程案例教学主导、全英文授课探索多媒体、技术助力、全面提高“传感器原理及应用”专业课教学水平 | 王慧锋、颜秉勇 | 信息科学与工程学院 |
| 61 | 三等奖 | 大学生生命观分析与生命教育研究 | 钱嫦萍 | 理学院 |
| 62 | 三等奖 | “马克思主义基本原理”教学中的“境界”建设 | 范明英、杜仕菊、秦美珠、陈迎年、汪帮琼、刘芳 | 人文学院 |
| 63 | 三等奖 | 面向师生需求全方位开放的新馆建设 | 高克平、曲忠仪、郑建荣、李雪岩、孙靖嵘、刘云 | 图书馆 |
| 64 | 三等奖 | 教学与科研互动，推进工程研究型实验教学改革 | 谢佑国、张秋香、刘柏平、潘正官、张秀瑾、黄莉萍 | 化工学院 |
| 65 | 三等奖 | 以培养创新能力为目标的复合材料与工程专业实践教学体系的构建与实施 | 周权、宋宁、倪礼忠 | 材料科学与工程学院 |
| 66 | 三等奖 | 现代模具制造技术课程建设 | 姚兴军、何云、李晓雪 | 机械与动力工程学院 |
| 67 | 三等奖 | 构建适应专业需求与个性发展的计算机基础，课程教学体系的改革与实践 | 刘江、顾春华、李飞、高建良、付歌 | 信息科学与工程学院 |
| 68 | 三等奖 | 基于网络教学的改革与实践 | 杨建国、李振武、陈苏、赵玉成 | 信息科学与工程学院 |
| 69 | 三等奖 | 以教学实验项目开发培养本科生创新能力 | 吴慧兰 | 艺术设计与传媒学院 |
| 70 | 三等奖 | 利用远程教育手段提升边远地区教育质量的实践与探索 | 姚俊D、杨敏、康小燕、万浩、孔巍 | 网络教育学院 |
| 71 | 三等奖 | 加强教育管理能力建设，提升校园文化引领功能 | 沈炜、王惠、顾婷、陈亚琴、李迈进、朱沙医、李晶 | 材料科学与工程学院 |
| 72 | 三等奖 | 适应化工专业分类培养的化工热力学课程教学模式 | 施云海、彭阳峰、童天中、王艳莉、徐晶 | 化工学院 |
| 73 | 三等奖 | 生物反应工程原理课程教学质量的提升 | 夏杰 | 生物工程学院 |
| 74 | 三等奖 | 双语课程教学改革与实践 | 张井岩、刘慧 | 药学院 |
| 75 | 三等奖 | “无机材料工艺原理”教学与学生能力培养 | 曾惠丹、张金朝、袁双龙 | 材料科学与工程学院 |
| 76 | 三等奖 | 促进双语课程建设，推动国际化教学改革 | 庄启昕、李欣欣、林绍梁、王中俭、李慧、钱军、刘小云 | 材料科学与工程学院 |

续表

| 序号 | 获奖等级 | 成果名称 | 主要完成人 | 主要完成单位 |
|---|---|---|---|---|
| 77 | 三等奖 | 建立主题教育体系，创新与延伸大学生思政工作 | 朱姝、陈庆升、崔美娜、李思悦、刘少文、赵俊玲 | 商学院 |
| 78 | 三等奖 | 信息显示与光电技术专业建设 | 沈冬、罗锻斌、郑致刚、钱水兔、罗有华、牟海川 | 理学院 |
| 79 | 三等奖 | 以“创先争优”为平台发挥高校学生党员先锋作用引领学风校风 | 武亚珍、司忠业、刘飏飏、史悦、梅海东、张黎 | 化工学院 |
| 80 | 三等奖 | 发挥大学生道德论坛的育人功能 | 彭纪春、张丽芬、王党辉 | 人文学院 |
| 81 | 三等奖 | 轻化工程专业教学实验建设 | 刘霞、赵世成、辛忠、孟鑫、殷强锋、李莉 | 化工学院 |
| 82 | 三等奖 | 油气工程设计创新团队建设与教学实践 | 欧阳福生、李少萍、马宏燎、王昕、邹滢、王评、施力、陈忠 | 化工学院 |
| 83 | 三等奖 | 专业英语教材与课堂教学改革 | 谢静莉、许学书 | 生物工程学院 |
| 84 | 三等奖 | 制药类专业实验教学平台建设 | 马红梅、曾步兵、徐仲玉、周翾 | 药学院 |
| 85 | 三等奖 | 强化药物制剂专业人才创新实践能力的培养 | 高峰、任福正、崔景斌、景秋芳、翁伟宇 | 药学院 |
| 86 | 三等奖 | 实验教学中心网络化管理系统的开发 | 滕鑫、李水强、唐颂超 | 材料科学与工程学院 |
| 87 | 三等奖 | 工科大学生职业能力培养的探索与实践 | 方向阳、杨倩、陈啸寅、程秀玲、李喜娜 | 机械与动力工程学院 |
| 88 | 三等奖 | 基于云计算的实验教学平台建设 | 万锋、陈苏、赵玉成、杨泽平、刘洁 | 信息科学与工程学院 |
| 89 | 三等奖 | “自控原理”双语教学实践 | 彭亦功 | 信息科学与工程学院 |
| 90 | 三等奖 | 加大实验室开放力度，为各种竞赛和创新活动服务 | 冯伟国、于文静、何玉英、王为国、杨洁、何仲贤、高瑜、倪洁人 | 信息科学与工程学院 |
| 91 | 三等奖 | 以新《保险法》实施为契机，探索保险专业课程教学改革 | 崔惠贤、汪冬华、胡娟、马艳梅 | 商学院 |
| 92 | 三等奖 | 以多媒体课件为载体，提升专题化教学效果 | 曹东勃 | 人文学院 |
| 93 | 三等奖 | 三实工程：社会工作教学实践创新 | 王瑞鸿 | 社会与公共管理学院 |
| 94 | 三等奖 | 加强工程技能训练，凸显工程特色，密切联合企业——工程能力和创新能力培养 | 邓诗峰、李欣欣、唐颂超、沈学宁、郑安呐、钱军、潘泳康、庄启昕 | 材料科学与工程学院 |
| 95 | 三等奖 | 完善创新能力训练体系，加强管理保障机制，培养我校特色的创新人才 | 秦添、林大钧、徐佩若、杜龙兵、张正清、胡欣敏、彭新初 | 教务处 |

续表

| 序号 | 获奖等级 | 成果名称 | 主要完成人 | 主要完成单位 |
| --- | --- | --- | --- | --- |
| 96 | 三等奖 | 后世博时期大学生志愿服务精神的传承与发扬 | 刘开振、司忠业、史悦、武亚珍、高晶 | 化工学院 |
| 97 | 三等奖 | 打造充满魅力的课堂教学——微生物学课堂教学方法的改革探索与实践 | 叶蕊芳、张晓彦、郑一涛、叶勤、许建和、李志敏 | 生物工程学院 |
| 98 | 三等奖 | 《精细有机合成工艺》(教材) | 王利民、邹刚、伍新燕、张大德、赵平、杨先金、陈锋 | 化学与分子工程学院 |
| 99 | 三等奖 | “过程动态学及控制”全英文教学实践与探索 | 彭亦功 | 信息科学与工程学院 |
| 100 | 三等奖 | 基于计算技术和应用实践的线性代数教学实验 | 李继根、钱夕元、鲍亮、俞绍文、姬超 | 理学院 |
| 101 | 三等奖 | 全英文授课对普通本科生的专业英语水平的促进作用研究 | 过弋 | 信息科学与工程学院 |
| 102 | 三等奖 | “旅游规划与开发”课程教学改革探索 | 王计平 | 艺术设计与传媒学院 |
| 103 | 三等奖 | 规范网格管理，突出社会实践 | 王爱祥、胡兵、岳海洋、朱姝 | 学生工作部（处） |
| 104 | 三等奖 | 提升教师工程实践能力，提高工程实践课程教学质量 | 唐寅、张明、陆兵、夏建业、杭海峰、夏杰、徐殿胜 | 生物工程学院 |
| 105 | 三等奖 | 基于知识应用能力的专业基础课程教学方法的研究 | 潘红良、郝俊文、钱卓群、陈建钧 | 机械与动力工程学院 |
| 106 | 三等奖 | 污染物分析实验教学改革及实践 | 盛梅、蒋晓凤、嵇雅颖、黄光团 | 资源与环境工程学院 |
| 107 | 三等奖 | 物理实验教学培养学生创新能力 | 陈建华、谢湘华、顾英俊 | 理学院 |
| 108 | 三等奖 | 参与式课堂教学方法在“马克思主义基本原理概论”中的应用与效果研究 | 秦美珠、陈迎年、汪帮琼、刘芳 | 人文学院 |
| 109 | 三等奖 | 思想政治理论课“读书会”建设的探索与实践 | 熊万胜、奚建武、方以启、金家厚、叶敏 | 人文学院 |
| 110 | 三等奖 | 强化工程素养与实践创新能力的化工设备设计课程建设 | 王学生、惠虎、周帼彦、洪瑛、石岩 | 机械与动力工程学院 |
| 111 | 三等奖 | 移动互联网络下的移动学习 | 姚俊 x、蔡方、万浩、孔巍、徐鹏、倪志国、沈辉 | 网络教育学院 |
| 112 | 三等奖 | 分类培养，全程指导，以就业引导工程提升就业质量 | 刘颋颋、司忠业、张达中、武亚珍、梅海东、焦建辉 | 化工学院 |
| 113 | 三等奖 | 以志愿者服务活动为平台，全面提高信息科学与工程学院学生综合素质 | 张雪银、曹慧、周霞、曾晓玲 | 信息科学与工程学院 |
| 114 | 三等奖 | 传递过程导论课程建设 | 孙志仁、陈剑佩、宁雷 | 化工学院 |
| 115 | 三等奖 | 一种表述经验的能力——“生化实验”课程现代教学体系 | 王善利、俞建瑛、宋聿文 | 生物工程学院 |

续表

| 序号 | 获奖等级 | 成果名称 | 主要完成人 | 主要完成单位 |
|---|---|---|---|---|
| 116 | 三等奖 | 以科研基地为基础，培养和提升工科学生的创新和实践能力教学 | 韩伟、周永传、王春丽、张敏 | 药学院 |
| 117 | 三等奖 | MAB管理沟通课程互动式教学研究 | 王佩玮 | 商学院 |
| 118 | 三等奖 | “中国近现代史纲要”教学互动创新实践 | 刘震宇、高纪龙、刘雅丽、刘阳、王志明 | 人文学院 |
| 119 | 三等奖 | 推荐免试研究生招生选拔制度改革 | 滕居特、杨维明 | 研究生院 |
| 120 | 三等奖 | 《国际经济学》（教材） | 孙定东、杨逢珉、张永安 | 商学院、上海对外贸易学院 |
| 121 | 三等奖 | 大学生党建融入德育教学体系的探索 | 朱建婷、曹东勃、张丽芬 | 人文学院 |
| 122 | 三等奖 | 严明校纪，科学引导，培育优良学风 | 刘百祥、刘冬梅、杜龙兵、徐书克、陈佩玲 | 教务处 |
| 123 | 三等奖 | 生物类专业本科生科研创新能力的培养研究 | 曹旭妮、谢静莉 | 生物工程学院 |
| 124 | 三等奖 | 理工科课程中多媒体教学与传统教学的融合方法研究 | 万永菁、张淑艳 | 信息科学与工程学院 |
| 125 | 三等奖 | 化难为易“编译原理”课程教学方法的改革 | 金登男 | 信息科学与工程学院 |
| 126 | 三等奖 | 网络教育统考辅导与管理工作改革 | 康小燕、高建宝、龚嵘 | 网络教育学院 |
| 127 | 三等奖 | 图书资源与课程建设的相关性研究 | 毛静华、陆兵、许培云、周霜菊 | 图书馆 |
| 128 | 三等奖 | 以“化工艺术团”为基地提升理工科大学生文艺素养与鉴赏能力 | 司忠业、刘开振、史悦、刘颋颋、高晶 | 化工学院 |
| 129 | 三等奖 | 优秀学生的创新能力培养 | 肖婧凡、张元兴、王启要、刘琴、周祥山、吴海珍 | 生物工程学院 |
| 130 | 三等奖 | 制药工程卓越班的动态管理模式探索与实践 | 姚蕾、陈芳 | 药学院 |
| 131 | 三等奖 | 多重抓手促学风，构建信息科学与工程学院学风建设综合平台 | 曾晓玲、赵菡、杨雅伟、许浩、陈忆星 | 信息科学与工程学院 |
| 132 | 三等奖 | 基于面向方面的计算机基础教学研究 | 文欣秀、赵敏、邢晓怡、杨红文 | 信息科学与工程学院 |
| 133 | 三等奖 | “以学生为中心，注重创新研究”的大学物理双语课程建设与实践 | 谢海芬、罗锻斌、吴唯、胡骅 | 理学院、中德工学院 |
| 134 | 三等奖 | 《统计学原理》（网络教材） | 刘桂荣 | 商学院 |
| 135 | 三等奖 | 思想政治理论课“理论社团”建设的探索与实践 | 奚建武、方以启、米丹、杨希燕、金家厚 | 人文学院 |
| 136 | 三等奖 | 网络教育非学科性学习支持服务有效性研究 | 王蔚菁、阎福安、王悦、袁放、洪梅、孙莹 | 网络教育学院 |
| 137 | 三等奖 | 依托科研，强化“代谢调控”课程内涵建设 | 蔡海波、储炬、张旭 | 生物工程学院 |

# 学生参加各类学科竞赛获奖情况一览表

| 比赛名称 | 获奖情况 | | | 姓名 |
|---|---|---|---|---|
| | 获奖时间 | 赛事级别 | 所获奖项 | |
| 2012年国际大学生数学建模竞赛 | 2012年3月 | 国际 | 特等奖提名奖 | 张越宇 |
| | | | | 王硕鸿 |
| | | | | 黄超 |
| 2012年国际大学生数学建模竞赛 | 2012年3月 | 国际 | 二等奖 | 李君楠 |
| | | | | 任翔 |
| | | | | 潘柏君 |
| 2012年国际大学生数学建模竞赛 | 2012年3月 | 国际 | 二等奖 | 张科 |
| | | | | 杨健 |
| | | | | 秦奋 |
| 2012年国际大学生数学建模竞赛 | 2012年3月 | 国际 | 二等奖 | 蔡文甫 |
| | | | | 高梁 |
| | | | | 王艳阳 |
| 2012年国际大学生数学建模竞赛 | 2012年3月 | 国际 | 二等奖 | 李皓天 |
| | | | | 吴曾睿 |
| | | | | 左成月 |
| 2012年国际大学生数学建模竞赛 | 2012年3月 | 国际 | 二等奖 | 殷益骏 |
| | | | | 陈辰 |
| | | | | 柯旭彦 |
| 2012年国际大学生数学建模竞赛 | 2012年3月 | 国际 | 二等奖 | 周雅迪 |
| | | | | 杨旭春 |
| | | | | 尹芹 |
| 2012年国际大学生数学建模竞赛 | 2012年3月 | 国际 | 二等奖 | 李桂传 |
| | | | | 郜煜 |
| | | | | 谭竞 |
| 2012年国际大学生数学建模竞赛 | 2012年3月 | 国际 | 三等奖 | 夏川 |
| | | | | 陈俊睿 |
| | | | | 王梓印 |
| 2012年国际大学生数学建模竞赛 | 2012年3月 | 国际 | 三等奖 | 尤越 |
| | | | | 钱天威 |
| | | | | 吴珊 |

续表

| 比赛名称 | 获奖情况 | | | 姓名 |
|---|---|---|---|---|
| | 获奖时间 | 赛事级别 | 所获奖项 | |
| 2012年国际大学生数学建模竞赛 | 2012年3月 | 国际 | 三等奖 | 张益东<br>万宇雷<br>戴木泉 |
| 2012年国际大学生数学建模竞赛 | 2012年3月 | 国际 | 三等奖 | 孙欣炎<br>何俊<br>罗冰 |
| 2012年国际大学生数学建模竞赛 | 2012年3月 | 国际 | 三等奖 | 魏艳菊<br>王佳远<br>蒋瑞 |
| 2012年国际大学生数学建模竞赛 | 2012年3月 | 国际 | 三等奖 | 周艳静<br>许哲<br>胡涛 |
| 2012年国际大学生数学建模竞赛 | 2012年3月 | 国际 | 三等奖 | 何靖恺<br>匡柘溪<br>秦强 |
| 2012年国际大学生数学建模竞赛 | 2012年3月 | 国际 | 三等奖 | 金祎<br>金戈<br>谢梦 |
| 2012年国际大学生数学建模竞赛 | 2012年3月 | 国际 | 三等奖 | 周天如<br>李禹辰<br>张凡怡 |
| 2012年国际大学生数学建模竞赛 | 2012年3月 | 国际 | 三等奖 | 李擎<br>周萧潇<br>姜婷 |
| 美国大杏仁创新比赛 | 2012年10月 | 国际 | 二等奖 | 李可欣<br>施娴<br>施慧琳<br>宋佳丽 |
| Honda第五届节能大赛 | 2012年11月 | 国际 | 优胜奖 | 周静<br>孙涛<br>周海波 |
| Honda第五届节能大赛 | 2012年11月 | 国际 | 优胜奖 | 张双刀<br>关明曦<br>罗华伦 |

续表

| 比赛名称 | 获奖情况 | | | 姓名 |
|---|---|---|---|---|
| | 获奖时间 | 赛事级别 | 所获奖项 | |
| 2012“中国石化-三井化学杯”第六届全国大学生化工设计竞赛 | 2012 年 8 月 | 全国 | 特等奖 | 黄炜<br>汪一鸣<br>王佳远<br>徐晓龙<br>陶威 |
| 2012“中国石化-三井化学杯”第六届全国大学生化工设计竞赛 | 2012 年 8 月 | 全国 | 二等奖 | 许谢君<br>任骋<br>潘婵婵<br>陈雅华<br>张正德 |
| 2012“中国石化-三井化学杯”第六届全国大学生化工设计竞赛 | 2012 年 8 月 | 全国 | 三等奖 | 庄欣明<br>戴跃华<br>李欣<br>罗怿<br>马成 |
| 2012“中国石化-三井化学杯”第六届全国大学生化工设计竞赛 | 2012 年 8 月 | 全国 | 三等奖 | 王超<br>刘宝<br>脱永笑<br>王旭超<br>章岳峰 |
| 2012“中国石化-三井化学杯”第六届全国大学生化工设计竞赛 | 2012 年 8 月 | 全国 | 三等奖 | 时强<br>成功<br>张志华<br>郜煜<br>容尔益 |
| 2012“中国石化-三井化学杯”第六届全国大学生化工设计竞赛 | 2012 年 8 月 | 全国 | 三等奖 | 顾乾龙<br>王艳超<br>王阳<br>王骥<br>曲鑫 |

| 比赛名称 | 获奖情况 | | | 姓名 |
|---|---|---|---|---|
| | 获奖时间 | 赛事级别 | 所获奖项 | |
| 2012“中国石化-三井化学杯”第六届全国大学生化工设计竞赛 | 2012 年 8 月 | 全国 | 三等奖 | 王丽媚 |
| | | | | 张海飞 |
| | | | | 王斯佳 |
| | | | | 裴曼菲 |
| | | | | 董春华 |
| 2012“中国石化-三井化学杯”第六届全国大学生化工设计竞赛 | 2012 年 8 月 | 全国 | 三等奖 | 贺理珀 |
| | | | | 郭文泽 |
| | | | | 高峰 |
| | | | | 张征湃 |
| | | | | 杨文剑 |
| 2012 年第四届全国大学生数学建模竞赛 | 2012 年 12 月 | 全国 | 一等奖 | 倪光耀 |
| | | | | 林泽桦 |
| | 2012 年 10 月 | 上海市 | 一等奖 | 严佳佳 |
| 2012 年第四届全国大学生数学建模竞赛 | 2012 年 12 月 | 全国 | 二等奖 | 王晶 |
| | | | | 汤妍 |
| | 2012 年 10 月 | 上海市 | 一等奖 | 韩文炳 |
| 2012 年第四届全国大学生数学建模竞赛 | 2012 年 12 月 | 全国 | 二等奖 | 乔崇智 |
| | | | | 古文全 |
| | 2012 年 10 月 | 上海市 | 一等奖 | 俞琳 |
| 2012 年第四届全国大学生数学建模竞赛 | 2012 年 12 月 | 全国 | 二等奖 | 朱慧彪 |
| | | | | 韩港 |
| | 2012 年 10 月 | 上海市 | 一等奖 | 刘源炀 |
| 2012 年第四届全国大学生数学建模竞赛 | 2012 年 12 月 | 全国 | 二等奖 | 高晓鸣 |
| | | | | 段佳利 |
| | 2012 年 10 月 | 上海市 | 一等奖 | 张聪 |
| 2012 年第四届全国大学生数学竞赛（上海赛区） | 2012 年 12 月 | 上海市 | 二等奖 | 胡竹斌 |
| | | | | 林森 |
| | | | | 孙红平 |
| 2012 年第四届全国大学生数学竞赛（上海赛区） | 2012 年 12 月 | 上海市 | 二等奖 | 乐利吉 |
| | | | | 周剑 |
| | | | | 顾琪坤 |
| 2012 年第四届全国大学生数学竞赛（上海赛区） | 2012 年 12 月 | 上海市 | 二等奖 | 明梁 |
| | | | | 徐迈 |
| | | | | 郭巍伟 |

续表

| 比赛名称 | 获奖情况 | | | 姓名 |
|---|---|---|---|---|
| | 获奖时间 | 赛事级别 | 所获奖项 | |
| 2012年第四届全国大学生数学竞赛（上海赛区） | 2012年12月 | 上海市 | 二等奖 | 陈旭园 |
| | | | | 陈阳 |
| | | | | 徐斌 |
| 2012年第四届全国大学生数学竞赛（上海赛区） | 2012年12月 | 上海市 | 二等奖 | 邢颖 |
| | | | | 方丽辉 |
| | | | | 胡思维 |
| 2012年第四届全国大学生数学竞赛（上海赛区） | 2012年12月 | 上海市 | 二等奖 | 蔡兆克 |
| | | | | 吴皓清 |
| | | | | 戴昀 |
| 2012年第四届全国大学生数学竞赛（上海赛区） | 2012年12月 | 上海市 | 三等奖 | 窦晓蕾 |
| | | | | 韩瑞琪 |
| | | | | 辜腾 |
| 2012年第四届全国大学生数学竞赛（上海赛区） | 2012年12月 | 上海市 | 三等奖 | 吴夏雨 |
| | | | | 施登科 |
| | | | | 朱世杰 |
| 2012年第四届全国大学生数学竞赛（上海赛区） | 2012年12月 | 上海市 | 三等奖 | 莫瑶 |
| | | | | 管福鑫 |
| | | | | 吴元宵 |
| 2012年第四届全国大学生数学竞赛（上海赛区） | 2012年12月 | 上海市 | 三等奖 | 王艳艳 |
| | | | | 马玲玲 |
| | | | | 田凯 |
| 2012年第四届全国大学生数学竞赛（上海赛区） | 2012年12月 | 上海市 | 三等奖 | 纪洁 |
| | | | | 蔡孟珂 |
| | | | | 方琦骏 |
| 2012年第四届全国大学生数学竞赛（上海赛区） | 2012年12月 | 上海市 | 三等奖 | 禹跃 |
| | | | | 鲁彦飞 |
| | | | | 黄彭琛 |
| 2012年第四届全国大学生数学竞赛（上海赛区） | 2012年12月 | 上海市 | 三等奖 | 李玮哲 |
| | | | | 韩冬 |
| | | | | 薛志村 |
| 2012年第四届全国大学生数学竞赛（上海赛区） | 2012年12月 | 上海市 | 三等奖 | 蔡佳怡 |
| | | | | 汤志鸿 |
| | | | | 薛嵩 |

续表

| 比赛名称 | 获奖情况 | | | 姓名 |
|---|---|---|---|---|
| | 获奖时间 | 赛事级别 | 所获奖项 | |
| 第三届全国大学生数学竞赛（非数学类）决赛 | 2012 年 3 月 | 全国 | 一等奖 | 郜煜 |
| 第三届全国大学生数学竞赛（非数学类）决赛 | 2012 年 3 月 | 全国 | 三等奖 | 乐利吉 |
| 第四届全国大学生数学竞赛（非数学类）上海赛区暨第四届上海市大学生数学竞赛（非数学类） | 2012 年 12 月 | 上海市 | 一等奖 | 周剑 |
| 第四届全国大学生数学竞赛（非数学类）上海赛区暨第四届上海市大学生数学竞赛（非数学类） | 2012 年 12 月 | 上海市 | 一等奖 | 金志恒 |
| 第四届全国大学生数学竞赛（非数学类）上海赛区暨第四届上海市大学生数学竞赛（非数学类） | 2012 年 12 月 | 上海市 | 一等奖 | 汪洋 |
| 第四届全国大学生数学竞赛（非数学类）上海赛区暨第四届上海市大学生数学竞赛（非数学类） | 2012 年 12 月 | 上海市 | 二等奖 | 曹星萌 |
| 第四届全国大学生数学竞赛（非数学类）上海赛区暨第四届上海市大学生数学竞赛（非数学类） | 2012 年 12 月 | 上海市 | 二等奖 | 梁海洋 |
| 第四届全国大学生数学竞赛（非数学类）上海赛区暨第四届上海市大学生数学竞赛（非数学类） | 2012 年 12 月 | 上海市 | 二等奖 | 冯淼 |
| 第四届全国大学生数学竞赛（非数学类）上海赛区暨第四届上海市大学生数学竞赛（非数学类） | 2012 年 12 月 | 上海市 | 二等奖 | 周杨 |
| 第四届全国大学生数学竞赛（非数学类）上海赛区暨第四届上海市大学生数学竞赛（非数学类） | 2012 年 12 月 | 上海市 | 二等奖 | 张伟昌 |
| 第四届全国大学生数学竞赛（非数学类）上海赛区暨第四届上海市大学生数学竞赛（非数学类） | 2012 年 12 月 | 上海市 | 二等奖 | 张佳凯 |
| 第四届全国大学生数学竞赛（非数学类）上海赛区暨第四届上海市大学生数学竞赛（非数学类） | 2012 年 12 月 | 上海市 | 二等奖 | 任薪羽 |
| 第四届全国大学生数学竞赛（非数学类）上海赛区暨第四届上海市大学生数学竞赛（非数学类） | 2012 年 12 月 | 上海市 | 二等奖 | 周苗苗 |

续表

| 比赛名称 | 获奖情况 | | | 姓名 |
|---|---|---|---|---|
| | 获奖时间 | 赛事级别 | 所获奖项 | |
| 第四届全国大学生数学竞赛（非数学类）上海赛区暨第四届上海市大学生数学竞赛（非数学类） | 2012 年 12 月 | 上海市 | 二等奖 | 明梁 |
| 第四届全国大学生数学竞赛（非数学类）上海赛区暨第四届上海市大学生数学竞赛（非数学类） | 2012 年 12 月 | 上海市 | 二等奖 | 牛田野 |
| 第四届全国大学生数学竞赛（非数学类）上海赛区暨第四届上海市大学生数学竞赛（非数学类） | 2012 年 12 月 | 上海市 | 二等奖 | 杭鹏 |
| 第四届全国大学生数学竞赛（非数学类）上海赛区暨第四届上海市大学生数学竞赛（非数学类） | 2012 年 12 月 | 上海市 | 三等奖 | 陈志高 |
| 第四届全国大学生数学竞赛（非数学类）上海赛区暨第四届上海市大学生数学竞赛（非数学类） | 2012 年 12 月 | 上海市 | 三等奖 | 徐可人 |
| 第四届全国大学生数学竞赛（非数学类）上海赛区暨第四届上海市大学生数学竞赛（非数学类） | 2012 年 12 月 | 上海市 | 三等奖 | 何科杰 |
| 第四届全国大学生数学竞赛（非数学类）上海赛区暨第四届上海市大学生数学竞赛（非数学类） | 2012 年 12 月 | 上海市 | 三等奖 | 陈立丰 |
| 第四届全国大学生数学竞赛（非数学类）上海赛区暨第四届上海市大学生数学竞赛（非数学类） | 2012 年 12 月 | 上海市 | 三等奖 | 罗帆 |
| 第四届全国大学生数学竞赛（非数学类）上海赛区暨第四届上海市大学生数学竞赛（非数学类） | 2012 年 12 月 | 上海市 | 三等奖 | 郑青青 |
| 第四届全国大学生数学竞赛（非数学类）上海赛区暨第四届上海市大学生数学竞赛（非数学类） | 2012 年 12 月 | 上海市 | 三等奖 | 农佳武 |
| 第四届全国大学生数学竞赛（非数学类）上海赛区暨第四届上海市大学生数学竞赛（非数学类） | 2012 年 12 月 | 上海市 | 三等奖 | 岳忠伟 |
| 第四届全国大学生数学竞赛（非数学类）上海赛区暨第四届上海市大学生数学竞赛（非数学类） | 2012 年 12 月 | 上海市 | 三等奖 | 时倩 |
| 第四届全国大学生数学竞赛（非数学类）上海赛区暨第四届上海市大学生数学竞赛（非数学类） | 2012 年 12 月 | 上海市 | 三等奖 | 聂元清 |

续表

| 比赛名称 | 获奖情况 | | | 姓名 |
|---|---|---|---|---|
| | 获奖时间 | 赛事级别 | 所获奖项 | |
| 第四届全国大学生数学竞赛（非数学类）上海赛区暨第四届上海市大学生数学竞赛（非数学类） | 2012 年 12 月 | 上海市 | 三等奖 | 鲁彦飞 |
| 第四届全国大学生数学竞赛（非数学类）上海赛区暨第四届上海市大学生数学竞赛（非数学类） | 2012 年 12 月 | 上海市 | 三等奖 | 刘玉根 |
| 第四届全国大学生数学竞赛（非数学类）上海赛区暨第四届上海市大学生数学竞赛（非数学类） | 2012 年 12 月 | 上海市 | 三等奖 | 郑哲 |
| 第四届全国大学生数学竞赛（非数学类）上海赛区暨第四届上海市大学生数学竞赛（非数学类） | 2012 年 12 月 | 上海市 | 三等奖 | 邢维龙 |
| 第四届全国大学生数学竞赛（非数学类）上海赛区暨第四届上海市大学生数学竞赛（非数学类） | 2012 年 12 月 | 上海市 | 三等奖 | 管福鑫 |
| 第五届全国大学生节能减排社会实践与科技竞赛 | 2012 年 8 月 | 全国 | 一等奖 | 吴红<br>桑海蓉<br>严任舟 |
| 第五届全国大学生节能减排社会实践与科技竞赛 | 2012 年 8 月 | 全国 | 二等奖 | 崔童敏<br>王梅<br>冯景行<br>徐萌萌<br>陈文尧 |
| 第五届全国大学生节能减排社会实践与科技竞赛 | 2012 年 8 月 | 全国 | 三等奖 | 高维川<br>徐伟娜<br>洪辰望<br>王慧云 |
| 第五届中国大学生计算机设计大赛（Fish 流程图编程软件） | 2012 年 8 月 | 全国 | 一等奖 | 倪光耀 |
| 第五届中国大学生计算机设计大赛（诚信外卖网） | 2012 年 8 月 | 全国 | 二等奖 | 方太成<br>杨浩男<br>王嘉梁 |
| 第五届中国大学生计算机设计大赛［冰上芭蕾（红蓝三维立体）］ | 2012 年 8 月 | 全国 | 二等奖 | 徐璋瑾<br>方太成 |

| 比赛名称 | 获奖情况 | | | 姓名 |
| --- | --- | --- | --- | --- |
| | 获奖时间 | 赛事级别 | 所获奖项 | |
| 第五届中国大学生计算机设计大赛<br>（City Guard 城市管家） | 2012 年 8 月 | 全国 | 三等奖 | 蔡振生<br>杜威<br>胡建 |
| 第五届中国大学生计算机设计大赛<br>（E-动点餐系统） | 2012 年 8 月 | 全国 | 三等奖 | 李小可<br>杨保健<br>朱本成 |
| 第五届中国大学生计算机设计大赛<br>（化学小软件） | 2012 年 8 月 | 全国 | 三等奖 | 王建伟 |
| 第五届中国大学生计算机设计大赛<br>（I-Touchable 通讯软件） | 2012 年 8 月 | 全国 | 三等奖 | 李毅 |
| 第五届中国大学生计算机设计大赛<br>（华理活动网） | 2012 年 8 月 | 全国 | 三等奖 | 刘柏众 |
| 第二届“东富龙杯”全国大学生制药工程设计竞赛 | 2012 年 11 月 | 全国 | 一等奖 | 郭百惠<br>蒋玉萌<br>李显龙<br>郁骋丹<br>吴福东 |
| 第七届全国大学生“飞思卡尔杯”智能汽车竞赛全国总决赛光电阻组 | 2012 年 8 月 | 全国 | 二等奖 | 魏阿勇<br>潘濛濛 |
| 第七届全国大学生“飞思卡尔杯”智能汽车竞赛华东赛区光电阻组 | 2012 年 7 月 | 省部级 | 一等奖 | 邱朝阳 |
| 第七届全国大学生“飞思卡尔杯”智能汽车竞赛全国总决赛摄像头组 | 2012 年 8 月 | 全国 | 二等奖 | 张泽瀚<br>徐林 |
| 第七届全国大学生“飞思卡尔杯”智能汽车竞赛华东赛区摄像头组 | 2012 年 7 月 | 省部级 | 一等奖 | 赵钟 |
| 第七届全国大学生“飞思卡尔杯”智能汽车竞赛华东赛区光电阻组 | 2012 年 7 月 | 省部级 | 二等奖 | 陈思<br>徐佳佳<br>刘怡伶 |
| 第七届全国大学生“飞思卡尔杯”智能汽车竞赛华东赛区电磁阻组 | 2012 年 7 月 | 省部级 | 三等奖 | 孙斌<br>黄健<br>张俊民 |
| 第七届全国大学生“飞思卡尔杯”智能汽车竞赛华东赛区电磁阻组 | 2012 年 7 月 | 省部级 | 三等奖 | 孙涛<br>关明曦<br>周侃恒 |

| 比赛名称 | 获奖情况 | | | 姓名 |
| --- | --- | --- | --- | --- |
| | 获奖时间 | 赛事级别 | 所获奖项 | |
| 第七届全国大学生“飞思卡尔杯”智能汽车竞赛华东赛区电磁阻组 | 2012 年 7 月 | 省部级 | 优秀奖 | 宫利敏 |
| | | | | 马丽杰 |
| | | | | 曾繁俊 |
| 第三十七届 ACM-ICPC 国际大学生程序设计大赛全国邀请赛（金华赛区） | 2012 年 5 月 | 省部级 | 银牌 | 陈光 |
| | | | | 顾琪坤 |
| | | | | 吕伟斌 |
| 第三十七届 ACM-ICPC 国际大学生程序设计大赛全国邀请赛（金华赛区） | 2012 年 5 月 | 省部级 | 银牌 | 周永超 |
| | | | | 陈天翔 |
| | | | | 杨彦斌 |
| 第三十七届 ACM-ICPC 国际大学生程序设计大赛全国邀请赛（金华赛区） | 2012 年 5 月 | 省部级 | 铜牌 | 王学峰 |
| | | | | 沈宇涛 |
| | | | | 谢南杰 |
| 第三十七届 ACM-ICPC 国际大学生程序设计竞赛亚洲区域赛（金华赛区） | 2012 年 10 月 | 全国 | 铜牌 | 蔡敏 |
| | | | | 朱迪 |
| | | | | 方伟成 |
| 第三十七届 ACM-ICPC 国际大学生程序设计竞赛亚洲区域赛（天津赛区） | 2012 年 10 月 | 全国 | 银牌 | 周永超 |
| | | | | 陈天翔 |
| | | | | 顾琪坤 |
| 第三十七届 ACM-ICPC 国际大学生程序设计竞赛亚洲区域赛（杭州赛区） | 2012 年 11 月 | 全国 | 银牌 | 周永超 |
| | | | | 陈天翔 |
| | | | | 顾琪坤 |
| 第三届中国大学生物理学术竞赛 | 2012 年 8 月 | 全国 | 二等奖 | 何春晓 |
| | | | | 施经 |
| | | | | 金珏辉 |
| | | | | 单毫 |
| | | | | 程斌 |
| 第八届“挑战杯”复星中国大学生创业计划竞赛 | 2012 年 12 月 | 全国 | 银奖 | 诸咏天 |
| | | | “网络虚拟运营”专项三等奖 | 周元凯 |
| | | | | 李萍 |
| 第八届“挑战杯”复星中国大学生创业计划竞赛上海赛区（上海圣翼网络科技有限公司项目） | 2012 年 5 月 | 上海市 | 银奖 | 刘飞 |
| | | | | 宋阳 |

续表

| 比赛名称 | 获奖情况 | | | 姓名 |
| --- | --- | --- | --- | --- |
| | 获奖时间 | 赛事级别 | 所获奖项 | |
| 第八届"挑战杯"复星中国大学生创业计划竞赛 | 2012年12月 | 全国 | 铜奖 | 金慧 |
| | | | | 李宝力 |
| | | | | 田苏媛 |
| 第八届"挑战杯"复星中国大学生创业计划竞赛上海赛区（氯卡斯特有限责任公司项目） | 2012年5月 | 上海市 | 金奖 | 王异航 |
| | | | | 牟禹蒙 |
| 第八届"挑战杯"复星中国大学生创业计划竞赛 | 2012年12月 | 全国 | 铜奖 | 姚旭阳 |
| | | | | 江伟 |
| | | | | 沈杨千 |
| 第八届"挑战杯"复星中国大学生创业计划竞赛上海赛区（上海绿室新材料有限责任公司项目） | 2012年5月 | 上海市 | 金奖 | 滕波 |
| | | | | 胡舒华 |
| 第八届"挑战杯"复星中国大学生创业计划竞赛上海赛区（箔铠新材料技术有限责任公司项目） | 2012年5月 | 上海市 | 铜奖 | 李艳红 |
| | | | | 周剑 |
| | | | | 林泽桦 |
| | | | | 梁昌盛 |
| | | | | 陈天裔 |
| 第八届"挑战杯"复星中国大学生创业计划竞赛上海赛区（上海新技源有限责任公司项目） | 2012年5月 | 上海市 | 铜奖 | 朱华君 |
| | | | | 姜孜龙 |
| | | | | 孙自萌 |
| | | | | 王佳丽 |
| | | | | 于小琦 |
| 第五届"高教杯"大学生先进成图技术与产品信息建模创新大赛 | 2012年8月 | 全国 | 团体二等奖 | 蔡波 |
| | | | | 徐明天 |
| | | | | 武晓晖 |
| | | | | 沈胄杰 |
| | | | | 王笛 |
| 第五届"高教杯"大学生先进成图技术与产品信息建模创新大赛 | 2012年8月 | 全国 | 个人全能一等奖 | 武晓晖 |
| 第五届"高教杯"大学生先进成图技术与产品信息建模创新大赛 | 2012年8月 | 全国 | 个人全能二等奖 | 蔡波 |
| 第五届"高教杯"大学生先进成图技术与产品信息建模创新大赛 | 2012年8月 | 全国 | 个人全能二等奖 | 徐明天 |

续表

| 比赛名称 | 获奖情况 | | | 姓名 |
|---|---|---|---|---|
| | 获奖时间 | 赛事级别 | 所获奖项 | |
| 第五届“高教杯”大学生先进成图技术与产品信息建模创新大赛 | 2012年8月 | 全国 | 个人全能二等奖 | 范芳怡 |
| 第五届“高教杯”大学生先进成图技术与产品信息建模创新大赛 | 2012年8月 | 全国 | 个人全能二等奖 | 沈胄杰 |
| 第五届“高教杯”大学生先进成图技术与产品信息建模创新大赛 | 2012年8月 | 全国 | 个人全能二等奖 | 王笛 |
| 第五届“高教杯”大学生先进成图技术与产品信息建模创新大赛 | 2012年8月 | 全国 | 尺规绘图一等奖 | 蔡波 |
| 第五届“高教杯”大学生先进成图技术与产品信息建模创新大赛 | 2012年8月 | 全国 | 尺规绘图一等奖 | 徐明天 |
| 第五届“高教杯”大学生先进成图技术与产品信息建模创新大赛 | 2012年8月 | 全国 | 尺规绘图一等奖 | 范芳怡 |
| 第五届“高教杯”大学生先进成图技术与产品信息建模创新大赛 | 2012年8月 | 全国 | 产品信息建模及工程图绘制二等奖 | 蒋冠辰 |
| 第五届“高教杯”大学生先进成图技术与产品信息建模创新大赛 | 2012年8月 | 全国 | 尺规绘图二等奖 | 吕荣安 |
| 第二届“上图杯”上海大学生先进成图技术大赛（机械类计算机二维图形绘制类） | 2012年5月 | 上海市 | 团体一等奖 | 陈泽峰<br>叶程霖<br>杨杰<br>彭晓堃<br>徐明天 |
| 第二届“上图杯”上海大学生先进成图技术大赛（机械类计算机二维图形绘制类） | 2012年5月 | 上海市 | 团体一等奖 | 孟正东<br>贾础豪<br>钟耀坤<br>张育逄<br>彭勃 |
| 第二届“上图杯”上海大学生先进成图技术大赛（机械类计算机二维图形绘制类） | 2012年5月 | 上海市 | 团体二等奖 | 范芳怡<br>戴祎程<br>周志楠<br>焦鹏<br>苏忆敏 |
| 第二届“上图杯”上海大学生先进成图技术大赛（机械类计算机二维图形绘制类） | 2012年5月 | 上海市 | 团体优胜奖 | 方正<br>屠珊珊<br>张湫昊<br>杨晨阳<br>魏家源 |

| 比赛名称 | 获奖情况 | | | 姓名 |
| --- | --- | --- | --- | --- |
| | 获奖时间 | 赛事级别 | 所获奖项 | |
| 第二届“上图杯”上海大学生先进成图技术大赛（机械类计算机二维图形绘制类） | 2012 年 5 月 | 上海市 | 团体优胜奖 | 王启超 |
| | | | | 冯凯博 |
| | | | | 昝大千 |
| | | | | 王政波 |
| | | | | 苟巍然 |
| 第二届“上图杯”上海大学生先进成图技术大赛（机械类计算机三维造型） | 2012 年 5 月 | 上海市 | 团体一等奖 | 蔡波 |
| | | | | 武晓辉 |
| | | | | 李福兴 |
| | | | | 张湫昊 |
| | | | | 徐明天 |
| 第二届“上图杯”上海大学生先进成图技术大赛（机械类计算机三维造型） | 2012 年 5 月 | 上海市 | 团体二等奖 | 王稼民 |
| | | | | 朱彦宇 |
| | | | | 沈胄杰 |
| | | | | 黄洁 |
| | | | | 王笛 |
| 第二届“上图杯”上海大学生先进成图技术大赛（机械类计算机三维造型） | 2012 年 5 月 | 上海市 | 团体二等奖 | 丁一 |
| | | | | 兰顺强 |
| | | | | 张阿龙 |
| | | | | 吕荣安 |
| | | | | 赵铭诚 |
| 第二届“上图杯”上海大学生先进成图技术大赛（机械类计算机三维造型） | 2012 年 5 月 | 上海市 | 团体二等奖 | 蒋冠辰 |
| | | | | 刘红周 |
| | | | | 丁鹏 |
| | | | | 管海坤 |
| | | | | 刘锐 |
| 2012 年“英特尔杯”大学生电子设计竞赛嵌入式系统专题邀请赛 | 2012 年 8 月 | 全国 | 三等奖 | 潘伯君 |
| | | | | 赵江坤 |
| | | | | 张敬维 |
| 2012 年全国大学生电子竞赛模拟电子系统设计专题邀请赛 | 2012 年 8 月 | 全国 | 三等奖 | 倪光耀 |
| | | | | 王逸宁 |
| | | | | 罗颖 |
| 2012 年“TI 杯”上海市大学生电子设计邀请赛 | 2012 年 8 月 | 上海市 | 一等奖 | 王梓印 |
| | | | | 徐珊珊 |
| | | | | 丁文祥 |

续表

| 比赛名称 | 获奖情况 | | | 姓名 |
|---|---|---|---|---|
| | 获奖时间 | 赛事级别 | 所获奖项 | |
| 2012年“TI杯”上海市大学生电子设计邀请赛 | 2012年8月 | 上海市 | 一等奖 | 倪光耀 |
| | | | | 王逸宁 |
| | | | | 罗颖 |
| 2012年“TI杯”上海市大学生电子设计邀请赛 | 2012年8月 | 上海市 | 二等奖 | 吴珊 |
| | | | | 王朝阳 |
| | | | | 詹磊 |
| 2012年“TI杯”上海市大学生电子设计邀请赛 | 2012年8月 | 上海市 | 成功参赛奖 | 赵江坤 |
| | | | | 钱天威 |
| | | | | 范松 |
| 2012第三届全国高校电子信息实践创新作品评选（听觉视觉诱发电位刺激器） | 2012年10月 | 全国 | 本科创新组二等奖 | 范松 |
| | | | | 张鹏飞 |
| | | | | 潘旭 |
| 2012第三届全国高校电子信息实践创新作品评选（流水线物件往返传输控制系统） | 2012年10月 | 全国 | 本科基础组三等奖 | 韩文炳 |
| | | | | 王逸宁 |
| 全国大学生实验化学邀请赛 | 2012年7月 | 全国 | 三等奖 | 顾睿锐 |
| 全国大学生实验化学邀请赛 | 2012年7月 | 全国 | 三等奖 | 吕明武 |
| 第六届上海大学生化学实验竞赛 | 2012年7月 | 上海市 | 一等奖 | 吴洁菲 |
| 第六届上海大学生化学实验竞赛 | 2012年7月 | 上海市 | 二等奖 | 张红霞 |
| 首届“中国创意”产品设计大赛 | 2012年9月 | 全国 | 金奖 | 李丹 |
| 首届“中国创意”产品设计大赛 | 2012年9月 | 全国 | 银奖 | 鞠思远 |
| 首届“中国创意”产品设计大赛 | 2012年9月 | 全国 | 入围奖 | 刘心瑶 |
| 首届“中国创意”产品设计大赛 | 2012年9月 | 全国 | 入围奖 | 沈驰鑫 |
| 首届“中国创意”产品设计大赛 | 2012年9月 | 全国 | 入围奖 | 张恒 |
| 首届“中国创意”产品设计大赛 | 2012年9月 | 全国 | 入围奖 | 张恒 |
| 首届“中国创意”产品设计大赛 | 2012年9月 | 全国 | 入围奖 | 张恒 |
| 首届中国工业设计大赛（上海赛区） | 2012年9月 | 上海市 | 一等奖 | 王莹 |
| 首届中国工业设计大赛（上海赛区） | 2012年9月 | 上海市 | 二等奖 | 尹骁 |
| | | | | 吴厚阔 |
| 首届中国工业设计大赛（上海赛区） | 2012年9月 | 上海市 | 二等奖 | 金聪颖 |
| 首届中国工业设计大赛（上海赛区） | 2012年9月 | 上海市 | 三等奖 | 陈坚 |
| 首届中国工业设计大赛（上海赛区） | 2012年9月 | 上海市 | 三等奖 | 励文易 |
| 首届中国工业设计大赛（上海赛区） | 2012年9月 | 上海市 | 三等奖 | 张骏宇 |
| 首届中国工业设计大赛（上海赛区） | 2012年9月 | 上海市 | 三等奖 | 印涛 |
| 首届中国工业设计大赛（上海赛区） | 2012年9月 | 上海市 | 三等奖 | 吴丹丹 |

续表

<table>
<tr><th rowspan="2">比赛名称</th><th colspan="3">获奖情况</th><th rowspan="2">姓名</th></tr>
<tr><th>获奖时间</th><th>赛事级别</th><th>所获奖项</th></tr>
<tr><td>首届中国工业设计大赛（上海赛区）</td><td>2012 年 9 月</td><td>上海市</td><td>三等奖</td><td>沈晖</td></tr>
<tr><td>首届中国工业设计大赛（上海赛区）</td><td>2012 年 9 月</td><td>上海市</td><td>三等奖</td><td>陈艺迪</td></tr>
<tr><td>首届中国工业设计大赛（上海赛区）</td><td>2012 年 9 月</td><td>上海市</td><td>三等奖</td><td>王震</td></tr>
<tr><td rowspan="3">第四届“昆山杯”中国笔记本电脑设计评比大赛</td><td rowspan="3">2012 年 10 月</td><td rowspan="3">全国</td><td rowspan="3">铜奖</td><td>李进</td></tr>
<tr><td>刘翔宇</td></tr>
<tr><td>马翀</td></tr>
<tr><td>第六届全国数字艺术设计大赛</td><td>2012 年 11 月</td><td>全国</td><td>银奖</td><td>张恒</td></tr>
<tr><td>第六届全国数字艺术设计大赛</td><td>2012 年 11 月</td><td>全国</td><td>优秀奖</td><td>郑雎莹</td></tr>
<tr><td>首届中国（无锡）工业设计大赛“太湖奖”</td><td>2012 年 6 月</td><td>全国</td><td>入围</td><td>鞠思远</td></tr>
<tr><td rowspan="2">淄博高新区新材料产业创新创业大赛</td><td rowspan="2">2012 年 12 月</td><td rowspan="2">全国</td><td rowspan="2">优胜奖</td><td>周文粟</td></tr>
<tr><td>华雪丹</td></tr>
<tr><td rowspan="4">第五届城市与景观“U+L 新思维”“蚂蚁工坊杯”全国大学生概念设计竞赛</td><td rowspan="4">2012 年 11 月</td><td rowspan="4">全国</td><td rowspan="4">佳作奖</td><td>严欢</td></tr>
<tr><td>叶春阳</td></tr>
<tr><td>李应春</td></tr>
<tr><td>陈研</td></tr>
<tr><td rowspan="2">第六届全国高校德语专业大学生辩论赛</td><td rowspan="2">2012 年 10 月</td><td rowspan="2">全国</td><td rowspan="2">四等奖</td><td>范振健</td></tr>
<tr><td>忻婕妮</td></tr>
<tr><td rowspan="3">第九届中国模拟联合国大会</td><td rowspan="3">2012 年 11 月</td><td rowspan="3">全国</td><td rowspan="3">年度杰出立场文件奖（二等奖）</td><td>王思逸</td></tr>
<tr><td>鲁瑀</td></tr>
<tr><td>沈海东</td></tr>
<tr><td>21 世纪·新东方十一月征文大赛</td><td>2012 年 11 月</td><td>全国</td><td>二等奖</td><td>林正奇</td></tr>
<tr><td>大学生英语创意写作大赛</td><td>2012 年 9 月</td><td>全国</td><td>三等奖</td><td>邵玲玲</td></tr>
<tr><td>第十届华东地区“21 世纪·华澳杯”大学生中澳友好英语大赛</td><td>2012 年 11 月</td><td>省部级</td><td>二等奖</td><td>朱卉</td></tr>
<tr><td rowspan="2">第八届大学生影视配音翻译邀请赛</td><td rowspan="2">2012 年 12 月</td><td rowspan="2">省部级</td><td rowspan="2">二等奖</td><td>朱迪</td></tr>
<tr><td>祝逸阳</td></tr>
<tr><td rowspan="2">第十六届“外研社·亚马逊杯”全国大学生英语辩论赛华东地区总决赛</td><td rowspan="2">2012 年 5 月</td><td rowspan="2">省部级</td><td rowspan="2">二等奖</td><td>袁雯</td></tr>
<tr><td>赵璘枫</td></tr>
<tr><td>第二届全国口译大赛英语交替传译华东大区决赛</td><td>2012 年 5 月</td><td>省部级</td><td>优秀奖</td><td>赵璘枫</td></tr>
<tr><td>第二届全国口译大赛英语交替传译上海赛区</td><td>2012 年 3 月</td><td>上海市</td><td>二等奖</td><td>赵璘枫</td></tr>
<tr><td>第二届全国口译大赛英语交替传译上海赛区</td><td>2012 年 3 月</td><td>上海市</td><td>三等奖</td><td>刘高洋</td></tr>
</table>

<table>
<tr><th rowspan="2">比赛名称</th><th colspan="3">获奖情况</th><th rowspan="2">姓名</th></tr>
<tr><th>获奖时间</th><th>赛事级别</th><th>所获奖项</th></tr>
<tr><td>第十八届“21 世纪杯”全国英语演讲比赛上海赛区决赛</td><td>2012 年 12 月</td><td>上海市</td><td>一等奖</td><td>庞慧</td></tr>
<tr><td>第十八届“21 世纪杯”全国英语演讲比赛上海赛区决赛</td><td>2012 年 12 月</td><td>上海市</td><td>二等奖</td><td>段佳利</td></tr>
<tr><td>2012 年中央电视台“希望之星”英语风采大赛上海赛区大学组</td><td>2012 年 4 月</td><td>上海市</td><td>二等奖</td><td>俞典</td></tr>
<tr><td>“外研社杯”全国大学生英语演讲比赛上海赛区</td><td>2012 年 11 月</td><td>上海市</td><td>二等奖</td><td>李梦琛</td></tr>
<tr><td rowspan="2">上海市计算机应用能力大赛</td><td rowspan="2">2012 年 5 月</td><td rowspan="2">上海市</td><td rowspan="2">一等奖</td><td>方太成</td></tr>
<tr><td>杨浩男</td></tr>
<tr><td rowspan="3">上海市计算机应用能力大赛</td><td rowspan="3">2012 年 5 月</td><td rowspan="3">上海市</td><td rowspan="3">一等奖</td><td>李小可</td></tr>
<tr><td>杨保建</td></tr>
<tr><td>朱本成</td></tr>
<tr><td rowspan="2">上海市计算机应用能力大赛</td><td rowspan="2">2012 年 5 月</td><td rowspan="2">上海市</td><td rowspan="2">二等奖</td><td>李毅</td></tr>
<tr><td>陶梦蝶</td></tr>
<tr><td rowspan="3">上海市计算机应用能力大赛</td><td rowspan="3">2012 年 5 月</td><td rowspan="3">上海市</td><td rowspan="3">二等奖</td><td>胡方圆</td></tr>
<tr><td>林之杭</td></tr>
<tr><td>周小洲</td></tr>
<tr><td rowspan="2">上海市计算机应用能力大赛</td><td rowspan="2">2012 年 5 月</td><td rowspan="2">上海市</td><td rowspan="2">三等奖</td><td>施林成</td></tr>
<tr><td>余天哲</td></tr>
<tr><td rowspan="2">上海市计算机应用能力大赛</td><td rowspan="2">2012 年 5 月</td><td rowspan="2">上海市</td><td rowspan="2">三等奖</td><td>方太成</td></tr>
<tr><td>徐璋瑾</td></tr>
<tr><td rowspan="3">上海市计算机应用能力大赛</td><td rowspan="3">2012 年 5 月</td><td rowspan="3">上海市</td><td rowspan="3">三等奖</td><td>蔡振生</td></tr>
<tr><td>杜威</td></tr>
<tr><td>胡建</td></tr>
<tr><td>上海市计算机应用能力大赛</td><td>2012 年 5 月</td><td>上海市</td><td>三等奖</td><td>刘柏众</td></tr>
<tr><td>上海市计算机应用能力大赛</td><td>2012 年 5 月</td><td>上海市</td><td>三等奖</td><td>薛乃瑜</td></tr>
<tr><td>上海市计算机应用能力大赛</td><td>2012 年 5 月</td><td>上海市</td><td>三等奖</td><td>王琦超</td></tr>
<tr><td rowspan="3">上海市计算机应用能力大赛</td><td rowspan="3">2012 年 5 月</td><td rowspan="3">上海市</td><td rowspan="3">优胜奖</td><td>倪光耀</td></tr>
<tr><td>谢群义</td></tr>
<tr><td>王丝扬</td></tr>
<tr><td rowspan="3">上海市计算机应用能力大赛</td><td rowspan="3">2012 年 5 月</td><td rowspan="3">上海市</td><td rowspan="3">优胜奖</td><td>刘如辉</td></tr>
<tr><td>孙铭骏</td></tr>
<tr><td>马天慧</td></tr>
</table>

续表

| 比赛名称 | 获奖情况 | | | 姓名 |
|---|---|---|---|---|
| | 获奖时间 | 赛事级别 | 所获奖项 | |
| 上海市计算机应用能力大赛 | 2012年5月 | 上海市 | 优胜奖 | 朱玉涵 |
| | | | | 孙凌雁 |
| 第十届上海市陈嘉庚青少年发明奖 | 1905年7月 | 上海市 | 二等奖 | 金戈 |
| | | | | 刘志宏 |
| | | | | 王骋翾 |
| 第十八届上海高校学生创造发明"科创杯" | 2012年10月 | 上海市 | 三等奖 | 彭思宇 |
| | | | | 孙立婷 |
| | | | | 段明明 |
| 第十八届上海高校学生创造发明"科创杯" | 2012年10月 | 上海市 | 三等奖 | 程飞雄 |
| | | | | 周雅迪 |
| | | | | 沈杰 |
| | | | | 于跃 |
| 第二十九届全国部分地区大学生物理竞赛（上海赛区）（物理类） | 2012年12月 | 上海市 | 三等奖 | 蒋唯一 |
| 第二十九届全国部分地区大学生物理竞赛（上海赛区）（物理类） | 2012年12月 | 上海市 | 三等奖 | 袁丛龙 |
| 第二十九届全国部分地区大学生物理竞赛（上海赛区）（物理类） | 2012年12月 | 上海市 | 三等奖 | 朱弘璋 |
| 第二十九届全国部分地区大学生物理竞赛（上海赛区）（非物理类A组） | 2012年12月 | 上海市 | 二等奖 | 钟豪 |
| 第二十九届全国部分地区大学生物理竞赛（上海赛区）（非物理类A组） | 2012年12月 | 上海市 | 二等奖 | 何世明 |
| 第二十九届全国部分地区大学生物理竞赛（上海赛区）（非物理类A组） | 2012年12月 | 上海市 | 二等奖 | 陈智鹏 |
| 第二十九届全国部分地区大学生物理竞赛（上海赛区）（非物理类A组） | 2012年12月 | 上海市 | 二等奖 | 秦晓娜 |
| 第二十九届全国部分地区大学生物理竞赛（上海赛区）（非物理类A组） | 2012年12月 | 上海市 | 二等奖 | 焦鹏 |
| 第二十九届全国部分地区大学生物理竞赛（上海赛区）（非物理类A组） | 2012年12月 | 上海市 | 三等奖 | 罗先智 |
| 第二十九届全国部分地区大学生物理竞赛（上海赛区）（非物理类A组） | 2012年12月 | 上海市 | 三等奖 | 陈作威 |
| 第二十九届全国部分地区大学生物理竞赛（上海赛区）（非物理类A组） | 2012年12月 | 上海市 | 三等奖 | 牛田野 |
| 第二十九届全国部分地区大学生物理竞赛（上海赛区）（非物理类A组） | 2012年12月 | 上海市 | 三等奖 | 尹天力 |

续表

| 比赛名称 | 获奖情况 | | | 姓名 |
|---|---|---|---|---|
| | 获奖时间 | 赛事级别 | 所获奖项 | |
| 第二十九届全国部分地区大学生物理竞赛（上海赛区）（非物理类 A 组） | 2012 年 12 月 | 上海市 | 三等奖 | 徐方文 |
| 第二十九届全国部分地区大学生物理竞赛（上海赛区）（非物理类 A 组） | 2012 年 12 月 | 上海市 | 三等奖 | 张英强 |
| 第二十九届全国部分地区大学生物理竞赛（上海赛区）（非物理类 A 组） | 2012 年 12 月 | 上海市 | 三等奖 | 范竞存 |
| 第二十九届全国部分地区大学生物理竞赛（上海赛区）（非物理类 A 组） | 2012 年 12 月 | 上海市 | 三等奖 | 刘齐兴 |
| 第二十九届全国部分地区大学生物理竞赛（上海赛区）（非物理类 A 组） | 2012 年 12 月 | 上海市 | 三等奖 | 杨杰 |
| 第二十九届全国部分地区大学生物理竞赛（上海赛区）（非物理类 A 组） | 2012 年 12 月 | 上海市 | 三等奖 | 范芳怡 |
| 2012 年上海大学生企业经营模拟沙盘大赛 | 2012 年 5 月 | 上海市 | 三等奖 | 马莹<br>苗一洋<br>许匡良<br>姜力玮<br>廖代月 |
| 立邦青年设计大赛 | 2012 年 12 月 | 上海市 | 立邦 2012 年度 icolor 未来之星 | 黄晶晶 |
| 第四届上海市德语风采大赛 | 2012 年 11 月 | 上海市 | 三等奖 | 范振健<br>忻婕妮<br>宋一琪 |
| 东华大学校际模拟联合国大会 | 2012 年 12 月 | 上海市 | 最佳代表奖<br>最具说服力奖<br>杰出代表奖<br>最佳立场文件 | 张鑫<br>杨东明<br>何霁霏<br>陈雨诗<br>张琰 |
| 上海高校首届日语动漫配音大赛 | 2012 年 12 月 | 上海市 | 三等奖 | 陈奕灵<br>吴昊天<br>朱安琦<br>蔡晓欣<br>赵嘉雯 |

续表

| 比赛名称 | 获奖情况 | | | 姓名 |
| --- | --- | --- | --- | --- |
| | 获奖时间 | 赛事级别 | 所获奖项 | |
| 上海高校首届日语动漫配音大赛 | 2012年12月 | 上海市 | 优胜奖 | 楼韵姿 |
| | | | | 周秀秀 |
| | | | | 张蕊佳 |
| | | | | 宋晨洁 |
| 2012第二届上海金秋十月摄影作品大赛 | 2012年10月 | 上海市 | 优秀奖 | 迟梦瑶 |
| 2012第二届上海金秋十月摄影作品大赛 | 2012年10月 | 上海市 | 优秀奖 | 王哲敏 |
| 2012第二届上海金秋十月摄影作品大赛 | 2012年10月 | 上海市 | 优秀奖 | 张炜昕 |
| 2012第二届上海金秋十月摄影作品大赛 | 2012年10月 | 上海市 | 优秀奖 | 于巧俏 |
| 2012第二届上海金秋十月摄影作品大赛 | 2012年10月 | 上海市 | 优秀奖 | 袁雪娇 |
| 2012第二届上海金秋十月摄影作品大赛 | 2012年10月 | 上海市 | 优秀奖 | 杨旸 |
| 2012第二届上海金秋十月摄影作品大赛 | 2012年10月 | 上海市 | 入围奖 | 周文斌 |
| 2012第二届上海金秋十月摄影作品大赛 | 2012年10月 | 上海市 | 入围奖 | 陈思霁 |
| 2012第二届上海金秋十月摄影作品大赛 | 2012年10月 | 上海市 | 入围奖 | 苏晓雯 |
| 2012第二届上海金秋十月摄影作品大赛 | 2012年10月 | 上海市 | 入围奖 | 孙萌艺 |
| 2012第二届上海金秋十月摄影作品大赛 | 2012年10月 | 上海市 | 入围奖 | 朱润秋 |
| 2012第二届上海金秋十月摄影作品大赛 | 2012年10月 | 上海市 | 入围奖 | 宋秋实 |
| 2012第二届上海金秋十月摄影作品大赛 | 2012年10月 | 上海市 | 入围奖 | 李园英 |
| 2012第二届上海金秋十月摄影作品大赛 | 2012年10月 | 上海市 | 入围奖 | 李翔寅 |
| 2012第二届上海金秋十月摄影作品大赛 | 2012年10月 | 上海市 | 入围奖 | 王昱人 |

# 学生奖助学金一览表

## 1. 2011—2012 学年度综合课程奖学金名单

**化工学院**

**特等奖**

| | | | | | | | | | |
|---|---|---|---|---|---|---|---|---|---|
| 周醒世 | 魏艳菊 | 陈微微 | 叶巍 | 鲁彦飞 | 张松敏 | 袁镇豫 | 周至愚 | | |

**一等奖**

| | | | | | | | | | |
|---|---|---|---|---|---|---|---|---|---|
| 宋晨晨 | 陈文尧 | 冯晔 | 郭奕 | 时强 | 汪一鸣 | 林善俊 | 李园辉 | 秦统 | 王涛 |
| 梁国达 | 周卫东 | 姚钰玉 | 杨苗 | 卢浩然 | 沈博艺 | 强薇 | 张少斌 | 杨楠 | 于冬云 |
| 毛凯 | 郑而近 | | | | | | | | |

**二等奖**

| | | | | | | | | | |
|---|---|---|---|---|---|---|---|---|---|
| 潘婵婵 | 李鹏程 | 曲鑫 | 陈媛 | 王旭超 | 许谢君 | 戴跃华 | 徐晓龙 | 黄丽媚 | 陶威 |
| 田雨川 | 马成 | 王杨杨 | 张佳楠 | 方栩 | 王典红 | 景艳晴 | 宋雨莹 | 黄磊 | 张志华 |
| 管蕾 | 顾芷齐 | 王远月 | 郎雪薇 | 杨雅卉 | 黄潇潇 | 张征湃 | 王琼 | 吴晓琳 | 杨剑 |
| 仇上 | 杨文剑 | 王晶 | 孔亚茹 | 秦雪 | 刘亚文 | 陈雅华 | 脱永笑 | 高源 | 田晓雨 |
| 顾艳哲 | 裴曼菲 | 王鹏 | 何齐统 | 李布 | 余点 | 丁文越 | 蒋晓峰 | 王中桢 | 李博民 |
| 陈静 | 赵轩 | 徐丹丹 | 刘柏彤 | 费琮玮 | 陶颖卿 | 王晓晗 | 刘天奇 | 杨大强 | 安萍 |
| 陈承镇 | 陆梦科 | 方忻怡 | 郭琼鸽 | 范茂盛 | 耿桐 | 朱召贤 | 陈卓君 | 张晋玮 | 毛杰 |
| 黄培伦 | 刘松豪 | 谢浩 | 包磊 | 田薇 | 潘俊杰 | 朱志强 | 程雷 | 曲冬蕾 | 李晓敏 |
| 田梦 | 杨烨 | 励沈劢尚 | 李潇 | 金志恒 | 朱诗尧 | 宋超波 | 林山 | 邱拓 | 范若兰 |
| 冀瑶 | 胡聪玲 | 张雅琴 | 李允升 | 盛斌 | 聂元清 | 易雪峰 | 汤嘉煜 | 束铭杰 | 文豪 |
| 钟松延 | 戚如梦 | 陈逸璇 | 王诗怡 | 冯伊美 | 张晓露 | 赵媛媛 | 叶智双 | 杨天慧 | 徐兴妍 |
| 徐伟娜 | | | | | | | | | |

**三等奖**

| | | | | | | | | | |
|---|---|---|---|---|---|---|---|---|---|
| 顾乾龙 | 雷拉蒙 | 李佳颖 | 徐凡 | 潘越 | 王斐 | 宫含章 | 乔月 | 施峰 | 王晨 |
| 孟繁超 | 姜昊 | 叶黎城 | 蒋瑞 | 任骋 | 乔治 | 朱劭晗 | 章岳峰 | 朱玛利 | 杨品川 |
| 施少雄 | 李进科 | 饶蒙杨 | 刘慧 | 黄赛萍 | 方潜淼 | 许振远 | 章程 | 殷迪 | 李嘉旭 |
| 张颖佳 | 谢涵广 | 蔡奕盛 | 张小满 | 黄彩贺 | 吴文滨 | 鲍依依 | 翟祥素 | 刘念 | 赵宏阳 |
| 夏腾飞 | 郑甲集 | 李婷 | 黄炜 | 秦伟 | 王喆 | 郭文泽 | 贺理珀 | 李奂奂 | 王华奇 |
| 李驰祥 | 陈春玥 | 张德琪 | 蒋昕楠 | 张恰 | 陈丹丹 | 张亮 | 袁本峰 | 徐辉 | 谢鹏程 |

| | | | | | | | | | |
|---|---|---|---|---|---|---|---|---|---|
| 周厚军 | 王　超 | 崔有为 | 应佳雯 | 周冰清 | 方　丹 | 王　亚 | 赵晓雷 | 黄　帅 | 祁佳杰 |
| 潘　敏 | 付　重 | 吴迪宇 | 李甜昕 | 杨　洋 | 李洪暘 | 周建萍 | 杜　轩 | 虞佳栋 | 万富苗 |
| 张沁丹 | 王朋飞 | 瞿　申 | 赵　楠 | 赵　欣 | 张春雨 | 陈　冰 | 钟　源 | 李蓬勃 | 周舸旸 |
| 闫宇强 | 朱皓亮 | 张致远 | 贺　佳 | 田胜聪 | 杨振康 | 马天宇 | 王斯佳 | 王　观 | 张建慧 |
| 颜航海 | 蒲　爽 | 张大卫 | 林文杰 | 黄云龙 | 任柏霖 | 李松联 | 廖　强 | 李杜鹃 | 姚学思 |
| 胡　杰 | 乔崇智 | 聂　琴 | 代博文 | 郑琛华 | 陈炳旭 | 严启熙 | 王斌榕 | 陆加亮 | 孙　荣 |
| 刘舒股 | 罗　秦 | 林　辉 | 李　靖 | 喻啸晨 | 郭本帅 | 雷林峰 | 胡江林 | 石鎏杰 | 姚海贝 |
| 董嘉奇 | 张　盈 | 孙诗白 | 巫林芮 | 葛　梦 | 黄　盼 | 李　昀 | 王　圆 | 黄身澄 | 罗惜情 |
| 于晓莎 | 章诗辰 | 卓　越 | 郭辰曦 | 曹　韬 | 朱嘉州 | 田　甜 | 冯芸芸 | 田小军 | 王杰彬 |
| 曹丝雨 | 王澜洁 | 马泊静 | 欧阳熠玫 | 汤　健 | 卢　浪 | 周同心 | 韩向磊 | 何艳芳 | 易博宇 |
| 章晋民 | 吕　毅 | 金　诚 | 崔灵瑞 | 李鉴之 | 叶聪毅 | 何梦婷 | 周　蕾 | 邓欣苗 | 郭文君 |
| 尤雯露 | 段圆梦 | 王　靖 | 温建军 | 牛雅琪 | 张舒婷 | 王文澜 | 李若琪 | 冯　涛 | 李万成 |
| 曲　成 | 王　莹 | 宋　霞 | 张丁友 | 徐延学 | 王　斌 | 张　娟 | 潘阳敏 | 石玉翔 | 徐纬川 |
| 闫明晨 | 刘凌峰 | 孙泽能 | 郭　琪 | 杨飞龙 | 应　强 | 沈佳颖 | 林裕婧 | 盛依依 | 洪　历 |
| 李晓辉 | 金逸凡 | 李向俊 | 宋光涛 | 马　晗 | 冯　淼 | 洪　屹 | 王钧月 | 陈丽妹 | 张　爽 |
| 王一莹 | 张一颖 | 赵雨清 | 史　航 | 陶佳波 | 李硕存 | 田小禾 | 秦　雯 | 梅文文 | 李祥祥 |
| 赵　旭 | 徐海东 | 王浩楠 | 柳宇驰 | 陈　良 | 徐　元 | 王子阅 | 刘汉宸 | 林勇刚 | 张文博 |
| 殷海波 | 聂淑慧 | 金　炜 | 金　庸 | 李盛林 | 李　欢 | 陆陈海 | 汪璟璨 | 李　璐 | 陈晓韩 |
| 薛双湄 | 张可怡 | 蒋冠辰 | 刘履杰 | 刘君哲 | 沈煜钧 | 宋　雷 | 王　嵘 | 向苇凯 | 李晓奇 |
| 王安琪 | 郑忆南 | 黄雁城 | 王　昊 | 姚晨炜 | 徐佳煜 | 张　慧 | 熊家培 | 周延龙 | 施烁思 |
| 陈兆轩 | 赵　婧 | 王道玲 | 王梁元 | 郭懿文 | 杨文宇 | 王金强 | 蒋泽文 | 马天明 | 黄翌聪 |
| 吴书凡 | 钟　静 | 汤天白 | 张　琴 | 朱琳洋子 | 潘鸣飞 | 徐耀东 | 钟文婧 | 谭慧玲 | 黄勤亭 |
| 方伟锋 | 史少君 | 刘文强 | 刘冠豪 | 张树康 | 赵凯伟 | 邱　洁 | 王静文 | 彭颖娟 | 俞　洋 |
| 罗　力 | 杜　立 | | | | | | | | |

**生物工程学院**

**特等奖**

李雁冰　齐美芳　雷　攀

**一等奖**

| | | | | | | | | | |
|---|---|---|---|---|---|---|---|---|---|
| 张小晟 | 王　超 | 赵海芳 | 高　亮 | 高文焰 | 杨旭中 | 王倩倩 | 刘　晶 | 马云林 | 杨柳青 |
| 位晶晶 | 任　帅 | 陈　清 | 陈冰怡 | 陈　蕾 | 龚超超 | 张　怡 | 白莉莉 | 王丹丽 | |

**二等奖**

唐思琦　毛鑫磊　吕元娣　赵程程　隋　朔　唐　文　朱　理　黄蓓蓓　肖　璠　杨　骏
董　理　方　溪　彭钰珂　吴　霜　胡天健　葛琬琬　李　璋　杨中伟　贺清湫　施慧琳
朱俊颖　刘一奇　董文倩　王嘉悦　邵　帅　刘新元　刘晓琳　杨　钊　冯岳彪　景迎春
胡　实　徐建超　姚瞳晖　邱　颖　金安琦　谈进超　刘　光　周鹏程　杨晨曦　唐琼卫
常馨月　张　源　杨晓雯　梁芊芊　吴熠潇　张竞生　蒋　莹　陈　卓　蔡睿风　刘先宇
谢泽群　刘思羽　朱金元　尹贻帅　饶楠楠　贾瑞莲　胡非子　尤佳怡　朱　荻　李俏颖
王剑帆　金雅思　归厚泽　李晨阳　陈依珂　陈国枝

**三等奖**

应　明　黄培森　薛　莹　周已然　钱康伟　余海军　陈　悦　周晶艳　范　琳　林媛媛
曹玮强　陈　昊　陈小东　樊　飞　蒋晨明　任佶侠　张　博　曹静静　邓　佳　史　杨
谈晓文　甘凌风　张　星　胡　丹　罗梦瑶　王　芸　徐　娅　赵路遥　林　佳　陆叶舟
陈　涛　施　烨　任璐娜　施　镇　王月均　张嘉婧　陈　阳　桑翔宇　曾　波　周翔宇
单　慧　李亚琪　石启盼　王　珺　闫　焱　杨娟娟　李　婷　邢　帅　熊亚姿　赵艳华
周　欢　王　颉　江晓婷　李　昇　杜哲远　黄　莎　宋佳丽　汪　娅　张　倩　赵文凤
黄启瑞　徐辛未　高亚楠　黄思怡　刘　璐　孙　懿　于鸿雁　彭宸骥　石劼昕　范　翔
张理想　朱彦琳　侯弘博　耿可依　李花秀　郑　倩　周　翼　刘源炀　胡俊朗　阮抒怀
张　康　张嵩洁　徐文凤　郑　青　张　进　冯嘉炜　魏兴晨　宋　璇　麦　祺　秦绍兵
屠肖虎　杨睿辰　朱飚箴　孔垂杏　高晓伟　程　炜　杨泽华　林　冰　马瑞青　姚有原
李昕彤　侯鹏聪　梅雪倩　许志骁　雷　鹏　罗　璠　王　玥　吴佳悯　刘　培　孙俊飞
尹艺橙　孙冰沁　高　琪　李静宜　孔　昊　胡　鹏　李　周　孙家琪　汪　娜　吴　婷
肖帮洁　李仕良　马涢阳　陈　艳　王赛楠　吴欣蔚　刘　畅　唐洪莉　曹红双　胡锡粤
厉晓波　匡思运　徐慧珍　管　莹　孔沛筠　朱　晶　沈世民　牛慧洁　叶　倩　涂昱辉
杨　健　金尔立　李超鹏　卢健凯　李　洋　吕预备　金婵婵　康雅劲　孙小越　白　娴
戚思聪　水心稼　费吉兰　陆宇环　叶　琳　石沐畦　冯嘉杰　郑　鑫　王宇平　李　思
王雪彤　盛逸韬　章正涛　温　莹　王丽礼　李宁川　张晓鹏　宋振涛　傅纪星　徐　沁
莫雪君　孙　文　张　翔　刘　鹏　何云超　林承瑜　王光裕　杨泽宇　胡颂华　马培强
王琳卉　陶安琪　李　娜　王诣天　吴健锋　陈　磊　杨晓庆　刘雅凡　冯俊俏　王娇婕
刘　玥　王淑芸　周　琰　吴　琳　谢　红　苏诗尧　周赟洁　李圣晅　李晓丹　李　成
王楷文　戴　伟

## 化学与分子工程学院

### 特等奖

孙方旭　吴洁菲　胡必成　王　珏

### 一等奖

| | | | | | | | | | |
|---|---|---|---|---|---|---|---|---|---|
| 彭思宇 | 葛杰敏 | 李家畅 | 陈晓露 | 樊　菲 | 李　昊 | 张红霞 | 汤　妍 | 姜彤彤 | 刘少创 |
| 汪　洁 | 阮珮婷 | 刑维龙 | | | | | | | |

### 二等奖

| | | | | | | | | | |
|---|---|---|---|---|---|---|---|---|---|
| 陈晓健 | 王　蕾 | 曾亚丽 | 毕施明 | 郑秋晨 | 陈达克 | 陈宏伟 | 高　瑞 | 师　鑫 | 顾张曦 |
| 章丹炜 | 宋鹤丽 | 周　易 | 梁乐乐 | 杜　造 | 陈林一弘 | 邱巧丽 | 顾睿锐 | 刘晓菲 | 邹盼盼 |
| 邢啸宇 | 李焱恺 | 李浩楠 | 李　超 | 潘　陈 | 张宇飞 | 王建伟 | 韩梦茹 | 袁　红 | 肖嵘君 |
| 朱玉涵 | 乔　璐 | 李　典 | 樊　星 | 胡佩祎 | 刘芳超 | 刘晓然 | 茆中睿 | 刘　宝 | 张梦如 |
| 李梦轩 | 余　待 | 姚晨晖 | 吴晓婷 | 刘小冬 | 张　琦 | 杨　杰 | 高天怡 | 黄晓博 | 金文龙 |
| 仲慧忞 | 刘　婧 | 沈　斌 | 吕泽华 | 陈钦俊 | 李好问 | 林　瑶 | 马　蕾 | 唐国平 | 邵笑飞 |
| 张润赟 | 姚朝怡 | 高　丹 | 沈雨沁 | 董　科 | 蔡　璇 | 张欣然 | 许　平 | | |

### 三等奖

| | | | | | | | | | |
|---|---|---|---|---|---|---|---|---|---|
| 陈雅静 | 谢　婷 | 宋　易 | 韩　毅 | 蔡帮鑫 | 黄昶博 | 孔玲玲 | 李文慧 | 万妍青 | 周婷婷 |
| 余刘柱 | 吴　彪 | 董开衢 | 张乃千 | 丁　琼 | 康文瑞 | 胡媛莹 | 郑长建 | 臧成杰 | 黄义将 |
| 叶郭唯 | 刘业楠 | 陈晓杰 | 燕宸旭 | 陈　星 | 周晓望 | 王　璐 | 陈雨晴 | 王豪毅 | 杨昊宇 |
| 俞　凡 | 国　欣 | 施立波 | 申伟成 | 张柯委 | 王双垒 | 白　凯 | 娜仁高娃 | 潘雯雯 | 陆文佳 |
| 李艺茹 | 崔若寒 | 盛佳尧 | 吴　勇 | 李立颖 | 黄　旭 | 王　欢 | 洪一涓 | 徐　晨 | 周　丹 |
| 马　征 | 曹　婵 | 周　洁 | 邢乾秋 | 黄婷婷 | 朱敏敏 | 庄晓静 | 吴彦町 | 李登峰 | 刘潇晗 |
| 张　潇 | 李家玥 | 郭巍巍 | 郑　希 | 王臣辉 | 谷宇峯 | 张正斌 | 朱婷婷 | 许　晗 | 马东升 |
| 华　彬 | 童骁磊 | 汪　奕 | 彭　伟 | 李　腾 | 汪　戎 | 夏银江 | 马　坤 | 李相呈 | 王艳红 |
| 郑修文 | 李　萌 | 薛煜东 | 朱云峰 | 邵正将 | 赵　丹 | 黄　静 | 杨　曼 | 王　雪 | 朱承志 |
| 方　伟 | 卢春彬 | 陆云岳 | 胡文慧 | 黄晨升 | 战妍宏 | 李灵珂 | 周梦娜 | 赵海林 | 孙　威 |
| 殷亚鹏 | 孙　鹏 | 郭雪琦 | 常　悦 | 王成鑫 | 黄利民 | 李　天 | 刘　珊 | 胡栋娇 | 赵华峰 |
| 张佳伟 | 区晨昕 | 沈　杰 | 杨凯娅 | 李玉琪 | 董陈成 | 郭方元 | 王　萌 | 沈奕婷 | 朱始蕴 |
| 付幼心 | 董奇峰 | 宋美婷 | 张洁慧 | 薛沁源 | 王　宇 | 马　敦 | 倪　路 | 郭贝贝 | 马婷婷 |
| 姜梦颖 | 冷诗楠 | 孙广尘 | 徐红星 | 王心蕊 | 张丽丽 | 杨　帆 | 徐心羽 | 王义洲 | 果　实 |
| 张　霖 | 高云霄 | 谷佳玉 | 符润中 | 金怡雯 | 丁　辉 | 李萌祺 | 周　晨 | 王翔飞 | 谭莹莹 |

陈佳丽 朱天懿 赵　睿 乐家波 曹亚明 刘宇琪 李　娜 刘小玉 刘晨晨 顾青雯
黄贤智 付　伟 孙　伟 徐　梁 赖沛昇 倪红旭 刑　纯 武　雪 马　昊 何丁卿
周晓益 陈　帆 金泽斌 张灿烽 沈能为 楚占营 江辉云 施炜佳 施利江 王亚琛
王舒婷 王　津 王　玺 周恺欣 王贻宁 周　博 张梦钊 周宛翎 赵文佳 刘　彬
丁云轩 李小萌 孙　苏 柳　莹 赵群超 梁伊沛 王　函 黄丽敏 张　超 徐博文
沈海峰 荆百楠 宋金星 王璐晟 邓媛昕 王兆东 汪朝旭 陈亚峰 胡杭剑 岳申之
丁　磊 浦征宇 黄国畅 周炜森 贺隆福 夏亚浩

**药学院**

**特等奖**

张玲玲 刘昌明

**一等奖**

杜文沛 王傲雪 唐斐斐 何海红 邱绍兵 仇运广 贾有梅 何云刚 张巧丹 张晨霞
徐可人 李　君 李明璐

**二等奖**

徐明新 董叶青 李宝力 杨　文 刘月婷 魏雨恬 韩海燕 张　骥 王晨浩 潘　程
柳　伟 冯易安 吕　蓓 杨小清 吕剑昆 贺牧野 孙彦琪 黄　雷 丁　立 金京海
刘　洋 钱　堃 朱文文 王依顺 廖博雅 姚　雪 金　晶 徐剑宇 闫　雨 盛晓笑
潘佳伟 杨天骄 黄蒙恩 狄佩雯 郭赛 魏玉凤 吴　杨 邱晓霞 董剑浩 亓莹雪
张　健 沈金晶 孙佳佳 崔　琳 邓嘉晨 刘傲霞 王容义 柯宇琦

**三等奖**

李芳冰 高惠茹 张　丽 蔡香莲 朱　迪 傅　正 冯婷婷 贾佳萍 张杨斐 张玉洁
李风雷 张　日 何佳君 林　颖 丁　玥 陈世光 顾勃琦 张盈盈 李月琪 韦丹婷
陆　敏 李宸旻 毛开哲 陈冬雪 陈　慧 杨　娜 钱清清 吴之修 俞晨璘 马若愚
徐刘昕 蔡　琪 杨佳旎 傅瑜琦 田智文 庞少姝 张 ying 邓亚运 罗　兰 刘睿璇
张中南 杨立彦 葛潇骏 陈弘杰 巨　磊 吴曾睿 王　惠 曹亚男 熊凤霄 陈信飞
周　洁 姜强强 徐　航 刘静远 邹叶君 华菁彦 曾　彦 顾艳靓 沈恩花 宋　霖
袁鹏涛 左婧雯 赵菲熠 高玉伟 王恩夫 宋林泽 史勤洁 徐白雪 张家毓 原梦清
韩　羽 丁一容 黄怡然 曾　琳 俞舟舟 徐　婷 李晓蓬 户　晖 王斯捷 李志东
张　晓 俞雪婷 张涵予 杨弘宾 王士博 薛　嵩 唐　尧 侯　爽 刘晓菲 顾莎莎
章炜兰 李　义 潘　辉 李倩男 朱嗣文 李　洁 王婉琦 杜　青 许箫韵 任　超

| | | | | | | | | | |
|---|---|---|---|---|---|---|---|---|---|
| 胡圣杰 | 孙　晓 | 胡展哉 | 王凯萍 | 谷旭晗 | 苏志骁 | 惠嘉贇 | 何菲菲 | 李　灵 | 刘　茜 |
| 章雪妮 | 李泽升 | 韩顺华 | 陆诗涛 | 黄志松 | 邓　华 | 林千叶 | 陆逸菲 | 李爱芸 | 马晓莹 |
| 徐　迟 | 常怡然 | 何艳凝 | 司一可 | 王菲儿 | 张　玉 | 戴卓舜 | 刘志宾 | 吴文杰 | 黄婉娜 |
| 陈佳意 | 王　昊 | 丁子然 | 刘乐涛 | 王雪琳 | 王翼鸣 | 盛家骏 | 夏　天 | 周　峰 | 邵文哲 |

**材料科学与工程学院**

**特等奖**

李恭谨　冯　茜　李昕沛　夏丹青

**一等奖**

| | | | | | | | | | |
|---|---|---|---|---|---|---|---|---|---|
| 张成龙 | 牛浩一 | 李仕宇 | 万家勋 | 王希庆 | 赵丽芳 | 马　凯 | 袁建勇 | 陈凌志 | 蒲　凡 |
| 楼锑阳 | 王胜男 | 李保康 | 张延钢 | 施恺航 | 高亮亮 | 方程嫣 | 巨佩雯 | 殷立强 | |

**二等奖**

| | | | | | | | | | |
|---|---|---|---|---|---|---|---|---|---|
| 蒋贵阳 | 何田田 | 郑祎初 | 蔡　亮 | 蔡洋奔 | 鲁加荣 | 周　颖 | 崔晓倩 | 蔡文甫 | 鲁　鑫 |
| 吴　琼 | 谭婧文 | 张沁彤 | 杨宏容 | 黄　昊 | 李文阁 | 刘鹏飞 | 段莎莎 | 张芳宁 | 李　昀 |
| 余双敏 | 李明达 | 范俊杰 | 彭彦翔 | 王璐婷 | 李　唱 | 王凡集 | 张　科 | 朱江昀 | 吴致进 |
| 张艺镡 | 吕翌晟 | 徐晨斐 | 孔雪丽 | 顾佳斌 | 陈红雨 | 朱峻立 | 王　亮 | 金丹丹 | 章海泳 |
| 张　勇 | 贾晓博 | 付雪峰 | 王财安 | 张伟健 | 孙辛杰 | 冯世鹏 | 徐　斌 | 单佳文 | 陈作威 |
| 顾单飞 | 张宋奇 | 郭　栋 | 郑文怡 | 翁宇红 | 孙剑武 | 王海军 | 徐悦莹 | 孙欣瑜 | 孟　昭 |
| 薛健民 | 邓泽星 | 张诗祺 | 肖　鑫 | 王文琪 | 张　磊 | 许艺强 | 储中琴 | 李　洁 | 欧海鹏 |

**三等奖**

| | | | | | | | | | |
|---|---|---|---|---|---|---|---|---|---|
| 周彦涛 | 蒋孝杰 | 杨佩斐 | 胡　莹 | 沈红冠 | 陶　钧 | 汪洋洋 | 陈腾达 | 陆圣珏 | 宋修禄 |
| 陶明康 | 许　航 | 单文朋 | 齐栋栋 | 沈　康 | 宋文华 | 王希杰 | 张冰玉 | 高波石 | 黄彬磊 |
| 李智蟲 | 王彬淇 | 王艳阳 | 杨华清 | 冯　斌 | 刘珊珊 | 戚　瑗 | 钟爱婷 | 邓宗南 | 胡　锐 |
| 彭华夏 | 王沪东 | 陈丹丹 | 李颖玥 | 温　虹 | 崔中纹 | 黄健飞 | 李源博 | 吕澎涛 | 孙少骋 |
| 杨正南 | 张雪薇 | 凌　苑 | 陈　琛 | 李春阳 | 路亚亮 | 马晓瑜 | 陈　莹 | 徐敏华 | 于栋萍 |
| 张　珊 | 尉迟浩 | 郭吟竹 | 王璐佳 | 戴　凯 | 李嘉曦 | 陆　军 | 王　雄 | 张　欢 | 戴　艳 |
| 陈凯强 | 高维川 | 洪辰望 | 王骋翾 | 张培忠 | 庄李强 | 胡静雯 | 黄友富 | 秦　奋 | 柴林涛 |
| 马经纬 | 魏　立 | 杨　健 | 蔡婉萍 | 陆　懿 | 李晔城 | 张勤干 | 丁逸飞 | 高海程 | 徐晨辉 |
| 鲍堃澜 | 陈亮峰 | 唐　悦 | 颜　松 | 郑嘉栋 | 韩亦钦 | 刘韦儿 | 王　钊 | 闫　玮 | 栗艮艮 |
| 李首瑞 | 吕永蕾 | 朱娇阳 | 赵雅文 | 宋　帅 | 柏　波 | 戴小玄 | 杨　丹 | 傅丽娜 | 林　珊 |
| 戴吟衡 | 陈昌林 | 徐　超 | 李　铮 | 徐鹏飞 | 陈飞燕 | 张　慈 | 蒋倩露 | 唐似铁 | 史中义 |

张峥　崔佳垠　王春燕　路力　张亚玲　俎梦杨　何健平　龚敏杰　王清妍　骆建成
詹航　水涛　段阳　朱嘉婉　温乐斐　张雨潇　李磊　蔡春辉　陈豪　徐昱捷
张乐　周晓琴　叶云溪　陈旭园　高翔　施明　杨崇文　张俊学　金理福　赵仰之
王海燕　陈明坤　岑安宁　江泽宇　崔原铭　李传　张润融　刘丽　程锦浩　李明晓
丁峤　葛思睿　洪光梁　王宇　满百举　尚鹏　是长江　赵欣斌　张林　陈晨
王琴　张琦　李天彧　王卓群　孙建　于佰欢　程鹏辉　边仲轩　成宇　张锦程
付瑞麟　赵天心　郑司雨　李保君　邢若豪　黄洁　任先杰　吕欣霖　王曦　邵省伟
周晖　吴双　郑路遥　孟祥昀　胡强强　李奥　代妙吟　王申春　刘丰洋　潘圣阳
王懿　胡航　金循礼　胡逸伦　吴广　洪卫　邹志强　李士阳　陆晓旭　恭密蓉
李清璠　潘珊　张磊　孔耀　王辰赟　张浩轩　祝尔雅　钟宇　贾聪圃　龚鸣
吴卓鹏　李士正　徐海源　田甜　金锡雄　汪嘉伟　王权　马思超　陈旭　郁林烽

**信息科学与工程学院**

**特等奖**

杨宇　程玉立　杨昙　秦强　赵静文　陈鹏　方绪强

**一等奖**

毛争艳　吴晓冬　孙莹　傅佳烨　夏川　尤越　李君楠　林珀　李斌　张红豆
邓燕君　张澄天　钱晓凯　钱天威　张敬维　朱梦哲　徐梓源　何春晓　戴昀　谢圣
沈晶磊　谢振山　方磊　邵凯笛　王未　曾祥芳　李鲁明　曾星

**二等奖**

郑洪雯　乔玮亭　逄铭雪　孙灿荣　岑思益　韩豫鑫　张弛　沈骎　徐世豪　周闻杰
肖雅雯　崔久龙　袁佳君　汪俊　张泽瀚　朱宇航　何洋　任翔　刘春平　陈有为
施晓良　汪圣涛　汪吉灵　刘骁　陈颖　章古月　戚传庆　李成　丁蓉　张进文
田甜　柯旭彦　关骏超　胡晓骏　杨艳　林娴　邹涛杰　于浩然　陈聪　毕东旭
吴珊　王程诚　孙乾　王诚　蔡冰　肖姝源　魏翀　方海舟　任佳依　李琦
钟雪颖　唐秉超　施登科　赵一峰　祝建栋　杨凯敏　石晟　陆垚垚　金治群　南男
朱世杰　方丽辉　董浩灵　孙菲　邵琳　张成博　王康　陈天翔　周永超　王坤
吴铭　吕伟斌　瞿炜超　王渊博　王梦婕　汪陈璐　薛雨婷　周倩　董梦曦　刘雪琴
王逸宁　黎鹏　焦泳　林勇　李嘉奕　刘昭　唐佳炜　蒋昕祎　丁培丽　王伟
汤晟源　曹施琦　马天慧　刘如辉　周敏　黄俊平　李梦遥　刘诗雨　何世明　邓文轩
曾露　刘宇豪　边晓晖　吴慧鹏　唐昕　余天哲　沈海东　郑兵兵　黄睿旸　郎子钰

张达宁　　沈一超　　张宏城

---

**三等奖**

| | | | | | | | | | |
|---|---|---|---|---|---|---|---|---|---|
| 丁文祥 | 倪军燕 | 戴　颖 | 周　阳 | 薛晶义 | 李皓天 | 刘　皞 | 车　筠 | 李佳宾 | 杨　松 |
| 王维任 | 毛礼奎 | 吴　骁 | 俞欣汝 | 蒋　臣 | 徐　晓 | 张俊民 | 黄梦哲 | 杨尚咏 | 张　骏 |
| 何科杰 | 康永波 | 吴宏达 | 杜国杰 | 钱舒林 | 乔　瑜 | 于　腾 | 钱初锋 | 田尔欣 | 唐　浩 |
| 邱全伟 | 文再治 | 龚　磊 | 任斯玮 | 唐　伟 | 金亮亮 | 陈佾倩 | 龚俭庭 | 刘　强 | 刘　亿 |
| 崔孟君 | 王皓辰 | 张伟民 | 段良琛 | 李　源 | 陈俊睿 | 樊海佩 | 茅民嵩 | 吴朔枫 | 魏兴旺 |
| 邵昱宁 | 顾　伟 | 赵　钟 | 黄　健 | 唐易诚 | 康智浩 | 庄钰滨 | 王兆宁 | 夏　飞 | 张　萱 |
| 张　莹 | 曹　越 | 王道志 | 黄　超 | 邵舒迪 | 陈　晨 | 施永明 | 曲瀚林 | 姜卫佳 | 单　微 |
| 严永乐 | 张　瑶 | 陈燕浩 | 王　整 | 李　阳 | 陈　沂 | 戴光辉 | 张天骄 | 李春燕 | 张丽花 |
| 蔡　乐 | 李　锐 | 吉　祥 | 虞雷霆 | 陆海炼 | 熊文婷 | 张若南 | 范继丹 | 李　韬 | 郭端午 |
| 权　鹏 | 王　政 | 陆志鹏 | 夏君怡 | 黄怡婷 | 苏佶琛 | 匡栢溪 | 叶重阳 | 钱　琪 | 王　涛 |
| 丁治凯 | 唐　剑 | 禹伟骏 | 王训虎 | 王　喻 | 毛　挺 | 李飒飒 | 周　杨 | 毛　伟 | 潘柏君 |
| 李　峰 | 胡艺凯 | 章　斌 | 董明杰 | 陈文豪 | 陈　霞 | 朱　翔 | 沙博阳 | 朱恺乾 | 刘博畅 |
| 谈美明 | 钟　见 | 马宇舸 | 范　松 | 吕建廷 | 马时雨 | 张鹏飞 | 潘　旭 | 杨　惠 | 王梓印 |
| 罗晶波 | 吴彩丽 | 王　帆 | 林　杰 | 马思琦 | 童　峰 | 桑东升 | 赵　薇 | 郭　倩 | 陶　冶 |
| 王正言 | 李文汗 | 杜　爵 | 宋勐翔 | 刘　凯 | 沈黄阳 | 张中秋 | 杨　健 | 丁晟浩 | 王生申 |
| 肖昌炅 | 王鲲鹏 | 李俊晖 | 卫作臣 | 陈亚妹 | 张怡婕 | 江　伟 | 何旭晨 | 李知聪 | 董　晗 |
| 齐　乐 | 周凯丽 | 黎国庆 | 张鹏浩 | 黄志禄 | 陈振杰 | 张　磊 | 贾　媛 | 林蕴青 | 姜　娜 |
| 王　儒 | 何佳学 | 陈会聪 | 杨鹏志 | 杨一航 | 郑　超 | 丁　好 | 王睿康 | 肖斯文 | 饶　宇 |
| 陶旭明 | 曲友桂 | 何嘉翔 | 顾铁凡 | 江海慧 | 谢南杰 | 郭子扬 | 黄佳伟 | 孙　珂 | 沈宇涛 |
| 高小康 | 张宇翔 | 任育成 | 覃　宁 | 郑嘉骏 | 刘宇阳 | 周　进 | 顾琪坤 | 许瀚誉 | 林成杰 |
| 韩名豪 | 张志杰 | 尤文颖 | 姚心健 | 胡思维 | 王　翔 | 高明慧 | 曹　冉 | 李骏韬 | 吴　喆 |
| 张　健 | 门飞飞 | 王　欣 | 厉颂翔 | 万欣欣 | 王嘉璇 | 朱梦怡 | 段佳利 | 李元达 | 陈佳男 |
| 王丝扬 | 张佩玉 | 沈惠玲 | 汤志鸿 | 钟铁君 | 姚　兴 | 张　志 | 金宇辉 | 周　洋 | 汪　恺 |
| 李兴磊 | 王　南 | 郭　昊 | 李佳镁 | 施仪画 | 尚新鹏 | 林　棋 | 林　超 | 朱　磊 | 孙雅丽 |
| 陆源源 | 王思明 | 范嘉杰 | 刘　涛 | 吴骏逸 | 茅　源 | 黄　健 | 彭　清 | 胡旭鸣 | 吕　铮 |
| 钱杭炳 | 王　宏 | 杨一杉 | 杜玉鹏 | 翁佳彧 | 陈熠霖 | 程　熙 | 林雨培 | 杨建敏 | 郭继尧 |
| 张　飞 | 徐伟玲 | 张　政 | 李福沛 | 吴　凯 | 付广智 | 许冬凯 | 赵　博 | 李孟泽 | 胡自超 |
| 陈浩轩 | 戴兴明 | 金易中 | 江旭东 | 朱　迪 | 信东睿 | 胡　栋 | 赵丽媛 | 张　耀 | 任之杰 |

方之家　张　乐　白思晴　陆博文　方　旭　李一斌　李　凯　刘智超　陶　亮　陈航璐
封晓帆　王一臻　周　毅　秦雨辰　余佳鸣　王　坤　潘一鸣　陶　轩　刘鹏涛　陈明媚
田怡春　何俊晖　俞贤佳　高智林　林　巍　毛颖杰　屈高龙　任晓东　李力田　甘晨晖
李　懋　刘志阳

## 机械与动力工程学院

### 特等奖

方　杰　李青青　何一凡　程子非　游　佳　罗豪鑫　黄　洁

### 一等奖

汤俊雄　董　政　胡兆辉　钟继如　徐婧婷　明小祥　马丽杰　谢岳城　罗　彬　王　林
徐子亮　李魏梓　许　翔　葛一敏　韩腾腾　杭　鹏　朱彦宇　蔡宧麟　王雅莉　胡余文
牛田野　姜金宁　缪一冰　顾晓琳

### 二等奖

夏旭峰　张伟凯　吴　松　周海婷　唐　驰　王干新　薛　祎　吕民东　付鹏波　邢天月
朱鸿伟　冯　博　邹　镔　江挺益　徐文洁　施杭燕　吴建军　刘志宏　徐佳佳　张阿龙
陈思佳　周元凯　朱晓民　刘　盼　阮雪薇　罗金龙　张蓉蓉　容东明　孙毅超　韩天颖
辛　俊　孙长周　金寅吉　傅双九　崔天成　张驰凌　宋昕宜　徐　程　张　博　赵铭诚
孙亚晖　游天旭　林星航　薛志洋　朱慧彪　周辰晓　吕　颖　崔洪源　刘源滔　顾家骏
唐笑寒　蒋　晶　杨　涵　胡靖东　张　倩　陈桔娜　徐智伟　陈　爽　方俊杰　王晨阳
张伟昌　武晓晖　苟巍然　付明雪　史雨晴　王卓然　黎申兴　施智晓　张湫昊　徐方文
赖婉瑜　徐　玮　王稼民　方　正　刘　锐　周志楠　沈奇欣

### 三等奖

瞿婷婷　郑　阳　路亚庆　郑碧钦　胡静文　朱慧君　浦晓丹　庞海杰　陆秉哲　陆海涛
阳燕林　辛光烁　陈方舟　王云祥　顾志杰　黄　清　马　睿　陶思扬　纪梦奇　张亚东
宫利敏　郭可海　范　凯　龙筱颖　米艳红　蔡雨杉　昝大千　张　庭　杨　可　范　宇
赵　巍　韩　钰　吴　迪　刘家安　王炳捷　朱　芸　宁健文　黄卓笑　朱程浩　谭振壮
王小云　张　乔　贾云全　陈天裔　陆云清　赵立明　何　力　唐尚红　韩　刚　陈　琛
陈琦鹏　刘斯强　余鸿翔　张森迪　张尚林　马天宝　刘幸福　刘明熙　郑　琛　樊振韬
黄　魏　金　亮　杨小墀　李福兴　龚怡雯　陈　云　梁海洋　郑斯予　邓　平　李思琪
朱婷婷　颜璐琦　陈　帅　柯梦雅　李秋如　林欣玮　蒯智杰　陈　岳　范一之　孙　涛
毛雷鸣　李　松　沈佳仪　吴飞燕　于敏华　张晓霓　严行一　徐　骏　苏　政　袁榕徽

| | | | | | | | | | |
|---|---|---|---|---|---|---|---|---|---|
| 曹天宇 | 赵鹏飞 | 樊吉宁 | 史双武 | 张梦阳 | 万　顺 | 林　盼 | 羊豪杰 | 陈建琦 | 李　渊 |
| 孙齐峰 | 黄礼洋 | 崔元元 | 朴贤美 | 徐俊圣 | 孙　波 | 张皓羽 | 严皖金 | 白　钰 | 孙　柯 |
| 刘统军 | 薛凯凯 | 许俊武 | 郭鑫红 | 唐婉莉 | 高　琼 | 张崇业 | 熊亚戈 | 王永康 | 朱旭旻 |
| 郑幸凯 | 樊传扬 | 张　池 | 张　波 | 王建武 | 柳浩然 | 张政洋 | 朱江山 | 何兰兰 | 曹思瀚 |
| 李大为 | 柯敏辉 | 李校明 | 姚　瑶 | 林　春 | 曲　浩 | 刘颖琛 | 赵健棋 | 林劭辰 | 常栋凯 |
| 丁　鹏 | 张伟锋 | 黄琼琳 | 叶潇潇 | 张　丹 | 丁　一 | 王梓桑 | 方佳琪 | 刘荫泽 | 张晓晨 |
| 赵文彦 | 张　庆 | 孙　磊 | 蒋　铮 | 楼少杰 | 段智航 | 张陈云 | 翁勤武 | 任佳坤 | 张兆聪 |
| 李　滢 | 侯亮宏 | 殷佳俊 | 袁　斌 | 韩　港 | 毛龙军 | 季　杰 | 周　凯 | 刘素琴 | 潘　铎 |
| 圣　凯 | 叶　俊 | 孙元坤 | 朱陈龙 | 杜华健 | 王立人 | 俞清鹏 | 胡　杰 | 张志彪 | 刘耀辉 |
| 徐小辉 | 谭路桥 | 屈二渊 | 钟娇儿 | 吴　迪 | 乔雅杰 | 徐鸣睿 | 张马峰 | 舒圣峪 | 冯凯博 |
| 张文哲 | 元勇伟 | 查媛媛 | 李晓玉 | 吕栋炜 | 袁仲达 | 陈　杰 | 范　朔 | 谢重远 | 刘惠丽 |
| 朱佳蕙 | 江　焕 | 张柯尔 | 杨佳琦 | 陈国宁 | 甄　妮 | 吴　锐 | 张　妍 | 朱娅婕 | 朱倾清 |
| 于文俊 | 俞菲菲 | 张　慧 | 王　玉 | 耿晨曦 | 徐高杰 | 王园勇 | 方乙琳 | 陈　翔 | 彭　勃 |
| 张天阳 | 范　智 | 尤厚丰 | 魏鹏程 | 房忠秋 | 李天宇 | 薛慧伶 | 贾础豪 | 高宇阳 | 张　颖 |
| 刘禹豪 | 金　鑫 | 魏柏林 | 吴　浩 | 方　圆 | 王政波 | 倪凯健 | 马名骓 | 杨梦恒 | 王振华 |
| 李　霜 | 常玉龙 | 周王军 | 徐新博 | 揭志成 | 袁文峰 | 李雨珊 | 樊华清 | 叶海鹏 | 王启超 |
| 唐　浩 | 吴沛沛 | 陈伟奇 | 卢享往 | 吴正鹏 | 张其浩 | 郭珊珊 | 高　敏 | 赵强祥 | 陈飞飞 |
| 张玉龙 | 高炳凤 | 张少儒 | 马幸申 | 曹家伦 | 徐亦帅 | 杨冬林 | 王　笛 | 马　毅 | 向　军 |
| 周　同 | 管文超 | 刘　倩 | 赵秋姗 | 闫智光 | 叶程霖 | 邓媛昕 | 张　桐 | 张　楠 | |

## 资源与环境工程学院

### 特等奖

谢晓影　周昕彦

### 一等奖

吴雨乔　檀东东　郑婷婷　郑常昊　李玮哲

### 二等奖

| | | | | | | | | | |
|---|---|---|---|---|---|---|---|---|---|
| 张　祥 | 王若飞 | 顾　雍 | 史　念 | 李照冰 | 范洁明 | 钟楚娴 | 黄　舒 | 胡翀赫 | 周　政 |
| 顾天宇 | 张宾宾 | 陈玉婷 | 吴轩韬 | 施浙杭 | 白佳丽 | 张颐年 | 李证宇 | 陈　瑶 | 张世婧 |
| 吴乙一 | 蔡　敏 | 李　东 | 赵君韬 | 李宏俊 | 赵威洋 | 薛志村 | 何　诚 | 范竞存 | 张元恺 |
| 董文娜 | 苏柳花 | 康晓蕾 | 黄昌衍 | 颜平平 | 李旖文 | 张佳凯 | 李开坤 | 吴炜城 | |

### 三等奖

| | | | | | | | | | |
|---|---|---|---|---|---|---|---|---|---|
| 金旭声 | 杜　威 | 张　烨 | 陈　鹭 | 朱本成 | 于文强 | 林丽敏 | 朱菲菲 | 孙铭浩 | 郁一村 |

唐琪玮　杨昕梅　丁奕文　马佳文　李伟新　唐巍飚　吴　菁　金鑫霞　王立力　曹　静
孙丽娜　王超月　章显成　杜宇超　周家骅　陈　波　王　蕾　陈渊澄　苏宇峰　庄德旺
徐　阳　金振寰　周　强　李　洋　蒋子标　周宇森　左成月　黄园园　韩梦舒　乐嘉炜
阎之骏　高　峰　陆志峰　吴晓韦　吴炬晖　张诏扬　刘　滔　田英奇　古丽江艾　付　琳
张佳丽　李靖霄　王璟珺　薛云飞　俞　洋　单文杰　赵雅致　张　禛　吴陈巍　涂宝声
张旭阳　沈　超　张　坤　芦　伟　范书婷　王　婷　邬莎娜　赵梦飞　刘柏众　沈晓强
刘天杰　蒋　波　于秀秀　沈歆恬　吴佳桢　胡应生　杜俊辰　苏嘉缘　沈立业　石　杰
郑景元　施震东　刘　高　张媛媛　张维铭　邓天宇　邹晓鹏　伍子玮　王春雨　康　维
徐　劼　崔　颂　李明喆　韩　冬　樊文克　朱婉琳　周星月　姚黎婷　奚瑞丰　万亿纯
马奔腾　娄　颖　刘婷婷　豆盼盼　崔　巍　鲍文杰　张一帆　应佩桦　徐铭杰　杨致远
孙运筑　林婷婷　黄蕾熹　顾鑫生　葛　靖　陈梦帆　柏　舸　张　芃　徐　越　陶佳琳
茅星宇　吕维佳　蒋　文　姜文超　向志远　王鹏伟　孙　亮　李　露　胡憧憬　常　江
蔡　敏　朱诗杰　张志丰　吴俊昇　王依滢　王　杨　孙　青　孟德喜　毛凤琴　李光源
赵润泽　易　敏　刘雪平　陈　旸　陈　亮

**理学院**

**特等奖**

夏　雨　谢　梦

**一等奖**

许　哲　金　祎　王珂珂　秦鸣雷　方琦骏　吴　磊　王桂杰　陈智鹏　季春丽　章欣骅

**二等奖**

周云树　杨丽娅　张　丹　袁　雯　孔商鹰　闵志伟　秦　哲　金　戈　张益东　董雪薇
胡伟菁　丛瑞兴　朱征露　吴皓清　吴元霄　包谷之　周　烽　朱明杰　刘　洋　陈峥嵘
邱逸盛　周晓宇　庞景隆　戎伟峰　周鹏程　孔维鲁　曹昕然　刘钰涵　薛　平　周励诚
龚乐诚　唐明劼　陶　阳　于嘉琪

**三等奖**

周天如　汤世行　周萧潇　廖小情　高艺菱　唐　煜　金泳成　殷益骏　曹　鑫　晋海波
李　俊　马绍之　陈　波　陆毅成　吴天雄　包成均　史可意　周思君　张骁波　甘贵贤
郑黎明　董春连　章梦雅　唐天添　杨一宸　万宇雷　席梦隆　唐　黄　于　淼　池忠强
王关政　杨文佳　刘　冕　谢志程　祁　健　周奕成　陈旭昶　吉慕尧　姚云华　翟丹丹
窦晓蕾　莫　瑶　韩瑞琪　姚　文　高佳翔　季敬儒　邵瀚笙　刘　茵　邱琪苒　高晓鸣

| | | | | | | | | | |
|---|---|---|---|---|---|---|---|---|---|
| 凌晟煜 | 吴夏雨 | 黄绪祚 | 徐璋瑾 | 杨浩男 | 管福鑫 | 徐颖峰 | 蔡孟珂 | 杨彦闯 | 陈泠坤 |
| 辜　腾 | 葛洁莉 | 吕　铮 | 王家亮 | 王梦麟 | 孙沛智 | 徐　顺 | 王海龙 | 陈　琪 | 王　磊 |
| 沈　迪 | 朱　燕 | 张　彪 | 杨彦红 | 吕　旻 | 姚梦秋 | 吴嘉铭 | 周晓君 | 张慧雯 | 严　婷 |
| 李　鑫 | 岳　鹏 | 左兆宇 | 方睿彦 | 孙曼阳 | 吴　婧 | 潘　飞 | 杨顺华 | 傅巧巧 | 华磊杰 |
| 陈卫栋 | 徐西华 | 蒋唯一 | 张　爽 | 陆　勍 | 丁　磊 | 刘　畅 | 丁则鹏 | 张　赫 | 张丹辉 |
| 辛　悦 | 叶子仪 | 马禹成 | 周　翌 | 郭晓峥 | 付伟航 | 孟德彬 | 瞿菁晶 | 唐　俊 | 季骏豪 |
| 张晓辉 | 徐力扬 | 李文博 | 郁顺昌 | | | | | | |

**商学院**

**特等奖**

| | | | | | | | | | |
|---|---|---|---|---|---|---|---|---|---|
| 黄海梁 | 毕经纬 | 谢钊懿 | 王文静 | 马　莹 | 汪　浩 | 潘　雯 | 刘文月 | 王玲玉 | 黄李辉 |
| 苗　洁 | | | | | | | | | |

**一等奖**

| | | | | | | | | | |
|---|---|---|---|---|---|---|---|---|---|
| 王嘉懿 | 蒋雯倩 | 王靖余 | 翟慧娟 | 胡方圆 | 卢　婧 | 邱　玮 | 周　颖 | 杜　阳 | 陆　靖 |
| 查琳彦 | 徐　畅 | 宁菲阳 | 匡许良 | 徐玲丽 | 顾筝筝 | 胡舟颖 | 徐卿云 | 沈怡婷 | 康　恺 |
| 王　敏 | 刘岩苹 | 俞　琳 | 姜　垚 | 张　雪 | 周　剑 | 钱悦玥 | 何飞露 | 周　珺 | 蒋凯艳 |
| 倪冰玉 | 曹星萌 | 谢思蕊 | | | | | | | |

**二等奖**

| | | | | | | | | | |
|---|---|---|---|---|---|---|---|---|---|
| 孙斯寒 | 沈丹妮 | 季雪玮 | 蒋　磊 | 李杰新 | 倪颖奇 | 陆盈莹 | 毕长江 | 郑作昕 | 赵蔡晶 |
| 陈柳燕 | 高松婷 | 林之杭 | 李佳晨 | 吴秋敏 | 姜力玮 | 陆韵石 | 叶迎晨 | 温艳华 | 胡晓琦 |
| 陈　辰 | 徐颖婷 | 詹嘉瑜 | 杨岑韡 | 沈　城 | 周玉珍 | 黄文辉 | 钱熠萌 | 陆诗文 | 曹乐然 |
| 金春花 | 宋婷婷 | 沈　丹 | 马素晓 | 阮少蓉 | 许丽娜 | 黄复佳 | 孙朦朦 | 陈璐萩 | 乔梦宇 |
| 朱　红 | 马嘉佳 | 曹雅楠 | 杨春姬 | 金双海 | 蔡锦慧 | 胡宝丹 | 赵　俊 | 叶晨琪 | 林君炜 |
| 高慧君 | 何冰清 | 沈宇豪 | 吴少华 | 欧阳璠竞 | 徐欢欢 | 讷碧雯 | 卓　玥 | 庆　楠 | 杨静靓 |
| 项斯雨 | 杨佳佳 | 许丹瑞 | 王　淳 | 蒋　佶 | 徐　菁 | 于小琦 | 朱燕妮 | 周奕烜 | 赵胜妍 |
| 李　博 | 茹斯佳 | 徐喆颖 | 李维瑶 | 倪文洁 | 沈倩倩 | 蔡雨君 | 陈怡铭 | 李　毅 | 叶敏慧 |
| 费　璐 | 谢瀛心 | 黄忻怡 | 金　鹂 | 刘嘉丽 | 姜甜甜 | 刘　洁 | 赵　伟 | 彭　彧 | 季婵婵 |
| 唐亦敏 | 戴煜旻 | 徐一畅 | 李倩文 | 邱梦圆 | 贾傲霜 | 李媛媛 | 徐　璨 | 姚奕卿 | 陆佳玮 |
| 季沈丹 | 陈敏燕 | 张　稚 | 谢晓巧 | 宋志欣 | 王金刚 | 夏晓菲 | 门秀秀 | 景一贤 | 刘雅静 |
| 郑忆为 | 胡孜萌 | 李君如 | 岳忠伟 | 金　雯 | 江雨琼 | 陈　彬 | 张　怡 | 顾雅婧 | 蔡艳丽 |
| 胡禛妮 | 任薪羽 | 柳明辉 | 陈　晨 | 沈　旸 | 周　洁 | 石怡雯 | 柴　齐 | 吕雅楠 | 孙晓晓 |

梁　龙　郑青青　关　童　魏　玮　吴可军

**三等奖**

| | | | | | | | | | |
|---|---|---|---|---|---|---|---|---|---|
| 刘应龙 | 黄　敏 | 姜晓彤 | 梅方雪 | 司艳萍 | 蓝　星 | 方　琪 | 姜雅琴 | 刘诗晨 | 王洁茹 |
| 刘文韬 | 高　松 | 牟禹蒙 | 胡　月 | 柳德佳 | 吴芸芸 | 俞春玲 | 陆欣宇 | 蔡　路 | 周　洁 |
| 洪贤铭 | 罗　翀 | 曾江胜 | 陈　卓 | 刘　爽 | 周文佳 | 姚冰怡 | 张　涛 | 谷雪吟 | 许　敏 |
| 洪艺源 | 庞婷月 | 李凌逸 | 裘海昭 | 陈秋媛 | 曹佳惠 | 陆芸婕 | 张芷玲 | 郑　娜 | 夏梦樱 |
| 石清岚 | 汪秀媛 | 高　洁 | 曲晴晴 | 张　婧 | 陈圣仰 | 李　乐 | 顾秋诚 | 梁东伟 | 蔡　竞 |
| 肖逸航 | 杨　茜 | 于　越 | 郎倩倩 | 廖代月 | 杨顺豪 | 张宇涛 | 徐雯婷 | 朱嘉彧 | 陈　颖 |
| 李　佳 | 毛燕波 | 吴蒙娜 | 王　琦 | 刘若石 | 张　勇 | 王　轶 | 侯若男 | 姬睿君 | 李洁文 |
| 周菁雯 | 杨　莉 | 李淑敏 | 李尧筠 | 柴　政 | 赵　鑫 | 张静文 | 杨宇曦 | 郑丹瑜 | 王昱超 |
| 沙天卫 | 徐　驰 | 黄桑调 | 马　斌 | 韩丹丹 | 薛雯静 | 朱艾伦 | 徐　彬 | 周　颖 | 吴丹丹 |
| 李雯菁 | 初雨丰 | 陈佳磊 | 王文彤 | 张濛濛 | 郭雪娇 | 段雪婷 | 杨敏炎 | 徐丹妮 | 马　姣 |
| 朱　芸 | 杨芸霞 | 王玮斌 | 孙慧康 | 梁　雪 | 何晓燕 | 朱伟康 | 刘文峰 | 肖卓骏 | 曲　雯 |
| 宋智韵 | 夏叶萍 | 马瑛琪 | 徐勤红 | 苏　婷 | 田一辰 | 姚浩存 | 陈旗旗 | 熊　壮 | 贾天婧 |
| 闵　捷 | 钱祺斌 | 乔妍玲 | 汤晓霞 | 余天一 | 叶芯汝 | 苗一洋 | 李韡栋 | 张云逸 | 白晓霞 |
| 谭喆清 | 汪　珊 | 吕佳燕 | 马　骏 | 杜志康 | 沈赛凤 | 毛媛媛 | 石梅婷 | 韩圣雪 | 姜　翠 |
| 任淑敏 | 苏　洋 | 朱　丽 | 田苏媛 | 梁毓洁 | 许丹如 | 思凤凤 | 秦　博 | 周　彦 | 陈彬灵 |
| 吴志慧 | 胡晓珊 | 代　飞 | 周小洲 | 傅　颖 | 张子烨 | 袁　雯 | 奚　佳 | 朴　铖 | 郑丹阳 |
| 巴文秋 | 程雨晴 | 干成成 | 李佳琳 | 马健飞 | 向楚婧 | 陈金凤 | 马　良 | 王　可 | 徐至丽 |
| 罗雅兰 | 苏　灏 | 高垂青 | 于　茜 | 谢　天 | 余鹏飞 | 裴静娴 | 李　楠 | 赵　琴 | 任洁芸 |
| 王曹琼 | 刘　蕾 | 吴琳超 | 沈月凤 | 朱　莉 | 庞昕雨 | 王彧峥 | 韩文文 | 郭　栋 | 孙　浩 |
| 杨　凯 | 赵雯雯 | 徐晓理 | 陈旭琼 | 唐霄鸥 | 商　艳 | 王紫羚 | 谷美玲 | 田　洪 | 戴　越 |
| 沈蓓蓓 | 宋　甜 | 黄玮馨 | 徐惺昳 | 李　桐 | 戴娇迪 | 曹文菁 | 范妮娜 | 黄权载 | 刘玉根 |
| 宁　欣 | 王宇靓 | 徐烨儿 | 刘　茹 | 王　堤 | 罗灵龙 | 何宜静 | 杨乔茜 | 李俊怡 | 薛开力 |
| 胡展枫 | 李　彬 | 胡博文 | 夏佳蕾 | 赵昕蓉 | 邓　越 | 王子君 | 王林娟 | 魏　洁 | 卫健炯 |
| 杨　科 | 顾承玮 | 金思颖 | 葛媛媛 | 韩祝欣 | 许　昱 | 俞佳伟 | 陈先翔 | 吴亚群 | 冒刘玉 |
| 杨　芳 | 袁佳文 | 黄盛强 | 李春阳 | 吴珊珊 | 欧阳璐璐 | 郑　哲 | 沈美云 | 沈家瑜 | 吴冰蝉 |
| 张权成 | 施培晨 | 张隽逸 | 潘奕璇 | 孙成晨 | 张盼盼 | 吴媛媛 | 牛玮璐 | 张　楠 | 李林懋 |
| 龚　莉 | 姚心怡 | 张子洁 | 龚张奇 | 王思濛 | 邵金晶 | 戴康力 | 苏　娜 | 邹家钰 | 张雨佳 |
| 胡　朗 | 李　琪 | 朱嘉琳 | 吴秋忆 | 陈　阳 | 吕　文 | 刘妙红 | 王　浩 | 王怡慧 | 杨屹俐 |

谭悦 柳颖 徐双良 孙临 顾雯捷 李佳玲 宋怡 王晶雯 金宏 熊佳裕
郁聆暄 樊瑜 杨宾茹 伍春姝 李炀炀 王桥丹 毛文轩 陈旭 王黎雯 陆倩文
陈佳丽 蔡佳红 陈玲 顾晓丽 朱勤 施真 王欢羽 顾鹏可 周立 林小惠
陈皓雪 陈玲 环亚琴 宋乐乐 吴心怡 姜豪 王子维 孔繁晨 程思瑶 方瑶
帅涵如 许诺愉 顾权 薛振锋 王建荣 朱子伟 张鹏威 金万里 陆玲玉 杨卓
尤文烨 陆莹 蒋狄锋 周杰 王珊闪 吴桑 张少刚 李懿范 王奕磊 黎润
丁欢 潘许霞 武希 屈晓佳 詹哲妮 赵洁 孔月新 谢璐珈 胡志纯 朱鸿棣
郭力源 姜硕 张晓雯 顾思远 张吉刚 郑伟荣 王洁 田婧雯 王翔 王晓婷
刘炳艳 李雅婷 谢善励 姚煜波 余陈 吴瑜婷 刘意 杨红 赵悦 徐昭俊
陶梦蝶 张丽娴 黄珊 谈沉燃 韩正纲 徐昕

**社会与公共管理学院**

**特等奖**

李梦婷 李昀鋆 李琪 马晓雨 曹思琪

**一等奖**

傅莹 包烨怡 王滂 何惠亭 陶佳宇 陈秋怡 万梦娴 顾唐一奇 吴维祺 吴红
赵静 袁易卿 崔媛媛

**二等奖**

祝嘉慧 马婧 莫紫晴 郭千帆 汪琪 黄立娴 盛琳琳 马春雪 刘薇 姜楠
孙小棠 刘懿烝 俞倩雪 庞沁媛 张玉 张哲 王君婷 王伟剑 李晓菁 张文莉
余旭娇 陈璐 夏佳琦 余燕丹 江雪灵 张瑾 桑海蓉 单琦 朱灵艳 郑明明
周苗 鲁婷 汪文婷 张一 王一涵 姚映雪 吴腾 朱辰薇 陈蓓 吴梦晗
叶莲菁 庞皓文 张蕾 顾嘉乐 盛期 朱明君 陈晨 翟航 孟蝶 张远
贺佳佳 孙悦 王岷 高菁颖 陆婵媛 傅凌波 求羽雁 陈敏媛 张梦真 周思瑶
梅洁 张云婷 刘婧媛 陶行子 吴佳蔚

**三等奖**

朱凌潇 贺艳 杨敏 马永芳 于佳辰 张爽爽 严玮玮 彭乐怡 李晓斐 毛倩雯
赖思奇 李蜀丹 辛翔 张佳莹 肖甘苏莉 朱鹏鹏 孙还还 邵雨晴 于晓 邬蓓蕾
周琼盈 季恒 王慧 王玥 李萍 高越 吉晓颖 李艳红 张沁旖 洪伊
尤燕辉 朱红 范瑞娟 蓝晨 王珏 曾颖 舒洁琼 李洋 刘思琪 孙斐
姜亚萍 顾翔磊 吴昊 戴慧敏 吴抒恒 宋佳丽 张丹丹 盛碧云 包成园 费颖

周家旺　邵晓蓉　邓　玥　徐倚澜　王琬璐　曹　前　夏　薇　张　璇　杜捷欣　卫佳乐

杨潇白　黄冬明　王　玮　朱韵譞　周明星　严任舟　杨　峰　朱　玥　赵雪莉　王　乐

欧阳怡佩　黄燕雯　蓝　旭　陈晓彤　赵怡乐　盛青峰　孙会智　李幻璇　谈馨悦　朴祉颖

谢一奇　徐杰清　张宇彬　寇　凤　刘娅然　李　旭　高虹琳　钱霜霜　施泽琦　冯　岚

闵忆雯　张　霄　常亚琼　丁晓青　胡宇川　江盼盼　李雪丹　秦　瑾　王　玙　吴婷婷

余颖娟　张雯逸　王　鹏　蔡　晴　代文瑶　李　可　孟思思　汪云飞　王　玲　蔡晓芸

邓亚珊　彭雁楠　沈杨千　王　璇　曹沥丹　董　典　顾　倩　苏彦罂　孙昱洁　万佶靓

严怿旸　贲晶晶　杜亦云　何烨炯　任玉琴　王　娟　黄晴雯　乔洁琼　薛珊璐　燕　丽

严非易　戴晓海　王晓燚　帅添天　杨　辰　张海萧　常　康　胡远媛　黄博琳　吴　夏

关含露　闫柳鸣　奚美龄　吴翌雯　陈嘉怡　张妍冉　赵　迪　钱旦旦　邵雪倩　唐　安

杨　阳　江一凡　庄薇怡　单　宁　任　伶　纪毅南　黄江蓉　郑俏萍　胡绥楠　申芷伊

李　根　赵澍波　李硕秋　陆荷佳　张博男　商灵君　范文可　韩　佳　陆敏渊　黄嘉璐

刘　佳　张宁远　樊清毓　王　萍　倪卓君　谭天娇　马　进　李竺津　寸夏昕

**艺术设计与传媒学院**

**特等奖**

张申珍　王　震

**一等奖**

夏　吟　周婧闻　胡安妮　潘逸青　王　媛　余宛婷　范洪燕　王雨佳　蔡　亦　杨博岸

魏天弘　葛依依　张　璇

**二等奖**

王鹤鸣　沈驰鑫　杨洪云　李明妍　李抑扬　童晨曦　宋佩茜　赵　微　王哲敏　谢逸男

施恩慧　周文斌　郑　司　姚佳音　奚雪吟　姬天怡　宋燕琳　程　晟　潘素琴　刘闻天

路怡钦　黄溶青　沈　裔　钱徐能　陈　唯　齐燕竹　张　寅　孙凌雁　夏圣雪　杜佳佳

陈晓燕　管增益　孙蕾蕾　朱颖秀　尤宇璇　毛　越　程思羽　计宜佳　袁怡莲　潘丹娜

张怡然　吴　莹　顾晓晴　李小康　杨小倩

**三等奖**

王璐璐　李　骍　戴雨亭　张晓洁　金　琳　施宇晨　刘翔翔　周　琪　李泠玥　徐　洁

王倩楠　何佩佩　陈韵超　黄文捷　林少领　李丽萍　张佳韵　戴纯菲　曹文裔　姚陈双

赵佳斐　罗　烊　王雨婷　曲昌莉　朱未辛　鲁韵洲　鞠思远　史婵娟　何祉萱　毕林娜

傅宵珺　梁群艳　杜雨阳　潘　靖　李翔寅　章志芸　卜文烨　李舒珂　周　萌　黄晶晶

| | | | | | | | | | |
|---|---|---|---|---|---|---|---|---|---|
| 吴　龙 | 叶思佳 | 倪佳琳 | 谭　恬 | 张　旬 | 薛梦菲 | 王航宇 | 忻　辰 | 程志鹏 | 王一舒 |
| 李雪蓉 | 杜青怡 | 黄洛滨 | 夏　芳 | 顾玲芬 | 汤晨凤 | 李妍倩 | 张　祎 | 修　琇 | 王晗宇 |
| 张　丹 | 姜昱健 | 李　进 | 赵培清 | 宋　鹏 | 马　翀 | 沈微伟 | 刘　玥 | 陈晓青 | 宋秋实 |
| 张雪萍 | 朱婧婷 | 汤嘉宁 | 于巧俏 | 温健美 | 陈天宇 | 栾文杰 | 曹明远 | 张　瑛 | 吴　甜 |
| 张　雯 | 张倩卉 | 范　翔 | 黄　琪 | 张梓欣 | 王依丽 | 何露露 | 马先仙 | 虞丹群 | 顾培婕 |
| 宋燕妮 | 葛　昱 | 倪晨安 | 陈　彬 | 程旻雯 | 钱佳佾 | 程　洁 | 郑樟晶 | 岑焓榆 | 杨　菲 |
| 蒋楠杰 | 倪皓清 | 刘灵珊 | 李玉琼 | 宋　明 | 张　恬 | 胡赵慧 | 母如碧 | 王瑞轩 | 汪　淳 |
| 黄鹭飞 | 肖　翡 | 张濛佳 | 俞娉娉 | 陈　曦 | 张椋刚 | 魏明恺 | 杨　光 | 赵璟涵 | 刘怡雯 |
| 陈秋玲 | 夏　韵 | 宋　昊 | 孙晓琪 | 陈维安 | 张　然 | 季　莉 | 袁洁琼 | 蔡潇程 | |

**外国语学院**

**特等奖**

汪龙珏　邵玲玲

**一等奖**

孙　希　商智敏　毛一苇　王佳琳　杨远颖　翟芳佳　张蕊佳　倪　悦

**二等奖**

| | | | | | | | | | |
|---|---|---|---|---|---|---|---|---|---|
| 范振健 | 隋雨含 | 叶利雯 | 庄舜颖 | 王蓓羚 | 郦一丹 | 史逸青 | 李亦天 | 陈琳婕 | 赵璘枫 |
| 杜筱薇 | 甘雨濛 | 芮颖佳 | 施佳莉 | 韦佳雯 | 郝　敏 | 王夏楠 | 王申君 | 丁元容 | 刘旭瑛 |
| 陈　丽 | 谭思瑜 | 王文玮 | 黄瑞昕 | 闫　晗 | 沈海燕 | 苏　洋 | 江海玉 | 徐　洁 | 李珊妮 |
| 王　立 | 江屿蛟 | 陈丹阳 | 蔡晓欣 | 吴昊天 | 朱倩楠 | 戴　杰 | 张　虹 | 郦竞元 | 洪佳灵 |
| 梁伊茹 | 唐幸尔 | | | | | | | | |

**三等奖**

| | | | | | | | | | |
|---|---|---|---|---|---|---|---|---|---|
| 薛美旖 | 吴　倩 | 陶琳莉 | 忻婕妮 | 宋一琪 | 薛　晓 | 肖亦斐 | 黄靖怡 | 李　珏 | 陈冰妍 |
| 张　丽 | 赵舒媛 | 刘方南 | 包怡婷 | 相　菁 | 毕　祎 | 张肇轩 | 姜延丽 | 施程芳 | 芮一凡 |
| 吴赛男 | 陈　攀 | 姜宇卓 | 华　萍 | 朱芸影 | 朱飞云 | 周　昱 | 马沁云 | 宋丹丹 | 杨亚云 |
| 陈　娟 | 郭佶胤 | 沈敏杰 | 丁　希 | 赵　雯 | 刘菁菁 | 刘文文 | 王妮茜 | 刘高洋 | 朱贻祺 |
| 丁筱洁 | 俞　越 | 潘如垒 | 钱夏艳 | 宋亭欢 | 项怡青 | 金婉霞 | 平叶美 | 骆　丰 | 戚云科 |
| 陆秋怡 | 蒋丹静 | 杨希瑞 | 马　骏 | 马　婕 | 吴芳婷 | 刘嘉豪 | 赵　璐 | 罗　玛 | 姚泠亦 |
| 张天融 | 许　露 | 钱　依 | 蒋甜雨 | 李春花 | 金　祥 | 彭　茜 | 吴闻佳 | 高　璇 | 朱　卉 |
| 张　妮 | 丁姝宇 | 阮婧懿 | 简　骏 | 任　扬 | 潘鑫慧 | 朱玲玉 | 李逸菲 | 仲　敏 | 韩盈怡 |
| 卢心宇 | 黄翠雁 | 倪华杰 | 朱安琦 | 杜一帆 | 周梦芸 | 陈欣意 | 杜怡琳 | 向　铮 | 韩　笑 |

邢沛林　王倩茹　施忆雯　蒋欣怡　王晔茹　李梦琛　丁小虎　谢宇华　张怡赟　陈斯莹
陈逸飞　丁晨琦　叶佳媛　黄威玮　李慧杰　郑丽芳　周丽萍

**法学院**

**特等奖**

莫陈愿

**一等奖**

李茹斯　姚妍韡　吴江　段亚敏

**二等奖**

黄睦惠　王　旭　陈　新　耿瑞宁　陈　苏　黄　雷　邱靖涵　刘　新　孔一丁　郑鲁圣
吴茜茜　沈红丽　田椿雨　李逸琳　刘　恋

**三等奖**

陆晓双　李菁菁　薛弘珏　季　凡　杨　烨　姚　骁　郦雨忆　张　畅　沈秀莲　姜星宇
周文婷　王瑜梅　郑宇菲　胡玲玲　刘　玮　殷　亮　李跑快　高映南　杭亚丹　孙青霞
张润达　吉常兴　李佳睿　杨玉婷　杨云帆　陈凯丽　邓超捷　夏　伟　林华秋　龚文豪
高　洁　宋诚纯　苗　昕　洪　昂　沈　婷　杭　丽　朱文骎　邵依依　马韦娜　李琳哲
安小婵　白　婵

**中德工学院**

**特等奖**

于　一

**一等奖**

吴恺乔　朱奕宇　赵熇炟　朱慧芸

**二等奖**

陆　沁　鲁　婧　王　琨　刘文庆　韩　俊　王闻达　孟子文　周　婧　翁国杨　孙嘉然
方　舟　任驰骋　卫　奇　陈唯尔　杨佳欢　吴子林　朱逸频　顾　全　李诗宜　徐　雪
黄青云　詹富祥　戎佳豪

**三等奖**

张雪幔　徐　羚　李西子　薛鸿鹄　李　博　陈昊炅　蒋怡宾　陈晓洋　宋维航　徐骏波
徐士博　吴伟健　路　畅　郑媛羚　张子通　刘　洋　李纪元　姚晴凯　潘岳威　沈嘉禾
唐烨婷　吴　暘　毛丞德　丁心怡　徐　盈　唐　涵　朱嘉进　王　喆　周　晨　王　烁
徐　天　李昕晖　张竞峥　李倚敏　刘子伊　李显阳　曾子涛　谢力章　陈书捷　刘斌龙

| | | | | | | | | | |
|---|---|---|---|---|---|---|---|---|---|
| 杨哲雄 | 李芝栩 | 李晴旻 | 周群洁 | 盛妍婷 | 童喆锴 | 余 烈 | 寿真凯 | 鲍基炜 | 王天宇 |
| 沈逸飞 | 桂梦成 | 臧楚君 | 黄裔宸 | 王 彦 | 王梦萦 | 陆晓彦 | 沈 爽 | 张晨雨 | 钱成宸 |
| 梁岳童 | | | | | | | | | |

**体育科学与工程学院**

**特等奖**

王玥悦

**二等奖**

| | | | | | | |
|---|---|---|---|---|---|---|
| 王澍蕊 | 何久勇 | 颜景昕 | 沈雅雯 | 黄红媛 | 陈伊君 | 刘启明 |

**三等奖**

| | | | | | | | | | |
|---|---|---|---|---|---|---|---|---|---|
| 孙雯雯 | 卢 青 | 李鑫竹 | 郁 桦 | 胡骁立 | 许玮骅 | 高一清 | 司 民 | 周 鸣 | 柏未情 |
| 赵 慎 | 吴晓霞 | 王弘毅 | 羊铭沁 | 陈丝雨 | 代 欢 | 许翊廷 | 强 君 | 李 川 | |

## 2. 2011—2012 学年度寒梅奖名单

**化工学院**

| | | | | | | | | | |
|---|---|---|---|---|---|---|---|---|---|
| 冷灯凤 | 林 媛 | 樊志红 | 赵延茂 | 李凤清 | 李冰雪 | 林海燕 | 杨 乐 | 陈新阔 | 闫春霞 |
| 莫丽先 | 韩利鹏 | 王建军 | 孙公瑾 | 赵 萌 | 朱燕玲 | 李晶晶 | 马国栋 | 王启鹏 | 柳占全 |
| 杨泽奇 | 刘 甜 | 陈佳达 | 孙洪泉 | 张寒冰 | 张 博 | 黎鸿艺 | 唐瑞鹏 | 王 行 | 刘 昊 |
| 冯宇川 | 齐佳佳 | | | | | | | | |

**生物工程学院**

| | | | | | | | | | |
|---|---|---|---|---|---|---|---|---|---|
| 时香丽 | 徐 丹 | 林雅慧 | 徐 婷 | 李可欣 | 周 倩 | 杨培玄 | 李相鹏 | 周嘉伦 | 庄 平 |
| 孙琳琳 | 任燕娜 | 滕成立 | 马婷婷 | 韩青青 | 吴 雪 | 赵晓玲 | 钟 林 | | |

**化学与分子工程学院**

| | | | | | | | | | |
|---|---|---|---|---|---|---|---|---|---|
| 张永强 | 杨 也 | 谷艳花 | 马淑然 | 杨 辉 | 黄 陌 | 程 远 | 田项宇 | 李立双 | 吴凯兴 |
| 明 伟 | 张文明 | 李 帅 | 任丹妮 | 代建成 | 李 波 | 崔 超 | 贾会梅 | 洪亚云 | 陈俊文 |

**药学院**

| | | | | | | | | | |
|---|---|---|---|---|---|---|---|---|---|
| 王玉婷 | 赵鲁娜 | 何美佳 | 刘 婷 | 冯晨佳 | 从建东 | 李雪娇 | 孟兵涛 | 刘冰华 | 温 敏 |
| 呼晓宇 | 胡 时 | | | | | | | | |

**材料科学与工程学院**

| | | | | | | | | | |
|---|---|---|---|---|---|---|---|---|---|
| 胡艳君 | 韩 钰 | 蔡振生 | 金古布且 | 杨唐俊 | 王媛玮 | 吴朝鲁门 | 王晓刚 | 宋庆贺 | 罗 霜 |
| 颜俊希 | 谢德彪 | 刘 璐 | 干佳缘 | 张先龙 | 赵清宇 | 曾发平 | 姚珊珊 | 王佩然 | 范 勇 |

**信息科学与工程学院**

陈海鹏　韩雨轩　罗龙山　唐　伟　金　涛　刘　威　袁　晓　曹　健　吴勇星　徐　天
余成志　井晓阳　李晓强　任晓飞　丁春阳　詹　磊　张聪聪　林伟平　文鹏飞　王祥瑞
王　康　伍　海　郑　梦　赵婷婷　姚復梁　李　怡　唐　鹏　周志强　廖明杰　张国辉
李冬晓　潘加奇　熊才进　顾玉平　吴陶迪　任　剑

**机械与动力工程学院**

樊　鹏　黄　健　肖仁清　张　浩　胡　波　高　博　孙梦翔　冯贵林　兰顺强　曾志远
何梦凡　李　阳　邢一帆　徐聂伟　陈小锋　王成祥　安奕霖　李小龙　庞鲁超　徐敢利
陈龙龙　江　文　林先炳　艾立燎　何　欢　叶　骏　张能全　席　雷　张泽宏　刘君宝
张良汉　刘立祥　苏燕玲　唐焕文

**资源与环境工程学院**

王　猛　廖　鑫　杨莹莹　徐　亚　安　娜　胡启迪　王柏林　张　挺　付　明　马志强
韩海洲　李振龙　黄　慧　吴兆伟

**理学院**

江　雷　杜　波　杨海亮　姜睿琦　武朝金　陈　建

**商学院**

王学林　王香哲　王　雪　曹深仓　陈念文　陈明师　崔海东　华建飞　刘　婧　杜梦龙
刘　宁　达娃拉姆　伊斯马伊力　迪尔尼噶　查慧玲　李小庆　王培培　汪　瑶　张城煜　陈　琦
汪玉杰　宋聪聪　汪　晨　胡　玲　龙秋燕　巴合提亚尔·阿里木　张竞元　龙　浩　丁智慧
向春兰　刘晋玮　周丽妹　王　琪　严　勇　杜晓卿　王媛媛　马玉娟　高　珍

**社会与公共管理学院**

李晨夏　张　羽　刘文慧　刘桂法　董淑锋　孙亚鹏　卢立乾　吴亚格　赵　锦　王思宇
李　倩　黄　婷　姚茂花　王盛隆　龚怡君　覃新旺　周　莹　吴国邦　和育庆

**艺术设计与传媒学院**

吴厚阔　刘新伟　俞玮婷　曹层层　房　宇　周建晴　赵可可　王琦超　杜汗青　施佳华
杜雅琴　杨江银

**外国语学院**

苏春鹏　黄梦婷　何雯苑　李晓晨　薛冬冬　罗雪娟

**法学院**

任梦琪　张素娟　杨传玺　达　珍　刘　畅　王　慧

## 3. 2011—2012 学年度社会工作奖名单

**化工学院**

**A 等**

| | | | | | | | | | |
|---|---|---|---|---|---|---|---|---|---|
| 李 迪 | 黄 健 | 桂振友 | 赵 伟 | 冯玉艳 | 仲建栋 | 田 婷 | 王 姣 | 王鹏辉 | 韩鹏飞 |
| 吕栋钰 | 高伟峰 | 林小建 | 许 洁 | 王 帅 | 郑经纬 | 魏 炜 | 赵亚伟 | 张忠伟 | 胡利亚 |
| 吕 林 | 刘富舟 | 李宗云 | 王智衔 | 马向群 | 施旭娇 | 蔺锡钰 | 鲁 丹 | 唐 杰 | 任轶舟 |
| 于 毅 | 林善俊 | 王 超 | 左力玮 | 任 骋 | 宫含章 | 潘婵婵 | 徐晓龙 | 王梦雪 | 王 骥 |
| 李 泽 | 陶 威 | 方潜淼 | 刘 慧 | 冯 晔 | 廖永亮 | 赵 征 | 贺理珀 | 张贤杰 | 蒋浩攀 |
| 赵晓雷 | 周冰清 | 田晓雨 | 白云鹏 | 颜航海 | 蒲 爽 | 杨文剑 | 杨克珺 | 张春雨 | 孔亚茹 |
| 朱月峰 | 李松联 | 苏海雯 | 郑琛华 | 乐宇翔 | 包 磊 | 喻啸晨 | 周卫东 | 陈 静 | 孙诗白 |
| 宋 鸽 | 鲁信冬 | 孙睿君 | 罗惜情 | 于晓莎 | 卓 越 | 郭辰曦 | 陶颖卿 | 曹 韬 | 马昕彤 |
| 王晓晗 | 刘天奇 | 陈 楠 | 廖 强 | 欧阳熠玫 | 韩向磊 | 金 诚 | 孙公瑾 | 黄洋洲 | 肖 吉 |
| 李 布 | 聂 琴 | 陈炳旭 | 孙 荣 | 杨大强 | 安 萍 | 朱召贤 | 董嘉奇 | 易博宇 | 陈卓君 |
| 邓欣苗 | 钱 园 | 吴 婧 | 袁佳凌 | 朱燕玲 | 马国栋 | 何梦婷 | 郭文君 | 毛 杰 | 许 华 |
| 曲 成 | 王 莹 | 王 赫 | 王昭晖 | 潘俊杰 | 赵新仪 | 何 橙 | 谢 浩 | 刘凌峰 | 洪 屹 |
| 汤 杰 | 汪璟瓅 | 王 昊 | 熊家培 | 彭 景 | 胡梦菲 | 张晓露 | 彭颖娟 | 开赛尔 | 孙洪泉 |
| 邢蓝吁 | | | | | | | | | |

**B 等**

| | | | | | | | | | |
|---|---|---|---|---|---|---|---|---|---|
| 王 睿 | 谷 钊 | 张运鸽 | 种艳平 | 练 成 | 郭雨蒙 | 黄 圣 | 周伟玲 | 韩浩亚 | 陈 琛 |
| 吴江枫 | 张家龙 | 牛艺桦 | 周珉怡 | 梅 园 | 马文迪 | 陶柳涛 | 丁 健 | 孙钰铭 | 夏维坚 |
| 朱佳慧 | 尹鸿彬 | 蒋东旭 | 朱礼虎 | 苏海萍 | 吕 鹏 | 王怡博 | 谢祥钟 | 陈嘉骅 | 刘禹辰 |
| 辛冠良 | 章傲楠 | 汪一鸣 | 闫双双 | 王 晟 | 王佳远 | 赵宏阳 | 刘余芳 | 王 萌 | 许谢君 |
| 王旭超 | 张 倩 | 黄丽媚 | 林占彬 | 谭远婷 | 胡宸垚 | 王杨杨 | 刘 念 | 李凤清 | 齐 浩 |
| 潘小芳 | 张焕焕 | 王 亚 | 张征湃 | 黄 帅 | 王 观 | 高 勇 | 吴晓琳 | 张沁丹 | 何齐统 |
| 薛虚智 | 董春华 | 于金龙 | 郝炜晔 | 秦 雪 | 任柏霖 | 丁文越 | 周 礼 | 严启熙 | 邓 凯 |
| 陈文俊 | 王中桢 | 余 点 | 叶晋敏 | 杨亚鹏 | 张一琳 | 葛 梦 | 李 昀 | 王建军 | 姚钰玉 |
| 杨 宁 | 徐川川 | 薛 金 | 刘晨阳 | 王澜洁 | 王景豪 | 闫春霞 | 李梦雪 | 吕 毅 | 徐 迈 |
| 东晓庚 | 马 娇 | 杨 帆 | 禹 跃 | 周同心 | 陈承镇 | 石玉翔 | 林 辉 | 王 靖 | 钟 佳 |
| 赵 萌 | 韦存茜 | 韩梦琪 | 李晶晶 | 谭绮娜 | 黄思涵 | 张 阳 | 王文澜 | 何 萧 | 刘松豪 |

| | | | | | | | | | |
|---|---|---|---|---|---|---|---|---|---|
| 周杨杰 | 张无为 | 马 菲 | 闫明晨 | 程国冬 | 程 雷 | 应 强 | 曲冬蕾 | 田 梦 | 宋光涛 |
| 马 晗 | 杨 锐 | 强 薇 | 张一颖 | 张 鹤 | 文 力 | 韩黛黛 | 赵 旭 | 徐海东 | 范若兰 |
| 金 炜 | 李盛林 | 李允升 | 宋 雷 | 胡云鹏 | 束铭杰 | 陈逸璇 | 周延龙 | 盛 艳 | 杨文宇 |
| 崔 筝 | 潘鸣飞 | 徐耀东 | 徐 爽 | 方伟峰 | 李怡芳 | 郭 幸 | 顾晴怡 | 李春雨 | 侯洋洋 |
| 冀 瑶 | 王恺希 | 王 嵘 | 陆丹彤 | 朱祥峰 | | | | | |

**C 等**

| | | | | | | | | | |
|---|---|---|---|---|---|---|---|---|---|
| 许 冰 | 张得江 | 王 乐 | 叶 弈 | 李骁骐 | 刘 松 | 周 卓 | 李永乐 | 李永明 | 彭云湘 |
| 徐嘉慧 | 张 赛 | 李芳冰 | 连少坤 | 王文婷 | 陈介磊 | 余宛书 | 龚炳生 | 李佳峻 | 宋敏驹 |
| 陈振宇 | 高云逸 | 张 迪 | 范斌斌 | 陈小婷 | 谢 欢 | 顾俊杰 | 金凯峰 | 方 源 | 魏 晨 |
| 姚 越 | 管 蕾 | 李驰祥 | 潘 越 | 姜 昊 | 冯次成 | 冷灯凤 | 陈雅华 | 李鹏程 | 曲 鑫 |
| 李嘉旭 | 黄彩贺 | 高 源 | 鲍依依 | 郭 奕 | 秦 伟 | 周厚军 | 陈伟杰 | 容尔益 | 李园辉 |
| 潘 敏 | 张建慧 | 万富苗 | 朱雄伟 | 李知朋 | 张大卫 | 王 鹏 | 顾艳哲 | 叶 巍 | 于 跃 |
| 周舸旸 | 杨 飞 | 姚海贝 | 黄 盼 | 孙 玮 | 乐利吉 | 万常彪 | 王思远 | 李乐伦 | 叶聪毅 |
| 卢浩然 | 段圆梦 | 温建军 | 牛雅琪 | 黄培伦 | 王 斌 | 朱志强 | 徐延学 | 甘 泉 | 林裕婧 |
| 李晓敏 | 薛双湄 | 张 健 | 励沈劢尚 | 刘 甜 | 王钧月 | 周至愚 | 赵雨清 | 史 航 | 李 帅 |
| 李康玉 | 秦 雯 | 李慧敏 | 张 涛 | 殷海波 | 聂淑慧 | 周文娟 | 张少斌 | 杨实润 | 刘君哲 |
| 李昱杉 | 沈煜钧 | 盛 斌 | 易雪峰 | 汤嘉煜 | 曾 行 | 戚如梦 | 王 刚 | 陈兆轩 | 王诗怡 |
| 王金强 | 冯伊美 | 赵媛媛 | 叶智双 | 项高鹏 | 张树康 | 邱 洁 | 刘彤彤 | | |

**生物工程学院**

**A 等**

| | | | | | | | | | |
|---|---|---|---|---|---|---|---|---|---|
| 刘一凡 | 邱莉闵 | 冯 琪 | 周彩洪 | 韦炎龙 | 徐炎鹏 | 侯明煜 | 徐骏宇 | 石园园 | 袁熠阳 |
| 柳絮云 | 潘正骅 | 刘 旭 | 包成龙 | 张玲玲 | 王紫莹 | 孙 琼 | 郑明 敏 | 袁 通 | 俞卓萍 |
| 夏 焜 | 王丹晖 | 赵宗敏 | 赵海芳 | 朱 理 | 徐 娅 | 阎凌翔 | 陆叶舟 | 黄培森 | 吴 霜 |
| 石启盼 | 安 鹏 | 葛琬琬 | 陈 悦 | 杜海龙 | 汪 娅 | 邵 帅 | 邢雪婷 | 谈晓文 | 王梦煦 |
| 谢维斯 | 薛 莹 | 徐建超 | 欧阳鹏飞 | 宋凤停 | 马瑞青 | 杨晨曦 | 许泽清 | 张竞生 | 汪 娜 |
| 陈 艳 | 刘 光 | 宋 璇 | 刘晓琳 | 王倩倩 | 金安琦 | 王子璇 | 杨泽华 | 林 冰 | 姚有原 |
| 杜 桢 | 隋雨菲 | 李静宜 | 梁芊芊 | 周丹盛 | 阮抒怀 | 常子烨 | 肖帮洁 | 蒋 莹 | 蔡睿风 |
| 张若兰 | 杨泽宇 | 郑咏心 | 李俏颖 | 张 贺 | 周福珍 | 聂嘉睿 | 蔡志豪 | 卢鹏翔 | 张景尧 |

**B 等**

| | | | | | | | | | |
|---|---|---|---|---|---|---|---|---|---|
| 郑瑞峰 | 罗欢 | 姜 慧 | 李 臻 | 胡秋华 | 付 婉 | 余博超 | 郭 茜 | 王 欢 | 杨新振 |

| | | | | | | | | | |
|---|---|---|---|---|---|---|---|---|---|
| 郭 潇 | 万远航 | 杨 震 | 王丽霞 | 张玉琛 | 马晓晶 | 陈欣宁 | 何钰澄 | 朱 洁 | 张 瑞 |
| 王 颖 | 冯庆娥 | 杨 杨 | 陈 涵 | 陈举洪 | 杨 颖 | 赵 爽 | 唐 文 | 隋 朔 | 陈 昊 |
| 赵程程 | 钱康伟 | 钱文静 | 张小晟 | 罗梦瑶 | 张玉鹏 | 肖 璠 | 林 佳 | 方 珊 | 王月均 |
| 施 镇 | 胡天健 | 桑翔宇 | 杨希晨 | 李方立 | 李 婷 | 李 璋 | 熊亚姿 | 刘浩浩 | 邢 帅 |
| 江晓婷 | 徐 婷 | 邹彦桐 | 杜刘飞 | 刘一奇 | 贺清湫 | 吕元娣 | 盛征晨 | 孙娉婷 | 王晨诚 |
| 周晶艳 | 贾智倩 | 范 翔 | 陈 超 | 李雁冰 | 杨 骏 | 丁了了 | 杨娟娟 | 余海军 | 张 博 |
| 张理想 | 时香丽 | 周文茹 | 彭钰柯 | 陈冲冲 | 周翔宇 | 高文焰 | 林雅慧 | 杨旭中 | 胡昊旻 |
| 黄启瑞 | 孙 懿 | 杨 钊 | 韩 萌 | 周 倩 | 胡 实 | 杨 韬 | 赵佳 | 谈进超 | 杨柳青 |
| 姚云龙 | 陈 颖 | 陈 卓 | 张 静 | 朱颺箴 | 金 诺 | 张 进 | 陈 捷 | 卢惠姬 | 周鹏程 |
| 张 鹏 | 侯鹏聪 | 王 玥 | 沈嘉桢 | 张一帆 | 吴 婷 | 张祎彬 | 张 铭 | 吴 姗 | 黄 薇 |
| 范永康 | 唐鹏昊 | 叶 倩 | 严若冰 | 许 毅 | 陈 林 | 戚思聪 | 陆宇环 | 李 思 | 温 莹 |
| 于佳俊 | 徐小伟 | 金雅思 | 归厚泽 | 王娇婕 | 苏诗尧 | 杨宗辉 | 刘思羽 | 刘欣宇 | 张 举 |
| 朱金元 | 包丽蒙 | 盖 舒 | 刘 鹏 | 吴 琳 | 周赟洁 | 王莹菲 | 顾明珠 | 康雅劲 | 毕艾薇 |
| 季鲁章 | 莫雪君 | 宋文静 | 李 娜 | 李晨阳 | | | | | |

**C 等**

| | | | | | | | | | |
|---|---|---|---|---|---|---|---|---|---|
| 毛新宇 | 沈 忱 | 薛媛媛 | 杜晓婷 | 张晓泉 | 叶 妮 | 鲍 盼 | 何彦康 | 刘 克 | 许文悦 |
| 任宵佳 | 龚 戬 | 康俊炎 | 闫美屹 | 张 洋 | 荣 怡 | 卢晶昌 | 时 欣 | 杨 静 | 李 骥 |
| 王 男 | 孙娉婷 | 余海军 | 张 博 | 张理想 | 时香丽 | 周文茹 | 彭钰柯 | 陈冲冲 | 周翔宇 |
| 高文焰 | 林雅慧 | 杨旭中 | 胡昊旻 | 黄启瑞 | 张兰霞 | 张嘉婧 | 唐思琦 | 屠肖虎 | 李仕良 |
| 景迎春 | 刘英东 | 邱 颖 | 王赛楠 | 周 文 | 胡 鹏 | 尹艺橙 | 焦义捷 | 管 莹 | 卢建凯 |
| 蒋慕超 | 王宇平 | 何云超 | 汤奇龙 | 刘 航 | 徐慧珍 | 陈冰怡 | 尤佳怡 | 王培林 | 王光裕 |
| 黄 灿 | 刘 玥 | 陈国枝 | 赵晓玲 | 孙小越 | 张建军 | 姚 丰 | | | |

**化学与分子工程学院**

**A 等**

| | | | | | | | | | |
|---|---|---|---|---|---|---|---|---|---|
| 周 健 | 石永凯 | 高天怡 | 付 伟 | 邢 纯 | 石佳佳 | 窦肖萌 | 王玉奉 | 毛 羽 | 王璐晟 |
| 邓媛昕 | 邵正将 | 徐 璐 | 徐 倩 | 王 雪 | 杨 曼 | 赵 见 | 李灵珂 | 周梦娜 | 吴盛宇 |
| 张震东 | 张树静 | 张志伟 | 沈 杰 | 吴润青 | 刘芳超 | 刘 珊 | 王 宇 | 张洁慧 | 贾会梅 |
| 江文雅 | 李梦轩 | 徐红星 | 徐心羽 | 陈薇旭 | 张丽丽 | 乔云帆 | 周 晨 | 王翔飞 | 曹亚明 |
| 柳济元 | 汤 妍 | 余 溁 | 李佳超 | 陈佳丽 | 黄昶博 | 董开衢 | 张乃千 | 顾月青 | 宋佃普 |
| 陈雨晴 | 师 鑫 | 申伟成 | 盛佳尧 | 周 丹 | 吕明武 | 陈林一弘 | 杜 造 | 邹盼盼 | 谷雨峯 |

| | | | | | | | | | |
|---|---|---|---|---|---|---|---|---|---|
| 李　超 | 张　飞 | 任俊伦 | 夏银江 | 李宇翔 | 花莹曦 | 邵伟祺 | 陈涛 | 关常威 | 李念洹 |
| 陈婷婷 | 陈卓君 | 王晓龙 | | | | | | | |

**B 等**

| | | | | | | | | | |
|---|---|---|---|---|---|---|---|---|---|
| 刘晨晨 | 林霄鹏 | 汪　炜 | 孙　娜 | 乔　琳 | 程　远 | 黄晓博 | 王超超 | 何丁卿 | 陈　峰 |
| 楚占营 | 张一然 | 王　玥 | 王舒婷 | 王　玺 | 高君韬 | 张　琦 | 王贻宁 | 张梦钊 | 张启慧 |
| 万　幸 | 刘　彬 | 冯　飞 | 梁俊龙 | 邵笑飞 | 宋文轩 | 丁云轩 | 孙　苏 | 周文琦 | 姚朝怡 |
| 陈　婧 | 柳　莹 | 杨昭义 | 张　健 | 彭泽坤 | 黄俊霖 | 赵群超 | 晏永超 | 张婧玉 | 魏晓燕 |
| 董　涵 | 沈海峰 | 荆百楠 | 彭婧莹 | 蔡　璇 | 汪朝旭 | 陈亚峰 | 黄　迪 | 丁　磊 | 赵郑宇 |
| 黄国畅 | 应　明 | 许　平 | 王艳红 | 张　杰 | 陆　月 | 关雨晴 | 战妍宏 | 黄利民 | 杜昱民 |
| 刘彭薇 | 倪嘉卿 | 胡佩祎 | 张景远 | 李　波 | 董奇峰 | 王　萌 | 侯春蕾 | 刘章云 | 刘晓然 |
| 钟伟杰 | 倪　路 | 张林青 | 王心蕊 | 高云霄 | 奚一丹 | 吴　曦 | 董武杰 | 谢李斯琪 | 杨铭霞 |
| 姜歆瑶 | 蔡帮鑫 | 葛杰敏 | 王　蕾 | 胡靖宇 | 俞　凡 | 李显龙 | 江　瑜 | 杨小龙 | 崔若寒 |
| 曹　婵 | 郁骋丹 | 娄　宁 | 谭文斌 | 王梦雪 | 朱敏敏 | 施冰冰 | 戴娜敏 | 汪　奕 | 胡伟岸 |
| 孙滨翱 | 孙　凤 | 张　潇 | 顾睿锐 | 李　腾 | 蒋　豪 | 刘晓院 | 曾力涵 | 刘家利 | 李　超 |
| 蔡亚丰 | 汪露馨 | 陈　澜 | 张　臻 | 王　格 | 马荣芳 | 吴　浩 | 郭　柳 | 蔡云松 | 吴立明 |
| 杨洪雪 | 陈宗家 | 廉志鹏 | 尹莉莉 | 张　龙 | 孙　静 | 崔珑琛 | 林婷婷 | 江　伟 | 孙欣炎 |
| 金建华 | 方　伟 | 苏　娜 | 陈昂骏 | 马　驰 | 方海超 | 赵付强 | 郭　敏 | 薛　宇 | 焦　爽 |
| 李　贤 | 王明洁 | 周才湖 | 周国进 | | | | | | |

**C 等**

| | | | | | | | | | |
|---|---|---|---|---|---|---|---|---|---|
| 刘宇琪 | 路小清 | 蔡丽平 | 徐嘉杰 | 施马凯 | 顾青雯 | 齐海峰 | 田项宇 | 傅骏豪 | 沈　斌 |
| 汪　洁 | 马　蕾 | 唐国平 | 张润赟 | 张　超 | 沈雨沁 | 阮珮婷 | 宋金星 | 黄秋琴 | 王兆东 |
| 李　帅 | 江辉云 | 俞崎文 | 王　函 | 倪红旭 | 王建伟 | 袁　红 | 卢春彬 | 胡文慧 | 李　天 |
| 张佳伟 | 王佳琪 | 陈乐乐 | 王义洲 | 王　晶 | 车　祥 | 乐家波 | 宋　易 | 杨　松 | 郎红月 |
| 王　璐 | 胡　阳 | 梁乐乐 | 于　硕 | 张正斌 | 拉扎提 | 车佳宁 | 李相呈 | 赵燊智 | 吴　昊 |
| 冉　卓 | 杨林钢 | 郭文豪 | 徐　云 | 秦　晨 | 赵可成 | 黄书剑 | | | |

**药学院**

**A 等**

| | | | | | | | | | |
|---|---|---|---|---|---|---|---|---|---|
| 李宝力 | 丁　立 | 桑　瑶 | 张　玲 | 朱华君 | 徐　迟 | 闫　雨 | 徐剑宇 | 陆怡菁 | 殷　琦 |
| 张家毓 | 户　晖 | 朱文文 | 丁一容 | 王士博 | 朱　虹 | 胡　悦 | 刘　洋 | 周橙嘉 | 陆祎杰 |
| 诸哲夏 | 张　日 | 陈世光 | 于程伟 | 邢林峰 | 路思远 | 王　凯 | 张梦婷 | 朱皖凌 | 周　珍 |

**B 等**

| | | | | | | | | | |
|---|---|---|---|---|---|---|---|---|---|
| 葛潇骏 | 杨天骄 | 左艺诚 | 刘佳仁 | 韩顺华 | 陆诗涛 | 赵　礼 | 何艳凝 | 陈夏妮 | 王心悦 |
| 章　程 | 吕　洋 | 陆逸菲 | 王小玉 | 黄怡然 | 范欣莹 | 薛　松 | 顾亦斐 | 董剑浩 | 方若舟 |
| 王斯捷 | 代天资 | 李志东 | 李　灵 | 亓莹雪 | 魏　媛 | 王菲儿 | 沈金晶 | 钱　堃 | 袁鹏涛 |
| 何云刚 | 盛晓笑 | 华菁彦 | 邹叶君 | 闫炳亮 | 钱　超 | 臧　赟 | 盛英杰 | 王雪琳 | 侯昕宇 |
| 张鸿霄 | 黄伯骏 | 郝方然 | 潘佳伟 | 董叶青 | 俞晨璘 | 张晨霞 | 史　海 | 廖自阳 | 杨　文 |
| 潘喆敏 | 肖云盼 | 孙迎雪 | 季李频 | 韩海燕 | 徐刘昕 | 张玲玲 | 蔡　琪 | 朱冰清 | 陈信飞 |
| 杨小清 | 吕　蓓 | 王傲雪 | 尹　芹 | 宋　霖 | 鲁　尧 | 曹晓杰 | 高　松 | 孙彦琪 | 鲁彦丽 |
| 韩　羽 | 高　明 | 孟兵涛 | 陈海洋 | 杨弘宾 | 龙逸霖 | 姚　雪 | 裴雅琨 | 李晓蓬 | 唐　尧 |
| 曲芳芳 | 田　丽 | 章炜兰 | 顾莎莎 | 方欣欣 | 何停停 | 徐可人 | 周苗苗 | 许箫韵 | 郭春阳 |
| 丁子然 | 刘鹏建 | 孙琦洋 | | | | | | | |

**C 等**

| | | | | | | | | | |
|---|---|---|---|---|---|---|---|---|---|
| 栗　宪 | 常怡然 | 夏玉婷 | 胡展哉 | 朱久洋 | 杜　青 | 葛松兰 | 沈璐婷 | 李爱芸 | 徐超意 |
| 杨　娉 | 胡龙龙 | 裘航丹 | 翟轶闻 | 呼晓宇 | 刘晓菲 | 左方婷 | 张劼澄 | 赵鲁娜 | 施　歌 |
| 胡时伦 | 黄婉怡 | 黄志松 | 谷旭晗 | 张　浩 | 戴卓舜 | 王　涛 | | | |

**材料科学与工程学院**

**A 等**

| | | | | | | | | | |
|---|---|---|---|---|---|---|---|---|---|
| 吴　攀 | 胡　航 | 余晨晨 | 张延凯 | 顾单飞 | 许庆凯 | 李淑彪 | 黄添华 | 陈　灵 | 杨　宁 |
| 王艺蓓 | 韩亦钦 | 段　迪 | 张　弛 | 孙辛杰 | 高　翔 | 陈　阳 | 陈飞燕 | 马　洋 | 王方舟 |
| 史中义 | 张译方 | 许劼翔 | 杨　燕 | 陈亮峰 | 董　健 | 傅丽娜 | 李　岸 | 路　力 | 俎梦杨 |
| 张伟健 | 陶明康 | 郑祎初 | 宋文华 | 牛浩一 | 蔡文甫 | 高　梁 | 张河强 | 张　槟 | 鲁　鑫 |
| 李源博 | 陈丹丹 | 刘鹏飞 | 冯　茜 | 沈　璟 | 蒋贵阳 | 李嘉曦 | 高维川 | 韩　钰 | 张　科 |
| 黄友富 | 谭婧文 | 崔晓倩 | 李明达 | 詹佳栋 | 路亚亮 | | | | |

**B 等**

| | | | | | | | | | |
|---|---|---|---|---|---|---|---|---|---|
| 何　阳 | 方程嫣 | 雷　淼 | 肖　鑫 | 刘一丹 | 李保康 | 江泽宇 | 郭　栋 | 张宋奇 | 徐亚男 |
| 东哲羲 | 杨静怡 | 李思宇 | 刘　诚 | 孙　建 | 匡丽君 | 李君兰 | 孔　耀 | 恭密蓉 | 欧海鹏 |
| 潘　剑 | 赵淑楠 | 梁瑞劼 | 殷立强 | 勒　琦 | 张一丹 | 查凯文 | 刘争卉 | 师　帅 | 陈骆申 |
| 葛思睿 | 吴浩楠 | 王文琪 | 邹志强 | 黄　楠 | 王童心 | 杨唐俊 | 王　钊 | 李　静 | 吴致进 |
| 吕芳婷 | 王　曼 | 李　铮 | 张　慈 | 宋庆贺 | 崔佳垠 | 顾瑾璟 | 水　涛 | 范晓芸 | 段　阳 |
| 张秋月 | 周晓琴 | 顾夏金 | 郑嘉栋 | 马　超 | 高海程 | 徐晨斐 | 雨文驹 | 王　喆 | 王媛玮 |

| | | | | | | | | | |
|---|---|---|---|---|---|---|---|---|---|
| 齐 洋 | 柏 波 | 林 珊 | 韩国健 | 唐似铁 | 罗 霜 | 章晶泓 | 戴华烽 | 龚敏杰 | 付雪峰 |
| 骆建成 | 江 洋 | 王 为 | 杨崇文 | 徐 斌 | 汪洋洋 | 贾跃晓 | 魏 超 | 齐栋栋 | 王艳阳 |
| 李恭谨 | 李仕宇 | 张沁彤 | 胡艳君 | 张禄冲 | 鲁少鹏 | 王希庆 | 张 涛 | 王鸿宇 | 范俊杰 |
| 马 凯 | 李 唱 | 包 峰 | 熊儒琳 | 李 瑞 | 杨宏容 | 徐敏华 | 钟爱婷 | 黄 昊 | 崔中纹 |

**C等**

| | | | | | | | | | |
|---|---|---|---|---|---|---|---|---|---|
| 刘丰洋 | 孟祥昀 | 陶嘉炜 | 金 霄 | 李嘉慧 | 崔东东 | 尚 鹏 | 李宗亮 | 李 凡 | 范 勇 |
| 徐海源 | 丁 峤 | 施凯航 | 高亮亮 | 王卓群 | 邵省伟 | 孙婧怡 | 王茹文 | 王 懿 | 周凡亮 |
| 王辰赟 | 王 琴 | 刘翔宇 | 吉旭晶 | 陈凌志 | 朱娇阳 | 王 亮 | 朱嘉婉 | 邓声玉 | 陈 豪 |
| 齐 全 | 沈红冠 | 关 曼 | 沈 康 | 朱逸轩 | 何天达 | 吕澎涛 | 陈晓宇 | 管小芳 | 邸 豪 |
| 尉迟浩 | 李学慧 | 毛亚鹏 | 贾丽洲 | 鲍顾麒 | 蔡振生 | 金之源 | 徐佳渊 | 王晓峰 | 陈 琛 |
| 冯 斌 | 杨正南 | 唐 纯 | 王璐佳 | | | | | | |

**信息科学与工程学院**

**A等**

| | | | | | | | | | |
|---|---|---|---|---|---|---|---|---|---|
| 王维任 | 刘 頔 | 康永波 | 徐世豪 | 林 聪 | 朱宇航 | 李君楠 | 黄 健 | 施晓良 | 李 斌 |
| 王 星 | 范冬梅 | 钱晓凯 | 胡晓骏 | 陈文豪 | 李 峰 | 毕东旭 | 唐秉超 | 赵 贺 | 蒋一凡 |
| 李 琦 | 范晓路 | 林 杰 | 魏 琛 | 袁建强 | 赵 娜 | 刘兴赓 | 赵一峰 | 赵 宏 | 关惠宇 |
| 石 晟 | 沈国林 | 李知聪 | 吕大可 | 张 磊 | 贾 媛 | 杨鹏志 | 赵一鸣 | 庄天延 | 郁 阳 |
| 曲友桂 | 许文骏 | 井晓阳 | 吴洪钊 | 唐文武 | 马 磊 | 尤文颖 | 胡思维 | 田璐超 | 吴 喆 |
| 王 欣 | 李元达 | 王丝扬 | 邹辛怀 | 王 南 | 刘 昭 | 方 磊 | 韩 松 | 袁鸣青 | 彭 清 |
| 王祥瑞 | 徐建伟 | 施孙阳 | 李福沛 | 郑 梦 | 兰 舟 | 李倩倩 | 谢章华 | 施林成 | 屈高龙 |

**B等**

| | | | | | | | | | |
|---|---|---|---|---|---|---|---|---|---|
| 徐 艺 | 乔玮亭 | 郑洪雯 | 杨尚咏 | 孙灿荣 | 汪胜佩 | 逄铭雪 | 吴 骁 | 吴宏达 | 傅佳烨 |
| 韩豫鑫 | 岑思益 | 王鹏飞 | 徐珊珊 | 田尔欣 | 崔久龙 | 陈佾倩 | 程玉立 | 周书恒 | 夏 川 |
| 魏兴旺 | 茅民嵩 | 何 洋 | 肖雅雯 | 唐易诚 | 王兆宁 | 蔡 冰 | 刘春平 | 张 莹 | 汪圣涛 |
| 陈 晨 | 杨喆炜 | 戴光辉 | 刘 骁 | 邓燕君 | 单 微 | 秦 强 | 赵静文 | 汤敏伟 | 魏李娜 |
| 权 鹏 | 陈 禹 | 施阳辉 | 熊文婷 | 李 韬 | 张澄天 | 张进文 | 匡柘溪 | 叶重阳 | 杨 峰 |
| 田 甜 | 窦 睿 | 关骏超 | 沈敏捷 | 杨 帆 | 钱天威 | 陈 鹏 | 丁文祥 | 张敬维 | 王晓蔚 |
| 谈美明 | 吴 珊 | 刘子鸣 | 戴 颖 | 顾树力 | 范 松 | 王诚程 | 李一君 | 马思琦 | 蔡舒婷 |
| 林 勇 | 李嘉奕 | 陶 冶 | 施登科 | 王朝阳 | 徐梓源 | 刘 凯 | 杨健 | 杨凯敏 | 何春晓 |
| 王鲲鹏 | 陆垚垚 | 张 乾 | 米肖肖 | 简葳玙 | 张怡婕 | 卢周正 | 李宜萱 | 戴 昀 | 朱世杰 |

| | | | | | | | | | |
|---|---|---|---|---|---|---|---|---|---|
| 谢　圣 | 肖　煜 | 祝　稼 | 郑　超 | 刘学彦 | 方丽辉 | 吴东哲 | 陈　俊 | 何佳学 | 孙　菲 |
| 饶　宇 | 吴佳兴 | 彭乙康 | 李飞标 | 王　康 | 许洋洋 | 沈宇涛 | 王　坤 | 邓曼琳 | 雷思睿 |
| 许翰誉 | 林成杰 | 沈晶磊 | 王渊博 | 李炜东 | 姚心健 | 蒋纯志 | 施梁丽 | 王洋洋 | 高明慧 |
| 丁春阳 | 董梦曦 | 谢振山 | 韩文柄 | 任舜文 | 罗　颖 | 刘婷婷 | 郭巍伟 | 张　聪 | 肖志祥 |
| 周启臻 | 王恩龙 | 李兴磊 | 王　强 | 荣　涛 | 尚新鹏 | 林　超 | 朱　磊 | 许　多 | 丁培丽 |
| 孙雅丽 | 陆源源 | 胡东晓 | 杨闻天 | 赵　帅 | 阎嘉迪 | 钱杭炳 | 杨一杉 | 苏　畅 | 王宇鑫 |
| 宋文江 | 刘诗雨 | 陈熠霖 | 许教楠 | 程　熙 | 王黎野 | 徐伟玲 | 江志坚 | 宋唯真 | 付广智 |
| 李孟泽 | 何世明 | 孙程琳 | 王甬玉 | 江旭东 | 李东旗 | 夏宇航 | 杨一帆 | 戴道兵 | 方之家 |
| 赵婷婷 | 白思晴 | 吴慧鹏 | 方　旭 | 高崙钧 | 李　凯 | 杨碧云 | 陈航璐 | 于　超 | 潘一鸣 |
| 石麟钰 | 蒋中敏 | 刘滨涛 | 纪晨杰 | 林　巍 | 李　怡 | 林　敏 | 屈高龙 | 毛颖杰 | 贺仕逵 |
| 贾修毅 | | | | | | | | | |

**C 等**

| | | | | | | | | | |
|---|---|---|---|---|---|---|---|---|---|
| 周志强 | 毛礼奎 | 张　洁 | 张　骏 | 于　腾 | 乔　瑜 | 杜国杰 | 龚　磊 | 刘　亿 | 顾　伟 |
| 张泽瀚 | 夏　飞 | 张　萱 | 杨　昙 | 张丽花 | 安珊珊 | 王逸璞 | 潘柏君 | 叶怡君 | 戴　頔 |
| 韩家新 | 童　峰 | 钟雪颖 | 李雪岩 | 张建业 | 张仕杰 | 沈黄阳 | 夏　军 | 蓝兴建 | 夏　鹏 |
| 钟浩然 | 吴陶迪 | 郭怀宇 | 范佳卿 | 郑建丽 | 江海慧 | 黄佳伟 | 曹　雨 | 杨　阳 | 李　阳 |
| 周　倩 | 张　健 | 曾　星 | 杜宝舟 | 张宏城 | 吴乐申 | 王思明 | 黄　健 | 郑皓元 | 胡旭鸣 |
| 马天慧 | 刘如辉 | 蔡　琪 | 杜玉鹏 | 罗　健 | 宋良轩 | 郭继尧 | 张　祺 | 王颖欣 | 张　政 |
| 赵　博 | 李力田 | 张仁杰 | 边晓晖 | 封晓帆 | 蒋　瑞 | 何俊晖 | 于　航 | 张子健 | 崔延阁 |
| 李　怡 | | | | | | | | | |

**机械与动力工程学院**

**A 等**

| | | | | | | | | | |
|---|---|---|---|---|---|---|---|---|---|
| 李晓玉 | 崔　欣 | 张远松 | 张　妍 | 俞菲菲 | 王　玉 | 张　珂 | 范　智 | 钟耀坤 | 付明雪 |
| 郭林灵 | 黎申兴 | 张岳宏 | 胡晶峰 | 安奕霖 | 吕荣安 | 刘　倩 | 章鸣铭 | 赵　妍 | 靳佳瑞 |
| 吴沛沛 | 丁　铖 | 辛　俊 | 王　昶 | 李清华 | 高　琼 | 董　仙 | 徐子亮 | 李魏梓 | 张　博 |
| 柯敏辉 | 刘颖琛 | 孙亚晖 | 古文全 | 宋　博 | 张胜臣 | 薛志洋 | 谢博轩 | 袁　斌 | 张　希 |
| 周　凯 | 潘　铎 | 杨家鹏 | 周辰晓 | 叶　俊 | 孙元坤 | 王　娜 | 吕　颖 | 王立人 | 蔡　波 |
| 张良汉 | 蒋　晶 | 蔡宦麟 | 钟娇儿 | 吴　迪 | 陆一帆 | 刘洋洋 | 潘　懿 | 黄泽凡 | 吴　松 |
| 张亚东 | 刘　洋 | 朱聪聪 | 王干新 | 吕民东 | 宓春君 | 李小廷 | 高晓斐 | 唐尚红 | 张佳骏 |
| 李福兴 | 罗　兴 | 陈子健 | 陈　岳 | 周元凯 | 金　林 | 陈晓朋 | 樊吉宁 | 邬　洁 | 万　顺 |

程子非

**B 等**

| | | | | | | | | | |
|---|---|---|---|---|---|---|---|---|---|
| 刘忠慧 | 杨　涵 | 丁　楠 | 秦晓娜 | 钟　蔚 | 俞浩然 | 耿晨曦 | 徐亿毅 | 方乙琳 | 徐宏皋 |
| 彭　勃 | 张天阳 | 杨　焘 | 焦　鹏 | 房忠秋 | 武晓晖 | 叶　骠 | 杨琼琼 | 侯小波 | 王　昊 |
| 陈　松 | 杨梦恒 | 黄继波 | 史雨晴 | 王卓然 | 蒋友炜 | 秦思源 | 叶海鹏 | 朱黎明 | 林　丹 |
| 李　钢 | 张路峰 | 张湫昊 | 董金阳 | 张　超 | 代晓萌 | 高炳凤 | 王家兴 | 王家鑫 | 顾晓琳 |
| 刘晓龙 | 朱佳蕙 | 方　正 | 刘致远 | 薛珈琪 | 周　昕 | 崔元元 | 罗天真 | 严皖金 | 丁　亮 |
| 孙　柯 | 孙长周 | 李叶翔 | 郝玉婷 | 宁诗琪 | 张　强 | 张崇业 | 尹　棣 | 李子涵 | 傅双九 |
| 孙梦翔 | 张驰凌 | 薛菲尔 | 王建武 | 范　玎 | 张伟锋 | 张　丹 | 赵子鸣 | 陈学辉 | 张陈云 |
| 翁勤武 | 徐明天 | 张　伟 | 刘君宝 | 刘素琴 | 谢　涛 | 刘馨雨 | 谢能达 | 丁洪凯 | 徐小辉 |
| 王传勇 | 乔雅杰 | 罗豪鑫 | 潘　晴 | 赵文彦 | 王梓燊 | 周　斐 | 孙悠悠 | 孔晓佳 | 张天和 |
| 刘　茜 | 刘润泽 | 王云祥 | 张朝辉 | 纪梦奇 | 宫利敏 | 王文垚 | 冯　缘 | 魏笑寒 | 韩　钰 |
| 陈　敬 | 宁健文 | 胡兆辉 | 徐婧婷 | 明小祥 | 陈　琛 | 路亚庆 | 黎玮奇 | 张森迪 | 张尚林 |
| 吴建军 | 黄　魏 | 谢岳城 | 杨小墀 | 周　静 | 陈　思 | 刘怡伶 | 蒯智杰 | 钱沓丰 | 关明曦 |
| 吴飞燕 | 朱晓民 | 刘　盼 | 罗金龙 | 任　晟 | 羊豪杰 | | | | |

**C 等**

| | | | | | | | | | |
|---|---|---|---|---|---|---|---|---|---|
| 查媛媛 | 刘惠丽 | 杨佳琦 | 向　伟 | 王雅莉 | 刘　炼 | 朱娅婕 | 林　斌 | 陈　爽 | 吴伟锋 |
| 胡余文 | 吴凌晖 | 魏鹏程 | 王宗磊 | 金　鑫 | 姜金宁 | 王政波 | 张　纪 | 徐新博 | 施智晓 |
| 董方旭 | 唐　浩 | 张其浩 | 郭珊珊 | 李泽宣 | 逄　达 | 吴志祥 | 王松林 | 张　桐 | 谢重远 |
| 刘姝曼 | 胡　丹 | 苟巍然 | 廉　杰 | 杜碧晓 | 郭　彤 | 赵秋姗 | 叶程霖 | 张　楠 | 徐俊圣 |
| 董宁汉 | 魏俊鹏 | 胡承云 | 庞富龙 | 姚　瑶 | 兰顺强 | 曾志远 | 朱慧彪 | 毛龙军 | 陆嘉庆 |
| 刘　旭 | 吴钱潮 | 尚　磊 | 刘耀辉 | 吕东良 | 顾家骏 | 郁嘉伟 | 夏旭峰 | 赵　荬 | 樊　鹏 |
| 马文杰 | 林先炳 | 潘凤洋 | 田　野 | 李青青 | 陈天裔 | 王兆芳 | 余乐朋 | 范　涛 | 宋　波 |
| 张能全 | 瞿婷婷 | 孙毅超 | 洪　卉 | 丁家豪 | 林　盼 | | | | |

**资源与环境工程学院**

**A 等**

| | | | | | | | | | |
|---|---|---|---|---|---|---|---|---|---|
| 杨少鹏 | 董文娜 | 刘滨肇 | 银梦思 | 李光源 | 高　瑞 | 徐思媛 | 段军岩 | 吴陈巍 | 沈歆恬 |
| 王　婷 | 赵梦飞 | 刘　玥 | 徐　劼 | 于卓弘 | 薛云飞 | 孙得超 | 张许文琦 | 李证宇 | 林泽桦 |
| 严佳佳 | 王安琪 | 周　阳 | 郑景元 | 韩　冬 | 王璟珺 | 赵泫然 | 王旭泰 | 王谦艺 | 魏楠木 |
| 王　猛 | 唐琪玮 | 唐巍飚 | 吴　菁 | 周　政 | 周振华 | 施浙杭 | 赵　钊 | 陈施晨 | 刘　明 |

萧晨霞 姚 瑨 李亚慧 陈建文 张瑞康 蒋 悦 李晓阳 黄佳丽 刘 阳 王 腾
李鹏飞 郭虚怀

**B 等**

姚黎婷 娄 颖 刘婷婷 范竞存 应佩桦 沈 棒 赵瑶瑶 莫鹏麒 周 潇 张 芃
徐 越 苏柳花 李佳怿 陈 立 杨易韬 王蓓辰 朱诗杰 吴俊昇 孙 青 刘博文
黄 慧 赵润泽 吴炜诚 李 森 姚钟植 赵雅致 吴佳桢 于秀秀 冯婉璐 唐 妮
樊友雯 崔 颂 殷太宁 李靖霄 张 禛 邬莎娜 胡润麟 刘天杰 蒋 波 李 东
夏 菁 王俊芳 王熠梦 张 挺 赵思楠 魏 艳 付 国 李明喆 胡启迪 刘柏众
白佳丽 胡应生 涂宝声 孙 倩 俞忱璐 朱菲菲 张宗和 谢晓影 王琰涤 檀东东
吴雨乔 曹 静 王立力 沈寓韬 杨化超 周 强 李 军 徐 亚 韩梦舒 毕凌崴
田胜聪 孙 霄 孙 霄 刘家豪 周振华 吴 江 邵 丹 蔡 倜 钱妮生 饶 敏
乔 婷 张志凯 姚 韬 罗琦琦 石新华 李新宇 姜永浩 梁安浩

**C 等**

朱婉琳 马奔腾 豆盼盼 崔 巍 张元恺 张一帆 孙嘉琪 焦 杨 顾鑫生 陈梦帆
钱婵娟 吕维佳 康晓蕾 张 斌 向志远 王鑫磊 孟德喜 刘定超 吴兆伟 陈 静
梁雪珂 王菁阳 安 娜 吴乙一 沈晓强 刘嘉南 刘中奇 康 维 盛予睿 张世婧
杨保健 陈佩雯 杜宇超 李安松 顾天宇 王宁生 黄园园 尹鹏飞 李远翔 杨宏瑞
代 劲 蔡海芸 陆志艳 蔡佳骏 聂骁垚 蔡加锋 沈吟文 沈中杰 张 田 秦 政
李佳骏 祖 敏

**理学院**

**A 等**

周晓宇 左兆宇 曹昕然 蒋鸣鹤 郭晓峥 陆 雁 孔维鲁 刘 通 朱征露 窦晓蕾
方琦骏 张 辰 顾永刚 徐正一 孙泽元 马玲玲 吕 铮 王梦麟 陈 晨 朱 燕
顾 徐 蒋玉麟 王 磊 李禹辰 许 哲 金泳成 段弓骊 苏永杰 郑黎明 张益东
王嘉楠 任 瑞 祁 键 陈旭昶 陈鲁君 汤俊杰 童 璞 许 杰 李 卿 杨 旭
王 华 李 昂 何 俊

**B 等**

姚梦秋 张 婷 张慧雯 方睿彦 孙 冰 吴 婧 潘 飞 丁 毅 张 爽 陆 勍
刘 畅 张笑天 刘钰涵 郑佳宁 李文博 瞿菁菁 唐 俊 于佳琪 何璠玙 孟彩敏
傅巧巧 华磊杰 李海琳 莫 瑶 韩瑞琪 高佳翔 童 硕 蔡兆克 丁天乐 王琳琳

吴夏雨　姜　超　曹汉卿　胡　茜　徐颖峰　包谷之　葛洁莉　王家亮　宋金来　林　森
赖维栋　田　凯　王海龙　夏　雨　周萧潇　孙俊杰　高艺菱　甘贵贤　唐　黄　谢　梦
胡伟菁　姚　璐　岳路路　唐婷婷　隋家敏　张越宇　顾振杰　刘　莹　倪权权　田世博
林　柱

**C 等**

吴嘉铭　岳　鹏　贺　沁　吴弘毅　周励诚　周逸龙　周　翌　付伟航　陶恒睿　时　倩
赵宇安　张欣骅　蔡中恒　邵瀚笙　刘　茵　王艳艳　王毅斐　黎　琦　陈峥嵘　许诗曼
蔡孟珂　邱逸盛　林洋洋　胡竹斌　江　雷　胡　铨　曹　鑫　郭　方　包成钧　李小可
秦鸣雷　龚晓晔　程中东　钱彦呈　陈　涛　赵　耀　杨　章　胡　涛　赵　倩　薛程元
张婷婷

**商学院**

**A 等**

丁弘毅　胡光琪　王玲玉　潘楚达　刘诗洋　伍绍熙　樊雨蕾　王思琦　金星元　徐晓理
樊　昱　徐　欢　康　恺　黄玮馨　徐忠锴　杨乔茜　佐热古·吾拉音　解依博　叶敏慧
刘岩苹　金　鹂　郑　戈　彭　彧　刘嘉丽　李春阳　姜　垚　唐亦敏　季婵婵　李倩文
张盼盼　袁　悦　徐　璨　张云凯　李　昊　顾晴琳　陈敏燕　钱祺斌　张云逸　蔡锦慧
白晓霞　林君炜　谭喆清　王文静　周　颖　姬睿君　王　冲　苏　洋　陈　婷　黄桑调
王嘉懿　刘文韬　张子烨　徐　畅　朱　昊　姚浩存　毕长江　王靖余　王　雯　郑作昕
翟慧娟　赵蔡晶　龚　诚　蔡　竞　蔡晟旻　程雨晴　王　轶　欧阳瑨竞　洪贤铭　曹乐然
胡敏月　杨敏炎　胡　月　俞春玲　周刘桥　李志龙　陆　靖　何冰清　高慧君　姜　翠
牟禹蒙　蒋宇思　阮少蓉　田苏媛　许丹如　王金刚　谢晓巧　薛慧琳　张　欢　陈　彬
顾鹏可　史明安　胡禛妮　毛晓刚　周　洁　姜　硕　顾思远　李书璇　王　鹏　陶梦蝶
姚捷雄

**B 等**

王　可　叶陈宇　罗雅兰　杨佳佳　陈燕桦　陈永泽　王龙飞　苏　灏　蒋　林　王　淳
吴奇鹏　王培培　刘佳呈　沈怡婷　韩文文　郭　栋　李志鹏　孙　浩　余　蕾　宋　甜
朱裕骏　黄权载　黄李辉　吕　文　王宇靓　徐烨儿　罗灵龙　邓　翔　龙　梅　陈小慧
胡展枫　李　彬　梁　正　费　璐　魏　洁　卫健炯　韩祝欣　黄忻怡　李燕菁　高雨薇
蒋伟楠　许　昱　侯梦捷　姜甜甜　彭　彧　欧阳璐璐　戴　炜　张佳璐　郑　哲　徐一畅
沈美云　宋聪聪　吴冰蝉　罗　帆　施　雯　李　豪　牛玮璐　邱梦圆　贾傲霜　张子洁

| | | | | | | | | | |
|---|---|---|---|---|---|---|---|---|---|
| 王思濛 | 徐蕊艺 | 王凌亚 | 姚奕卿 | 陆佳玮 | 张雨佳 | 朱嘉琳 | 李佳珏 | 高文杰 | 李韡栋 |
| 李 金 | 邱 伟 | 丁佳赟 | 俞懿婷 | 詹嘉瑜 | 姜晓彤 | 曲 悦 | 代 飞 | 王昱超 | 顾 冰 |
| 陈璐萩 | 曹 欢 | 曹佳惠 | 张 霞 | 张 婧 | 王昱人 | 杨顺豪 | 李佳晨 | 余 敏 | 肖逸航 |
| 刘若石 | 陈 栩 | 罗 翀 | 曾江胜 | 蒋雯倩 | 黄海梁 | 周文佳 | 赵悦 | 姚冰怡 | 崔海东 |
| 千茜倩 | 陈仲贤 | 王玮斌 | 宋婷婷 | 沈 丹 | 马素晓 | 徐丹妮 | 施一晨 | 杨 盛 | 陆 宜 |
| 沈宇豪 | 蒋新卉 | 童佳伟 | 贾 伟 | 沈 淏 | 陈明师 | 金双海 | 刘 婧 | 宋志欣 | 夏晓菲 |
| 孙 临 | 吴 欢 | 门秀秀 | 王晶雯 | 宋 怡 | 胡孜萌 | 金 宏 | 读 人 | 王琳超 | 郑衣莲 |
| 金 雯 | 陈佳丽 | 安 然 | 陈皓雪 | 马玉娟 | 姜 豪 | 陈倩倩 | 张喆喆 | 余 承 | 丁 欢 |
| 张国东 | 钱 全 | 陈 晨 | 曹宇婷 | 谭 靖 | 郑思澂 | 刘金瑞 | 程思瑶 | 陈 艳 | 方 瑶 |
| 薛振锋 | 周 杰 | 严 青 | 蒋狄锋 | 骆 乐 | 倪冰玉 | 黄义文 | 朱鸿棣 | 谢璐珈 | 袁含怡 |
| 屈晓佳 | 石蒙佳 | 沈雍乐 | 钟可琴 | 郑伟荣 | 黄 琪 | 李雅婷 | 姚煜波 | 程 凯 | 詹绍锐 |
| 刘莹莹 | 张 玮 | 谈沉燃 | 韩正纲 | 张丽娴 | | | | | |

**C 等**

| | | | | | | | | | |
|---|---|---|---|---|---|---|---|---|---|
| 石媛媛 | 顾 超 | 周胜芳 | 许丹瑞 | 余鹏飞 | 喻东杰 | 顾筝筝 | 王子铭 | 吴琳超 | 张 欢 |
| 谭祎婵 | 徐卿云 | 商 艳 | 王东珏 | 曹文菁 | 王 敏 | 李维瑶 | 蔡雨君 | 杨 科 | 谢瀛心 |
| 刘 莎 | 汪玉杰 | 高 杰 | 张演文 | 苗 杰 | 张 亮 | 田 昊 | 张 楠 | 李媛媛 | 张雨杨 |
| 匡许良 | 梅芳雪 | 赵 俊 | 钟 媛 | 陶家炜 | 程振宇 | 蒋宇思 | 胡舒华 | 陈明师 | 秦苗苗 |
| 马 斌 | 孙斯寒 | 吴高洁 | 刘文峰 | 许丽娜 | 邓尧艺 | 苏 婷 | 徐 凯 | 丁明慧 | 俞掩星 |
| 潘 雯 | 梁东伟 | 马知行 | 倪维炜 | 石涛春 | 吕 婧 | 叶 露 | 陆韵石 | 陈子豪 | 陆 杰 |
| 吴丹丹 | 胡淼强 | 刘应龙 | 陆欣宇 | 徐欢欢 | 贺 靓 | 徐 彬 | 思凤凤 | 吴少华 | 毛媛媛 |
| 要莹莹 | 丁智慧 | 王云梅 | 周丽妹 | 岳忠伟 | 李君如 | 周 珺 | 王子维 | 林小惠 | 陈 林 |
| 胡志纯 | 吕雅楠 | 柴 齐 | 赵 悦 | 钱哲元 | 吴玉荣 | 魏 玮 | | | |

**社会与公共管理学院**

**A 等**

| | | | | | | | | | |
|---|---|---|---|---|---|---|---|---|---|
| 彭依敏 | 黄博琳 | 李笑恬 | 兰檬檬 | 何 爽 | 张瑞楠 | 陈敏媛 | 求羽雁 | 周思瑶 | 李 根 |
| 李雅珺 | 陆敏渊 | 李硕秋 | 栾 翊 | 任玉琴 | 邓亚珊 | 薛茜茜 | 谢嫕珽 | 李 旭 | 潘婷婷 |
| 张静宇 | 樊文金 | 江盼盼 | 秦 瑾 | 咸金彤 | 唐晓雯 | 刘 飞 | 盛 期 | 朱明君 | 谢蕴甜 |
| 刘嘉雯 | 方丹凤 | 余 松 | 蒋雪亭 | 孙昱洁 | 秦怡然 | 谢一奇 | 郁 寒 | 汪云飞 | 刘 凯 |
| 郑明明 | 常亚琮 | 朱灵艳 | 彭娟娟 | 周显伟 | 沈 昕 | 张育琴 | 张 霄 | 王俊珺 | 任 雷 |
| 顾嘉乐 | 何烨炯 | 张舒桦 | 唐天源 | 张睿智 | 刘懿烝 | 蓝 晨 | 范瑞娟 | 陈怡伶 | 李 琪 |

| | | | | | | | | | |
|---|---|---|---|---|---|---|---|---|---|
| 宋锴楠 | 莫紫晴 | 严玮玮 | 包烨怡 | 刘　蓉 | 刘　振 | 李　政 | 郭晓天 | 密雅婧 | 张庆国 |
| 李喃喃 | 刘晓静 | 密雅婧 | 张庆国 | 李喃喃 | 刘晓静 | 卿　晨 | 丁　婷 | 晋　洋 | 郑碧璇 |
| 沈巴斯 | 王　侃 | 张抒历 | 蔡丽婷 | 江　敬 | 王晨薇 | 陈梨阳 | 刘晓雯 | | |

**B 等**

| | | | | | | | | | |
|---|---|---|---|---|---|---|---|---|---|
| 翟　航 | 胡梦雨 | 仇煜琳 | 杨　辰 | 常　康 | 郭晓阳 | 贺佳佳 | 胡远媛 | 邱佳敏 | 陶行子 |
| 吴一凡 | 和育庆 | 张宁远 | 陶杨依 | 仇莉丽 | 尹诗仪 | 吴佳蔚 | 是双婷 | 奚美龄 | 张妍冉 |
| 闫柳鸣 | 赵　迪 | 玉　炫 | 陈涵文 | 吴文涛 | 吴翌雯 | 邵雪倩 | 刘　瑶 | 高菁颖 | 傅凌波 |
| 吴怡烨 | 庄薇怡 | 翟　松 | 寸夏昕 | 黄江蓉 | 范文可 | 王亚雯 | 鄢　玥 | 陆荷佳 | 商灵君 |
| 韩　佳 | 郁笑倩 | 朱贝贝 | 郭庆梦 | 朱辰薇 | 王雷生 | 李露露 | 竺尘极 | 彭雁楠 | 沈诗佳 |
| 蔡　晴 | 吴　腾 | 王亚捷 | 孙艳娇 | 杨　凯 | 倪孙明 | 唐哲玮 | 曹沥丹 | 吴梦晗 | 周　苗 |
| 鲍　晶 | 吴一凡 | 陆　伟 | 汪文婷 | 顾名姝 | 陈宜倾 | 王　玲 | 代文瑶 | 陈　蓓 | 董肖波 |
| 严非易 | 崔媛媛 | 商振国 | 戴晓海 | 邱晓婷 | 孙　斐 | 吴　昊 | 俞倩雪 | 陶佳宇 | 宋　超 |
| 王君婷 | 王伟剑 | 袁　晶 | 王　滂 | 黄立娴 | 刘　薇 | 姚雯佳 | 李　洋 | 马永芳 | 张文章 |
| 张爽爽 | 刘　洋 | 傅　莹 | 蒋　薇 | 叶小妹 | 丁丹维 | 汪　琪 | 邵雨晴 | 周明星 | 陈　璐 |
| 夏佳琦 | 严任舟 | 江雪灵 | 张　瑾 | 吴晓晓 | 赵　静 | 贺　艳 | 余燕丹 | 吴巴银 | 吴　红 |
| 张志华 | 姜鸿德 | 陈益帆 | 笪　艺 | 华青青 | 史　航 | 潘　辛 | 黄　澜 | 曹丽娜 | 金　颖 |
| 林　妮 | 叶镇海 | 袁　静 | 孙晓莹 | 曾素容 | 邓梦科 | 薛丁川 | 李　毅 | 李立群 | 李云亭 |
| 杨　恒 | 文　雪 | 陶　倩 | 周　彬 | 李卓航 | 文　露 | 庞舒婷 | 刘　涛 | 徐倩雯 | 黄　玺 |
| 白意达 | 张灵慧 | 孔雪超 | 袁文凯 | 穆丽德·努尔岚 | | 战奕霖 | 方　慧 | 李　娟 | 靳　荣 |
| 龚诗铭 | 陶　立 | 倪　峰 | 袁　园 | 唐　宁 | 杨　愚 | 宋　杰 | 王　鹏 | 朱秀芝 | |

**C 等**

| | | | | | | | | | |
|---|---|---|---|---|---|---|---|---|---|
| 帅添天 | 王晓燚 | 任慧敏 | 关含露 | 吴　夏 | 孟　蝶 | 张远 | 钱慧倩 | 王　萍 | 谭天娇 |
| 钱旦旦 | 李纯仪 | 邹雪仪 | 马晓雨 | 陆婵媛 | 万梦娴 | 杨　阳 | 唐　安 | 王　岷 | 陆玉杰 |
| 任　伶 | 胡绥楠 | 赵澍波 | 梅　洁 | 胡宇川 | 庞皓文 | 高虹琳 | 王一涵 | 王仲帅 | 王　琪 |
| 董　琛 | 王　鹏 | 边书宇 | 钱霜霜 | 方　赟 | 徐晓君 | 吴婷婷 | 成海兵 | 郭盈贝 | 潘晨晓 |
| 杨　磊 | 杜亦云 | 乔洁琼 | 曹　前 | 杨昕艺 | 何惠婷 | 朱　红 | 丁筱茹 | 曹红华 | 于晓铨 |
| 周　薇 | 李　伟 | 曹红华 | 于晓铨 | 周　薇 | 李　伟 | 张　超 | 毛楠琪 | 许　悦 | 王葛轩 |
| 赵建华 | 董　梅 | 金　子 | 李秀玫 | 王晓晖 | 郁蓉蓉 | 俞添乐 | 靳国庆 | | |

**艺术设计与传媒学院**

**A 等**

| | | | | | | | | | |
|---|---|---|---|---|---|---|---|---|---|
| 魏天弘 | 杨小倩 | 陈　彬 | 徐志兵 | 范　翔 | 刘闻天 | 栾文杰 | 王思佳 | 赵　艺 | 张韵仪 |

| | | | | | | | | | |
|---|---|---|---|---|---|---|---|---|---|
| 季钟灵 | 夏芳 | 姚一鸣 | 鲍如霜 | 杜佳佳 | 叶春阳 | 汪莹 | 朱润秋 | 刘翔宇 | 孙凌雁 |
| 李雪蓉 | 潘逸清 | 施佳华 | 严欢 | 尹骁 | 樊春勇 | 朱未辛 | 鲁韵洲 | 徐颢芳 | 李抑扬 |
| 张旬 | 房宇 | 赵佳斐 | | | | | | | |

**B 等**

| | | | | | | | | | |
|---|---|---|---|---|---|---|---|---|---|
| 王晓玲 | 魏明恺 | 宋昊 | 张濛佳 | 张璇 | 潘璠 | 黄钰洲 | 杨博岸 | 赵璟涵 | 吴莹 |
| 陈秋玲 | 李小康 | 刘心瑶 | 管增益 | 朱颖秀 | 蒋楠杰 | 杨菲 | 温双宇 | 李玉琼 | 黄新然 |
| 陈思霁 | 赵梦娇 | 王梦雅 | 张梓欣 | 曹明远 | 吴恬逸 | 路怡钦 | 黄琪 | 程晟 | 陈丹宇 |
| 沈微伟 | 周超 | 李妍倩 | 顾玲芬 | 钱春霞 | 刘玥 | 计宜佳 | 顾培婕 | 沈裔 | 楼丽 |
| 陈唯 | 钱徐能 | 温健美 | 陈子豪 | 陈天宇 | 吴甜 | 孙钰杰 | 程志鹏 | 宗玉霞 | 张赟 |
| 贾媛 | 范洪雁 | 张晓洁 | 刘翔翔 | 金晨伟 | 施恩惠 | 宋佩茜 | 李翔寅 | 陶凤 | 季劼 |
| 姬天怡 | 童晨曦 | 陈磊 | 沈驰鑫 | 张璐 | | | | | |

**C 等**

| | | | | | | | | | |
|---|---|---|---|---|---|---|---|---|---|
| 包兴骏 | 杜雅琴 | 岑焓榆 | 蔡亦 | 郑樟晶 | 张怡然 | 吴宇斐 | 倪晨安 | 毛涛 | 孙弘真 |
| 沈云凤 | 周燕 | 王烨霖 | 夏高媛 | 史俐乐 | 陈晓燕 | 李进 | 张雯 | 杜青怡 | 曹意涵 |
| 刘莎 | 陈荟机 | 吴厚阔 | 杨滢艳 | 蔡艳玲 | 陆盛杰 | 吴佳蕊 | 俞玮婷 | 曹层层 | 姚佳音 |
| 鞠涛伟 | 卜文烨 | | | | | | | | |

## 外国语学院

**A 等**

| | | | | | | | | | |
|---|---|---|---|---|---|---|---|---|---|
| 虞一男 | 张莹 | 江屿蛟 | 戴维 | 陈奕灵 | 薛正园 | 戴杰 | 张虹 | 叶佳媛 | 杨贺童 |
| 陈佳炜 | 王申君 | 顾寒清 | 金婉霞 | 高嘉麟 | 陈高雅 | 贺亚茹 | 孙雪卉 | 孙雅平 | 曹兴鑫 |
| 张天融 | 周天祥 | 闫晗 | 李梦玥 | 虞祺枫 | 苏洋 | 王秋嫣 | 朱卉 | 俞越 | 于小雅 |
| 张妮 | 卞佳烨 | 张永娇 | 夏沁 | 刘高洋 | 毛一苇 | 张望晴 | 朱涛 | 邓晓燕 | 王千姿 |
| 陈沁怡 | 吴雨桐 | | | | | | | | |

**B 等**

| | | | | | | | | | |
|---|---|---|---|---|---|---|---|---|---|
| 王立 | 宋凌霄 | 赵烨 | 钱羽蒙 | 陈丹阳 | 卢心宇 | 徐韵 | 任桢 | 吴昊天 | 蔡晓欣 |
| 童怡悦 | 简骏 | 杜怡琳 | 朱倩楠 | 沈华钰 | 李婕 | 王晔茹 | 陈逸飞 | 倪悦 | 陈斯莹 |
| 苏陈晨 | 潘一彤 | 王统宇 | 章瑱妮 | 黄威玮 | 李冬雨 | 唐幸尔 | 洪佳灵 | 郭益方 | 凌俐 |
| 王夏楠 | 钱夏艳 | 项怡青 | 宋亭欢 | 顾姝悦 | 陆楚楚 | 姚源 | 平叶美 | 方略 | 骆丰 |
| 李锦 | 张锦雯 | 谭思瑜 | 陈丽 | 赵丽莉 | 邵露雅 | 曹兴鑫 | 张元倩 | 顾逸舟 | 吕馨桐 |
| 钱依 | 沈海燕 | 原晓彤 | 丁姝宇 | 李珊妮 | 沈加琦 | 金祥 | 彭茜 | 李珊妮 | 丁姝宇 |

叶利雯　宋多娇　何宇琴　崔晓宇　赵璘枫　郑旭龙　王　震　王方圆　王之豪　罗　丹
王秀文　吴　娟　赵健品

**C 等**

朱玲玉　潘鑫慧　李逸菲　胡佳玲　朱安琦　章静若　韩　笑　陈欣意　李诗言　孙浦舟
缪　兰　蒋欣怡　孙乃瑾　宋云瑛　叶逸君　张亚专　张梦露　杭　倩　王世雄　陆秋月
杨希瑞　马　婕　赵　璐　许　露　俞　典　陈春燕　庄舜颖　刘　艳　冯小楠　庄启凡
唐　丹　张婷婷　胡月明　吴　丹

**法学院**

**A 等**

李小川　邓超捷　邱靖涵　庞　慧　吴　江　吉常兴　杨玉婷　池承平　孔一丁　刘　俊
张鹏程　郦雨忆　张　翊　李跑快　彭　娟　梁亚辉　张午昱　张旭冉　谢　飞　马荣真

**B 等**

王　正　王亚东　杭　丽　刘　畅　朱文骎　龚文豪　田椿雨　范秋燕　马韦娜　李琳哲
支莉瑾　朱亚慧　李佳睿　孙青霞　阚　菀　王丹丹　汪雨澄　蒋裕玮　席　雪　胡玲玲
刘　玮　黄　雷　耿瑞宁　李小阳　侯玉柱　吴　赢　李　丹　胡荷佳

**C 等**

段亚敏　刘　恋　林华秋　杨云帆　刘　新　朱　伶　张润达　刘聪聪　杨　逸　汪家栋
夏　伟　尉　力　王　旭　杨剑波　张素娟　方国志　王　聪　朱宛玲　刘胤辰　陈倩文

**中德工学院**

**A 等**

刘锦雨　张雪幔　王　琨　陈唯尔　李显阳　李昕晖　任驰骋　余　烈　李晴旻　朱慧芸
詹富祥　徐　雪

**B 等**

郑媛羚　鞠闻宇　周紫微　潘岳威　张　烨　姚晴凯　徐　羚　于　一　王清泉　曹昊驰
陆丹捷　陈书捷　刘斌龙　张一轩　唐　涵　施俊杰　丁心怡　吴　炀　黄　威　王天宇
李娜云　潘柳含　李诗宜　黄青云

**C 等**

张子通　蒋怡宾　雷　凡　李心倩　孙嘉然　刘子伊　翁国杨　卫　奇　鲍基炜　赵熇炟
陆晓彦　钱成宸　马天翼

**体育科学与工程学院**

**A 等**

葛妍彦　陈隆杰　陈伊君　沈雅雯　王玥悦　邵溪清　陆雯婷

**B等**

| | | | | | | | |
|---|---|---|---|---|---|---|---|
| 李海伦 | 黄红媛 | 何久勇 | 颜景昕 | 瞿文杰 | 于童 | 殷格兰 | 李思慧 |

**C等**

| | | | | | |
|---|---|---|---|---|---|
| 强　君 | 刘启明 | 彭　翀 | 王弘毅 | 林梦娜 | 李　洋 |

## 4. 2012届本科生毕业班综合课程奖学金名单

**化工学院特等奖**

| | | | | | |
|---|---|---|---|---|---|
| 何　暄 | 许燕燕 | 王　乐 | 梅　园 | 杜梦杰 | 王　梅 |

**一等奖**

| | | | | | | | | | |
|---|---|---|---|---|---|---|---|---|---|
| 练　成 | 陈　琛 | 桂振友 | 种艳平 | 李　睿 | 刘　蕾 | 赵秉嵚 | 尤陈佳 | 范斌斌 | 胡利亚 |
| 刘富舟 | 高　哲 | 呼晓慈 | | | | | | | |

**二等奖**

| | | | | | | | | | |
|---|---|---|---|---|---|---|---|---|---|
| 魏　炜 | 王林林 | 秦春曦 | 钟　旸 | 丁　杨 | 庄汀洲 | 王　迪 | 崔童敏 | 王文婷 | 韩浩亚 |
| 吕召现 | 毛丹菲 | 仲建栋 | 李　荐 | 周珊珊 | 郑经纬 | 李　迪 | 沙　进 | 许　洁 | 徐嘉慧 |
| 韩天昊 | 周明川 | 张家龙 | 傅　婷 | 林小建 | 刘文宇 | 郭利鑫 | 娄俊毅 | 林少波 | 朱正浩 |
| 赵　杰 | 李宗云 | 陈小婷 | 王智衎 | 周丽华 | 杨丰瑜 | 张　迪 | 张雯斐 | 任轶舟 | 谢祥钟 |
| 蔺锡钰 | 方　源 | 崔　斌 | 顾　钧 | 鲁　丹 | 孙钰铭 | 何紫萌 | 钱　云 | | |

**三等奖**

| | | | | | | | | | |
|---|---|---|---|---|---|---|---|---|---|
| 王　姣 | 黄　健 | 颜留成 | 张　岚 | 周珉怡 | 马文迪 | 李　杨 | 林雄华 | 曹胡加 | 冯文华 |
| 高午阳 | 彭云湘 | 陶柳涛 | 李　玮 | 钟凯立 | 张　赛 | 黄　圣 | 许　冰 | 何丹丹 | 赵　伟 |
| 张忠伟 | 钟剑锋 | 李永乐 | 李永明 | 金一诚 | 张运鸽 | 冯　静 | 刘凯特 | 张紫晓 | 徐萌萌 |
| 王一帆 | 张茜青 | 张凤军 | 东健伊 | 余宛书 | 李日翔 | 冯景行 | 何骏 | 蔡宏镇 | 黄崇勇 |
| 田　婷 | 高建飞 | 冯玉艳 | 窦金津 | 张敏林 | 高石秀 | 王　静 | 王　帅 | 付林伟 | 李　旭 |
| 任翘楚 | 韩鹏飞 | 李佳峻 | 张得江 | 郭雨蒙 | 吕栋钰 | 吴明强 | 范峰强 | 刘怡宁 | 吴蕴雯 |
| 谷　钊 | 潘雪阳 | 丁　健 | 顾慧劼 | 张晓望 | 余虹睿 | 刘恒之 | 于　坤 | 崔雪森 | 戴薇薇 |
| 刘春雨 | 李文伟 | 朱礼虎 | 谢　欢 | 谭夏萍 | 李云舟 | 徐　斌 | 苏海萍 | 高云逸 | 田经纬 |
| 胡　健 | 刘逸斐 | 蒋陈婷 | 王碧娟 | 沈章宁 | 周洁云 | 杨冬冬 | 邓　勇 | 李　怡 | 谭源欣 |
| 杨　铭 | 钟　蔚 | 张　旋 | 黎卓斌 | 黄　凯 | 叶飞洋 | 马向群 | 唐　杰 | 刘霁旸 | 施旭娇 |
| 刘鸿瑞 | 任立棋 | 赵亚伟 | 岳　龙 | 金冬冬 | 龚淑君 | 高巧艳 | 吴　杰 | 崔　彬 | 汪　皓 |
| 辛冠良 | 陈　伟 | 曲亚坤 | 于　毅 | 章傲楠 | 陈炫廷 | 徐　欣 | 陈嘉骅 | | |

## 生物工程学院

### 特等奖

荣　怡　曹亚强　胡秋华　郑炜圣　郝　樾

### 一等奖

赵　爽　刘　辰　俞卓萍　齐　佳　王　蒙　郭　茜　徐廷海　吴青怡　闫美屹　刘　旭

### 二等奖

王丹晖　杨　颖　吴官非　王紫莹　李傲然　袁　通　范　骏　李重骏　包成龙　赵　青
刘逸琼　王逸群　郭　潇　唐　珺　胡　晓　余立艳　陈一珂　李运杰　杜晓婷　杨　震
王丽霞　张玉琛　林欣昀　康　琦　殷开宇　许文悦　戴　蕾　潘正骅　何钰澄　王佳玮
李扶慧

### 三等奖

汪　晶　邓高静　焦　雪　陈举洪　王小琳　张旭晟　蒋　楠　俞文娟　漆　义　谭雅萍
周　圣　张玲玲　潘　傲　王　波　桂梦悦　郑明敏　李　岫　李　晔　孙　琼　杨　杨
陈　涵　归志雯　张航维　张建涛　曹惠芳　韦炎龙　臧　拓　马旭慧　肖　馨　陈利锋
章骥成　张立美　朱锦祥　徐　静　林骥晗　蒋晨骁　王奕一　李　臻　邢　睿　杨　帆
沈若冰　刘一凡　冯　琪　张一帆　钱昊骏　罗　欢　李　满　姜天昊　李桂传　鲍　盼
贾涵婧　叶　妮　许　宁　李旖旎　陈欣宁　邹　荣　徐骏宇　葛致远　侯明煜　林岩威
徐炎鹏　郑浚源　郭心怡　马晓晶　佘晓菲　王　颖　陈丹丹　杨卉菁　冯庆娥　王晓未
武洁雯　沈诗卉　王　康　张　岱　李晓侠　俞维加　张星浩　肖霏菲　郑孝松

## 化学与分子工程学院

### 特等奖

张　瑧　陈昂骏

### 一等奖

王　雯　闫志慧　高　洁　陈婷婷　廉志鹏　蓝涤航　陈卓君　黄书剑　孙　键

### 二等奖

陈　薇　俞英果　刘家利　李宇翔　蔡亚丰　张秀丽　刘晓院　马荣芳　吴　浩　韩　啸
王　蕊　严　龑　邵伟祺　关常威　柳　祎　王云霓　华　敏　周　黎　蔡鹏娜　杨春晓
李念洹　赵红月　王佳星　麻玉雯　丁远清　张　涵　王铭章　杭彦迪　陈　彤　高博文
焦　爽　庞程凯　张　姝　李　晓　胡　玥　王子运

### 三等奖

梁　倩　崔　焱　陈　辉　程蕊蕊　廖露露　陆如婷　蔡振华　陈　剑　瞿双微　马诗茜

| | | | | | | | | | |
|---|---|---|---|---|---|---|---|---|---|
| 张晶晶 | 李　超 | 王　翔 | 杨斯媛 | 吕思莹 | 方　堃 | 刘雯君 | 王爱勇 | 苏星云 | 陈　澜 |
| 崔志伟 | 蔡　亮 | 钱暮霜 | 冉　卓 | 杨洪雪 | 杨俊雅 | 张富程 | 赵　玮 | 邵　益 | 李　蓉 |
| 花莹曦 | 孔文羽 | 李瑞利 | 陈　潇 | 崔珑琛 | 王　婷 | 张海涛 | 闫天一 | 尹莉莉 | 郑　壮 |
| 舒　萍 | 阚洪辉 | 蔡清琴 | 赵玉娟 | 张　涛 | 夏慧敏 | 张忠明 | 黄宇美 | 沈　骏 | 鲁　美 |
| 王琳静 | 李家琪 | 石　野 | 苏　娜 | 徐学峰 | 刘玉云 | 张　洁 | 蔡云松 | 陈宗家 | 李则宇 |
| 孙欣炎 | 芦　熙 | 许　强 | 孙　润 | 郭　敏 | 单越男 | 张　娜 | 闵钰婷 | 王明洁 | 王晓龙 |
| 孙　倩 | 杨怡然 | 谈圆红 | 宁樱唐 | 曾　婷 | 孙　慧 | 张晓辰 | 周才湖 | 张琦松 | 焦长红 |
| 王　瑾 | 刘丹阳 | 薛　宇 | 褚文蕾 | 张元诚 | 靳晓东 | 何佩钊 | 熊紫玥 | 刘洁瑾 | |

**药学院**

**特等奖**

戴霄天　　雷　超　　贾晓彤

**一等奖**

叶亚婧　　仝红娟　　朱浩骏　　孙德恒　　王　霞　　李　杰

**二等奖**

| | | | | | | | | | |
|---|---|---|---|---|---|---|---|---|---|
| 刘学影 | 彭雅慧 | 林燕飞 | 周南南 | 黑明阳 | 宁若男 | 宋晓南 | 郭毓琪 | 金　楠 | 周雅迪 |
| 周苗苗 | 封丛鹏 | 郭一辰 | 眭　馨 | 夏　泰 | 孙仍蔚 | 刘朝阳 | 张宝燕 | 赵寅光 | 李天漪 |
| 胡　娟 | 赵　鹏 | | | | | | | | |

**三等奖**

| | | | | | | | | | |
|---|---|---|---|---|---|---|---|---|---|
| 杨武林 | 高翠萍 | 沈伊勤 | 刘　元 | 刘　天 | 张文君 | 周民乐 | 张薇蕾 | 郭彩虹 | 袁晓倩 |
| 路玉婷 | 金　舟 | 姬鹏俊 | 陈　成 | 王　信 | 徐　璘 | 刘飏子 | 魏丽雯 | 李炜昊 | 郑志宏 |
| 陆　蕾 | 邵巳辛 | 黄婷婷 | 季晓蓉 | 李　腾 | 陈建萍 | 肖　洒 | 郭　瑛 | 高上知 | 陈倩怡 |
| 吴宏霞 | 王雅楠 | 任宇骏 | 高铭锾 | 薛应骕 | 王　珏 | 张玉城 | 陈　宁 | 赵依耘 | 邹方园 |
| 常　康 | 范鹏程 | 顾皓铖 | 李　晖 | 徐晓丽 | 于　静 | 韩　乐 | 葛珊珊 | 马斯涵 | 肖友新 |
| 孙宇亮 | 金逸卲 | 陆建安 | 张　楠 | 陈　希 | | | | | |

**材料科学与工程学院**

**特等奖**

施　柳　　储叶倩　　陈　潇

**一等奖**

徐秋思　　戴丹维　　曹　明　　谷志杰　　朱　莹　　李晓伟　　宋晓雪　　陆映晴　　朱正举

**二等奖**

| | | | | | | | | | |
|---|---|---|---|---|---|---|---|---|---|
| 许占文 | 李　婷 | 王重午 | 余乐平 | 梁旭天 | 汤千秋 | 潘秀伟 | 郜　伟 | 徐碇皓 | 叶绿原 |

王云正　蒋胡璁　李　超　郭正也　王　进　年严严　李　楠　文　莹　刘　虹　却玉蓉

任晓雯　张　俊　张智涛　周　晓　李晓杰　金芳芳　王　铮　丁　艺　迪丽娜孜·艾山江

**三等奖**

张　朔　林明宇　赵　丽　董汉莛　徐圣越　张　凯　苏　超　姚一帆　邢天琪　钱　岭

沈子铭　夏新宇　夏斯将　陈淑丹　袁银银　范　杨　陈　凯　许　凯　曹瑾玮　周雯婷

郑椟严　彭　翔　张庆昊　傅晓伟　兰方兴　张　精　张　珏　花　明　彭雪松　郑成柱

陈　洋　谢　骏　石天木子　汪未骅　熊　伟　冯鸣龙　顾佳帅　董　博　唐冰沁　盛　涛

金逸宁　惠林林　王　尧　张宇轩　陈　楠　张梦茹　方　菁　单洁琼　刘　骏　陈雅莹

李　衡　刘旭博　王晓禾　刘　俊　严瑛璐　孙延宁　康顺伟　姜欢欢　王钰涛　苟金龙

郭润青　马　良　郝　敏　高　爽　王　娟　王丙振　丁珅杰　胥慧君　张鹏图　徐　超

## 信息科学与工程学院

**特等奖**

马晨星　聂子攀　陈　莉　王　欣　王　瑛　马美怡　胡敬远　刘　慧

**一等奖**

张　韩　朱泳超　谭杰荣　付　煜　丁卫忠　叶　菲　魏阿勇　刘文静　耿佳灿　闫　妍

杨　宇　欧文韬　胡钦骋　赵冰清　张玥铃

**二等奖**

孔令霖　丁　帅　高　晨　黄天怡　李蕊瑞　陈孟婕　何玲芳　王圣伟　张　鹤　刘晨杰

苏惠京　李体明　李　臻　李玲玲　宋梦晨　高　峰　张万强　宫　黛　王雪晴　倪　浩

石　磊　陈椤飞　蔡樟豪　樊玮璐　许　静　王晓强　韩静雅　朱　青　张　震　倪文亚

宋　冰　吕照民　李晓楠　张恒润　王硕鸿　高　博　施睿琪　胡俊雅　杨伟伟　孔　曼

张　盛　赵宗屹　余紫丹　成于思　张　琳　张　爽　王　笛　覃瑞星　张　辉　刘　鑫

蔡云骞　马江伟

**三等奖**

周　昆　李　磊　钱　佳　王　凯　徐天白　蒋　恺　周晶鑫　易志兼　叶海江　谢佳亮

乔英杰　肖　伟　陆张顺　张佳琪　王丹群　仇亦清　杨　洋　林　鹏　王晓彤　王宇泽

匡煜华　郭楷臻　姜　静　马箐璘　寇晓淮　牛　媛　戚惠斌　顾晓峰　朱逸波　余霄阳

赵梦龙　杨颜溪　夏　南　虞奕帆　沈其磊　蔡福全　陈　伽　茹　洋　陆胜天　吴怡沙

赵秉鋆　顾汪海　朱江兰　张逸凡　王林捷　孙　磊　林越峰　花　煜　张百川　阚明生

高　勇　潘濛濛　侯筱维　周晓蓉　陈立飞　王进健　张瀚方　陈一舟　许　领　邱靖宇

| | | | | | | | | | |
|---|---|---|---|---|---|---|---|---|---|
| 董 凡 | 李 兴 | 胡 晖 | 徐 杰 | 马 跃 | 杨 瑛 | 王建平 | 郭宇博 | 邵静怡 | 陈 涛 |
| 张 亮 | 孙泽文 | 张先勇 | 庄佳俊 | 姚 尧 | 曹姜威 | 罗雷涛 | 闫恒超 | 宋 飞 | 周煜波 |
| 陆 野 | 苏 烨 | 陈奎霖 | 张一楠 | 成薛骏 | 吕晓龙 | 李良城 | 唐少杰 | 蔡 琦 | 李 进 |
| 黄思越 | 余 洋 | 黄梦岚 | 马 莉 | 李梦茵 | 马宇峰 | 李亚京 | 田豪峻 | 崔美丽 | 高舒阳 |
| 李 超 | 任永杰 | 毛文彬 | 黄 锴 | 胡 迪 | 石 凯 | 朱必骋 | 李 帅 | 隋克强 | 林也莉 |
| 叶思思 | 杨大伟 | 孟 玮 | 陈馨媛 | 潘微明 | 侯小能 | 孙寒玉 | 曲丽萍 | 任众曦 | 杨凌云 |
| 栾伟锋 | 俞婷婷 | 成 舟 | 刘 鹤 | 陈一帆 | 龚灵芳 | 丘佳胜 | 周 彬 | 陈泉霖 | 翁妍彦 |
| 张 弛 | 包维敏 | 黄文健 | 高 强 | | | | | | |

**机械与动力工程学院**

**特等奖**

| | | | | | | | |
|---|---|---|---|---|---|---|---|
| 李申昱 | 张耀方 | 杨珊珊 | 刘 刚 | 孙晨扬 | 于昂可 | 张继晟 | 陈煜哲 |

**一等奖**

| | | | | | | | | | |
|---|---|---|---|---|---|---|---|---|---|
| 殷黎航 | 王逸骏 | 岳 云 | 夏 丽 | 邱 阳 | 赵利红 | 张 昭 | 姜一欣 | 何志峰 | 刘耀锋 |
| 颜小莉 | 邓伟 | 鲍彬彬 | 顾伟伟 | | | | | | |

**二等奖**

| | | | | | | | | | |
|---|---|---|---|---|---|---|---|---|---|
| 严 鹏 | 朱 路 | 邹士博 | 孙春燕 | 罗玲莉 | 陈宇砾 | 许 萧 | 刘文君 | 费 达 | 周 响 |
| 叶 申 | 费 扬 | 吴 莹 | 孙 阳 | 钟 杰 | 许紫洋 | 封艳凤 | 周侃恒 | 赵 勇 | 侯 洪 |
| 季 晴 | 康正斌 | 王 琰 | 武 敏 | 张志杰 | 居嘉琛 | 王 伟 | 蔡利鹏 | 相颖杰 | 刘冬冬 |
| 王思维 | 蒋长洋 | 王玉军 | 黎 翀 | 张宣政 | 罗乙翔 | 蔡 帅 | 吴梦佳 | 石仲璟 | 龚友坤 |
| 韩 骥 | 陆彦琰 | 谢 祥 | 刘 航 | 梁俊哲 | 佟 静 | | | | |

**三等奖**

| | | | | | | | | | |
|---|---|---|---|---|---|---|---|---|---|
| 徐玉梅 | 曹丹宇 | 吴琦玲 | 朱梓铭 | 母明钰 | 俞 玮 | 牟素娟 | 徐 剑 | 赵华锋 | 杨 婷 |
| 邓 昱 | 冯月文 | 诸虹丽 | 王德强 | 彭 岩 | 李晓林 | 朱玲雯 | 楼心远 | 华 宁 | 李 弢 |
| 董 樑 | 陈源源 | 尹 力 | 蒋志伟 | 吴 敏 | 牟奔驹 | 丁思平 | 曹宏远 | 盛 捷 | 张 宏 |
| 张浩然 | 单葳廉 | 覃剑锋 | 王路逸 | 樊栗彤 | 陈定大 | 孙 林 | 黄亚雄 | 杨 留 | 单 恒 |
| 刘家甫 | 刘一帆 | 陈 涛 | 蒋 忠 | 乔 雯 | 傅敏霄 | 杨 笑 | 许 俊 | 刘 俊 | 林 立 |
| 丁佳辰 | 沈涵斌 | 朱鑫波 | 裴 轲 | 李旭坤 | 梁 栋 | 郑庸滨 | 李柳湘 | 谢若龑 | 刘俊杨 |
| 罗 丹 | 曲彩翠 | 王泽洲 | 张 涛 | 姚致文 | 吕丝萦 | 苏芳臣 | 潘 杰 | 石聪惠 | 施晓骏 |
| 唐雪娇 | 郑竞超 | 刘 路 | 卞小杰 | 孙 建 | 朱 洁 | 钱家欢 | 卫志翔 | 朱海丰 | 钱晓阳 |
| 王秀娟 | 张武明 | 钱 晖 | 孙伟峰 | 万国栋 | 魏 巍 | 龚文彬 | 刘宝顺 | 周 洋 | 朱春江 |

韦　稷　茅海东　董润超　聂子淞　邹章帝　范　乐　冷　毅　潘铁文　邱　爽　张俊丽
祁成东　刘　冲　顾东伟　陈　亮　庞敔晅　杜　玮　汪尹雄　王东升　孙捷超　陈　辉
楼兴源　陈　杰　王　勇　舒　畅　陆青青　宋俐敏　顾祁超　杨　帆

## 资源与环境工程学院

### 特等奖

赵　钊　李亚慧　张　庆　陈晶澈

### 一等奖

郭晓觉　卓宁泽　黄佳丽　李新宇

### 二等奖

刘家豪　沈　伟　乔　婷　姜心雨　何小红　丁　晓　吴　江　匡倩雯　蔡　惠　雷于葭
吴君宏　庄和侥　张　洁　杜柯江　茅陈旭　方晨辰　龚丽颖　罗琦琦　张　望

### 三等奖

王永成　李远翔　陈施晨　张磊磊　周振华　夏王吉　刘　斌　童仪然　李　娟　丛　欢
孙　静　王治立　王　越　张茜茜　朱知博　周　栋　郝圣楠　陈　涛　宋叶青　萧晨霞
蔡佳骏　吕丽娜　郑懿敏　刘　明　蔡海芸　李铁锟　蔡加锋　潘嘉旭　何小龙　陆时杰
顾　帅　石新华　贾　鑫　竹怀礼　周　全　张婕瑜　李晓阳　沈中杰　刘　阳　马晓龙
琚嘉殷　翟小宇　秦　政　张志凯　徐永煜　马　宁　徐　杨　陆泾君　杨安全　吴名驰
苗　玮

## 理学院

### 特等奖

姜　婷　何　俊　李　卿　吴　玥

### 一等奖

唐婷婷　林　柱

### 二等奖

陈婧敏　周筱晴　姚　璐　童　璞　蔡　谦　朱广堂　黄　庆　丁旭晾　薛程元　朱费青
许　杰　张越宇　赵　耀　王　华　顾振杰　张渊皞

### 三等奖

汤俊杰　李　奥　王臻臻　俞梦茜　袁继开　李佳霖　史文骏　毛　晶　冯倩妮　商晨菲
刘　芳　岳路路　隋家敏　程中东　张婷婷　汪泰宏　潘兆婷　侯少宇　林俏阳　任颖琦
罗　冰　雷海波　田世博　朱雅婷　赵丽芳　赵春燕　李　昂　宋子文　陈　昶　侯书勇

| | | | | | | | | | |
|---|---|---|---|---|---|---|---|---|---|
| 朱天阳 | 徐　静 | 唐博远 | 张嘉麒 | 杨　旭 | 林伟毅 | 赵　倩 | 陈振华 | 单晨曦 | 张　骏 |
| 胡　涛 | 罗雨晨 | | | | | | | | |

**商学院**

**特等奖**

张　宁　卞　政　汪凤兰　杨唤词　刘妍　徐小光　任璐璐

**一等奖**

| | | | | | | | | | |
|---|---|---|---|---|---|---|---|---|---|
| 王　骎 | 沈　涵 | 陈智尧 | 雷　宇 | 龚悦来 | 魏　童 | 张丹彧 | 王晶晶 | 沙闻杰 | 黎炳宏 |
| 张莉君 | 童　超 | 蒋运霞 | 邵　进 | 巫　丹 | 王友友 | 荣静玫 | 张洁琼 | 傅琼超 | |

**二等奖**

| | | | | | | | | | |
|---|---|---|---|---|---|---|---|---|---|
| 孟　颖 | 赵　青 | 郭小榆 | 陈诗源 | 薛　莹 | 高源欣 | 顾峰伟 | 单　颖 | 刘潇雅 | 陈雯婕 |
| 李菲菲 | 赵宇辉 | 丁　和 | 张启龙 | 孙　晶 | 吴健宏 | 秦立桐 | 朱雅琳 | 朱杨春 | 王嘉丽 |
| 文　旭 | 周也淳 | 陈晓佳 | 张　颖 | 朱珉洁 | 严　倩 | 王　珊 | 李婉姝 | 任堃松 | 苏琳玥 |
| 魏　珺 | 张　勋 | 马　征 | 叶陆斐 | 孟俊霞 | 曲林瀚 | 金志东 | 董晓康 | 乌尼莎莎 | 苏　超 |
| 岳林洋 | 尹美伶 | 潘欣欣 | 高文馨 | 翟　璐 | 董鑫杰 | 薛梦菲 | 郭敏捷 | 吕　丹 | 许伟清 |
| 曹日丰 | 孙　伟 | 张志平 | 汪步轶 | 李林芳 | 段　沁 | 张寒夷 | 蔡　超 | 陈大欣 | 朱延超 |
| 蒋文瑛 | 徐　丹 | 徐安琪 | 闫晓青 | 钟铮铮 | 李　洁 | 张　甜 | 圣季萍 | 王琳琳 | |

**三等奖**

| | | | | | | | | | |
|---|---|---|---|---|---|---|---|---|---|
| 曹宇寒 | 张　悦 | 王　静 | 仲　钰 | 毋淮阳 | 倪　涛 | 徐白易 | 沈悦懿 | 沈敏蔚 | 王　鹏 |
| 蔡文婷 | 赵贞妮 | 吴楠汗 | 李元江 | 周　翔 | 孙　双 | 张　燕 | 何　伟 | 王　玏 | 陈　洋 |
| 施　君 | 陆锦艺 | 胡庚杰 | 严凯茜 | 李姊优 | 高　悦 | 何晓锋 | 金晓峰 | 梁　晶 | 顾丹薇 |
| 萧益涵 | 张宇凡 | 高巍巍 | 方伊舟 | 陈香珺 | 王翠华 | 朱周钦 | 李凯妮 | 蒋　莉 | 孙　靓 |
| 康　倩 | 冯晓莹 | 黄文咏 | 粟婷婷 | 李云柯 | 李　瑶 | 李志宏 | 沈旻玥 | 张彬健 | 黄梦姣 |
| 黄　涛 | 陆栋波 | 胡　磊 | 杨中伦 | 郭　倩 | 王子君 | 刘宇扬 | 陈祖潮 | 钟腾飞 | 李冠谕 |
| 倪梦瑶 | 李世政 | 郭云香 | 陆功懿 | 高亮亮 | 陈　雯 | 朱文欣 | 龚佳颖 | 吴　偲 | 严晨骧 |
| 沈　源 | 赵乾云 | 徐佳丽 | 许沁荷 | 傅梦龄 | 朱佳丽 | 金　玮 | 王佳珺 | 何　琨 | 韩　惠 |
| 朱轶凯 | 冯媛媛 | 朱赛尧 | 秦　征 | 赵　灵 | 徐正鑫 | 季潇然 | 金琳玲 | 孙露雅 | 王淇玉 |
| 史哲宇 | 严寒飞 | 张　月 | 王俊杰 | 王斯琪 | 易建军 | 郭珊杉 | 杭元恺 | 张怡滢 | 张誉琼 |
| 高　燕 | 马晓磊 | 李　翔 | 余　嘉 | 陈　渊 | 郭翌皓 | 张洪亮 | 谢鸿俪 | 林威儒 | 王志鹏 |
| 刘蕤晟 | 顾秀颖 | 陆明成 | 陈　特 | 吴艳芳 | 吴　凯 | 林　兵 | 张　琪 | 陈佳茹 | 黎　思 |
| 王冠山 | 张　玺 | 邱泽龙 | 诸晨俊 | 王金伟 | 胡蕴琪 | 杨敏琪 | 谢雅楠 | 马骏元 | 符兰慧 |

岳一雷　刘万平　倪娇姣　钟智芳　俞　炜　周剑红　李尉菱　赵　亮　赵　彦　孙　鹏
倪　茵　董　昶　蒋　然　曾明君　范雪姣　苏　群　李　婧　陈瞻瞩　郑静瑜　刘　新
田驰远　许海蓉　周万涛　张　晗　席晏琼　罗　星　杨莹莹　陈　喆　缪龄童　刘培培
赵淳音　王佳艺　彭　蕾　梁惠卿　徐　杰　杨弘恺　干甘露　孙金翕　相红佩　左舒文
钱浩然　王　弼

## 社会与公共管理学院

### 特等奖

曹红华　俞　敏　张梦临　黄　玺　陈　茜

### 一等奖

华青青　密雅婧　张　也　薛鑫鑫　徐　萍　金倩文　李秀玫　郭雨琦　薄　艾　王晨薇

### 二等奖

俞湘艳　刘恩同　潘　辛　余梅玲　笪　艺　李彦慧　周　薇　李云亭　刘骋佳　范春科
余琰琰　顾迎天　曾素容　李衫杉　卿　晨　朱纯阳　彭　超　金　子　刘慧琴　钟雯佳
战奕霖　李　青　赵慧杰　方　慧　文　宸　王晓晖　唐　宁　陈梨阳　朱秀芝　张　晗
索朗卓玛　索朗次仁　索朗拉珍　孔雪超　董　梅

### 三等奖

赵荣荣　曹佳颖　李天寒　应煜霞　邱丽阳　顾洁韵　陈益帆　陈　晔　刘　瑜　林　妮
孙倩芸　郑尧华　张　超　姜鸿德　杨　恒　张鑫璐　袁　静　刘晓静　刘　丽　陈名立
沈夏燕　陈晓丹　孙晓莹　孟　璐　张庆国　王骁琛　刘巧策　孙利莉　黄琳婕　邓梦科
邓　茜　李　涵　李喃喃　吴易成　凌　杰　毛楠琪　章金玉　陈　瑛　丁　婷　许国鹏
庞舒婷　解平平　杨丹菁　郑碧璇　王葛轩　王秉生　吴雪冬　汪　婷　李诗薏　翁　静
张抒历　柳天然　陈瑜瑾　龚诗铭　浦骏飞　袁　园　叶　烨　吴玉敏　白意达　盛　珏
沈巴斯　赵建华　王　侃　袁文凯　张灵慧　袁苗岩　张　越　黄慧栋　戴　佳　王君雪
黄丽叶　杨全光　黄　洋　祝欣宇　周浏军　张雨璞　柳　英　柳启铮　金玉婷　杨　恩
郁蓉蓉　张心蕾　刘晓雯　王俊伟　张　艳　李　悦　白璧如　王　玉　文　露　李卓航
冼　威　董　婷

## 艺术设计与传媒学院

### 特等奖

王雅敏　陈艺迪　孙　莉　董　雪

### 一等奖

饶　天　张　莹　吴培芸

**二等奖**

谢质卓 柳倩倩 陈鹤青 张文闯 蔡伊莎 陈 芳 张美娜 龚阳洋 颜 频 焦尚琳
王 莹 郭晓阳 张新月 杨文鹏 叶丹青 张婉琳 董诗云 方 微 王璐瑜轩

**三等奖**

王 迪 姚莉倩 金 菁 黄 琳 沈立馨 徐倩莹 刘文静 王 坤 张曜显 李腾野
陈皓瑜 张丽清 谢 平 蔡 雯 李敏敏 倪 凡 陈珍华 史颖骋 张 琪 富琳桦
白斌耀 刘 怡 魏 旎 周 蕾 陈 晨 徐懿婷 罗梓宁 邱大盛 张 霁 户 筠
俞伊娜 李 丹 金聪颖 崔 原 袁 晟 张正元 谢兰嵩 刘 琪 朱 頔 周天骄
熊安妮 张 帅 夏海燕 杨 帆 潘波旭 沈喆莹 孔维敏 周一闻

**外国语学院**

**特等奖**

赵健品 邓晓燕

**一等奖**

宋玛龄 梅一馨 陈 韵

**二等奖**

朱 涛 袁昊宇 王秀文 潘婷艳 岑 佳 吴 丹 罗 丹 王之豪 郑玲华 王天骄
杨 莹 严丽娅 刘 颖 陈静静 吴雨桐

**三等奖**

盛佳蕾 刘梦兰 许婷婷 庄启凡 凌 波 倪佳侃 胡瑞琪 宁 亚 罗晓雯 沈嘉恒
龙 旭 钟思思 张婷婷 李 阳 陆柳君 忻迪安 徐莉雯 唐霏尔 胡雪娇 刘 蕾
俞淑琦 杜晓霏 尼 日 李萌萌 李 想 刘邦基 陈沁怡 许怡平 申静怡 郭哲闽
李丹红 徐杨婷 汪之蕾 郑 超 吕梦皎 包彩虹 林 炜 周 舒 周 博

**法学院**

**特等奖**

马荣真

**一等奖**

胡荷佳 张午昱

**二等奖**

陈倩文 王 聪 孙 秦 侯玉柱 张旭冉 全若兰 徐洋洋

**三等奖**

吴 赢 毛 莉 刘胤辰 张 静 梁亚辉 慕丽娟 申 云 沈严妍 沈 瑾 周 婷

谢　飞　毛轶文　郑斐然　李　丹　邵立清　李增艳　黄骎骎　汪　可

**中德工学院**

**特等奖**

黄路易

**一等奖**

缪维俏

**二等奖**

刘　阳　袁　野　李　旭

**三等奖**

徐嘉航　陈　晨　王丝韵　李翔安　周俊隽　李东哲　薛　松　葛舒帆

**体育科学与工程学院**

**特等奖**

邵溪清

**二等奖**

殷格兰　于　童　季嘉骏

**三等奖**

张　怡　盛玫晏　李思慧　杨　彬　蒋梦绮　陆雯婷　朱　颖　张　燊

## 5. 2012 届优秀毕业生名单

**本科生（311 人）**

**化工学院（38 人）**

*张忠伟（10083496）　*黄　健（10083527）　*谷　钊（10083531）　*李濛濛（10083548）　*庄汀洲（10083561）

*王　乐（10083563）　*种艳平（10083576）　*郭雨蒙（10083597）　*东健伊（10083607）　*张佳悦（10083624）

*曹胡加（10083625）　*李　荐（10083629）　*张庆辉（10083652）　*张家龙（10083691）　*彭云湘（10083701）

*高云逸（10083752）　*范斌斌（10083780）　*陈小婷（10083797）　*王智衎（10083816）　*杜梦杰（10083823）

*蔺锡钰（10083874）　*谢祥钟（10083885）　*任轶舟（10083917）　张运鸽（10083546）　桂振友（10083565）

练　成（10083570）　冯玉艳（10083580）　仲建栋（10083586）　黄　圣（10083589）　许　洁（10083702）

张　赛（10083735）　梅　园（10083738）　李宗云（10083803）　张雯斐（10083829）　施旭娇（10083861）

马向群（10083864）　顾　钧（10083893）　章傲楠（10083921）

**生物工程学院（22人）**

*冯　琪（10083949）　*康俊炎（10083971）　*韦炎龙（10084005）　*徐廷海（10084034）　*侯明煜（10084053）

*石园园（10084083）　*柳絮云（10084109）　*袁熠阳（10084110）　*郝　樾（10084144）　*刘　辰（10084155）

*王紫莹（10084166）　*郑明敏（10084197）　*俞卓萍（10084202）　*陈举洪（10084218）　*杨　颖（10084234）

陈利锋（10083970）　李　臻（10083979）　姚　瑶（10084044）　何彦康（10084058）　陈满潮（10084116）

潘正骅（10084118）　乔丽君（10084135）

**化学与分子工程学院（22人）**

*陈　澜（10081844）　*王子运（10081894）　*杨洪雪（10081938）　*陈　涛（10081948）　*张　行（10081957）

*廉志鹏（10081958）　*何佩钊（10081985）　*刘洁瑾（10081998）　*王铭章（10082159）　*刘晓院（10081799）

*吴　浩（10081895）　*蔡云松（10081928）　*陈宗家（10081956）　*苏　娜（10082065）　*华　敏（10082069）

*焦　爽（10082138）　*单越男（10082162）　*周才湖（10088040）　陈卓君（10082118）　金至丰（10082121）

徐如希（10081940）　关常威（10081976）

**药学院（16人）**

*封丛鹏（10080799）　*李　杰（10084269）　*叶亚婧（10084270）　*黑明阳（10084283）　*林燕飞（10084301）

*杜思怡（10084337）　*肖　洒（10084357）　*于　静（10084435）　*任思倩（10084336）　*李天漪（10084393）

*周苗苗（10084403）　张天舒（10084328）　于　潇（10084407）　孙德恒（10084416）　宁若男（10084264）

徐　璘（10084307）

**材料科学与工程学院（20人）**

*许占文（10082652）　*张　凯（10082659）　*沈子铭（10082713）　*朱正举（10082771）　*陈　潇（10082816）

*陆映晴（10082827）　*周　晓（10082848）　*金逸宁（10082858）　*储叶倩（10082861）　*文　莹（10082886）

*吕晓明（10082929）　*石天木子（10082931）　*朱　莹（10082932）　*王　进（10082948）　*李晓伟（10082957）

李宰呈（10082685）　潘秀伟（10082738）　叶绿原（10082767）　谢　骏（10082922）　汪未骅（10082942）

**信息科学与工程学院（40人）**

*樊玮璐（10082969）　*倪　浩（10082985）　*叶　菲（10082992）　*李　臻（10083051）　*余霄阳（10083060）

*付　煜（10083061）　*聂子攀（10083073）　*蔡福全（10083089）　*朱　青（10083120）　*耿佳灿（10083121）

*王　瑛（10083122）　*盛　杰（10083171）　*谭　笑（10083178）　*李　进（10083202）　*刘　静（10083208）

*成　舟（10083295）　*杨伟伟（10083309）　*火正君（10083315）　*许　滔（10083317）　*刘　慧（10083339）

*陈　曦（10083366）　*林也莉（10083368）　*何兴勇（10083393）　*钱　佳（10083402）　*马箐璘（10083405）

*孟咸君（10083430）　*高　晨（10083446）　陈　莉（10083026）　宫　黛（10083062）　赵秉崟（10083075）

王雪晴（10083093）　杨颜溪（10083094）　张　震（10083124）　王　豪（10083186）　诸咏天（10083188）

马美怡（10083240）　李　俊（10083286）　马　莉（10083306）　孔　曼（10083369）　全　威（10083441）

**机械与动力工程学院（37人）**

*邱　爽（10082205）　*董润超（10082227）　*陈煜哲（10082238）　*刘家甫（10082284）　*张耀方（10082314）

*杨　留（10082327）　*邹士博（10082340）　*孙　阳（10082361）　*严　鹏（10082365）　*冯月文（10082405）

*李申昱（10082416）　*颜小莉（10082444）　*蔡利鹏（10082455）　*刘相斌（10082489）　*刘　刚（10082494）

*孙晨扬（10082499）　*王　琰（10082507）　*侯　洪（10082534）　*刘耀锋（10082585）　*武　敏（10082589）

*于昂可（10082605）　*陆彦琰（10082635）　*周　响（10092341）　刘　冲（10082240）　张　宏（10082260）

董雨峰（10082303）　孙春燕（10082316）　许　萧（10082339）　杭天麒（10082520）　董骏捷（10082536）

曹　杰（10082537）　卫志翔（10082551）　魏靖东（10082555）　王啸天（10082575）　卞小杰（10082582）

杜　玮（10082618）　谢　祥（10082625）

**资源与环境工程学院（8人）**

*赵　钊（10084475）　*刘长江（10084540）　*孙　静（10084552）　*乔　婷（10084578）　*黄佳丽（10084612）

*张　庆（10084635）　李亚慧（10084544）　刘　阳（10084626）

**理学院（13人）**

*祝　敏（10080021）　*岳路路（10080047）　*蔡　谦（10080055）　*陈婧敏（10080056）　*许　杰（10080057）

*赵　耀（10080079）　*林　柱（10080164）　*赵丽芳（10080174）　汤俊杰（10080011）　商晨菲（10080024）

周筱晴（10080049）　吴　林（10080115）　薛程元（10080139）

**商学院（31人）**

*陈雯婕（10080810）　*王子君（10081171）　*邵陈佳婧（10081207）　*张丹彧（10081211）　*邵　进（10081226）

*项建聪（10081258）　*于丽娇（10081315）　*曹　宇（10081332）　*叶　菲（10081338）　*徐　琨（10081348）

*王晶晶（10081376）　*韩　惠（10081413）　*景婷婷（10081477）　*陈君妮（10081495）　*董晓康（10081528）

*金琳玲（10081538）　*翟　璐（10081600）　*任璐璐（10081638）　*徐小光（10081697）　*雷　宇（10081729）

*蒋运霞（10081760）　*高巍巍（10082716）　*朱文欣（10088030）　*乌尼莎莎（10088036）　陈宇馨（10080781）

吴　偲（10081179）　刘潇雅（10081346）　宋华芳（10081406）　王志鹏（10081591）　朱旻丰（10081676）

闻晓清（10089018）

**社会与公共管理学院（19人）**

*邓梦科（10080851）　*周　薇（10080901）　*李卓航（10080928）　*李诗薏（10080944）　*朱纯阳（10080946）

*丁　婷（10080950）　*陈一谷（10080955）　*陈　瑛（10080975）　*袁文凯（10081023）　*战奕霖（10081032）

*赵慧杰（10081054）　*袁　园（10081091）　*郁蓉蓉（10081127）　*董　梅（10088020）　王雯浩（10080904）

彭　超（10080925）　文　露（10080937）　郑碧璇（10080980）　黄　玺（10081006）

**艺术设计与传媒学院（17 人）**

*李腾野（10080430） *蔡伊莎（10080446） *陈鹤青（10080462） *张未然（10080502） *王　玎（10080515）
*富琳桦（10080525） *董　雪（10080558） *郭晓阳（10080578） *叶丹青（10080619） *李敏敏（10088003）
张璐屏（10080436） 陈艺迪（10080447） 杨　婷（10080448） 白斌耀（10080523） 杨文鹏（10080550）
乐晨瑜（10080625） 杨彦文（10080633）

**外国语学院（11 人）**

*朱　涛（10080182） *刘梦兰（10080185） *潘婷艳（10080216） *王秀文（10080226） *陈沁怡（10080272）
*吴雨桐（10080315） *邓晓燕（10080338） 格根其日（10080221） 李　阳（10080251） 李　想（10080301）
郑　超（10080327）

**法学院（4 人）**

*梁亚辉（10080348） *张旭冉（10080357） *马荣真（10080381） 孙　秦（10080409）

**中德工学院（10 人）**

*乐雅婷（10080676） *黄路易（10080705） *刘　阳（10080713） 吴　聘（10080655） 于学杰（10080656）
郝也葳（10080678） 李翔安（10080692） 谈　亮（10080706） 王丝韵（10080711） 葛舒帆（10080718）

**体育科学与工程学院（3 人）**

*于　童（10080756） 陆雯婷（10080744） 邵溪清（10080752）

**研究生（197 人）**

**化工学院（31 人）**

*栾金宁（045090104） *马晓华（010090080） *陈庆军（020060137） *尤　超（030091417） *唐晓林（030091335）
*李大超（020070114） *朱忠明（030091136） *曹　君（020070131） *徐江锋（030091110） *王连星（030091094）
*孙刚伟（020070188） *陈　静（030090863） *孔庆娟（030090903） *李晓楠（030090915） *刘丽娟（030090927）
*孙　宇（030091084） 申明星（030090946） 吴　婷（030090967） 赵桂新（030091002） 周　腾（030091010）
董朝辉（030091024） 范飞超（030091026） 韩林芯（030091035） 段学志（010090077） 李　莹（030090916）
田立达（020070139） 隆　建（020070136） 李　庆（020070115） 韩灵凤（020070112） 包锦标（020070109）
倪蕾蕾（045090105）

**生物工程学院（16 人）**

*范建华（020070147） *上官娇娇（030090392） *王亚敏（010090130） *王克平（030090402） *关奕檬（030091421）
*玉万国（030091186） *马　娜（030091346） *朱旭君（030091432） 张云康（030090421） 黄　微（030091422）
柯燕娜（030091423） 张　妮（030091430） 周鹏鹏（030091431） 王　群（030091349） 袁向玺（045090189）
汪雅雯（030090399）

**化学与分子工程学院（25人）**

*刘　会（010080008）*邢明阳（010080011）*沈星星（030091226）*裘　鋆（030091222）*屈　蓓（030091360）
*程兰雅（020060182）*张隽佶（020070168）*郭　勇（020070171）*冯　鹏（030091201）*乔云香（010090116）
*王晓军（030091230）秦　慧（020060021）李俊峰（020070172）王建栋（030090219）*毕艳玖（030090227）
*赵紫珺（030090249）程　强（030090256）唐文浩（030090275）于凤娟（030090285）翟文磊（030090414）
张志云（010090112）马　巍（010090107）秦利霞（010090023）宋　卓（010090121）刘　宇（020060022）

**药学院（13人）**

*王　雪（010090037）*胡　斌（010090118）聂良邓（010090120）*赵玉政（010090126）黄楚森（010090140）
*黄慧才（010090141）*梁　欣（020070150）史　俊（020070175）尹　琴（020070183）*吴晶晶（020070203）
叶振君（020070204）董　菁（020070208）*郭宏越（030091266）

**材料科学与工程学院（20人）**

*鲍宇彬（020070033）牟海艳（020070050）*周康夫（020070065）王　璀（030090329）卜　军（030090499）
*蔡国锋（030090500）*董　超（030090515）*高徐必（030090523）侯　娟（030090529）刘建静（030090550）
*刘明昌（030090552）马雪彦（030090564）*王　宁（030090590）*王莹莹（030090595）*闻次章（030090598）
*徐媛媛（030090610）游　航（030090619）张　振（030090625）周　旭（030090631）王贤瑞（045090016）

**信息科学与工程学院（21人）**

孙　帆（020070092）*张　晴（020070102）左　芸（020070103）*彭小华（030090721）*陈贵华（030090733）
*胡　玲（030090742）*李鑫茂（030090752）*卢　敏（030090757）苗　锐（030090763）王　飞（030090770）
王冠坤（030090771）于山山（030090800）纪冬梅（030090818）*吴彦超（030090822）卢美红（030090844）
*石永红（030090845）余江涛（030090853）*周洁颖（030090855）蒋健雷（045090061）王　磊（045090072）
*孙晓星（010070068）

**机械与动力工程学院（18人）**

*张　亚（030090430）*曹　炜（030090447）程　应（030090448）*鞠　峰（030100402）*秦颖颀（030090460）
鲍　洪（030090469）蔡　剑（030090471）*林　宇（030090489）唐小玲（030090581）孙　赫（030090663）
龚树云（030090678）何元章（030090680）*王争昇（030090706）*曾　斌（030090709）*余　潇（030091325）
*俞东辉（030091326）孙玉芬（045090038）朱怡珺（045090048）

**资源与环境工程学院（13人）**

*袁　帅（020070143）李文贞（020070196）符　蓉（030090645）*苏　攀（030090650）*付碧华（030091028）
刘昱彤（030091061）*万　磊（030091087）*张宝珍（030091120）赵胜涛（030091130）李冬梅（030091377）
*李　暮（030091382）*张海艳（030091405）张尤华（020070071）

**理学院（3人）**

季季兴（030090191）　＊鞠　铖（030090192）＊许　飞（030090209）

**商学院（10人）**

＊刘　鑫（030090011）　温捷涵（030090018）　＊梁　乘（030090031）　宋小飞（030091499）＊隋梦晴（030091500）

周佳华（030091506）　＊朱玉清（030091509）　龚　文（030091512）＊单利娜（030091526）邢　运（030091538）

**社会与公共管理学院（10人）**

＊闵　慧（030090077）　秦　义（030090081）　＊张国超（030090094）　岳　兵（030090102）　潘超韧（030091562）

＊阮　凯（030091564）＊王　兴（030091567）　王寅申（030091568）　张　玲（030091599）＊朱晓丹（030091608）

**艺术设计与传媒学院（5）**

李　念（030090163）　＊李文赛（030090164）　赵　福（030090183）　胡金凤（030090159）＊贾　凡（030090162）

**外国语学院（3人）**

杨　静（030090135）　陈雪峰（030090138）　＊高　杰（030090129）

**法学院（4人）**

＊杜　倩（030090058）＊杨　娇（048100012）　李　蓉（030090044）　李东阳（048100003）

**体育科学与工程学院（1人）**

＊薛　南（030090123）

**人文科学研究院（3人）**

＊杨丽丽（030090006）＊宋　博（030090062）　过夏玲（030090106）

**高等教育研究所（1人）**

胡玉巧（030091580）

注：以上打"＊"号的为上海市优秀毕业生。

## 6. 2012年国家奖学金名单

**化工学院**

王梦雪　廖永亮　王佳远　陈　功　郜　煜　董春华　杨　帆　乐利吉　明　梁　徐　迈

韦存茜　钟　佳　顾晴怡　胡云鹏　盛　艳　胡梦菲　徐　爽

**生物工程学院**

季鲁章　卢鹏翔　王晨诚　赵宗敏　贾智倩　杨希晨　邢雪婷　欧阳鹏飞　常子烨　张若兰

宋文静

**化学与分子工程学院**

胡靖宇　江　瑜　吕明武　娄　宁　徐　倩　张树静　吴润青　谢李斯琪　石佳佳　王玉奉

毛 羽　黄 迪

**药学院**

朱冰清　潘喆敏　尹 芹　郝方然　高 明　周苗苗　钱 超　代天资

**材料科学与工程学院**

魏 超　熊儒琳　张 涛　包 峰　王 曼　戴华烽　江 洋　陈 阳　刘 诚　吴 攀
王艺蓓　潘 剑

**信息科学与工程学院**

周书恒　魏李娜　杨 帆　徐珊珊　赵 宏　卢周正　李飞标　田璐超　郭巍伟　张 聪
韩 松　王宇鑫　江志坚　王甬玉　李倩倩　魏 琛　王恩龙

**机械与动力工程学院**

刘润泽　冯 缘　高晓斐　刘怡伶　邬 洁　王 昶　李子涵　薛菲尔　王春昆　孙悠悠
丁 楠　杨 焘　焦 鹏　范芳怡　章鸣铭　赵 妍

**资源与环境工程学院**

孙 倩　张宗和　杨化超　林泽桦　严佳佳　夏 菁　李佳怿　王蓓辰

**理学院**

田 凯　王艳艳　孙泽元　赖维栋　张 婷　蒋鸣鹤

**商学院**

胡敏月　千茜倩　蒋新卉　曹 欢　李志鹏　龙 梅　陈小慧　高雨薇　罗 帆　徐蕊艺
王凌亚　李佳珏　读 人　薛慧琳　张喆喆　陈 艳　钱 全　袁含怡　涂婧清　黄 琪

**社会与公共管理学院**

蒋 薇　袁 晶　吴晓晓　周显伟　张育琴　王俊珺　唐晓雯　李笑恬　吴怡烨　鄢 玥

**艺术设计与传媒学院**

尹 骁　樊春勇　张韵仪　刘翔宇　鲍如霜　刘心瑶　温双宇

**外国语学院**

卞佳烨　张望晴　贺亚茹　顾逸舟　宋凌霄　李冬雨

**法学院**

彭 娟　庞 慧　范秋燕

**中德工学院**

吴 炀　李心倩　陆丹捷

**体育科学与工程学院**

葛妍彦　陈隆杰

## 7.2012年国家励志奖学金名单

### 化工学院

| | | | | | | | | | |
|---|---|---|---|---|---|---|---|---|---|
| 刘余芳 | 王 明 | 马楠柯 | 刘海庆 | 张正德 | 张 倩 | 王运风 | 谭远婷 | 闫双双 | 田 漫 |
| 张贤杰 | 刘文刚 | 容尔益 | 顾 强 | 白云鹏 | 于金龙 | 董雁春 | 张 杰 | 刘 宝 | 薛虚智 |
| 施丽丽 | 蒋 杰 | 杨艳婷 | 陈湘玲 | 韩复谦 | 郑伟中 | 胡兆财 | 赵文焕 | 薛 金 | 刘东帆 |
| 李大龙 | 谭绮娜 | 袁佳凌 | 张玉龙 | 许 华 | 何 萧 | 周杨杰 | 王 凯 | 王昭晖 | 黄克骄 |
| 刘齐兴 | 郭 幸 | 张 鹤 | 李慧敏 | 侯洋洋 | 周文娟 | 朱 杰 | 邢蓝吁 | 杨实润 | 王宝娟 |
| 曾 行 | 马亚萍 | 张 佳 | 陈 杰 | 严世伟 | 朱容梅 | 霍珍珍 | 项高朋 | 朱祥峰 | 舒昊生 |
| 张冬梅 | 程国冬 | | | | | | | | |

### 生物工程学院

| | | | | | | | | | |
|---|---|---|---|---|---|---|---|---|---|
| 李尚洁 | 马 超 | 文 姣 | 方 珊 | 郭 超 | 李方立 | 刘浩浩 | 杜刘飞 | 杜海龙 | 徐 丹 |
| 沈少凰 | 陈 捷 | 宋风停 | 瞿朝阳 | 潘 攀 | 谢有余 | 张 菁 | 吴 姗 | 凡一明 | 刘 薮 |
| 左 红 | 石明丽 | 许 毅 | 张 君 | 冉 珊 | 何慧丹 | 管运鹏 | 董利荣 | 王培林 | 徐小伟 |
| 杨 浩 | 谢利华 | 王红柳 | 龚子祯 | 周福珍 | 何 芳 | 姚 丰 | | | |

### 化学与分子工程学院

| | | | | | | | | | |
|---|---|---|---|---|---|---|---|---|---|
| 胡 阳 | 吴珊珊 | 郑 翠 | 韦琴梅 | 胡潇才 | 杨 松 | 郎红月 | 崔 敏 | 徐要要 | 杨婷婷 |
| 林 波 | 谭文斌 | 施冰冰 | 许丹丹 | 焦丹凤 | 赵 蒙 | 车佳宁 | 张 飞 | 刘晓炜 | 王茹春 |
| 程 庆 | 张 杰 | 王 骞 | 赵 见 | 张震东 | 宋菲菲 | 韩 洁 | 柴广涛 | 张志伟 | 刘章云 |
| 江文雅 | 刘 格 | 陈家慧 | 茆 敏 | 马文保 | 徐金乔 | 董武杰 | 吴步堤 | 乔 琳 | 王超超 |
| 齐海峰 | 崔莉莉 | 高成龙 | 王 欢 | 张申平 | 谷松辉 | 伊秋颖 | 周文琦 | 张 健 | 魏晓燕 |
| 张飞宇 | 杨立朋 | 应 明 | | | | | | | |

### 药学院

| | | | | | | | | | |
|---|---|---|---|---|---|---|---|---|---|
| 陆益奔 | 王 杰 | 张 艳 | 董宁宁 | 肖云盼 | 佟猛超 | 罗 潇 | 吴 丹 | 李玉丹 | 刘 敏 |
| 邵玲艳 | 鲁彦丽 | 李妍哲 | 王稼哲 | 肖彦胜 | 邢林峰 | 高睿杰 | 陈海洋 | 于 洋 | 郭春阳 |
| 李雪莹 | 何停停 | 张梦婷 | 刘 扬 | 陈小花 | 刘鹏建 | 王开东 | 李 强 | | |

### 材料科学与工程学院

| | | | | | | | | | |
|---|---|---|---|---|---|---|---|---|---|
| 杨 伟 | 王永丽 | 卢侯瑾 | 杨 龙 | 肖晨晨 | 张 槟 | 何永栋 | 管小芳 | 张禄冲 | 王 丽 |
| 华兆琪 | 武青青 | 吉旭晶 | 雨文驹 | 谢萌萌 | 代瑞娜 | 王 瑞 | 林启志 | 王芝慧 | 邓声玉 |
| 胡景鹏 | 刘艳艳 | 陈 晨 | 崔东东 | 杨静怡 | 马满平 | 许庆凯 | 李宗亮 | 匡丽君 | 李君兰 |

黄　军　方建鹏　余晨晨　伍宏馆　杨鹏飞　赵淑楠

**信息科学与工程学院**

徐　艺　汪胜佩　张伟东　马丽云　汤敏伟　孟　芸　乔　成　杨　锋　赵江坤　张妍典
赵　贺　李雪岩　赵大洋　王朝阳　鞠立冬　吴小平　张　乾　米肖肖　江　朋　刘学彦
郑建丽　吴佳兴　胡高翔　吴洪钊　唐文武　李炜东　邓日东　李　阳　盖瑞敏　任舜文
罗　颖　刘婷婷　孙俊峰　赵　帅　未海洋　蔡　琪　宋文江　王军安　宋良轩　许瑜飞
罗先智　陈志高　方伟成　李东旗　夏宇航　谈　桥　杨　柳　王培杰　赵　勇　翟羽佳
贺仕逵　王　涛　胡　炼　李一君　张建业　肖志祥　刘剑波

**机械与动力工程学院**

赵　奕　赵海利　张朝辉　李　宜　曾文亮　江思宏　曾　聪　陈　敬　查昌健　黄宗辉
郑维栋　黄新莲　曾繁俊　周　静　郑焕魁　黄金灿　钱沓丰　卫佳骏　张学伟　丘盛昌
陈晓朋　罗华伦　庄海正　姚本飞　朱成祥　罗天真　何佳珍　李叶翔　宁诗琪　李清华
陈艺海　赵　涛　刘　锋　胡承云　庞富龙　黄继波　陈学辉　邢耀华　传　航　徐明天
周　斐　张　伟　张胜利　杨家鹏　王　娜　刘馨雨　谢能达　刘红周　丁洪凯　吕东良
郝玉婷　涂　孟　刘忠慧　秦晓娜　张远松　任　宇　任　远　张　珂　叶幸裕　官良鹏
叶　骠　殷宇航　杨琼琼　林晓芳　郭林灵　蒋友炜　张岳宏　李　钢　张路峰　董金阳
张　超　代晓萌　郭　彤　吕荣安　何柳丰　刘晓龙

**资源与环境工程学院**

胡　建　杨保建　冯丽君　王琰涤　杨绿原　李　军　王宁生　傅晓日　王安琪　周　阳
张金妹　刘嘉南　王正陆　王俊芳　樊友雯　黄　波　吴　凯　杨少鹏　沈　棒　丁　鹏
赵瑶瑶　王　青　钱婵娟　高　瑞　陈立丰　陈　静

**理学院**

周　敏　张示城　唐志雄　李小可　奚志鹏　蔡中恒　蔡兆克　景雷程　马玲玲　林洋洋
胡竹斌　林　森　王志文　时　倩　陆　雁

**商学院**

唐　蓥　赵　悦　成　妃　苏丽玲　李晓晴　贾　伟　张　霞　倪凯时　徐　凯　张书琦
周胜芳　刘诗洋　吴奇鹏　孙丁丁　张文杰　宋佳轶　李紫洲　解依博　刘　莎　周桂枝
何淑晶　刘　鑫　刘春梅　陈琼琳　宋智骅　袁　悦　尹洪艳　黄义文　要莹莹　姚雯莲
何方圆　王莉莉　张　欢　秦晓露　葛伟斌　史明安　刘金瑞　邵玉宇　王　严　胡爱萍
谭　靖　杨　昕　徐雅静　吴玉荣

**社会与公共管理学院**

刘　蓉　王　颖　叶小妹　孙燕君　何　欢　葛士超　杨　月　宋　超　焦晓晓　刘文华

杜　杰　彭娟娟　陆　伟　张　欢　孙瑞丹　许　盼　张静宇　任　雷　方丹凤　乔绪义

王亚捷　王雷生　张飞燕　彭依敏　何　爽　王指南　张　馨　杨　磊　张松敏

**艺术设计传媒学院**

陆　懿　张　恒　李　丹　王雅晴　边涛洋　徐　彪　叶春阳　刘　莎　陈丹宇　贾　媛

梁甜甜　岁晶晶　朱立文　吴燊涛　徐志兵　磨恒中

**外国语学院**

宋多娇　崔晓宇　赵圆圆　罗正婷　李华阳　李　菲　张亚专

**法学院**

胡柯岚　刘聪聪　龚志强　马加朋　姚书林　焦鹏洋　刘亚伟

## 8. 2012 年上海市政府奖学金名单

**化工学院**

朱月峰　张焕焕　禹　跃　文　力

**生物工程学院**

杜　桢　蔡志豪

**化学与分子工程学院**

顾月青　关雨晴　张一然

**药学院**

方欣欣　王小玉

**材料科学与工程学院**

高　梁　李　岸　黄添华

**信息科学与工程学院**

韩文炳　简葳玙　徐建伟　孙程琳　韩文炳

**机械与动力工程学院**

陈　思　刘　茜　王传勇　丁　铖

**资源与环境工程学院**

成　茂　刘　玥

**理学院**

张笑天

**商学院**

陈燕桦　樊雨蕾　安　然　李书璇

**社会与公共管理学院**

邱晓婷　咸金彤　邱佳敏

**艺术设计与传媒学院**

金晨玮　姚一鸣

**外国语学院**

陈高雅

**法学院**

王丹丹

**中德工学院**

张一轩

**体育科学与工程学院**

李海伦

## 9. 2012 年计划外奖学金名单

**Evonik 奖学金**

陶颖卿　朱召贤　胡佩祎　董武杰　金丹丹　王财安　孙辛杰　傅双九　张　博

**巴斯夫优秀本科生奖学金**

陈炳旭　马云林　刘章云　潘佳伟　路　力　李元达　李子涵　吴　炀

**东芝电子奖学金**

陈　鹏　董梦曦　韩文炳　罗　颖　张　聪

**飞扬进步奖学金**

李　布　王典红　吴迪宇　张春雨　周舸旸　丁文越　张松敏　陈　昊　侯鹏聪　曹　婵

樊　菲　吴晓婷　张　艳　何云刚　范俊杰　宋　帅　龚敏杰　张　弛　钟雪颖　肖斯文

任舜文　李嘉奕　孔晓佳　陆云清　丘盛昌　张崇业　屈二渊　李　东　胡　建　朱征露

葛洁莉　黄玮馨　李春阳　刘　鑫　吴媛媛　邵雨晴　薛珊璐　陈　晨　郑　司　张梓欣

杨希瑞　李春花　黄睦惠　陈唯尔　郁　桦

**和氏璧奖学金**

崔晓倩　杨宏容　李　唱　张　科　赵丽芳　傅丽娜　李　岸　戴华烽　夏　雨　朱灵艳

**洛德教育奖学金**

王　涛　李昕沛　王希庆　王胜男　张　勇

**祁柳奖学金**

张少斌　归厚泽　邢　纯　刘　洋　亓莹雪　施恺航　唐尚红　李证宇　康晓蕾　詹富祥

**陶氏奖学金**

杨大强　韩腾腾　姜金宁　范芳怡　杨　楠　杨天慧　杨大强　韩腾腾

**亚什兰奖学金**

汪一鸣　田晓雨　陈卓君　范若兰　葛杰敏　师　鑫　张　飞　高天怡　黄晓博　鲁　鑫
陈亮峰　张延锎　方程嫣　吴　攀　林泽桦　檀东东　杨化超　李佳怿　颜景昕　胡骁立
彭　翀　宋怡诺　陈丝雨

**中国石化英才奖学金**

潘俊杰　郑而近　阮佩婷　邢维龙　赵　宏　魏　琛　王春昆　丁　铖

**住友奖学金**

冯伊美　陈冰怡　沈　斌　钱　超　白思晴　丁　楠　苏柳花　包谷之　周　珺　屈晓佳
何　爽　姬天怡　张　虹　黄　雷　朱慧芸

**宝钢奖学金**

庞　慧　罗豪鑫　周卫东　卢周正　崔媛媛　方琦骏　卞佳烨　姜　垚

**化学化工奖学金**

潘鸣飞　王　嵘　施冰冰

**阿科玛奖学金**

王佳远　李文慧　任　毅　张　科　宋文华

**柏克德奖学金**

余　点　梁国达　赵一峰　杨凯敏　吕　颖　丁洪凯

**富美实奖学金**

鲁彦飞　赵宗敏

**艾利发明奖学金**

欧海鹏　倪冰玉　吕荣安　王　鳌

**空气化工奖学金**

毛　杰　　夏　菁

**人和奖学金**

张征湃　　王昭晖　　程国冬

**成思危奖学金**

**特等奖**

王佳远　　高　梁

**优秀奖**

李君楠　　成　茂　　马玲玲　　李　琪

**庄信万丰奖学金**

许谢君　　程　雷　　赵　见　　江文雅　　刘鹏飞　　贾晓博

**烟台万华奖学金**

陶　威　　姚钰玉　　李　超　　汤　妍　　李仕宇　　孙　菲　　高晓斐　　王玲玉　　黄李辉　　季婵婵

**伊士曼奖学金**

冯　茜　　马　凯

**益海嘉里奖学金**

冯　晔　　魏艳菊　　袁镇豫　　卢浩然　　周至愚　　王诗怡　　陈　清　　张　怡　　刘　晶　　位晶晶

刘芳超　　汪　洁　　张敬维　　谢振山　　程子非　　游　佳　　焦　鹏　　夏　菁　　李玮哲　　谢晓影

丁　鹏　　谢　天　　唐霄鸥　　倪文洁　　解依博　　费　璐　　魏　洁　　刘岩苹　　苗　洁　　徐一畅

**上海化工区奖学金**

**创新奖**

徐晓龙　　常子烨　　顾睿锐　　薛　嵩　　张成龙　　钱天威　　李孟泽　　朱世杰　　冯　缘　　严佳佳

金　戈　　周　剑　　陈皓雪　　袁　晶　　吴　红　　潘逸青　　潘如垒　　耿瑞宁　　陈逸璇　　赵　贺

王　猛　　吴　婧　　毛晓刚　　张　恒　　鞠思远　　李　丹　　朱海宝　　黄炜昕　　李晋漪　　滕攀柱

**优秀生奖**

易博宇　　金安琦　　杨柳青　　陈雨晴　　王　雪　　郝方然　　王傲雪　　陈飞燕　　施登科　　田璐超

王丝扬　　吴　松　　李福兴　　蔡宦麟　　唐琪玮　　施浙杭　　谢　梦　　王　磊　　康　恺　　邱梦圆

涂婧清　　傅　莹　　宋　超　　顾嘉乐　　金晨玮　　程　晟　　王申君　　李珊妮　　郦雨忆　　邱靖涵

陆丹捷　　王澍蕊

**国民淀粉奖学金**

陈承镇　　刘松豪

**埃克森美孚奖学金**

陈　静　　谢　浩　　张　杰　　刘晓然　　张伟健　　江　洋

**Fluor 奖学金**

王晓晗　　刘天奇　　安　萍　　包　磊　　沈晶磊　　王渊博　　徐子亮　　李魏梓　　刘颖琛　　陈学辉

**蒋雯若奖学金**

潘婵婵　　毛　杰　　强　薇　　徐剑宇　　李梦轩　　邵笑飞　　朱冰清　　代天资　　明小祥　　许　翔

苟巍然　　李　军　　樊友雯　　高　瑞

## 10. 2011—2012 学年度民族班奖学金名单

**化工学院**

**一等奖**

次仁德吉　杨芷华　　闫春霞　　齐　浩　　金　鹏　　开塞尔·艾斯卡尔　　田　薇　　裴曼菲

艾迪海木·艾尼瓦尔　伊再提古丽·艾则孜

**生物工程学院**

**一等奖**

买地娜依　祁双双　　丁　轩

**化学与分子工程学院**

**一等奖**

黄　陌　　祖丽胡玛尔·迪里夏提　　拉扎提·托合达尔拜

**药学院**

**一等奖**

其美拉宗

**材料科学与工程学院**

**一等奖**

刘艳艳　　方明远　　马　凯　　胡　珂　　乔·图娅

**机械与动力工程学院**

**一等奖**

保·布音吉力格　胡　波　麦尔丹·买买提　王兆芳

| 资源与环境工程学院 |
|---|
| 一等奖 |
| 古丽江艾　胡雯娜　吴倩倩 |
| 二等奖 |
| 萨依然·居玛西 |
| 商学院 |
| 一等奖 |
| 高　珍　王媛媛　马玉娟　刘玉亭　巴合提亚尔·阿里木　杨翠萍　达娃拉姆　迪尔尼噶　伊斯马伊力　郑丹阳 |
| 二等奖 |
| 达瓦桑旦　扎西旺姆 |
| 社会与公共管理学院 |
| 一等奖 |
| 热则耶·麦麦提　次仁曲珍　平措拉姆　古海尔·吾布力　旦　珍　阿衣努尔·艾在子　刘西华　德吉曲珍　陈　晨　仁青措姆　央　金　次旺拉姆　马　进　古丽先·达吾提　岳　莎　米热古丽·玉素甫 |
| 二等奖 |
| 英提扎　旦增贡桑 |
| 艺术设计传媒学院 |
| 一等奖 |
| 毛　涛 |
| 外国语学院 |
| 一等奖 |
| 伊力夏提·阿布都　热依木 |
| 法学院 |
| 一等奖 |
| 达仓决　次　央　索朗德吉　达　珍　冯惠萍 |

## 11. 2012届本科生毕业班民族班奖学金名单

| 化工学院 |
| --- |
| **一等奖** |
| 钱　云　汪迎鹤　阿依丁别克·穆哈买提　阿依佳妮·阿斯卡尔　尼　尼　郭　超　吾尔肯·塔拉什 |
| **二等奖** |
| 米叶沙·吐逊 |
| **生物工程学院** |
| **一等奖** |
| 白玛卓玛　唐　瑜　阿斯古丽·热希提　扎西达瓦 |
| **化学与分子工程学院** |
| **一等奖** |
| 叶尔古丽·沙巴克　马万群 |
| **二等奖** |
| 安勤勤 |
| **材料科学与工程学院** |
| **一等奖** |
| 迪丽娜孜·艾山江 |
| **机械与动力工程学院** |
| **一等奖** |
| 佟　静 |
| **二等奖** |
| 斯朗次措 |
| **三等奖** |
| 伊明江·伊马木　张伟龙 |
| **资源与环境工程学院** |
| **一等奖** |
| 穆巴拉克·艾则孜　永文泉　扎西桑培　扎西曲措　巴依尔 |
| **商学院** |
| **一等奖** |
| 次仁顿珠 |

**二等奖**

杨志强

**三等奖**

马金龙　阿依木古丽·吉艾西

**社会与公共管理学院**

**一等奖**

索朗卓玛　米纳瓦尔·马木提　董　梅　米热买买提·米吉提　拜合提亚尔·巴拉提　郭建新　孔雪超
叶热努尔　索朗拉珍　穆丽德·努尔岚　索朗次仁

## 12. 2011—2012 学年度校优秀学生名单

**本科生（527 人）**

**化工学院（56 人）**

李　布（10082910）　刘余芳（10091648）　王梦雪（10091705）　王旭超（10091706）　许谢君（10091715）
黄丽媚（10091739）　陶　威（10091757）　冯　晔（10091764）　王杨杨（10091801）　廖永亮（10091820）
王佳远（10091842）　汪一鸣（10091869）　张焕换（10091901）　张征湃（10091942）　吴晓琳（10091996）
杨文剑（10092023）　董春华（10092045）　于金龙（10092046）　孔亚茹（10092055）　秦　雪（10092056）
齐　浩（10098047）　余　点（10100333）　杨　帆（10101638）　禹　跃（10101643）　陈　静（10101698）
刘天奇（10101799）　杨大强（10101800）　薛　金（10101802）　安　萍（10101815）　陈承镇（10101831）
韦存茜（10101875）　陈卓君（10101878）　毛　杰（10101922）　谢　浩（10101989）　包　磊（10103017）
何齐统（12090020）　朱月峰（12090036）　潘俊杰（12100018）　程国冬（12100026）　程　雷（12100028）
曲冬蕾（10110183）　田　梦（10110185）　强　薇（10110245）　张　鹤（10110249）　文　力（10110260）
顾晴怡（10110305）　范若兰（10110335）　冀　瑶（10110337）　李允升（10110379）　胡云鹏（10110408）
束铭杰（10110416）　陈逸璇（10110439）　盛　艳（10110461）　徐　爽（10110543）　朱祥峰（10110588）
欧海鹏（10111716）

**生物工程学院（41 人）**

张小晟（10092082）　吕元娣（10092086）　王晨诚（10092088）　赵宗敏（10092122）　赵海芳（10092135）
朱　理（10092137）　李雁冰（10092157）　杨　骏（10092178）　贾智倩（10092218）　吴　霜（10092224）
胡天健（10092232）　杨希晨（10092260）　李方立（10092270）　李　璋（10092296）　贺清湫（10092336）
杜海龙（10092351）　刘一奇（10092354）　邢雪婷（10092376）　邵　帅（10092386）　刘晓琳（10102480）
王倩倩（10102481）　杨　钊（10102519）　欧阳鹏飞（10102527）　胡　实（10102537）　常子烨（10102542）

刘　光（10102586）　杜　桢（10102527）　杨柳青（10102628）　梁芊芊（10102662）　蔡睿凤（10110617）
刘思羽（10110674）　张若兰（10110680）　蔡志豪（10110689）　朱金元（10110700）　季鲁章（10110785）
李俏颖（10110798）　宋文静（10110826）　金雅思（10110847）　归厚泽（10110853）　李晨阳（10110865）
卢鹏翔（12110009）

**化学与分子工程学院（30人）**

葛杰敏（10092427）　王　蕾（10092458）　顾月青（10092472）　胡靖宇（10092479）　师　鑫（10092513）
江　瑜（10092523）　杜　造（10092599）　吕明武（10092600）　陈林一弘（10092608）　顾睿锐（10092621）
娄　宁（10092626）　邹盼盼（10092657）　李　超（10092717）　张　飞（10092718）　张　杰（10100266）
关雨晴（10100276）　胡佩祎（10100338）　刘章云（10100387）　刘晓然（10100407）　谢李斯琪（10100514）
董武杰（10100530）　黄晓博（10110957）　张一然（10111043）　张　琦（10111068）　邵笑飞（10111096）
周文琦（10111113）　姚朝怡（10111114）　黄　迪（10111188）　应　明（12110027）　许　平（12110032）

**药学院（34人）**

董叶青（10092789）　李宝力（10092810）　杨　文（10092826）　潘喆敏（10092835）　肖云盼（10092843）
韩海燕（10092866）　张玲玲（10092891）　尹　芹（10092898）　王傲雪（10092899）　朱冰清（10092924）
吕　蓓（10092964）　杨小清（10092980）　杨天骄（10102752）　孙彦琪（10103030）　鲁彦丽（10103032）
刘　洋（10103080）　钱　堃（10103081）　朱文文（10103086）　高　明（10103093）　姚　雪（10103107）
徐剑宇（10103143）　方欣欣（10103163）　盛晓笑（10103168）　潘佳伟（10103174）　何云刚（10103190）
周苗苗（10111206）　王小玉（10111234）　张晨霞（10111256）　钱　超（10111263）　董剑浩（10111278）
徐可人（10111290）　亓莹雪（10111292）　代天资（10111385）　沈金晶（10111315）

**材料科学与工程学院（34人）**

魏　超（10093043）　张　槟（10093093）　李恭谨（10093102）　李仕宇（10093103）　张沁彤（10093130）
杨宏容（10093160）　黄　昊（10093164）　王希庆（10093207）　熊儒琳（10093223）　张　涛（10093227）
范俊杰（10093260）　包　峰（10093287）　李　唱（10093294）　张　科（10093311）　马　凯（10098075）
雨文驹（10103448）　王　曼（10103519）　李　岸（10103543）　戴华烽（10103585）　付雪峰（10103599）
江　洋（10103660）　李保康（10111416）　张宋奇（10111455）　郭　栋（10111457）　许庆凯（10111508）
刘　诚（10111513）　李君兰（10111525）　黄添华（10111538）　方程嫣（10111555）　吴　攀（10111606）
肖　鑫（10111619）　王文琪（10111624）　殷立强（10111700）　潘　剑（10111728）

**信息科学与工程学院（76人）**

傅佳烨（10093381）　韩豫鑫（10093384）　肖雅雯（10093448）　邓燕君（10093644）　杨　锋（10093718）
杨　帆（10093746）　陈　鹏（10093748）　钱天威（10093750）　张敬维（10093805）　吴　珊（10093813）

王程诚（10093820） 施登科（10101221） 徐梓源（10101245） 杨凯敏（10101271） 石　晟（10101277）
何春晓（10101279） 米肖肖（10101299） 简葳玙（10101302） 卢周正（10101303） 戴　昀（10101331）
谢　圣（10101337） 朱世杰（10101347） 刘学彦（10101362） 方丽辉（10101372） 孙　菲（10101389）
李飞标（10101429） 沈晶磊（10101492） 王渊博（10101505） 田璐超（10101533） 董梦曦（10101568）
谢振山（10101580） 韩文炳（10101582） 罗　颖（10101596） 郭巍伟（10101611） 张　聪（10101612）
丁培丽（10111774） 方　磊（10111777） 马天慧（10111825） 王宇鑫（10111856） 宋文江（10111858）
刘诗雨（10111865） 江志坚（10111903） 何世明（10111916） 孙程琳（10111923） 王甬玉（10111924）
吴慧鹏（10111991） 李倩倩（10112014） 贺仕逵（10112081） 林　勇（12100004） 王恩龙（12110059）
郑洪雯（10093315） 乔玮亭（10093320） 逄铭雪（10093346） 汪胜佩（10093355） 孙灿荣（10093357）
岑思益（10093380） 徐世豪（10093418） 夏　川（10093447） 程玉立（10093449） 周书恒（10093461）
崔久龙（10093465） 何　洋（10093494） 刘春平（10093522） 施晓良（10093567） 汪圣涛（10093569）
刘　骁（10093601） 秦　强（10093606） 魏李娜（10093609） 赵静文（10093612） 汤敏伟（10093624）
张澄天（10093677） 张进文（10093685） 钱晓凯（10093695） 田　甜（10093707） 关骏超（10093727）
徐珊珊（10099041）

**机械与动力工程学院（52 人）**

刘　茜（10093877） 刘润泽（10093891） 张朝辉（10093907） 冯　缘（10093950） 高晓斐（10094008）
徐婧婷（10094040） 明小祥（10094059） 吴建军（10094110） 谢岳城（10094133） 周　静（10094142）
陈　思（10094146） 朱晓民（10094236） 刘　盼（10094246） 罗金龙（10094291） 王　昶（10100560）
孙长周（10100573） 李叶翔（10100585） 宁诗琪（10100597） 李子涵（10100614） 傅双九（10100625）
张弛凌（10100651） 薛菲尔（10100653） 罗豪鑫（10100691） 孙亚晖（10100730） 黄继波（10100759）
陈学辉（10100762） 张　伟（10100806） 刘馨雨（10100863） 吕　颖（10100864） 丁洪凯（10100886）
王传勇（10100917） 孙悠悠（10100925） 杨　涵（10112103） 丁　楠（10112106） 秦晓娜（10112135）
张远松（10112138） 杨　焘（10112228） 焦　鹏（10112235） 武晓晖（10112249） 苟巍然（10112289）
付明雪（10112306） 史雨晴（10112308） 王卓然（10112311） 蒋友炜（10112328） 张岳宏（10112335）
张路峰（10112371） 董金阳（10112399） 代晓萌（10112424） 方　正（10112443） 刘晓龙（10112496）
顾晓琳（10112803） 刘怡伶（10094147）

**资源与环境工程学院（25 人）**

孙　倩（10094327） 张宗和（10094366） 谢晓影（10094389） 王琰涤（10094390） 吴雨乔（10094418）
檀东东（10094430） 杨化超（10094468） 李　军（10094481） 施浙杭（10094532） 白佳丽（10103195）
林泽桦（10103210） 李证宇（10103211） 严佳佳（10103233） 周　阳（10103298） 刘　玥（10103300）

| | | | | |
|---|---|---|---|---|
| 夏　菁（10103308） | 李　东（10103315） | 樊友雯（10103369） | 范竞存（10112538） | 沈　棒（10112560） |
| 赵瑶瑶（10112577） | 苏柳花（10112613） | 李佳怿（10112621） | 王蓓辰（10112641） | 吴炜城（10112696） |

**理学院（15 人）**

| | | | | |
|---|---|---|---|---|
| 夏　雨（10090008） | 谢　梦（10090119） | 胡伟菁（10090144） | 朱征露（10100002） | 蔡兆克（10100023） |
| 包谷之（10100082） | 马玲玲（10100098） | 林　森（10100131） | 赖维栋（10100142） | 田　凯（10100150） |
| 张　婷（10110002） | 周晓宇（10110009） | 刘钰涵（10110122） | 蒋鸣鹤（10110123） | 于嘉琪（10110179） |

**商学院（69 人）**

| | | | | |
|---|---|---|---|---|
| 王嘉懿（10090177） | 蒋雯倩（10090236） | 郑作昕（10090328） | 赵蔡晶（10090331） | 李佳晨（10090367） |
| 邱　玮（10090433） | 周　颖（10090435） | 詹嘉瑜（10090464） | 曹乐然（10090563） | 千茜倩（10090564） |
| 宋婷婷（10090590） | 沈　丹（10090595） | 马素晓（10090596） | 阮少蓉（10090598） | 陈璐萩（10090629） |
| 蔡锦慧（10090692） | 林君炜（10090735） | 蒋新卉（10090759） | 贾　伟（10090772） | 沈宇豪（10090795） |
| 杨佳佳（10102007） | 陈燕桦（10102008） | 王玲玉（10102028） | 王　淳（10102047） | 刘诗洋（10102053） |
| 沈怡婷（10102097） | 李志鹏（10102105） | 黄李辉（10102168） | 龙　梅（10102207） | 陈小慧（10102208） |
| 解依博（10102212） | 费　璐（10102233） | 刘岩苹（10102239） | 黄忻怡（10102257） | 高雨薇（10102269） |
| 刘嘉丽（10102287） | 姜甜甜（10102293） | 彭　彧（10102314） | 姜　垚（10102326） | 唐亦敏（10102327） |
| 徐一畅（10102350） | 李倩文（10102356） | 罗　帆（10102365） | 邱梦圆（10102385） | 贾傲霜（10102387） |
| 徐蕊艺（10102413） | 王凌亚（10102416） | 姚奕卿（10102422） | 陆佳玮（10102434） | 李佳珏（10102456） |
| 宋志欣（10112725） | 读　人（10112784） | 金　雯（10112835） | 陈　彬（10112849） | 张喆喆（10112859） |
| 安　然（10112875） | 陈　艳（10112896） | 胡禛妮（10112901） | 倪冰玉（10112927） | 钱　全（10112959） |
| 谭　靖（10112970） | 陈　晨（10112967） | 袁含怡（10113001） | 涂婧清（10113006） | 黄　琪（10113058） |
| 梁　龙（10113077） | 关　童（10113091） | 马玉娟（10118048） | 王靖余（10090304） | |

**社会与公共管理学院（45 人）**

| | | | | |
|---|---|---|---|---|
| 莫紫晴（10090837） | 蒋　薇（10090843） | 傅　莹（10090856） | 叶小妹（10090866） | 汪　琪（10090871） |
| 袁　晶（10090893） | 王　滂（10090894） | 黄立娴（10090899） | 刘　薇（10090914） | 邱晓婷（10090968） |
| 俞倩雪（10090971） | 宋　超（10091004） | 陶佳宇（10091007） | 王君婷（10091026） | 王伟剑（10091034） |
| 陈　璐（10091077） | 夏佳琦（10091083） | 余燕丹（10091101） | 江雪灵（10091116） | 吴　红（10091119） |
| 张　瑾（10091121） | 赵　静（10091122） | 吴晓晓（10091136） | 朱灵艳（10100972） | 郑明明（10100992） |
| 周　苗（10100993） | 汪文婷（10101016） | 张静宇（10101020） | 吴　腾（10101076） | 朱辰薇（10101081） |
| 陈　蓓（10101088） | 吴梦晗（10101104） | 崔媛媛（10101145） | 盛　期（10101164） | 王雷生（10101166） |
| 朱明君（10101183） | 贺佳佳（10113167） | 吴怡烨（10113221） | 陶行子（10113291） | 翟　航（10113136） |

| | | | | |
|---|---|---|---|---|
| 高菁颖（10113202） | 傅凌波（10113217） | 鄢　玥（10113264） | 邱佳敏（10113303） | 吴佳蔚（10113317） |

**艺术设计与传媒学院（16人）**

| | | | | |
|---|---|---|---|---|
| 沈驰鑫（10091164） | 姬天怡（10091224） | 宋佩茜（10091268） | 施恩慧（10091316） | 金晨玮（10091323） |
| 程　晟（10103689） | 孙凌雁（10103825） | 杜佳佳（10103867） | 贾　媛（10103868） | 刘心瑶（10113659） |
| 管增益（10113665） | 朱颖秀（10113682） | 温双宇（10113716） | 杨博岸（10113752） | 李小康（10113808） |
| 张　璇（10113821） | | | | |

**外国语学院（16人）**

| | | | | |
|---|---|---|---|---|
| 叶利雯（10091388） | 赵璘枫（10091479） | 王夏楠（10102758） | 贺亚茹（10102787） | 陈　丽（10102796） |
| 沈海燕（10102843） | 李珊妮（10102879） | 周思瑶（10113243） | 吴昊天（10113378） | 顾逸舟（10102846） |
| 宋凌霄（10113327） | 陈丹阳（10113351） | 倪　悦（10113432） | 洪佳灵（10113462） | 唐幸尔（10113470） |
| 李冬雨（10113472） | | | | |

**法学院（5人）**

| | | | | |
|---|---|---|---|---|
| 耿瑞宁（10094589） | 黄　雷（10094609） | 王丹丹（10100161） | 孔一丁（10100200） | 范秋燕（10113515） |

**中德工学院（6人）**

| | | | | |
|---|---|---|---|---|
| 于　一（10091558） | 吴　炀（10102901） | 李心倩（10102938） | 张一轩（10102939） | 陆丹捷（10102940） |
| 黄青云（10113596） | | | | |

**体育科学与工程学院（7人）**

| | | | | |
|---|---|---|---|---|
| 王玥悦（10091618） | 何久勇（10091623） | 颜景昕（10091625） | 黄红媛（10102992） | 李海伦（10102993） |
| 陈伊君（10102997） | 陈隆杰（10113642） | | | |

## 13. 2011—2012学年度校优秀学生干部名单

**本科生（406人）**

**化工学院（55人）**

| | | | | |
|---|---|---|---|---|
| 廖　强（10084098） | 宫含章（10091671） | 潘婵婵（10091677） | 任　骋（10091691） | 徐晓龙（10091717） |
| 刘　慧（10091733） | 方潜淼（10091749） | 贺理珀（10091851） | 林善俊（10091887） | 王　超（10091918） |
| 张贤杰（10091921） | 周冰清（10091932） | 赵晓雷（10091941） | 白云鹏（10091999） | 张春雨（10092036） |
| 田晓雨（10098050） | 聂　琴（10101627） | 郑琛华（10101636） | 陈炳旭（10101644） | 孙　荣（10101658） |
| 喻啸晨（10101676） | 周卫东（10101689） | 董嘉奇（10101699） | 孙诗白（10101718） | 罗惜情（10101752） |
| 于晓莎（10101756） | 陶颖卿（10101757） | 郭辰曦（10101776） | 曹　韬（10101778） | 王晓晗（10101797） |
| 欧阳熠玫（10101816） | 韩向磊（10101836） | 易博宇（10101853） | 金　诚（10101857） | 朱召贤（10101866） |

袁佳凌（10101874） 何梦婷（10101898） 邓欣苗（10101902） 郭文君（10101903） 许　华（10101915）
王　莹（10101950） 王昭晖（10101971） 刘凌峰（10101991） 蒲　爽（12090010） 李松联（12090038）
洪　屹（10110226） 邢蓝吁（10110360） 汪璟瓅（10110366） 王　昊（10110420） 熊家培（10110441）
胡梦菲（10110495） 张晓露（10110523） 彭颖娟（10110585） 开赛尔·艾斯卡尔（10118005）
肖　吉（X2010004）

**生物工程学院（20 人）**

薛　莹（10092071） 陈　悦（10092084） 徐　娅（10092164） 陆叶舟（10092197） 葛婉婉（10092279）
汪　娅（10092343） 阮抒怀（10102501） 徐建超（10102544） 金安琦（10102573） 杨泽华（10102579）
林　冰（10102582） 马瑞青（10102590） 姚有原（10102592） 李静宜（10102661） 张竞生（10102697）
肖帮洁（10102698） 蒋　莹（10102711） 陈　艳（10102717） 杨泽宇（10110835） 周福珍（10110899）

**化学与分子工程学院（42 人）**

黄昶博（10092415） 董开衢（10092444） 张乃千（10092452） 陈雨晴（10092495） 申伟成（10092532）
盛佳尧（10092563） 周　丹（10092583） 谷宇峯（10092686） 夏银江（10092742） 邵正将（10100232）
徐　倩（10100244） 杨　曼（10100247） 王　雪（10100252） 周梦娜（10100282） 赵　见（10100284）
张树静（10100306） 张震东（10100319） 刘　珊（10100330） 张志伟（10100343） 沈　杰（10100357）
吴润青（10100359） 刘芳超（10100374） 张洁慧（10100393） 王　宇（10100409） 江文雅（10100419）
李梦轩（10100444） 徐红星（10100449） 张丽丽（10100453） 徐心羽（10100459） 周　晨（10100498）
王翔飞（10100499） 汤　妍（10100504） 陈佳丽（10100511） 曹亚明（10108007） 高天怡（10110953）
付　伟（10110963） 邢　纯（10110983） 石佳佳（10111022） 王玉奉（10111128） 毛　羽（10111162）
王璐晟（10111169） 邓媛昕（10111172）

**药学院（13 人）**

朱　迪（10092766） 张　日（10092779） 陈世光（10092809） 郝方然（10103015） 丁　立（10103053）
张家毓（10103064） 邢林峰（10103076） 丁一容（10103087） 户　晖（10103123） 王士博（10103148）
闫　雨（10103154） 张梦婷（10111283） 徐　迟（10111296）

**材料科学与工程学院（29 人）**

蒋贵阳（10091140） 郑祎初（10092991） 宋文华（10093040） 崔晓倩（10093050） 牛浩一（10093056）
蔡文甫（10093059） 高　梁（10093064） 鲁　鑫（10093087） 陈丹丹（10093121） 谭婧文（10093128）
刘鹏飞（10093169） 路亚亮（10093171） 冯　茜（10093183） 李嘉曦（10093234） 李明达（10093247）
高维川（10093261） 陈亮峰（10103432） 傅丽娜（10103515） 陈飞燕（10103541） 路　力（10103572）
俎梦杨（10103575） 张伟健（10103620） 孙辛杰（10103640） 陈　阳（10103681） 张延铜（10111434）

顾单飞（10111453） 胡 航（10111608） 余晨晨（10111615） 王艺蓓（10111677）

**信息科学与工程学院（36人）**

康永波（10093383） 李 峰（10093756） 陈文豪（10093775） 毕东旭（10093782） 林 杰（10101185）
李 琦（10101186） 赵 贺（10101193） 唐秉超（10101207） 赵一峰（10101242） 赵 宏（10101258）
李知聪（10101319） 张 磊（10101353） 贾 媛（10101357） 杨鹏志（10101378） 曲友桂（10101414）
吴洪钊（10101454） 唐文武（10101458） 尤文颖（10101506） 胡思维（10101529） 吴 喆（10101557）
王 欣（10101563） 李元达（10101577） 王丝扬（10101598） 王 南（10111742） 韩 松（10111790）
彭 清（10111819） 徐建伟（10111857） 李福沛（10111902） 屈高龙（10112079） 魏 琛（12100003）
刘 頔（10093317） 王维任（10093323） 李君楠（10093483） 朱宇航（10093489） 李 斌（10093641）
胡晓骏（10093736）

**机械与动力工程学院（48人）**

吴 松（10093898） 张亚东（10093916） 王干新（10093962） 吕民东（10093978） 陈 敬（10094009）
唐尚红（10094068） 李福兴（10094139） 陈 岳（10094193） 周元凯（10094228） 陈晓朋（10094280）
樊吉宁（10094281） 邬 洁（10094293） 万 顺（10094312） 程子非（10094319） 辛 俊（10100559）
李清华（10100598） 高 琼（10100599） 徐子亮（10100645） 李魏梓（10100681） 张 博（10100706）
柯敏辉（10100707） 刘颖琛（10100729） 薛志洋（10100811） 袁 斌（10100816） 周 凯（10100829）
潘 铎（10100831） 杨家鹏（10100841） 周辰晓（10100846） 孙元坤（10100850） 王 娜（10100862）
王立人（10100872） 蔡宦麟（10100901） 吴 迪（10100926） 蒋 晶（10109008） 李晓玉（10112108）
张 妍（10112162） 俞菲菲（10112188） 王 玉（10112191） 张 珂（10112199） 范 智（10112232）
郭林灵（10112313） 黎申兴（10112316） 丁 铖（10112368） 吴沛沛（10112369） 吕荣安（10112438）
刘 倩（10112455） 章鸣铭（10112471） 赵 妍（10112489）

**资源与环境工程学院（18人）**

唐琪玮（10094379） 唐巍飚（10094403） 吴 菁（10094412） 周 政（10094458） 王璟珺（10103205）
薛云飞（10103212） 吴陈巍（10103236） 王安琪（10103252） 王 婷（10103257） 赵梦飞（10103274）
沈歆恬（10103301） 郑景元（10103326） 徐 劼（10103371） 韩 冬（10103385） 杨少鹏（10112552）
董文娜（10112597） 李光源（10112679） 高 瑞（10112708）

**理学院（14人）**

金泳成（10090044） 张益东（10090107） 窦晓蕾（10100006） 方琦骏（10100015） 孙泽元（10100072）
吕 铮（10100106） 王梦麟（10100113） 朱 燕（10100124） 王 磊（10100134） 左兆宇（10110020）
孔维鲁（10110067） 曹昕然（10110093）

## 商学院（41 人）

刘文韬（10090193） 牟雨蒙（10090206） 胡　月（10090208） 毕长江（10090312） 翟慧娟（10090343）
蔡　竞（10090368） 王　铁（10090428） 姬睿君（10090443） 黄桑调（10090516） 王文静（10090533）
胡敏月（10090556） 杨敏炎（10090591） 钱祺斌（10090685） 白晓霞（10090715） 谭喆清（10090719）
姜　翠（10090755） 苏　洋（10090770） 高慧君（10090778） 田苏媛（10090783） 何冰倩（10090784）
许丹如（10090788） 程雨晴（10098014） 樊雨蕾（10102087） 徐晓理（10102123） 康　恺（10102152）
黄玮馨（10102153） 杨乔茜（10102203） 叶敏慧（10102228） 金　鹂（10102268） 李春阳（10102317）
季婵婵（10102323） 张盼盼（10102384） 袁　悦（10102390） 徐　璨（10102421） 陈敏燕（10102457）
顾鹏可（10112846） 史明安（10112876） 周　洁（10112999） 姜　硕（10113021） 李书璇（10113079）
陶梦蝶（10113112）

## 社会与公共管理学院（35 人）

严玮玮（10090816） 刘　蓉（10090842） 包烨怡（10090886） 刘懿烝（10090951） 范瑞娟（10090952）
蓝　晨（10090953） 李　琪（10091040） 谢一奇（10100955） 彭娟娟（10100966） 李　旭（10100973）
周显伟（10100978） 张　霄（10101029） 常亚琼（10101030） 江盼盼（10101036） 秦　瑾（10101039）
张育琴（10101051） 任　雷（10101084） 邓亚珊（10101089） 王俊珺（10101101） 方丹凤（10101120）
孙昱洁（10101129） 咸金彤（10101131） 顾嘉乐（10101147） 何烨炯（10101148） 任玉琴（10101152）
唐晓雯（10101153） 彭依敏（10113146） 黄博琳（10113159） 李笑恬（10113168） 何　爽（10113203）
求羽雁（10113225） 陈敏媛（10113229） 李　根（10113250） 李硕秋（10113260） 陆敏渊（10113285）

## 艺术设计与传媒学院（17 人）

尹　骁（10091166） 李抑扬（10091201） 张　旬（10091223） 赵佳斐（10091249） 朱未辛（10091279）
鲁韵洲（10091290） 樊春勇（10091294） 张韵仪（10103699） 夏　芳（10103710） 刘闻天（10103711）
潘逸青（10103738） 刘翔宇（10103743） 鲍如霜（10103793） 范　翔（10103836） 徐志兵（10113725）
魏天弘（10113767） 杨小倩（10113826）

## 外国语学院（17 人）

陈高雅（10090832） 卞佳烨（10091358） 张望晴（10091511） 毛一苇（10091518） 刘高洋（10099035）
俞　越（10101078） 金婉霞（10102764） 王申君（10102765） 张天融（10102823） 苏　洋（10102853）
朱　卉（10102882） 张　妮（10102883） 张　虹（10113422） 江屿蛟（10113350） 陈奕灵（10113372）
戴　杰（10113416） 叶佳媛（10113445）

## 法学院（9 人）

郦雨忆（10094557） 彭　娟（10094560） 李跑快（10094614） 邱靖涵（10100163） 邓超捷（10100198）

庞　慧（10100167）　吉常兴（10100172）　杨玉婷（10100181）　吴　江（10100202）

**中德工学院（10人）**

张雪幔（10091529）　王　琨（10091549）　任驰骋（10102900）　李昕晖（10102929）　李显阳（10102950）
陈唯尔（10102956）　李晴旻（10113539）　余　烈（10113559）　朱慧芸（10113585）　詹富祥（10113599）

**体育科学与工程学院（2人）**

沈雅雯（10102989）　葛妍彦（10113623）

## 14. 2011—2012学年度校先进班集体名单

**本科生（30个）**

**化工学院**

工093　油气093　卓越101

**生物工程学院**

生工100　食品092

**化学与分子工程学院**

材化093

**药学院**

制药100

**材料科学与工程学院**

材优090　无材090

**信息科学与工程学院**

动103　信工091　电自091　动092　计093

**机械与动力工程学院**

过程093

**资源与环境工程学院**

环境093　热能102

**理学院**

数092

**商学院**

商管092　营销091　营销092

**社会与公共管理学院**

公共 092　　社保 102　　社工 092　　行管 092

**艺术设计与传媒学院**

广告 100　　旅游 091

**外国语学院**

德语 100

**法学院**

法 102

**体育科学与工程学院**

国贸运 110

**研究生（22 个）**

**化工学院**

化工 11 春博　　化学工程 105　　2010 级全日制工程硕士

**生物工程学院**

生物化工 11 级

**化学与分子工程学院**

化学院 M112

**药学院**

药硕 115

**材料科学与工程学院**

材料 112　　材料 113

**信息科学与工程学院**

11 级工程硕士及硕博班　　11 控制 2 班

**机械与动力工程学院**

机硕 113　　机硕 111

**资源与环境工程学院**

11 级化工班　　2011 级环境科学与工程

**理学院**

理硕 11 级

**商学院**

10 级工商管理　11 级应用经济

**社会与公共管理学院**

11 级社会保障　11 级社会工作

**艺术设计与传媒学院**

艺术研 11 级

**外国语学院**

英研 11 级

**体育科学与工程学院**

体育人文社会 11 级

# 大事记

Dashi Ji

# 1月

**3日**　英国诺丁汉大学校长戴维特·格林威、副校长余海岁，宁波诺丁汉大学执行校长尼克·迈尔，上海办事处曹国平教授等来校访问。钱旭红校长、涂善东副校长在徐汇校区逸夫楼会见来宾，并就合作办学、合作科研事宜进行商讨。

**6—7日**　以“强化实验基地建设，充实实验师资队伍，提高实验教学水平”为主题的2011年本科教育教学工作研讨会在奉贤校区召开。校党委书记杨贤金、校长钱旭红、校党委副书记沈炜、校党委副书记兼纪委书记林志华、副校长于建国以及各学院教学副院长、系主任、教学骨干、教育教学教授及专家等100余人出席会议。

**6—7日**　由我校和浙江大学、清华大学、中国石油大学（北京）、天津大学、华南理工大学等6家单位承担的国家“973”计划项目“化工过程物质与能量高效利用的集成优化基础研究”启动大会在杭州召开。钱锋教授任首席科学家。

**10日**　李永生和杨弋2位教师入选上海市2011年度“曙光计划”（沪教委科〔2012〕2号）。

**18日**　经党委常委会讨论并票决决定，王爱祥同志任学生工作部（处）部（处）长；免去王爱祥同志学生工作部（处）副部（处）长职务（华委字〔2012〕1号）。

**19日**　上海市教育工会主席夏玲英等教育工会领导一行受上海市教卫党委李宣海书记的委托先后看望慰问钱旭红、田禾两位院士。副校长、工会主席陈英南，上海市教育工会基层工作部部长张渭明，生活保障部部长姜培庆以及校工会常务副主席沈悦萍等陪同。

**20日**　学校第一批进入“卓越工程师教育培养计划”的化学工程与工艺、生物工程、制药工程和过程装备与控制工程等4个专业，作为专业综合改革试点获教育部批准为“高等学校本科教学质量与教学改革工程”2012年建设项目，每个专业获得150万元的建设经费（教高函〔2012〕2号）。

**1月**　全国继续教育工作会议暨高等教育自学考试制度建立30周年纪念大会上，继续教育学院被评为“全国高等教育自学考试工作先进集体”，校自考办主任朱晓枫荣获“全国高等教育自学考试先进工作者”称号。

**同月**　中国大学版协优秀教材评比结果揭晓，由校出版社出版的《社会工作实务》《青少年社会工作案例评析》获中国大学出版社图书奖第二届优秀教材一等奖；《塑料制品与模具设计》《人力资源服务与咨询》《高等反应工程教程》获二等奖。

# 2月

**12日** 由我校、中国科学院上海硅酸盐研究所、四川大学、上海交通大学医学院附属第九人民医院、西南交通大学、华中科技大学等6家单位共同承担的国家重大科学研究计划项目"多级微纳结构生物活性材料促进骨组织快速修复的研究"启动会在上海格兰云天大酒店召开。刘昌胜教授任首席科学家。

**同日** 生物反应器工程国家重点实验室、药学院杨弋教授课题组在合成生物学与光遗传学前沿领域获得重要突破，发明了一种简单实用的光调控基因表达系统，将可以广泛应用于基础研究领域，并可能用于光动力治疗。国际权威学术期刊《自然——方法学》在线发表了课题组独立完成的这项研究成果（IF：20）。这篇关于Light On系统的论文，是我国科学家在该《自然》子刊发表的首篇论文。

**14日** 中共中央、国务院在北京举行国家科学技术奖励大会。2011年学校获得国家科技进步二等奖4项，国家技术发明二等奖2项。其中，于建国教授领衔的项目"盐湖钾镁资源高效与可持续开发利用关键技术"，张嗣良教授领衔的项目"基于细胞生理与过程信息处理的工业发酵优化新技术"，钱锋教授领衔的项目"大型精对苯二甲酸装置节能降耗的优化运行技术"和杜磊教授作为主要完成人的项目"热透波材料基础研究"获得国家科技进步二等奖；程树军教授作为主要完成人的项目"新型可降解涂层冠脉药物洗脱支架的研制"和杜磊教授领衔的项目"新型树脂复合材料的研究"获得技术发明二等奖。

**同日** 教育部发文公布2011年度高等学校本科专业设置备案或审批结果（教高〔2012〕2号），学校新增"景观学"专业，于今年秋季开始招生。

**17日** 2011年度校领导班子及成员述职考核会在徐汇校区逸夫楼报告厅举行。校党政领导班子成员，党委、纪委委员，党委中心组成员，专家学者代表，市级人大代表、政协委员和民主党派负责人，教代会代表，离退休老同志代表和学生代表等与会。会议由校党委书记杨贤金主持。党委书记杨贤金代表学校党政领导班子作述职报告。校长钱旭红，校党委副书记沈炜、蒋文文，副校长陈英南、于建国、马玉录、涂善东、杨存忠、钱锋等校领导班子成员在会上分别从德、能、勤、绩、廉等方面作个人述职报告，与会人员以无记名方式对校领导班子及成员进行了民主测评。党委书记杨贤金，党委副书记、纪委书记林志华由于任职不到半年，根据教育部有关规定未参加个人述职和民主测评。

**同日** 2012年干部大会在和平楼第二会议室召开，校长钱旭红对2012年学校的重点工作进行了解读，党委书记杨贤金主持会议并讲话，党委中心组成员参加了会议。

**20—21 日** 校长钱旭红，副校长涂善东、杨存忠会见了来访的英国诺丁汉大学余海岁副校长、宁波诺丁汉大学执行校长 Nick Miles、药学院院长 Kevin Shakesheff、航空航天领域负责人 Greg Asher 教授、化学系教授 Michael George、资产发展部主任 Tim Brooksbank 以及校长特别助理曹国平等一行。20 日会谈后，代表团参观了生物反应器工程国家重点实验室和煤气化教育部重点实验室。21 日，代表团一行还前往奉贤校区参观了部分办学场地和设施。

**21 日** 学校与上海及美国的农药企业签约，共同为药物化工研究所李忠教授团队创制的新烟碱类杀虫剂——环氧虫啶候选药开发全球市场。根据三方协议，已获此项发明专利授权的上海生农生化制品有限公司独家生产环氧虫啶原药；美国富美实（FMC）公司则负责国际市场，包括完成国际专利申请及各国农药登记与市场开发等。同时，中美产学研三方还发起成立了“作物保护全球发展创新联盟”。校长钱旭红院士表示，这项合作将依托校企各自优势，联手研制新的活性物质，形成更多作物保护的解决方案，促进中国农药创新品种走向世界。签约仪式由校长助理宋恭华教授主持。科技部农村中心蒋丹平副主任、中国农药工业协会副理事长孙叔宝、中化化工总院李钟华副院长、上海市知识产权局朱启高副局长、江苏省经济和信息化委员会杨东方处长也祝贺联盟的成立。

**同日** 巴斯夫全球化工研发总裁 Friedrich Seitz 博士、巴斯夫工业催化剂研发高级副总裁 Friedbert Nees 博士、巴斯夫汽车催化剂副总裁 Klaus Harth 博士、巴斯夫科技合作部总监马莲博士、巴斯夫科技合作部助理经理徐小川博士一行来校交流访问。校长钱旭红、副校长涂善东出席在逸夫楼第三会议室举行的交流会，科技处处长牟伯中、副处长任虎，国际合作与交流处副处长包华，化学工程联合国家重点实验室常务副主任周兴贵教授，以及化学与分子工程学院郭耘教授、化工学院乔文明教授参加交流。

**同日** 天津大学副校长刘东志与该校新校区建设指挥部总指挥杭建民、副总指挥邢敏等一行 6 人来到我校奉贤校区考察。党委书记杨贤金、副校长杨存忠、校长助理朱广忠及相关职能部门负责同志在奉贤校区接待客人。

**22 日** 经研究决定，由于年龄原因，免去钱存柏同志国家大学科技园金山科技园管理委员会主任职务、鲁月琴同志财务处副处长职务（校组〔2012〕1 号）。

**23 日** “‘211’工程”三期“校内公共服务体系建设”中的“文献资源保障与服务体系”“校园信息化公共服务体系建设”“高性能计算平台建设”以及“交互式远程教学系统”四个子项目通过验收。

**同日** “‘211’工程”三期“校内公共服务体系建设之仪器设备共享平台建设”项目和“校生物细胞和化合物库建设”项目通过验收。

**27日** “‘211’工程”三期“化学生物技术与工程”子项目通过验收。

**28日** 在沈寅初院士、浙江工业大学傅正伟教授的陪同下，日本金沢大学校长中村信一、副校长田中隆治以及药学院太田嗣人教授来校访问。校长钱旭红院士会见了客人一行。

**同日** “‘211’工程”三期“过程控制与智能信息系统”子项目通过验收。

**29日** “‘211’工程”三期“师资队伍建设”子项目通过验收。

**同日** “‘211’工程”三期“资源、能源高效利用与污染控制”子项目通过验收。

**同日** “‘211’工程”三期“高性能特种材料”子项目通过验收。

**同日** “‘211’工程”三期“面向复杂体系的化学工程与技术”子项目通过验收。

**2月** 在2011年上海市红十字达标校的创建工作中，学校顺利通过考评，正式被命名为“上海市红十字工作达标校”。

## 3月

**1日** “‘211’工程”三期“先进过程装备技术”子项目通过验收。

**同日** “‘211’工程”三期“创新人才培养”子项目通过验收。

**5日** 学校就《2012年深化教职工收入分配制度改革的实施方案（讨论）》听取意见一事召开专题会议。会议由党委书记杨贤金主持，校长钱旭红、副校长马玉录出席并讲话。各学院书记、院长和一机关、二机关、后勤甲方、后勤乙方的分党委书记出席会议。

**同日** 校青年教师教学能力培训基地启动仪式在逸夫楼报告厅举行。党委书记杨贤金，副校长于建国、马玉录，国家级教学名师房鼎业，教务处处长乐清华、副处长林大钧、副处长刘百祥，人事处副处长朱学栋，各学院教学副院长、系主任，教师培训基地负责人及全体指导教师，以及全体拟接受培训的青年教师参加启动仪式。本次学校启动的青年教师培训基地分为化工、生物制药、化学、材料、信息、机械、人文社科、经济管理、数理科学等9大类专业，首批共有100余名青年教师受训，指导教师127人。

**7日** 在和平楼第一会议室，中国科学院院士田禾，教育部“长江学者奖励计划”特聘教授刘洪来、刘昌胜、许建和、王辅臣以及国家杰出青年科学基金获得者林嘉平、马铁驹等7位教师，分别与副校长马玉录签署年薪协议，学校人事制度改革就此迈出了重要一步。党委书记杨贤金出席签约仪式并参加座谈。

**9日** 党委书记杨贤金赴京看望参加“两会”的部分校友人大代表、政协委员及学校政协委员。其中包括全国政协委员、校董会主席、中国工程院工程管理学部主任、中国工程院院士王基铭，全国政协提案委员会副主任、北京市原政协主席阳安江，全国政协常委、人口资源环境委员会副主任、建设部原副部长、党组副书记刘志峰，全国政协委员、青海省副省长高云龙，全国政协委员、中国科学院院士朱道本，全国政协委员、中国工程院院士舒兴田，全国政协委员、上海市科委主任寿子琪，全国人大代表、东华大学教授严诚忠以及学校全国政协委员、副校长钱锋，全国政协委员、实验室与装备处处长蓝闽波等。

**11日** 学校印发《60周年校庆工作方案》（校发〔2012〕3号），对校庆相关建设及活动作全面部署。

**11—13日** 包括2000年诺贝尔化学奖获得者Alan J. Heeger等在内的200多位国内外专家、学者齐聚学校，出席由我校主办的光电功能分子国际研讨会，对有机光电功能材料领域的最新进展和未来发展趋势等问题进行了深入的研讨。校长钱旭红院士、田禾院士担任大会组委会主席，曲大辉副教授担任大会秘书长。

**14日** 经党委常委会讨论并票决决定，张广利同志任社会与公共管理学院分党委书记，免去朱眉华同志社会与公共管理学院分党委书记职务（华委字〔2012〕12号）。

**15日** 广东省东莞市市委书记徐建华，市委副书记姚康，市委常委、秘书长王检养，副市长成洪波及市经济和信息化局、科技局、教育局负责人一行在上海市教委科技发展中心张勇华副主任的陪同下来学校洽谈产学研合作会议。会议由陈英南副校长主持，杨贤金书记、于建国副校长出席会议。

**同日** 党委书记杨贤金、副书记沈炜接待来校访问的石河子大学党委书记何慧星一行。双方在和平楼第一会议室交流对口支援工作的进展，并进一步商讨相关合作事宜。

**16日** 经校党政联席会议讨论通过并报教育部科技司批准同意，许建和同志任生物反应器工程国家重点实验室主任（校组〔2012〕3号）。

**18日** 工材090班部煜同学获第三届全国大学生数学竞赛非数学专业类一等奖，化工104班乐利吉同学获三等奖。

**20日** 淄博市委常委、高新区工委书记、管委会主任庄鸣率领淄博高新区管委会、高新区科技局、技术创业服务中心、招商局相关负责人以及部分企业代表来校访问。党委书记杨贤金、副校长涂善东等在和平楼第一会议室接待客人。

**21日** 天津大学党委书记刘建平一行6人来校考察，重点考察了联合反应工程国家重点实验室和洁净煤研究所，党委书记杨贤金陪同考察。

**23日** 2012届春季研究生毕业典礼暨学位授予仪式在逸夫楼报告厅举行。经校第十一届学位评定委员会第七次会议审议表决，本次共授予博士学位85人、硕士学位1 768人。校学位评定委员会主席、校长钱旭红院士，副主席于建国教授，以及校学位评定委员会委员林嘉平教授、侍洪波教授、刘勇弟教授为学位获得者颁授学位。

**同日** 校七届三次教代会、十四届三次工代会开幕，并举行了第一次会议。全体正式代表、列席代表和特邀代表出席大会。

**25日** 2012年春季网络教育新生开学典礼在八教201室举行，同时向35个教育中心进行网络直播。本届共招收5 000余名新生。

**27日** 《福布斯》中文版发布2012年中国最佳商学院排行榜，校MBA项目荣登榜单，其中在职MBA项目排名第12位，全日制MBA项目排名第15位。

**27—28日** "十二五""863"计划专家委员会和主题专家组成立大会暨专家培训会在北京召开。副校长、资源与环境工程学院的于建国教授当选资源环境技术领域"资源综合利用技术主题"的主题专家，生物工程学院的庄英萍教授当选生物和医药技术领域"工业生物技术主题"的主题专家。

**3月** 为提高本科教学质量，继青年师资教学培训基地成立之后，学校发文正式启动"2012年名师风范杯"（校教〔2012〕5号）及"2012青年教师课堂教学风采杯"（校教〔2012〕6号）授课大赛，为教师尤其是青年教师搭建展示平台。

**同月** 国家知识产权局发文公布全国第三批"百千万知识产权人才工程"百名高层次人才培养人选。法学院副教授张晓东老师成为上海市仅有的两位入选者中的一名。

## 4月

**1日** 中科院院士计亮年教授受聘校名誉教授仪式在逸夫楼演讲厅举行。校长钱旭红院士，化学与分子工程学院院长田禾院士、分党委书记唐燕辉教授以及化学与分子工程学院刘劲刚教授等出席受聘仪式。钱旭红代表学校致辞，并为计亮年教授颁发名誉教授证书。

**5日** 由文汇报社和学校联合主办的第52期文汇讲堂在徐汇校区逸夫楼报告厅举行。中国科学院外籍院士、美国加州大学教授钱煦分享了他的科研与人生经历。中国工程院院士、校长钱旭红作为对话嘉宾，应邀与钱煦进行交流。当天，钱煦院士受聘校名誉教授，钱旭红校长为其颁发了聘书。钱煦院士还为学校60周年校庆题词："集七校精英创建华东，庆六秩华诞卓越理工。"文汇网对本次文汇讲堂进行现场视频直播，新浪网微博也进行了直播，凤凰卫视、东方卫视、《解放日报》、《东方早报》等媒体作了报道。《文汇报》总编辑徐炯，党委副书记、纪委书记谢海光，学校党委副书记沈炜、副校长钱锋等在现场就座。

**6 日**　名誉校长成思危来校指导工作，并发表 60 周年校庆致辞。杨贤金、钱旭红、沈炜、钱锋、宋恭华等校领导，党办、校办、校庆办、网络教育学院、商学院负责人以及虚拟商务研究中心周炜星、陈智高等教授参加座谈。在座谈会前，成思危还参观了网络教育学院 10 年办学成果展。

**同日**　校七届三次教职工代表大会、十四届三次工会会员代表大会闭幕式在徐汇校区逸夫楼报告厅举行。正式代表、列席代表和特邀代表出席大会。

**10 日**　学校在《光明日报》《中国石化报》《文汇报》及腾讯网、校园新闻网和学校 5 个官方微博上同时发布《华东理工大学 60 周年校庆公告（第一号）》。

**10—13 日**　应邀请，杨贤金书记率团访问德意志学术交流中心（DAAD）、德国柏林工业大学、德国萨尔大学和德国吕贝克应用科技大学等合作单位。同时，还拜访中国驻德国大使馆教育处并顺访德国高校校长联席会议（HRK）。党委办公室主任陈麒、中德工学院院长吴唯随同访问。

**12 日**　钱旭红校长会见来访的法国总领馆法国教育服务中心 Siegfried Fau 先生，法国工程师学校联盟（FGL）主席 Jean-Marc Le Lann 教授，中法"3 + 3"项目法方负责人 Daniel Plusquellec 教授，CPE 里昂 Christine Legrand 教授，以及上海阿克玛公司（ARKEMA）人力资源总监 Willie Ye，人力资源部经理 Linda Liang，人事助理 Chloe Zhou、Gillian Shen、Solene Mathieu。参加会议的有国际合作与交流处副处长包华、化工学院副院长赫崇衡、外语学院王春桥，以及第一届中法班黄喆等 10 名学生代表。

**15 日**　深圳科技工业园有限公司董事长兼党委书记张远惠博士客座教授聘任仪式暨学术报告会在三教三阶下举行。校长钱旭红院士，深圳科技园原副总经理詹其乐先生，深圳科技园企业发展部部长尹跃先生，商学院周炜星教授、范体军教授等参加受聘仪式和学术报告会。钱旭红校长为张远惠颁发了客座教授聘书并为其佩戴校徽。受聘仪式后，张远惠作主题为"公司治理"的报告。

**16 日**　副校长涂善东与英国诺丁汉大学副校长余海岁分别代表两校签署合作协议备忘录，标志着双方的合作迈上了新台阶。出席会议的还有英方校长 David Greenaway、副校长 Chris Rudd、副校长 Karen Cox、宁波诺丁汉执行校长 Nick Miles、亚洲商业中心主任 Jason Feehily、国际处官员 Julie Sowter、校长特别助理曹国平等和学校国际合作与交流处处长焦家俊、教务处副处长刘百祥、研究生院副院长栾伟玲、科技处副处长任虎、信息科学与工程学院副院长刘漫丹、机械与动力工程学院副院长夏春明、药学院邓卫平教授等。

**19 日** 2011 年度科技工作总结暨表彰大会在逸夫楼演讲厅召开。

**同日** 钱旭红校长、涂善东副校长会见罗地亚集团亚太区总裁 Michel Ybert 及罗地亚上海研究与开发中心环境研发主任、学校校友杨剑明博士，罗地亚（中国）投资有限公司企业传讯及公共关系部市场传讯经理王卫竹女士一行。

**20 日** 第 26 届体育节开幕式在奉贤校区体育馆举行。校长钱旭红，党委副书记蒋文文、沈炜，副校长马玉录、杨存忠，以及奉贤校区管委会、教务处、校工会、学工部、宣传部、团委及各学院负责人出席开幕式。

**24 日** 学校发文发布《校“十二五”改革与发展规划》（校规〔2012〕2 号）。

**同日** 校党委书记杨贤金带领化工学院书记张达中、党办副主任陈俊傲、校庆办主任倪炜一行，在四川自贡、成都两地对四川理工学院与成都校友会展开考察交流活动。

**26 日** 中石油吉林石化党委书记孙树祯、大港石化总经理段良伟等一行 9 人来校访问。校党委书记杨贤金、副校长于建国、校长助理宋恭华等在和平楼第一会议室会见客人。

**27 日** “十二五”规划目标任务书签约大会在逸夫楼演讲厅举行。党委书记杨贤金、校长钱旭红等校领导，各学院书记、院长，校总体规划组成员，各职能部门领导，省部级以上重点实验室主任、工程中心负责人，国家“973”计划项目首席科学家，“百千万人才工程”国家级人选，“长江学者奖励计划”特聘教授与讲座教授，国家杰出青年科学基金获得者等人员出席会议。签约大会由副校长钱锋主持。杨贤金、钱旭红代表学校分别与各学院院长和书记签订规划目标任务书。

**4 月** 经上海市委组织部审批，同意学校选举结果，党委书记杨贤金同志当选学校出席中国共产党上海市第十次代表大会代表。

**同月** 民政部批准中国生物材料学会成立。在北京召开的中国生物材料学会成立大会上，材料科学与工程学院刘昌胜教授当选为第一届理事会常务理事兼青年委员会主任委员。

## 5 月

**10 日** “煤的清洁高效利用与石油化工关键技术”优势学科创新平台通过验收。

**11 日** 校网络教育十周年庆典在逸夫楼报告厅举行。

**14日** 中共中央政治局委员、国务委员刘延东，全国政协副主席、科技部部长万钢，教育部副部长郝平在上海市委副书记、市长韩正，上海市委副书记殷一璀等陪同下，来学校视察，并发表重要讲话。校党委书记杨贤金、校长钱旭红等校领导陪同视察生物反应器工程国家重点实验室、煤气化及能源化工教育部重点实验室等处。在视察过程中，刘延东还应学生邀请，为师生题词：攀登科技高峰，为振兴中华做贡献。

**17日** 根据校长办公会精神和要求，撤销理工优秀生部，其有关职能并入工程教育学系（校规〔2012〕4号）。

**18日** 上海市欧美同学会华东理工大学分会换届选举。华理分会全体会议选举产生16名理事，继而召开的新一届理事会第一次工作会议明确涂善东任新一届理事会会长，副会长为马玉录、田禾，秘书长为焦家俊，袁渭康任名誉会长。

**23日** 经党委常委会讨论并票决决定，增补包瑞荣同志为外国语学院党总支委员，任书记；免去包瑞荣同志党委办公室副主任职务。另经研究决定，由于年龄原因，免去梁政同志法学院党总支书记、王锡庆同志后勤（甲方）党总支副书记（兼）职务（华委字〔2012〕24号）。

**同日** 经党委常委会讨论并票决通过，杨发祥同志任社会与公共管理学院副院长，陈迎年同志任马克思主义学院副院长，段义严同志任档案馆副馆长。免去张广利同志社会与公共管理学院副院长（兼）职务；免去郭强同志马克思主义学院副院长职务。另经研究决定，由于年龄原因，免去王锡庆同志后勤保障处副处长职务（校组〔2012〕6号）。

**同日** 中科院院士周其林教授受聘校名誉教授仪式在逸夫楼演讲厅举行。校长钱旭红院士、化学与分子工程学院院长田禾院士及分党委书记唐燕辉教授等出席受聘仪式。授聘仪式后，周其林作了题为《优势手性催化剂的设计合成》的学术报告。

**25日** 由校庆办、校工会、校团委、党委宣传部联合举办的“喜迎校庆唱响明天”校园歌会在徐汇校区大礼堂举行。本次歌会评委由上海市音乐家协会的专家担任。获得此次校园歌会一等奖的为商学院和一机关，二等奖的为信息科学与工程学院、化学与分子工程学院、继续教育学院、机械与动力工程学院，三等奖的为体育科学与工程学院、社会与公共管理学院、材料科学与工程学院、艺术设计与传媒学院、后勤及化工学院。

**26日** 钱旭红校长和马玉录副校长会见来访的由美国肯塔基大学校长 Eli Capilouto 率领的代表团，并签署了合作框架协议。

**27日—6月1日** 应日本札幌大学校长桑原真人、金沢大学校长中村信一和星药科大学校长田中隆治的邀请，钱旭红校长率药学院常务副院长徐玉芳、外国语学院蒋青和国际合作与交流处奚国平一行先后对三所大学进行了友好访问，并作为特邀嘉宾出席金沢大学150周年校庆纪念活动。

**28日** 第五届校董事会成立大会在逸夫楼演讲厅举行，第九届、第十届全国人大常委会副委员长、名誉校长成思危到会并发表讲话。会议选举产生了第五届校董事会主席和副主席。其后，第五届校董事会召开了第一次会议，审议修订了《华东理工大学董事会章程》，并审议通过了董事会秘书长、副秘书长人选。

**30日** 全国高校博物馆育人联盟成立大会在沪召开，全国70家高校加入联盟，我校作为联盟单位之一出席了本次会议。

**5月** 从国务院学位办获悉，2011年学校自主设置的6个二级学科博士点（高分子化工、工业设计、社会工作（学）、社会管理与社会政策、先进复合材料、能源化学工程）和2个二级学科硕士点（核技术应用、资源循环科学与工程）已备案通过，准予2013年起招生。

**同月** 中国社会科学研究评价中心公布2012—2013年CSSCI来源期刊目录，学校社会科学版学报榜上有名。

## 6月

**4日** 四川龙蟒集团总裁范先国先生受聘校兼职教授仪式在实验十六楼106会议室举行。校党委书记杨贤金、副校长于建国、专业交叉领域委员会工学部主任沈本贤、化工学院院长辛忠及化工学院部分师生出席仪式。化工学院分党委书记张达中主持仪式。仪式后，范先国教授作了题为《硫磷钒钛产业开发现状与展望》的报告。

**5日** 国家教育咨询委员会创新人才培养模式改革组副组长李延保一行来校调研我校承担的国家教育体制改革试点项目进展情况。学校在逸夫楼第三会议室举行汇报会。校党委书记杨贤金主持会议并致辞，校长钱旭红、副校长于建国及工程教育学系主任谭文松、国际合作与交流处处长焦家俊、发展与规划处处长周玲、教务处副处长刘百祥等参加会议。

**同日** 《国家中长期教育改革和发展规划纲要（2010—2020年）》起草人、中央教科院院长、国家教育体制改革办公室副主任袁振国教授为我校干部作专题报告。校党委书记杨贤金主持报告会。校党政领导班子成员、中心组成员及副处级以上领导干部、全体学生辅导员聆听了报告。

**同日** 校党委书记杨贤金召集马克思主义学院党政班子成员，传达6月2日在北京参加的中共中央马克思主义理论研究和建设工程工作会议精神。

**同日** 第九次世界生物材料大会在四川成都新世纪会展中心顺利落幕，材料科学与工程学院刘昌胜教授出席会议，并荣获国际生物材料科学与工程学会联合会授予的终身荣誉称号“生物材料科学与工程 fellow”。

**6 日** 研究生院杨晶同志荣获“2012 年全国高等教育学籍学历管理先进个人”称号。

**8—11 日** 2012 年对口支援青海大学工作会议在青海省海西州格尔木市举行。校党委书记杨贤金、副书记蒋文文、副校长于建国参加会议。党委副书记蒋文文代表学校同青海大学校长梁曦东签订了 2012 年对口支援工作协议。青海大学党委书记乔正孝向我校在青海大学挂职的教师刘够生颁发了纪念证书。杨贤金一行还会见了在青海工作的校友代表并为高云龙校友和李小松校友颁发了校董会董事证书。青海省委书记强卫会见代表团一行，校友、青海省副省长高云龙参加了会见。

**17 日** 上海华东理工大学校友会成立大会暨首届会员代表大会在徐汇校区逸夫楼报告厅召开。会议审议通过了《上海华东理工大学校友会章程》，选举产生了第一届理事会理事、秘书长、正副理事长。钱旭红当选理事长，卢冠忠等 17 人当选副理事长，钱锋当选秘书长。

**18 日** 2012 届本科生毕业典礼在逸夫楼报告厅隆重举行。校党委书记杨贤金、校长钱旭红，校党委副书记沈炜、蒋文文、林志华，副校长陈英南、于建国、马玉录、涂善东、杨存忠、钱锋，以及各职能部处、学院领导、教师代表、学生家长代表出席毕业典礼。全校 4675 名本科毕业生顺利完成学业。

**21 日** 2012 届外国留学生毕（结）业典礼在逸夫楼报告厅隆重举行。副校长、国际教育学院院长涂善东教授出席仪式并致辞。2012 年，在校学习的外国留学生超过 1 200 人，400 多名留学生在校攻读各类学位，短期语言文化班学生超过 240 名。其中，本科留学生 44 名，硕士研究生 28 名，博士研究生 2 名顺利完成学业。

**22 日** 教育部科技司司长王延觉、基础处处长明炬等来校指导工作，并参观了生物反应器工程国家重点实验室、煤气化及能源化工教育部重点实验室。校长钱旭红，副校长于建国、涂善东、钱锋等参加工作汇报。

**24 日** 校龙舟队在团长王跃和耿元元、领队高杰荣及教练陈家云的带领下，获得第三届世界大学生龙舟锦标赛男子 2 000 米环绕赛第三名，男子 200 米第六名。

**28 日** 2012 届夏季研究生毕业典礼暨学位授予仪式在逸夫楼报告厅举行。经校第十一届学位评定委员会第八次会议审议表决，同意授予 117 人博士学位，授予 554 人硕士学位。校党委书记杨贤金，校长钱旭红，校党委副书记沈炜、蒋文文，副校长陈英南、马玉录，各学院院长、书记、分管研究生工作的副院长以及毕业生家长代表出席毕业典礼。仪式由副校长兼研究生院院长于建国主持。

## 7月

**5—6日** 校党委书记杨贤金率团赴天津大学、南开大学和天津工业大学等高校学习考察。党委副书记蒋文文、党委副书记兼纪委书记林志华以及各二级党组织书记和党务部门负责人参加了考察。

**7日** 校EMBA入选2012年度“中国市场最具领导力EMBA”排名前十强。

**15日** 校网络教育2012届学生毕业典礼在大礼堂举行。校长助理宋恭华，网络教育学院领导、部分校外教育中心主任以及600余名毕业生参加毕业典礼。

**20日** 教育部科技司组织专家对材料科学与工程学院刘昌胜教授领衔的“新型纳米无机生物材料的可控制备及应用基础研究”创新团队进行结题验收。专家组听取了团队负责人的工作汇报，一致同意通过验收。

## 8月

**13日** 由我校牵头组建的替代石油路线大型化工过程与装备技术协同创新中心（以下简称“协同创新中心”）在上海举行研讨会，并签署了协同创新中心章程。该中心的核心高校包括我校、清华大学、浙江大学、大连理工大学、华南理工大学，协同企业包括中国石油化工集团公司等，协同行业协会包括中国石油和化学工业联合会等，协同创新中心向所有企业开放。中心设立理事会、科技委员会和学术行政机构等。理事长由我校校长钱旭红院士担任，袁渭康院士担任协同创新中心首席科学家，辛忠教授担任协同创新中心主任。

**15日** 学校与中石化共建的气化技术研究中心成立揭牌仪式在学校举行。校长钱旭红院士，中石化科技开发部谢在库主任、王玉庆副主任，中石化宁波工程公司肖珍平总工程师，中石化扬子石化姚小利处长等领导出席仪式。

**16日** 2011年世界大学生夏季运动会总结大会在厦门召开。校乒乓球队获“先进集体”称号，教练员臧玉瑛、运动员饶静雯分获“优秀教练员”和“优秀运动员”称号；同时，学校还获得深圳第26届世界大学生运动会“突出贡献单位”奖。

**17日** 教育部发文公布“十二五”国家级实验教学示范中心名单（教高函〔2012〕13号），材料科学与工程学院材料实验教学中心获准立项。

**22 日** 上海市教育委员会和上海市教育发展基金会联合发文公布2012年度“晨光计划”项目名单（沪教委科〔2012〕59号），龙东辉、郑致刚、朱明亮和蒋志强等4位教师榜上有名。

**24 日** 教育部副部长杜占元一行来校视察工作，听取学校汇报，并参观生物反应器工程国家重点实验室和煤气化及能源化工教育部重点实验室。陪同视察的还有教育部科技司司长王延觉、办公厅栾宗涛、科技司徐晓创，以及上海市教委科技处处长王兴放、办公室副主任李洪亮等。袁渭康院士，校领导钱旭红、蒋文文、林志华、陈英南、于建国、马玉录、涂善东、杨存忠等出席活动。

**同日** 中德工学院举行2008级学生毕业典礼。2008级共有66名（德电33名，德环33名）学生赴德进入第二阶段学习，按时毕业64名（德电32名，德环32名）。

**26 日** 由科技部和青海省联合召开的青海“创新型盐湖化工循环经济特色产业集群”建设动员大会暨启动仪式在青海省格尔木市会议中心举行。于建国教授应邀出席大会，被青海省政府聘为该产业集群建设的专家组组长，并作为专家代表作题为《加强产学研合作，促进盐湖科技发展》的大会发言。科技部副部长曹健林、青海省副省长高云龙出席大会。

**27 日** 理学院教师鲍亮获得首届全国高校青年教师教学竞赛理科组三等奖。

**28 日** 奉贤区委副书记、区长庄少勤，副区长徐剑萍率奉贤区各有关部门负责人来校访问，商谈合作事宜。校长钱旭红院士、副校长杨存忠及校相关部门负责人出席座谈。

**29 日** 上海市教育发展基金会发文公布2012年度上海市育才奖获得者名单（沪教基〔2012〕15号），庄启昕、沈林、曾步兵、孙荣林、刘漫丹、栾伟玲、伍新燕、谢静莉、朱洵韬、周晓梅、王爱祥和朱姝等12位老师榜上有名。

**30 日** 中共华东理工大学第九届委员会第十六次扩大会议在六大召开，校党政领导、中心组成员、教代会代表、各民主党派和无党派代表、学生代表共150余人参加会议。

**同日** 中国航天科技集团公司在北京召开航天型号配套物资供应商表彰会，学校荣获“首次载人交会对接任务天宫一号、神舟九号和长征二号F研制配套物资供应商”荣誉奖。

**8 月** 暑期创新竞赛我校学生在国家级、省部级、上海市级竞赛中取得喜人的成绩。在“中石化-三井化学杯”第六届全国大学生化工设计竞赛中，校Melody队摘得全国总决赛特等奖；在第七届全国“飞思卡尔杯”智能汽车竞赛中，校华理一队和Surprise队双双捧得全国二等奖；在第五届中国大学生计算机设计大赛中，校参赛队分别获得一等奖1项、二等奖2项、三等奖5项；在第五届全国大学生节能减排社会实践与科技竞赛中，学校选送的3个项目分别获一等奖、二等奖和三等奖；在第三届中国大学生物理学术竞赛中，校代表队获二等奖；在第五届“高教杯”大学生先进成图技术与产品信息建模大赛中，校代表队获得团队二等奖和多个个人奖项；在2012全国大学生电子设计竞赛——“TI杯”模拟电子系统设计中，我校学生获得全国三等奖1项，市级一等奖2项、二等奖2项；在2012年英特尔大学生电子设计竞赛嵌入式系统专题邀请赛中，我校学生设计的作品获全国三等奖。

## 9月

**3日** 2012级2 800余名研究生新生报到入学。

**同日** 上海市教委发文公布上海高校一流学科名单，“化学工程与技术”学科入选A类建设计划，“化学”“材料科学与工程”“动力工程及工程热物理”“控制科学与工程”“环境科学与工程”及“药学”等6个学科入选B类建设计划（沪教委科〔2012〕62号）。

**5日** 上海市人力资源和社会保障局、上海市科学技术委员会联合发文公布2012年度上海市浦江人才计划资助人员名单（沪人社外〔2012〕454号），杜伟宇、任虎和闫宏斌获C类资助，龙东辉、张显程和朱维平获D类资助。

**7日** 根据学校事业发展需要，经党委常委会讨论决定，成立发展联络处（英文名称：Development and Liaison Office）（校组〔2012〕8号）。

**8—9日** 2012级3 934名本科新生报到入学。

**10日** 2012级本科生开学典礼在奉贤校区举行。校党委书记杨贤金，校长钱旭红院士，党委副书记沈炜、蒋文文，副校长陈英南、马玉录、涂善东、杨存忠、钱锋与国家教学名师黑恩成等及各学院领导出席典礼。

**同日** 2012年教师节庆祝大会在徐汇校区大礼堂举行。校领导杨贤金、钱旭红、沈炜、蒋文文、陈英南、马玉录、涂善东、杨存忠、钱锋，二级单位、系所中心负责人，优秀青年教职工代表和学生代表出席大会。校党委书记杨贤金主持会议并讲话，校长钱旭红作主题报告。

**11日** 英国女王大学校长Peter Gregson携医药健康和生命科学学院院长Sean Gorman教授等一行来校访问。校长钱旭红在徐汇校区逸夫楼第三会议室会见来宾。Peter Gregson还为学校60周年校庆题词并表示祝贺。

**12日** 美国里海大学校长Alice Gast率副校长Mohamed El-Aasser等13人来校访问。校长钱旭红，副校长马玉录、杨存忠及中国工程院院士袁渭康等接待来宾，并在逸夫楼报告厅举行聘请Alice Gast校长为校名誉教授仪式。客人还参观了煤气化教育部重点实验室、国家重点化学工程联合实验室和奉贤校区体育馆、图文信息中心等处，并观看了通海湖龙舟课。

**同日** 校教师职务和其他专业技术职务聘任委员会审议并票决，决定聘任19名同志为正高级专业技术职务。其中，教授（16人）：刘涛、凌昊（化工学院），马兴元（生物工程学院），刘培念、尚亚卓（化学与分子工程学院），庄启昕、袁媛（材料科学与工程学院），王慧锋（信息科学与工程学院），谢林生（机械与动力工程学院），陈雪莉（资源与环境工程学院），叶金星（药学院），钮月萍（理学院），高松（商学院），于杨曜（法学院），汪志勤（外国语学院），曾守锤（社会与公共管理学院）。教授（专职思政）（1人）：程毅（化学与分子工程学院）。研究员（1人）：于新海（机械与动力工程学院）。享受教授待遇的高级实验师（1人）：杨富琴（信息科学与工程学院）（校人〔2012〕41号）。

**同日** 校教师职务和其他专业技术职务聘任委员会审议并票决，决定聘任40名同志为副高级专业技术职务。其中，副教授（26人）：孙伟振、赵世成、赵双良（化工学院），周英（生物工程学院），王飞军、邹雷（化学与分子工程学院），邹媛媛（信息科学与工程学院），陈建钧、尚淑珍（机械与动力工程学院），孙泽、周彦波（资源与环境工程学院），邵旭升、张敏（药学院），郑致刚、姬超（理学院），闫宏斌、陈亮、郝斌（商学院），朱晓琴、华静（外国语学院），刘德吉（社会与公共管理学院），吴亮（法学院），方田红（艺术设计与传媒学院），方以启、徐国民（人文科学研究院），刘文珂（体育科学与工程学院）。副教授（专职思政教师）（4人）：王爱祥、李永慧（学生工作部（处）），赵菡（信息科学与工程学院），曹化勤（团委）。副研究员（7人）：陈立芳（化工学院），杭海峰（生物工程学院），肖艳、赵春花（材料科学与工程学院），王蓓、罗娜（信息科学与工程学院），贾九红（机械与动力工程学院）。高级实验师（2人）：宁雷（化工学院），熊焰（化学与分子工程学院）。副研究馆员（1人）：康健（图书馆）（校人〔2012〕42号）。

**13日** 经党委常委会讨论并票决决定：增补陈俊傲同志为继续教育学院直属党支部委员会委员，任书记，免去陈俊傲同志机关（一）分党委书记兼党委办公室副主任职务；因年龄原因，免去王才龙同志继续教育学院直属党支部书记职务。增补丁灏同志为法学院党总支委员会委员，任书记；免去丁灏同志党委宣传部副部长兼精神文明办公室主任职务。程里同志任资源与环境工程学院分党委书记；因年龄原因，免去毛永康同志资源与环境工程学院分党委书记职务。增补万胤婕同志为社会与公共管理学院分党委委员会委员，任副书记；免去杨发祥同志社会与公共管理学院分党委副书记职务。免去方向阳同志机械与动力工程学院分党委副书记职务。同意饶红同志辞去艺术设计与传媒学院党总支副书记职务（华委字〔2012〕31号）。

**同日** 经党委常委会讨论并票决通过，方向阳同志任后勤保障处副处长；因年龄原因，免去钱自强同志网络教育学院副院长职务；同意李哲同志辞去体育科学与工程学院副院长职务；同意苏腾同志辞去研究生院学位办公室主任职务（校组〔2012〕10号）。

**同日** 校乒乓球队代表上海夺得第九届全国大学生运动会乒乓球女团、男双、混双、女单、男单5枚金牌。

**14日** 2012级研究生开学典礼在徐汇校区大礼堂及六大、八教等分会场举行。校党委书记杨贤金，校长钱旭红，党委副书记蒋文文，副校长于建国、马玉录、钱锋出席典礼。2012级共录取2 449名硕士研究生和355名博士研究生，其中包含843名全日制专业学位研究生。

**18日** 北京校友会校友代表大会在中国石化工程建设公司召开。会议通过了第三届校友会理事会领导及成员名单，并讨论了新一届理事会的工作计划。校长钱旭红到会祝贺。会议由副校长钱锋主持，会议承办方中国石化工程建设公司总经理李国清致欢迎辞。

**同日** 罗马尼亚Lucian Blaga University of Sibiu（卢奇安·布拉卡大学）校长Ioan Bondrea、校务长Constantin Oprean，罗马尼亚媒体集团副总Emir Hulizianu，孔子学院中方院长宋少峰教授一行4人来校访问，副校长涂善东会见来宾，并转达校长钱旭红的问候。

**同日** 赵玲教授荣获"民进学习践行社会主义核心价值体系"全国先进个人。

**19日** 党委书记杨贤金、党委副书记蒋文文在统战部部长方振敏的陪同下，专程拜访民盟市委领导。

**20日** 上海市人民政府副市长赵雯来校调研知识产权工作。校党委书记杨贤金、校长钱旭红、副书记蒋文文等参加汇报。调研结束后，赵雯副市长还接见了学校九三学社的黄道、钱锋、朱家文、徐玉芳、康青等社员。

**同日** 经校党委常委会讨论并票决通过，报中共上海高校后勤服务中心委员会批准同意，李新军同志任后勤服务中心副总经理（校组〔2012〕11号）。

**22日** 第三届多喷嘴对置式煤气化技术推广及应用研讨会在江苏镇江举行。中国石油和化学工业联合会会长李勇武、兖矿集团有限公司董事长王信、江苏索普（集团）有限公司董事长宋勤华和校长钱旭红院士分别致辞。

**23日** 校党委中心组扩大学习报告会在逸夫楼演讲厅举行。校友、教育部教师工作司司长许涛应邀来校作报告，校党委书记杨贤金主持报告会。

**25日** 资源与环境工程学院李辉副研究员当选"上海市青年科技启明星A类"。

**27日** 经党委常委会讨论并票决通过，孙洪锋同志为研究生院学位办公室主任（组〔2012〕12号）。

**同日** 教育部、国家外国专家局联合发文公布高等学校学科创新引智计划2013年度建设项目立项名单，以涂善东教授为负责人的“先进过程装备技术创新引智基地”获准立项（教技函〔2012〕61号）。

**9月** 王如彬教授申请的“关于知觉认知与知觉决策的神经动力学研究与实验分析”项目，获批2012年国家自然科学基金委重点项目资助。这是学校在数学物理学科领域内获得的第一个国家自然科学基金的重点项目。

## 10月

**6日** 1977、1978级近900名校友返校大会在徐汇校区大礼堂召开。校长、校友会会长钱旭红院士致欢迎辞，副校长、校友会秘书长钱锋主持会议。

**13日** 千余名毕业20周年校友参加在徐汇校区大礼堂举行的中银华理校友认同卡首发式暨1992届校友返校大会，共庆母校60周年诞辰。中国银行总行公司金融总部总监高鹏，中国银行上海市分行行长助理余未迟，副校长陈英南、党委副书记沈炜、副校长钱锋、校办主任袁洪学、财务处处长陈康、校办副主任刘志鹏等出席大会。

**同日** 第二届化工学科建设与发展高层论坛暨第九届全国高校化工学院院长（系主任）联席会在徐汇校区逸夫楼演讲厅召开。来自清华大学、天津大学、浙江大学、上海交通大学、香港科技大学等40所高校的化工学院院长或化工系主任约80人参加会议。校长钱旭红院士，胡英院士，袁渭康院士，田禾院士，副校长涂善东，化工学院分党委书记张达中、院长辛忠等出席会议。

**15日** 经前期申报、专家评审、按照择优原则，上海市教委批准学校为“卓越法律人才培养基地”（沪教委高〔2012〕74号）。

**15—16日** 由教育部人事司副司长魏士强和教育部咨询委员、厦门大学教育研究院院长刘海峰共同担任组长的教育部第7专项检查组来到学校，就国家教育体制改革试点项目及“三重一大”决策制度执行情况进行检查。

**16日** 经人力资源和社会保障部、全国博士后管委会批准，学校新增设植物保护和轻工技术与工程2个博士后科研流动站。植物保护博士后科研流动站依托药学院、轻工技术与工程博士后科研流动站依托生物工程学院（校人〔2012〕50号）。

**同日** 生工学院食品092班李可欣、施娴、施慧琳和宋佳丽团队的创新作品《杏仁威化饼》夺得2012年度美国大杏仁创新大赛季军。

**17 日** 校党委书记杨贤金和党委副书记沈炜等拜会原全国政协副主席陈锦华先生，邀请其出席 60 周年校庆。陈锦华先生还向校图书馆赠送其亲笔题字的《国事忆述》和《国事续述》两本著作。

**同日** 以色列本古里安大学校长瑞夫卡·卡尔米教授率总教务长、科研副校长等 5 人来校访问。校长钱旭红、副校长马玉录和钱锋等参加会见。双方还签署了两校合作协议。

**18 日** 青海大学赠送纪念石揭幕仪式在奉贤校区大学生活动中心南面的草坪上举行。青海大学党委副书记俞红贤与我校副校长杨存忠共同为纪念石揭幕。副校长于建国、党委副书记沈炜等及学生代表出席揭幕仪式。

**19 日** 北京校友会赠送由著名书法家欧阳中石题写的“励志求真”景观石揭幕仪式在徐汇校区七教前的花坛举行。北京校友会理事长、校董会主席王基铭院士，北京校友会副理事长、校董会副主席阳安江，北京校友会理事徐惠、蒋德军、秦兵，北京校友会副秘书长黄志明与校长钱旭红院士等共同为景观石揭幕。仪式由副校长钱锋主持。

**同日** 青海校友会赠送“情注长江头，梦回梅陇镇”景观石揭幕仪式在徐汇校区七教前的花坛举行。青海省副省长高云龙校友与校党委书记杨贤金共同为景观石揭幕。仪式由副校长于建国主持。

**同日** 第五届校董会第二次会议在奉贤区南郊宾馆举行。校董会主席王基铭院士主持会议并讲话。校董会执行董事、校党委书记杨贤金教授致辞。部分校董单位与学校签署了捐赠、合作协议。

**同日** 学校与兖矿集团有限公司战略合作协议签约仪式在奉贤区南郊宾馆举行。校长钱旭红院士和兖矿集团董事长、党委书记王信研究员分别代表校企双方签字。

**同日** 成思危名誉校长奖学金颁奖仪式在奉贤校区举行，12 名优秀学生获得该奖学金。名誉校长成思危、北京健坤投资集团有限公司董事长赵伟国、校长钱旭红院士、华昌聚合物有限公司董事长刘坐镇教授等出席颁奖仪式。

**19—20 日** 德国克劳斯塔尔工业大学校长 Thomas Hanschke、法国化学工程师联盟学校主席 Jean-Marc LE LANN 以及日本金泽大学校长、以色列理工学院副校长、韩国明知大学副校长、日本大阪府立大学副校长、德国亚琛工业大学校长特使、德国 DAAD 秘书长特使、中国项目部主任等应邀来访并参加学校 60 周年校庆典礼和音乐会活动。20 日下午，校长钱旭红、副校长涂善东分别在徐汇校区逸夫楼第三会议室和第四会议室会见来访致贺的外国嘉宾一行。

**20 日** 建校 60 周年庆典活动在奉贤校区举行。中共中央政治局常委、全国人大常委会委员长吴邦国，中共中央政治局委员、国务委员刘延东，中共中央政治局委员、上海市委书记俞正声，第九届全国政协副主席陈锦华，第十一届全国人大常委会副委员长、民进中央主席严隽琪，第十届全国政协副主席徐匡迪，上海市委副书记、市长韩正，上海市人大常委会主任、党组书记刘云耕，上海市政协主席冯国勤等发来贺信或贺词，陈锦华还亲临会场祝贺。名誉校长，第九、第十届全国人大常委会副委员长成思危出席庆祝大会并致贺辞，教育部副部长李卫红、上海市委副书记殷一璀出席大会并讲话。全国政协提案委员会副主任阳安江，中国工程院工程管理学部主任、校第五届校董会主席王基铭，原国家建材局长、党组书记张人为，上海市人大常委会副主任钟燕群，上海市副市长沈晓明，青海省副省长高云龙，上海市政协副主席王新奎，上海市原副市长夏克强等到会祝贺。中央、国务院有关部门、有关省市区的领导同志，海内外著名大学校长，合作企事业单位负责人等在主席台就坐。校离退休干部教师代表、在校师生员工代表，以及从祖国各地专程回到母校的校友们参加了庆祝大会。

**21 日** 由上海市教委主办、中国银行上海市分行协办、学校承办的 2012 中国银行上海市高校“校长杯”乒乓球比赛在奉贤校区体育场举行。校长钱旭红院士代表学校致开幕辞，校党委书记杨贤金教授出席颁奖典礼。

**23 日** 2 000 余名退休教职工返校欢度重阳节。

**25 日** 经学校研究决定，成立国际工程师学院（英文名称：International College of Engineering，ECUST）。国际工程师学院在中德工学院基础上组建，与中德工学院实行两块牌子、一套班子的管理模式；吴唯同志任国际工程师学院院长（兼）（校规〔2012〕7 号）。

**同日** 党委书记杨贤金及科技处处长牟伯中等在学校会见江苏红太阳集团执行总裁陶峻一行。会后，陶峻一行还参观了煤气化及能源化工教育部重点实验室与化工过程先进控制和优化技术教育部重点实验室。

**26 日** 根据《关于做好中国共产党华东理工大学第十次代表大会代表选举工作的通知》精神和部署，全校 25 个二级党组织选举工作于 10 月 26 日前完成，共产生 299 名校第十次党代表大会代表。

**同日** 上海知识产权局和学校联合举办的国际技术转移和可持续发展上海论坛暨华东理工大学国际技术转移中心揭牌仪式在逸夫楼演讲厅举行，40 多位国内外专家及上海市知识产权局副局长洪涌清等领导出席。副校长涂善东主持揭牌仪式和论坛开幕式，并作大会主题报告。校党委书记杨贤金和国家发展研究中心学社委员会副主任王慧炯教授共同为国际技术转移中心揭牌。复旦大学等兄弟院校向我校赠书，祝贺国际技术转移中心的成立。

**27 日** 由校工会和体育科学与工程学院承办、中国农业银行徐汇支行协办的第六届“校庆杯”教工龙舟赛在奉贤校区通海湖举行。共有 24 支队伍参赛，后勤甲方、后勤乙方和化学与分子工程学院分获三甲。校党委书记杨贤金、副校长陈英南、党委副书记蒋文文、校长助理朱广忠等领导及中国农业银行徐汇支行副行长张家宾等出席。

**27—28 日** 天津大学党委副书记兼工会主席汪曦带领优秀教师代表团来校参观考察。校党委书记杨贤金和副校长陈英南分别在奉贤校区和徐汇校区会见考察团一行。考察团还参观了煤气化及能源化工教育部重点实验室与生物反应器工程国家重点实验室。

**28 日** 钱旭红校长率团访问美国里海大学（Lehigh University）。副校长马玉录、化工学院院长辛忠和理学院院长鲁习文陪同访问。

**同日** 特种功能高分子材料及相关技术教育部重点实验室建设项目评估暨学术委员会 2012 年年会在上海国际会议中心召开。校党委书记杨贤金教授，学术委员会才鸿年院士、颜德岳院士、孙晋良院士、陈祥宝院士及评审专家印杰教授等参加会议。

**30 日** 在美国化学工程师学会（AIChE）2012 年年会举行期间，我校在年会召开地匹兹堡举行校友招待交流会。校长钱旭红、副校长马玉录、化工学院院长辛忠、理学院院长鲁习文、化工学院副院长赵玲、特聘教授郭旭虹、校友会副秘书长刘志鹏以及相关教授专程赴美参加会议。

**同日** 学校与云天化集团有限责任公司在逸夫楼演讲厅举行战略合作协议签约仪式。校党委书记杨贤金出席签约仪式并讲话，副校长涂善东和云天化集团副总经理朱明松分别代表校企双方在协议上签字。签约仪式由副校长于建国主持。签约仪式后，朱明松作了题为《广泛合作开展技术创新，提升企业核心竞争力》的报告。

**31 日** 德国慕尼黑工业大学副校长 E. Ehrenberger 教授应邀访问学校，校党委书记杨贤金教授会见德国客人。Ehrenberger 教授还参观了化学工程联合国家重点实验室、化工学院实验室和煤气化教育部重点实验室。

**同日** 四川理工学院党委书记游建军率副校长龚敏、肖兴政，党政办主任许彪等来校交流访问。校党委书记杨贤金在逸夫楼第三会议室接待来宾。

**10 月** 60 周年校庆之际，凝聚众多人思考和心血的《改变思维》《舌尖上的能量与营养》《我们的家园——钱旭红院士的校长言谈和新闻选录》《履痕——华理往事辑要》4 本图书陆续出版，为校庆献上一份厚礼。

## 11 月

**5 日** 为吸引优质资源开展中外合作与交流，提高学校声誉和竞争力，学校与诺丁汉大学联合成立华东理工大学上海诺丁汉高等科学院（Shanghai Nottingham Advanced Academy，ECUST），隶属华东理工大学。学校与诺丁汉大学将成立联合管理委员会，负责科学院的管理与运行（校规〔2012〕9号）。

**同日** 华东理工大学上海诺丁汉高等科学院揭牌仪式在奉贤校区举行。校长钱旭红院士和英国诺丁汉大学校长戴维·格林威教授分别讲话并为科学院揭牌。英国诺丁汉大学副校长余海岁教授、科技部科技参赞刘俊、上海市教委副主任袁雯、上海市科委副主任陈杰、奉贤区区长庄少勤分别致辞。副校长涂善东主持揭牌仪式，校党委书记杨贤金、党委副书记沈炜及相关学院和部门的负责人与教育部、科技部、上海市、合作企业的相关单位领导出席仪式。揭牌仪式后，钱旭红院士和戴维·格林威教授分别接受上海电视台外语频道、《中国化工报》等媒体的采访。

**同日** 由学校和芬兰国家技术创新局主办，校商学院承办的“沟通商业与科技”首届中外高科技企业创新论坛在上海华亭宾馆举办。校党委书记杨贤金教授和芬兰就业与经济部能源司司长 Mr. Esa Harmala 先生以及芬兰驻上海总领事管总领事 Ms. Marja Aspelund 女士分别致辞。

**6日** 为推进校企产学研相结合的技术创新体系建立，提升学校在生物与医药领域的科研创新和技术转化能力，学校与浙江海正药业股份有限公司联合成立华东理工大学海正研究院（HISUN Institute of ECUST），隶属华东理工大学。研究院下设管理委员会和技术委员会（校规〔2012〕10号）。

**7日** 2012年第一届“阿克苏诺贝尔中国大学生社会公益奖”颁奖典礼在阿克苏诺贝尔中国总部举行。学校大学生公益社团“微笑益 Go”的“‘小小科学家’奉贤区民工子弟小学五月科技节”项目荣获金奖，理学院爱心牵手志愿者队的“牵手爱心行——感动之旅，用科技牵系你我”和艺术设计与传媒学院志愿者队“兴家家教”项目荣获铜奖。

**9日** 华东理工大学海正研究院揭牌仪式在逸夫楼演讲厅举行。校长钱旭红院士，浙江海正药业股份有限公司董事长白骅，中国工程院院士、军事医学科学院研究员沈倍奋以及校企双方相关领导出席仪式。双方还签署了《浙江海正药业股份有限公司-华东理工大学产学研合作框架协议书》《浙江海正药业股份有限公司-华东理工大学联合组建华东理工大学海正研究院合作备忘录》。

**10日** 在2012中国国际工业博览会上学校亮相10个项目，其中2个获得中国高校展区优秀展品二等奖，1个获得三等奖；学校获得优秀组织奖，产业处王坚老师获得“先进个人”称号。

**13 日**　教育部办公厅、国家发展改革委办公厅和财政部办公厅联合发文，对“‘211’工程”三期建设成效显著的高校给予表彰，我校榜上有名（教重厅〔2012〕1 号）。

**14—15 日**　由学校主办、校商学院承办的工程管理创新院士论坛暨学科建设研讨会在校逸夫楼演讲厅召开。论坛由王基铭院士主持。中国工程院王众托院士、汪应洛院士、何继善院士、郭重庆院士受邀出席并作主题报告。校长钱旭红院士、校党委书记杨贤金教授等分别致辞，并聆听报告。

**16 日**　学校组织召开 2012 年教育部重点实验室评估工作总结会。党委书记杨贤金，校长钱旭红，副校长涂善东、钱锋以及各重点实验室主任和相关学院院长、相关职能部门负责人出席会议。

**同日**　由学校携手国际化学品制造商协会和中国化学会联合举办的 2012 全国高校化学视频大赛在逸夫楼报告厅落下帷幕，钱旭红校长致辞。学校共有 7 支队伍入围，分别与拜耳、伊士曼等公司合作，3 支队伍获得“最佳视频奖”。

**同日**　校超细粉末国家工程研究中心获得国家发改委表彰，被授予“国家工程研究中心重大成就奖”；中心主任马新胜、总工程师吴秋芳获“国家工程研究中心先进工作者”称号。

**18 日**　化学与分子工程学院 2009 级本科生郭百惠、蒋玉萌、李显龙、吴福东和郁骋丹等 5 名同学组队参加第二届全国大学生制药工程设计大赛，荣获一等奖。

**19 日**　校党政领导班子集体学习党的十八大精神。

**21 日**　教育部发文公布第一批“十二五”普通高等教育本科国家级规划教材入选名单，学校 7 种共 9 本教材入选（教高函〔2012〕21 号）。具体为张兆奎、缪连元、张立主编的《大学物理实验（第三版）》，华东理工大学和四川大学联合编写的《分析化学（第六版）》，钱旭红主编的《有机化学（第二版）》，胡英主编的《物理化学（第五版）》，刘国杰、黑恩成主编的《物理化学导读》，朱明华、胡坪主编的《仪器分析（第四版）》，陈敏恒、丛德滋、方图南等主编的《化工原理（上）（第三版）》和《化工原理（下）（第三版）》，以及朱炳辰主编的《化学反应工程（第四版）》。另外，浙江大学黄仲九教授和我校房鼎业教授共同编写的《化学工艺学》也榜上有名。

**22—23 日**　校长钱旭红和副校长马玉录、涂善东会见俄罗斯喀山国立技术大学校长 German Dyakonov 一行 4 人，双方续签校际合作协议。

**23 日**　教育部考察组组长、人事司副司长魏士强带领由教育部人事司高校干部处、上海市委组织部宣教科技干部处、上海市教卫党委组干处有关同志组成的考察组一行 10 人来校进行党委换届考察工作。

**24 日** 由学校、上海市教委教研室、市教育学会化学教学专业委员会联合举办的 2012 年上海市高中学生化学竞赛——“华理-化工杯”决赛，在徐汇校区举行。

**27 日** 学校荣获“MM 百万青年创业计划”全国高校优秀组织奖（Mobile Market 是中国移动推出的手机应用程序商店，简称 MM）。

**28 日** 校党委书记杨贤金教授应邀出席以“大城市，城市让生活更美好”为主题的赢创中国科学日论坛并发表演讲。

**同日** 第八届“挑战杯”复星中国大学生创业计划竞赛决赛在上海落下帷幕。诸咏天、周元凯、李萍、刘飞、宋阳等同学的作品《上海圣翼网络科技有限公司》荣获银奖，同时此作品还荣获“网络虚拟运营”专项竞赛三等奖；金慧、李宝力、田苏媛、王异航、牟禹蒙等同学的作品《氯卡斯特有限责任公司》和姚旭阳、江伟、沈杨千、滕波、胡舒华等同学的作品《上海绿室新材料有限责任公司》荣获铜奖。学校获“校级优秀组织奖”。

**29 日** 为进一步加快学校高水平研究型大学建设，凝聚创新要素，推进协同创新，提高发展前沿科学技术和支撑国家重大需求的能力，经党委常委会讨论决定，成立科学技术发展研究院（Institute of Science and Technology Development），简称“科研院”。涂善东同志任科研院院长（兼），牟伯中同志任科研院常务副院长（校组〔2012〕16 号）。

**30 日** 2012 年富美实奖学金颁奖典礼在徐汇校区逸夫楼演讲厅举行。来自化工学院、生物工程学院、化学与分子工程学院和药学院的 10 名学生获得该奖。校长钱旭红院士、校长助理宋恭华教授与美国富美实公司亚太区人力资源总监 Joyce Zhou 先生等嘉宾为学生颁奖。

**同日** 化学与分子工程学院刘劲刚、药学院李浩和材料科学与工程学院江浩 3 位教师入选 2012 年度上海高校特聘教授（东方学者）岗位计划（沪教委人〔2012〕53 号）。

**30 日—12 月 4 日** 九三学社第十次全国代表大会在北京召开。九三学社上海市副主委、我校副校长钱锋教授当选为九三学社第十三届中央委员会委员。

**11 月** 上海市欧美同学会北欧分会成立仪式在外滩罗斯福公馆举行。在成立仪式前召开了北欧分会一届一次理事会，副校长、校欧美同学会副会长马玉录当选为副会长。

**同月** 化学与分子工程学院张金龙教授、机械与动力工程学院轩福贞教授和艺术设计与传媒学院程建新教授入选上海领军人才“地方队”，化学与分子工程学院刘洪来教授领军人才中期考核优秀获得跟踪资助。

## 12 月

**6—7 日** 第十五次教育部直属高校暨全国有关高校组织工作研讨会在南京农业大学召开。

校党委书记杨贤金出席会议并作《全面落实“三重一大”决策制度，大力推进领导班子“四项能力”建设》的交流发言。

**8日** 协同创新科研管理工作研讨会暨华东理工大学科学技术发展研究院揭牌仪式在徐汇校区逸夫楼演讲厅举行。校党委书记杨贤金，党委副书记蒋文文、林志华，副校长于建国、杨存忠等校领导和各职能部门、各学院的负责人出席会议；教育部科技司高新处处长郃忠智、上海市教委科技处处长王兴放应邀出席。会议由涂善东副校长主持。

**同日** 百余名校友在深圳市时代科技大厦庆祝母校建校60周年。深圳市副市长陈彪以及校长钱旭红、副书记沈炜、副校长钱锋等专程到会祝贺。

**10日** 由腾讯网主办的“回响中国”2012年教育年度总评榜荣耀盛典在北京举行。学校获得“2012年度高校新媒体应用先锋”荣誉称号，并受邀出席盛典。

**10—15日** 钱旭红校长应邀访问德国克劳斯塔尔工业大学及英国贝尔法斯特女王大学，并于13日接受去年被授予的英国女王大学名誉博士学位。陪同出访的有药学院常务副院长徐玉芳、中德工学院院长吴唯、化工学院院长助理郭旭虹、化学与分子工程学院龚学庆、国际合作与交流处唐纪敏等。

**11日** 教育部发文公布2012年度工程和材料科学领域教育部重点实验室评估结果（教技函〔2012〕77号）。我校超细材料制备与应用教育部重点实验室、承压系统与安全教育部重点实验室、化工过程先进控制和优化技术教育部重点实验室、煤气化及能源化工教育部重点实验室被评为“良好”类实验室。

**12日** 经党委常委会讨论并票决决定，沈海涛同志任党委办公室副主任，柴华同志任纪委副处级专职纪检员（华委字〔2012〕42号）。

**12—18日** 中国国民党革命委员会第十二次全国代表大会在北京举行。民革上海市委常委、民革徐汇区委主委、民革中央委员、我校杨逢珉教授参加会议，并当选为民革第十二届中央委员会委员。

**16—19日** 由国家自然科学基金委员会化学科学部主办，学校超细材料制备与应用教育部重点实验室承办的2012年化学工程学科中青年学者学科发展战略研讨会在上海园林格兰云天大酒店举行。全国化学工程学科的国家杰出青年科学基金获得者40余人参加了会议。国家自然科学基金委化学科学部主任林国强院士、化学科学部五处处长孙宏伟出席会议。国家杰出青年基金获得者校长钱旭红院士、田禾院士分别主持本次学术研讨会。校党委书记杨贤金、副校长涂善东接待参会嘉宾。

**19 日** 经党委常委会讨论并票决通过，焦淑芝同志为财务处副处长，钱嫦萍同志为研究生院管理办公室主任，韩骏同志为体育科学与工程学院副院长，刘百祥同志为网络教育学院副院长；免去孙洪锋同志研究生院管理办公室主任职务；同意潘艺林同志辞去工程教育学系副主任兼高等教育研究所副所长职务（校组〔2012〕17 号）。

**26 日** 经政协上海市第十一届委员会第 40 次常委会议审议通过，我校王艳芹（女）、朱家文、安琦、牟伯中、钱世超、徐玉芳（女）、黄发荣、谭文松（按姓氏笔画排列）等 8 名教师担任政协上海市第十二届委员会委员。

**26—28 日** 学校召开中国共产党华东理工大学第十次代表大会。会议听取和审查了中共华东理工大学第九届委员会的工作报告，审查中共华东理工大学纪律检查委员会的工作报告，选举于建国、马玉录、田禾、乐清华、朱广忠、刘昌胜、杨存忠、杨贤金、吴柏钧、辛忠、沈炜、沈悦萍、宋来、宋恭华、陈康、陈麒、陈英南、林志华、林嘉平、袁洪学、夏江雯、钱旭红、涂善东、鲁习文、蔡兰坤（按姓氏笔画为序）为中共华东理工大学第十届委员会委员，选举马玲、王喆、朱志华、朱育红、庄启昕、苏建玲、李建伟、张广利、张爱民、林志华、侍洪波、唐颂超、唐燕辉、葛轶群、童之敏（按姓氏笔画为序）为中共华东理工大学第十届纪律检查委员会委员。

**28 日** 中共华东理工大学第十届委员会第一次全体会议在逸夫楼演讲厅召开。第十届委员会全体 25 名委员出席，会议由杨贤金同志主持。会议审议通过了第十届委员会第一次会议选举办法，并以无记名投票的方式选举了第十届党委会书记、副书记和常委。杨贤金当选中共华东理工大学第十届委员会书记，马玉录、沈炜、林志华（按姓氏笔画为序）当选副书记；于建国、马玉录、田禾、杨存忠、杨贤金、吴柏钧、沈炜、陈英南、林志华、钱旭红、涂善东（按姓氏笔画为序）当选中共华东理工大学第十届委员会常务委员会委员；会议审议通过了第十届纪律检查委员会第一次会议选举结果的报告，林志华当选第十届纪律检查委员会书记，童之敏当选副书记。

**29 日** 经党委常委会讨论并票决通过，并与共青团上海市委商得一致：倪炜同志任共青团华东理工大学委员会书记，免去倪炜同志共青团华东理工大学委员会副书记职务（华委字〔2012〕49 号）。

**30 日** 经党委常委会讨论并票决通过：夏春明同志为教务处副处长，免去刘百祥同志教务处副处长职务（校组〔2012〕19 号）。

**12 月** 学校“千人计划”特聘教授肖立华获得 2012 年全美寄生虫学学会的韦德奖章。他是韦德奖章53年历史上获此奖项的第一位华裔科学家。

**同月** 校超细材料制备与应用教育部重点实验室张玲研究员获得“第六届上海青年科技英才”称号。

**同月** 由林泽桦（资源与环境工程学院）、严佳佳（资源与环境工程学院）和倪光耀（信息科学与工程学院）3名同学组成的参赛队伍获得2012年全国大学生数学建模竞赛一等奖，另外学校还获得4项二等奖。